# 第2版
# 网店推广宝典

佟国金 编著

電子工業出版社
Publishing House of Electronics Industry
北京•BEIJING

## 内 容 简 介

本书主要为淘宝及天猫商家讲解网店推广方面的基本知识及常用推广技巧。从推广活动中经常用到的基础数据分析软件，到实用的推广工具及使用技巧，再到平台的各类促销活动介绍，本书均将为你事无巨细的一一呈现。

本书内容几乎涵盖了目前淘系电商的所有主流推广方法，商家可以将本书作为一本常备的基础推广工具书来使用。

2016 年淘宝将更加年轻化、内容化。希望通过本书的系统讲解，可以让更多的商家掌握网店推广技巧，学以致用，有所收获。



**图书在版编目（CIP）数据**

网店推广宝典 / 佟国金编著. —2 版. —北京：电子工业出版社，2016.7
（电商精英宝典）
ISBN 978-7-121-28960-6

Ⅰ. ①网… Ⅱ. ①佟… Ⅲ. ①电子商务－商业经营 Ⅳ. ①F713.36

中国版本图书馆 CIP 数据核字(2016)第 123020 号

策划编辑：林瑞和
责任编辑：石　倩
印　　刷：北京京师印务有限公司
装　　订：北京京师印务有限公司
出版发行：电子工业出版社
　　　　　北京市海淀区万寿路 173 信箱　　邮编：100036
开　　本：787×980　1/16　印张：26.5　字数：510 千字
版　　次：2015 年 2 月第 1 版
　　　　　2016 年 7 月第 2 版
印　　次：2016 年 7 月第 1 次印刷
印　　数：4000 册　　定价：69.00 元

凡所购买电子工业出版社图书有缺损问题，请向购买书店调换。若书店售缺，请与本社发行部联系，联系及邮购电话：（010）88254888，88258888。

质量投诉请发邮件至 zlts@phei.com.cn，盗版侵权举报请发邮件至 dbqq@phei.com.cn。

本书咨询联系方式：010-51260888-819　faq@phei.com.cn。

# 序

## 关于 2016 年淘宝网卖家大会

2016 年淘宝网卖家大会的详细内容，大家可以在千牛的牛吧中查看。这里主要跟大家分享淘宝的 16 字方针（聚焦体验、赋能商家、繁荣生态、升级消费）及淘宝的变化方向（内容化、社区化、本地生活化）。

### 2016 年淘宝网发展的 16 字方针

#### 聚焦体验

不管你如何理解淘宝的发展方向，它的出发点都源于一点，那就是消费者体验。消费者的新老交替正逼着平台与商家去改变。谁能迎合消费者，谁就能获得青睐。

对于消费者而言，淘宝本身也是一个卖家，它在销售它的服务。淘宝要管理众多商家，要站在消费者的角度来引导卖家，并将更符合消费者体验需求的卖家展现在消费者面前。

逍遥子张勇

赋能商家

当天会场有人问到，淘宝要如何去赋能×××产品商家?

虽然问题很尖锐，但淘宝能做到卖家期待的赋能吗?我敢肯定回答：不能。

淘宝一直以来都在为卖家赋能，但这个赋能绝对是有一定局限性的。作为一个卖家，你必须要明白这其中的道理。否则就不会有20/80法则了。

如果你要因此而指责淘宝，那你真该好好反思一下了。试问，你可以对你的所有产品都用相同的投入成本来打直通车广告吗?如果不能，那么道理相通。

那么卖家如何才能真正得到淘宝赋能?

作为卖家，首先必须能够为迎合消费者的变化而做出改变；其次必须要先主动去解决一些行业中存在的瓶颈，即便现在解决不了，也要努力去推动。因为每一次推动都是对瓶颈的一种消磨。事实上，互联网发展到今天，它所走的每一步都是大家（平台、商家、消费者）共同推动的结果。

作为淘宝平台，它只能为一些趋势去赋能，而这个趋势是由你个人去“顺”或“造”的。

举个例子，淘宝现在一直在讲用“内容”式销售换掉“货架”式销售。如果你仍坚持自己的“货架”方针，那么你就不要去指望得到赋能。这就如同给一个落水者扔游泳圈，但他偏偏要自己游一样，他也许不会溺水，但是他需要付出更多。

淘宝网副总裁杨过

繁荣生态

单一的购物平台早已不足以满足年轻消费者的需求。各个平台的出现（娱乐、社交、购物等平台），都在瓜分着消费者的精力。生态的繁荣扩展是一个必然结果。

对于卖家来讲，生态的繁荣，就是要迫使卖家将产品内容化、社区化。因为单一的打折促销，早已无法应对多平台的推广需求。淘宝将会充分利用优酷、微博、阿里妈妈、阿里影业等阿里生态圈的内容平台，来帮助卖家进行内容传播。然而，这也意味着，卖家必须要做好自己的内容生产。

如果你无法生产出好的内容，却还要要求淘宝平台用繁荣的生态圈来帮你赋能（做推广），并赢得消费者的关注与口碑。我想那时，淘宝也只能对你说："臣妾做不到!"

手机淘宝负责人蒋凡

### 升级消费

升级消费，我的理解就是颠覆消费者原有的消费方式。

不是我们去升级消费者的消费方式，而是去迎合新一代消费者的消费习惯。打折促销的时代必将成为过去，内容营销的时代已经到来。正如逍遥子所说，每个卖家都可以成为网红（或者说打造出更多的品牌网红）。

在这样的背景下，可见，卖家提升自身运营能力是多么迫在眉睫。互联网的变化瞬息万变，一个"波峰"过来，如果你没有把握，你的对手就有可能借此大量地侵占你的市场。

## 淘宝网的内容化、社区化、本地生活化

### 内容化

逍遥子在当天的分享透漏了一个数据：目前淘宝网百分之八十的流量、百分之七十的成交

来自于无线端。由此可见，未来无线端在互联网市场的重要性。

消费者消费习惯的转变，引领着平台的转变。从前，人们习惯于 PC 端的购物，习惯于鼠标的“点击”，所以，那时 PC 端店铺有了非常重要的店铺分类。而如今，手机端的浏览与购物比重已远远超过 PC 端，90 后消费群体对手机的使用频率异常频繁（人们习惯于手机“滑屏”，使用习惯已经形成）。

在当前（滑屏）的行为习惯下，传统的点击式分类必然不会再被青睐，取而代之的是内容推荐（其重要性早已变得越来越重要）。

但是，如果淘宝的推荐也只是不断地发送商品打折信息或商品图片，那无异于微信朋友圈的微信刷屏，这种行为显然是不可取的。

卖家要实现内容化，让内容带动娱乐与互动，用内容取代简单的商品陈列。学会给商品讲故事、讲段子、讲情怀等。除此之外，内容化的形式也要有所创新，从原有的图文形式进行升级，升级到视频、直播、娱乐互动等更新颖的形式。

淘宝城

目前，网红在商家内容升级上已占据了至关重要的作用。今年淘宝的新势力活动已经说明了这一切。淘宝达人、好货、淘宝头条、必买清单都将成为未来店铺流量的主要入口。同时各个促销板块也会鼓励卖家与平台进行资源互换，卖家在与站内达人合作的同时也要与站外达人取得合作，将站外流量引入平台。

在这样的趋势下，淘宝将会越来越侧重于主题式的营销活动。这也就对卖家的内容营销提出了新的要求。最简单的，卖家的包装要做到与主题相契合。比如现在的超人大战蝙蝠侠主题、奥运会主题、动漫主题等。个性化元素的包装就是内容营销的重要组成部分。

内容的个性化，是内容化的重要基础。没有个性的“内容”，不能称之为好的“内容”。所以，这次大会也很明确地提到淘宝的“个性化”。

内容化的主旨一方面是希望迎合消费者的需求，另一方面也是希望商家可以通过“内容”将消费者的注意力从商品价格上转移，从而摒弃一味低价的恶性循环。

当然，要完全做到这一点，还需要时间与坚持。

在会议上杨过也透露了一个振奋人心的消息，那就是2016年淘宝网将加大原创保护，并将会与相关部门进行合作从而推动这项工作的开展。

原创保护是原创内容的基础，也是真正能够让商家利用“内容”从低价漩涡中走出来的基础（这是淘宝对商家的一项非常有意义的赋能）。

这次会议以后，我接触了几个营销平台的小二，听到最多的词汇是“方案”。什么方案？营销方案。营销最终还是走回了本质。现在淘宝各个活动的报名，都希望有好的方案，也就是好的内容。这也是淘宝对卖家的一种赋能，也是让简单粗暴的低价策略淡出历史舞台的决心的一种表现。因为如果你是卖家，你就会理解靠价格来营销的痛楚。

总结：

目前，未来会出现的“内容化”的形式主要有：

① 趣味图文

② 短视频

③ 互动直播

④ VR视频

⑤ 二次元周边

内容导购场景（仅为我所知道的，可能并不完整）：

① 淘我要（海外求购）

② 每日好店（精品店铺）

③ 视频直播（边看边聊）

④ 猜你喜欢（实时推荐）

⑤ 有好货

⑥ 比买清单

⑦ 特色中国

⑧ 淘宝头条

⑨ 美食频道

⑩ 桃花源

⑪ 红人圈

⑫ 视频直播

⑬ 微淘

⑭ 社区

淘宝网卖家大会

### 社区化

早在 2011 年“掌柜说”推出的时候，我在“掌柜说”推广课件中就提到，未来商家的运作将会由买流量变为圈客户。如今，一切早已尘埃落定。千人千面的筛选机制与展现方式，让整个平台的卖家都在思考如何与消费者取得联系（如何斩断消费者与竞争对手的联系）。

网红本身就是一种社区化营销，他拥有自己的粉丝圈，通过在自身的黏性与信任度，在自己的粉丝圈内推送营销内容，从而产生转化。

淘宝所强调的社区化，目前的模式主要还是要引导卖家利用网红来增加消费者黏度，建立自由品牌社区。这个举动一方面对卖家有好处，一方面也可以为平台引来站外流量。卖家的客户黏度大了，平台的客户黏度自然也会提升。

直播娱乐以后也会演变为购物直播（杨过分享）。淘品牌的流量时代已经过去，自主品牌的社区化运营会慢慢将其取代。卖家必须要关注商家互动的新玩法：商家运营店铺粉丝圈、手淘社区等。

淘宝接下来会继续帮助商家在社区化方面进行“赋能”。蒋凡今天分享到，淘宝通过大数据发现，消费者一直都有浏览淘宝头条的习惯，所以针对这个习惯，淘宝日后在新媒体方面会继续发力（卖家要做好自己的内容）。

在我看来，对于卖家来讲，想要做好社区化，必须要先做好内容，通过借“网红”的势，从而打造出自己的网红式品牌（正如今天张无忌所说，通过数据得知一个网红的生命力大概只有 2 年左右，所以，没有永远的网红，只有永远的网红品牌）。

目前，淘宝已经推出了很多为社区化服务的工具和板块，如爱逛街、购物攻略、导购、问答、阿里 V 任务（网红与商家的连接平台）、全民晒单等。

淘宝网卖家大会

**本地生活化**

对于本地生活化，我认为，这并不适用于所有商品。但是从本地生活化的话题可以衍生出另外一种“个性化”，即“千人千面”。搜索展示与平台展示，将会进一步加大这方面的权重。

目前大促的选品也采用的是个性化算法。这就如同本地生活化一样，某一区域的消费者对某一地区的产品会情有独钟。淘宝会继续根据人群的特性将消费者进行划分，而不是以商品的特性进行划分。

最后，总结几点大会的关键信息：

① 泛 80 后消费群体的消费将会侧重家庭、朋友等，更多是为他人消费。

② 90 ~ 95 后的消费者会慢慢成为淘宝网的主要消费群体。

③ 淘宝网会更加趋向于年轻化。

④ 如“新势力周”这样的主题活动会越来越多。

⑤ 各大活动的招商方向会更倾向于有好的“内容”的商品。

# 前言

推广是跟随客户印象而进行的一套系统化行为。

关于推广类书籍，本书是我编写及参与编写的第四本书。每本书都代表着我在不同时间内对推广的不同理解。

写第一本书时，也是我创业刚刚有所收获，淘宝网正处于刚刚崛起的时期，只要开店，上传商品，写好标题，一般就会有生意上门。那时则认为推广就是一种投资，有资金投入，哪怕是乱来都会有所收获，学习推广就是学习一种投入思维。

第二本书是参与编著淘宝大学的网店推广类书籍。当时，淘宝竞争已趋于白热化，除了经营小众商品外，如果不做推广，那么店铺基本上不会有人来光顾，更别说销售产品了。那时则认为推广是一种技巧，一种可以花小钱，引来大流量的技巧。学习推广就是学习一种可以在众多店铺中脱颖而出的技巧。

写第三本书时，大品牌开始占据淘宝市场，曾经让很多中小卖家艳羡的淘品牌（现在的天猫原创）的生存空间也在不断地被压缩。而很多中小卖家的店也越来越难以生存，那时的推广是一种资金的比拼。竞争白热化，利润缩小化。对于资金不足的中小卖家来讲，那时的推广是一种“夹缝中的光明”，必须去寻找。到处去搜罗电商大鳄们不屑投钱的“长尾”化效应推广方法。学习推广的过程则是去寻找碎片化的流量的过程。而这本身就是一种很难有所成效的悖论，因为，不会有人愿意透露自己的推广方式，因为推广方式一旦被更多的人学去，它就不再具有推广的价值了。

2016 年的淘宝 / 天猫，群雄割据，大势已成。各行各业均有“领军人物”。推广的比拼，已经变成了综合能力的比拼。推广早已不仅仅局限在软件、技巧、资金的任意元素上了。一次成功的推广，可能需要调动一个企业的所有资源。有时，一次推广则要考察的是一个企业几年的积累成果。商品、品牌、服务、渠道、媒体、资金等均是推广的必须。此时推广的学习者，也有了很大的变化，从原来的中小卖家，变成了企业的骨干人员。推广的学习，也将回归到更真实的基础学习，只有掌握更多的推广原理和方法，才会更真实地去理解一种推广，更灵活地去组合多种推广。推广将会变成一种整合，一个体系。而不管推广接下来再如何去演变，它都将会围绕着客户的印象去执行，在正确的时间，带给客户正确的印象，才会真正地打动客户。满足客户正确的需求，才会发挥推广的最大效能。

## 关于推广

关于推广，本书只是入门，然而，如果你不屑学习这个入门，又或者以推广老手自居而忽略新兴推广的变化，你终将无法领会到推广体系的真正魅力所在。我喜欢称本书为“一切之开始”。希望这个开始，可以真正帮到你，让你有所收获。

## 关于未来

未来，本书除了会为大家定期更新推广基础信息，在时机成熟后，还会推出本书的升级版，即推广组合篇，届时，将会站在推广实战的基点上为大家带来各种推广组合策略的实战分析。

## 关于本书

本书可以作为一本推广工具书，供大家来使用。除此以外，相信本书仍有很多不足的地方。如果你有任何建议，均可关注作者的公众账号进行互动。

作者新的微信公众账号（佟国金）：q46636183。

## 本书导读

① 本书前面的数据章节会比较枯燥，可当作“词典”式学习阅读，在后面章节遇到问题时，再回头查阅。

② 每个章节，前半部分类似扫盲篇，教给大家推广工具的基本原理及使用方法。后半部分则为操作技巧。

③ 为方便大家的实际应用，更贴近第一次使用推广工具的情景，本书所有截图已经尽可能地保持了刚刚开通工具的样子。

④ 本书每一章节都会以模拟一个新手入门的方式进行讲解，如果你是新手，可以完全照着流程一步步进行。

⑤ 虽然本书一直力求能够给你带来最“新鲜”的知识体系，但因为行业的飞速变化，很有可能书到您手里时，其中的部分知识已出现了滞后。对此，笔者深表歉意。一切知识请以官方最新变动为主。笔者也会尽最大努力及时更新本书。

## 关于再版

**2016 版更新内容**

① 第 1 章 生意参谋平台更新内容：

- 更新生意参谋 2016 最新版面
- 更新生意参谋入口内容
- 更新整个生意参谋版面
- 加入数据作战室内容

② 删除已下线的数据魔方章节

③ 第 2 章 淘客客推广更新内容：

- 更新 2016 数据信息
- 删除已下线的淘宝客群推广内容
- 增加互动招商平台内容（鹊桥）
- 更新创意管理为素材管理
- 删除淘宝 U 站，新增淘宝达人。

④ 第 3 章 淘宝/天猫直通车更新内容：

- 更新直通车展位内容
- 删除明星展位内容
- 删除中心词匹配方式
- 删除词包推荐类型内容

- 更新定向推广内容

⑤ 第 4 章 钻石展位更新内容：

- 更新钻石展位 4.5 版本内容
- 删除已下线的优质资源信息

⑥ 第 5 章　淘金币更新内容：

- 增加新上线的淘金币四大活动
- 增加淘金币兑换工具内容

⑦ 第 6 章 会员俱乐部（VIP 会员）更新内容:

- 更新最新数据

⑧ 第 7 章 试用中心（淘宝试用）更新内容：

- 删除已下线的试用报告显示位置
- 删除已下线的店铺免费试用
- 新增付费免费试用内容

⑨ 第 8 章　淘宝清仓更新内容：

- 更新改版后的淘宝清仓全部内容

⑩ 第 9 章 天天特价更新内容：

- 更新天天特价最新版面

⑪ 删除已下线的集分宝全章节

⑫ 第 11 章 聚划算更新内容

- 更新最新版面内容
- 删除已下线的整点聚内容

⑬ 第 17 章 天猫“双 11”更新内容：

- 更新 2015 年“双 11”大促最新数据

## 感谢

本书能得以出版，首先要感谢电子工业出版社。如果没有电子工业出版社，就不会有本书的问世，更不会有那么多优秀的电商类图书的出版。

其次，要感谢出版社的林瑞和编辑及其他优秀的编辑人员。如果没有他们的细心督促及一次次的修改完善意见就不会有本书的面面俱到。

再次，感谢我的家人、我的团队伙伴们，有了你们的支持，我才能得以将本书顺利完成。感谢高冠楠帮助本书完善了平台活动中各个章节的要点搜集及操作编写；感谢唐嘉儒帮助本书完成了最后的图片编码及段落整理。

最后，感谢敬爱的读者，感谢你阅读本书，希望本书能够给你带来收获。祝身体健康，事事顺意！

佟国金

# 目录

# 第 1 章
# 生意参谋平台

经营网店，对于很多外行人来说都觉得过于抽象，因为网店本身每天的访客流量不能被直观地观察到。网店不同于实体店，一个实体店可以很容易地看到一天内大概有多少人来访，有多少人浏览了商品。

虽然网店看起来好像并不直观，但实际上网店不但具备跟实体店相同的某些功能，甚至相比之下还有所超越。而这种超越完全是由不断完善的各种工具带来的。

网店工具中，最重要的一种工具就是数据类的工具。数据类工具就如同网店的“指南针”，通过这类工具，商家可以对店铺的各种“状况”进行判断、分析及优化。可以说，懂得一些必要的数据知识，是商家经营网店的基础。有了这个基础，其他工作才有开展下去的可能。

一直以来，阿里官方数据软件比较多，而各个软件间也存在指标不统一的情况。为了更好地满足商家们的需求，并达到“数据一致性”的目标，阿里将现有官方数据软件产品“量子恒道店铺经”与“生意参谋”进行了整合升级，于 2014 年 10 月份推出了统一的官方数据产品门户“生意参谋平台”。

截至发稿前，数据魔方的全部功能也已经于 2016 年年初迁入到了生意参谋平台中（此部分功能仍需订购，分专业版及标准版，价格不变）。

虽然本书力求为大家带来最新的内容，但由于出版时限仍然会有很多不尽如人意的地方，所以，如果大家在阅读本书时，发现某些功能已经出现了调整，请切勿迷茫，因为你完全有能力将本书知识与新的知识体系融会贯通，在生意参谋平台中找到相应的功能板块并进行应用。

# 1.1 生意参谋平台概述

## 1.1.1 什么是生意参谋平台

生意参谋平台（图 1-1）是阿里官方数据产品量子恒道与生意参谋的整合升级版产品。生意参谋是由阿里巴巴官方数据团队出品的店铺数据化、精细化经营分析工具。

图 1-1

## 1.1.2 生意参谋平台的入口

① 通过网址直接进入。

入口网址（后期可能会调整）：http://beta.sycm.taobao.com，面向淘宝商家（图 1-2）。

图 1-2

② 集市卖家可以通过“卖家中心”后台的“卖家地图”直接进入，也可通过卖家中心进入（同下商城卖家入口）（图 1-3）。

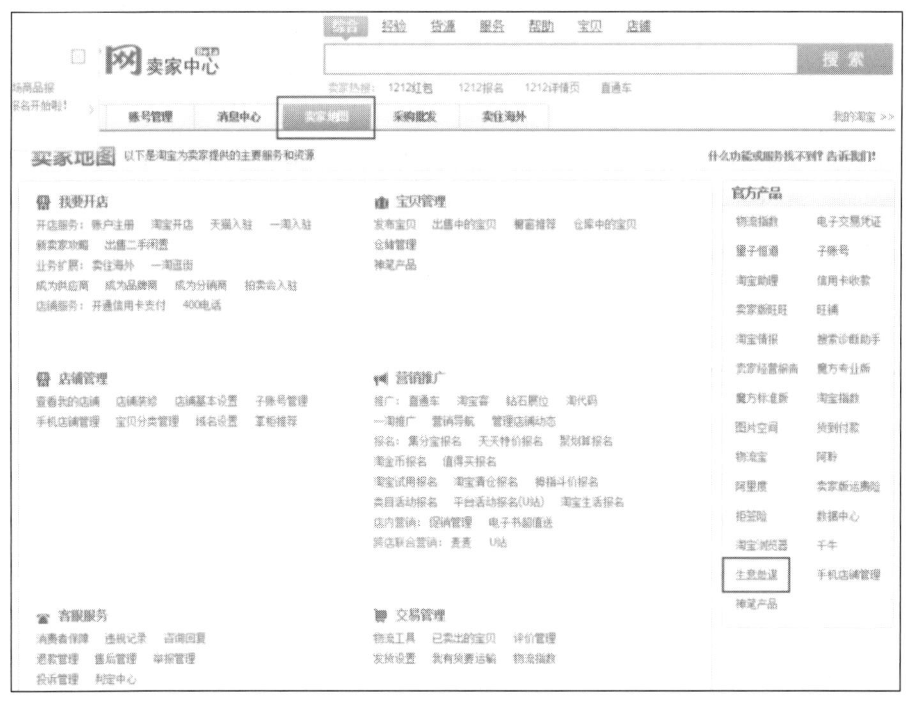


图 1-3

③ 商城用户可直接通过“商家中心”中“营销中心”下的“生意参谋”直接进入（图 1-4）。

图 1-4

### 1.1.3 生意参谋平台的订购条件

目前生意参谋平台基础功能处于免费阶段，全网商家均可使用，仅部分功能需要订购。

## 1.2 生意参谋平台功能介绍

### 1.2.1 首页

生意参谋平台首页，主要用于展现店铺的整体数据情况。主要包含以下几个板块：

### 1. 实时指标

主要用于实时展现店铺的访客及成交情况（图 1-5）。

图 1-5

### 2. 行业排名

行业排名主要用于展现店铺最近 30 天内在同类目同层级商家之间的支付宝成交金额的排名情况（图 1-6）。

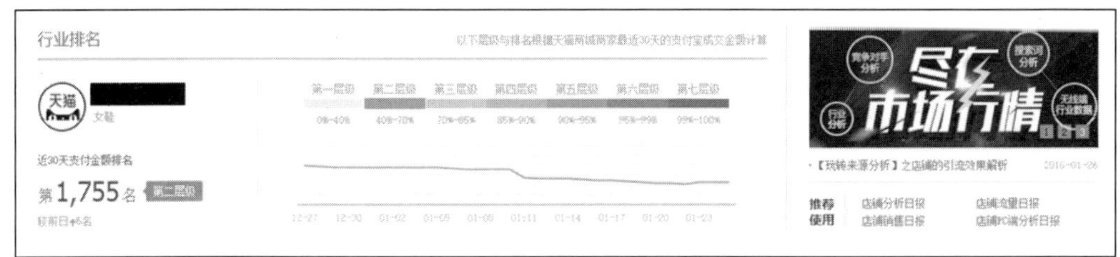

图 1-6

### 3. 实时排行

实时排行区域主要用于展现店铺商品访问情况排行。通过单击“实时榜单”可以进入“实时直播”下的“实时榜单”页面（图 1-7）。

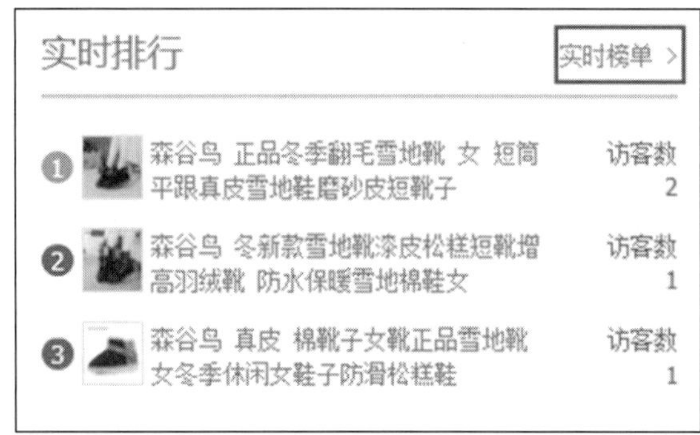


图 1-7

### 4．公告通知、推荐使用

公告通知主要用于展现生意参谋平台的变化动态，以及电商平台的最新数据资讯。

推荐使用主要是生意参谋为商家推荐一些比较实用的平台功能板块（图 1-8）。

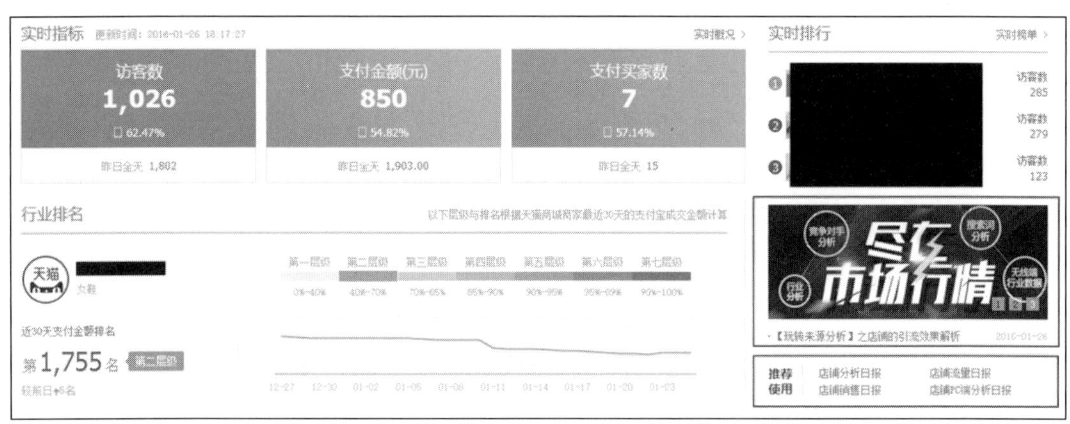


图 1-8

### 5．经营概况

经营概况板块主要用于展现店铺前一日的访客数、浏览量、跳失率等数据的变化情况。商家可以通过“自助取数”选择自己要监控的指标（图 1-9、图 1-10）。

前一天
2016-01-25
后一天
经营概况
自助取数
访客数
1,802
浏览量
3,646
支付金额（元）
1,903
支付转化率
0.83%
客单价（元）
126.86
退款金额（元）
278
服务态度评分
4.86204
最近30天日均访客数：1,773
同行同层平均
1,434
同行同层优秀
3,162

图 1-9

图 1-10

通过这个板块，我们可以了解到店铺前一天究竟有多少人来，浏览了多少个页面，多少人购买了，多少人离开了，通过这些数据，我们可以及时掌握店铺的异常情况，并以此为依据进行相应优化。

### 6．流量分析

流量分析板块主要用于展现店铺前一日的流量情况（图 1-11）。

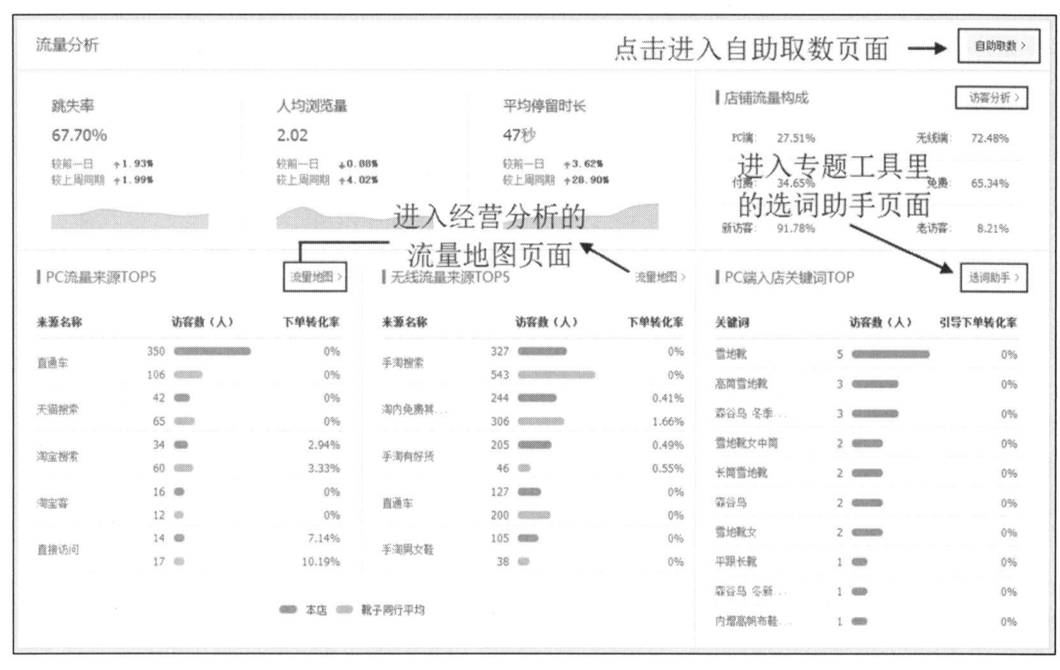


图 1-11

通过这个板块，我们可以了解到店铺的流量来源构成、分布等，以便于我们及时把控引流情况。

### 7．商品分析

商品分析板块主要用于展现商品的加购、收藏和跳出情况，还可以查看商品的销售排行，以及异常商品提醒（图 1-12）。

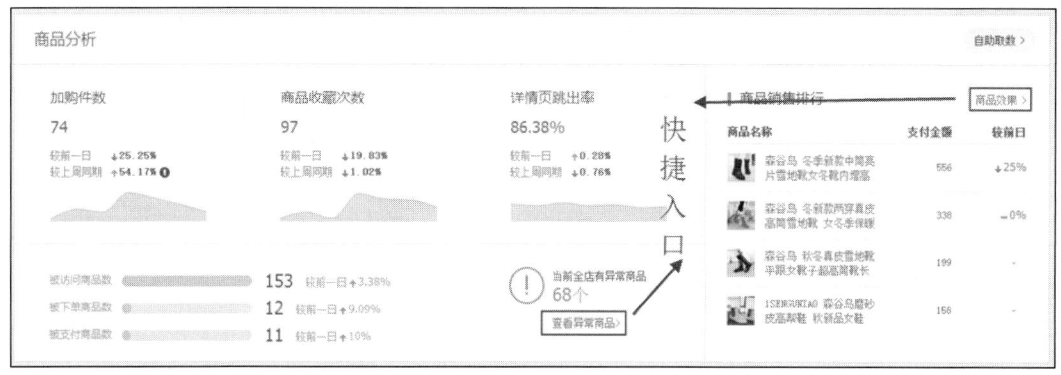


图 1-12

## 8. 交易分析

交易分析板块主要用于展现店铺前一日的交易情况，包括下单买家数、支付买家数、支付子订单等。商家同样可以通过“自助取数”功能选择自己想要掌握的数据指标，从而对店铺前日的盈亏情况判断提供相应的数据支持（图 1-13）。

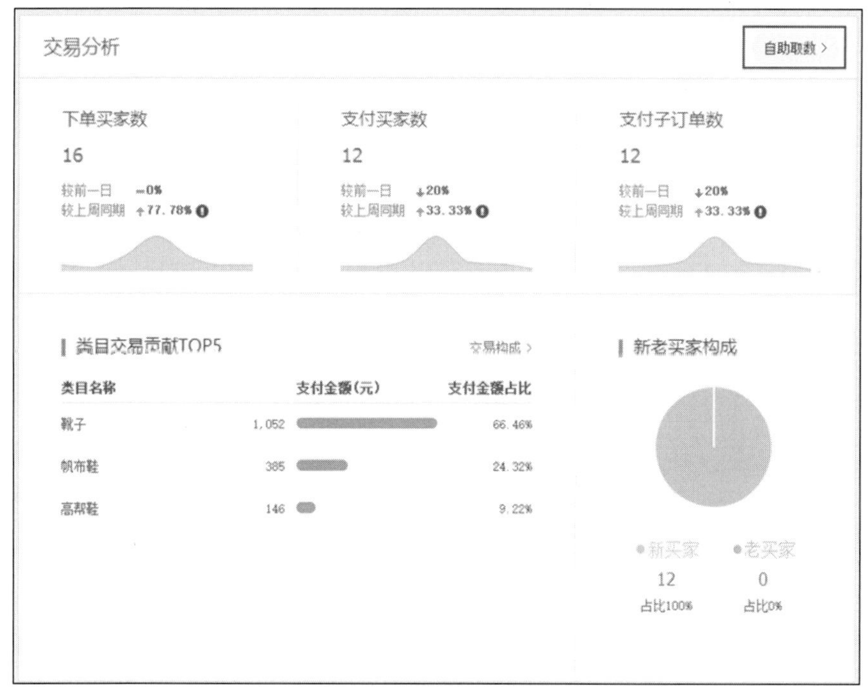


图 1-13

### 9. 服务分析、营销分析

服务分析板块主要用于展现前一天的店铺服务情况及升降变化。

营销分析板块主要用于展现店铺营销活动的使用情况，包括搭配套餐、淘金币等营销工具的使用情况等（图 1-14）。

通过营销分析板块，商家还可以查看到其他商家使用营销工具的情况，方便进行使用对比，从而为自己营销工具的选择提供有利依据。

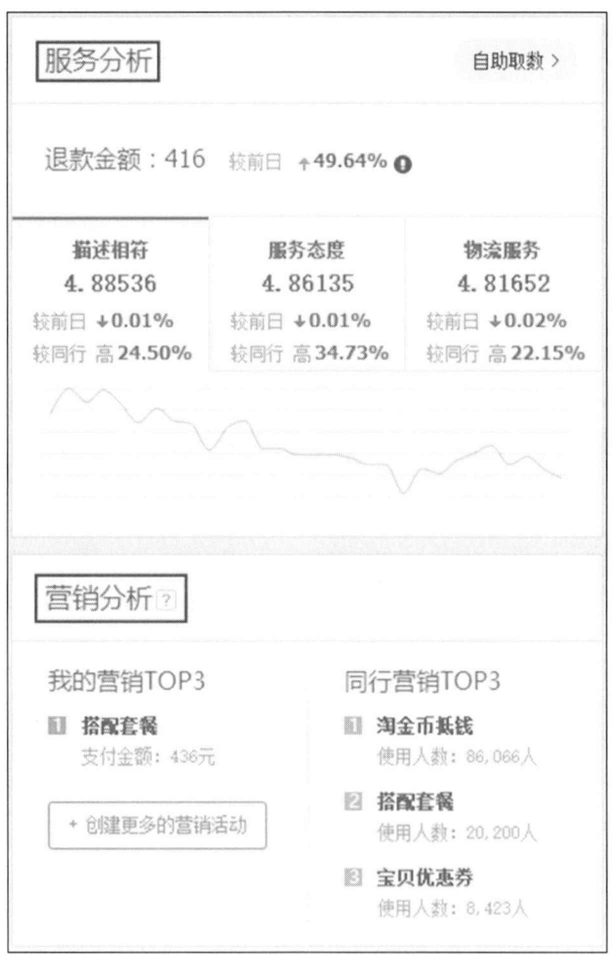


图 1-14

### 10. 市场行情

市场行情板块主要包括行业流量店铺 TOP5、行业热销商品 TOP5、行业热门搜索词 TOP10。这个板块主要用于展现行业的店铺流量、商品交易、热门搜索词情况（图 1-15）。

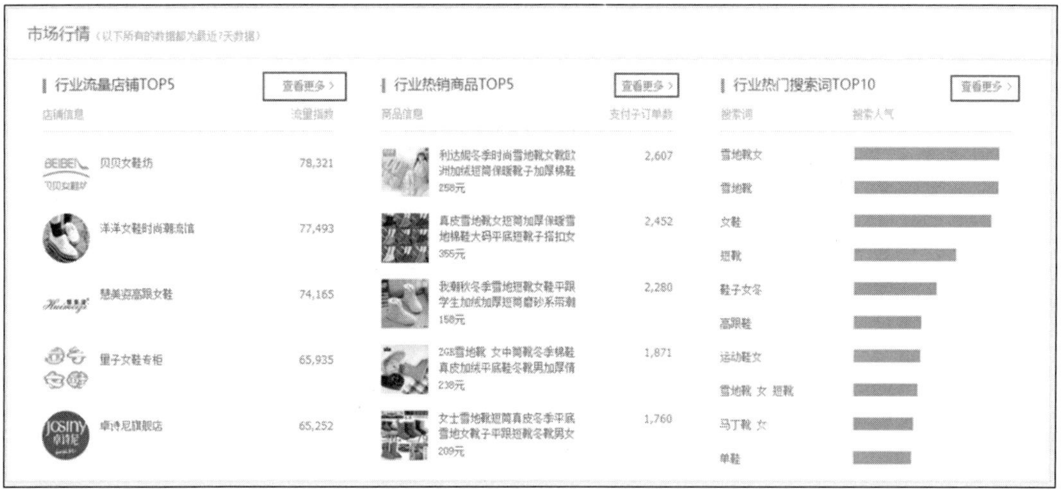

图 1-15

通过这个板块，商家可以了解到行业里优秀的店铺及商品，一方面做到知己知彼，另一方面也可以通过对它们的研究来提升自身的运营能力。

## 使用心得

生意参谋平台首页的数据是对店铺前一天数据的统计，通过这项数据我们可以对前一天店铺的动向进行相应的掌控。需要注意的是，生意参谋首页上的数据属于“节点”性的数据（是专门选取某一天的数据），不能作为店铺规律性现象总结的依据。

举个例子，我们不能因为前一天 A 产品的转化率达到了 3%，就认定了它一定是爆款的候选，然后就开始对它进行大量的包装与投入。为什么不能认定 A 爆款的“身份”，因为这个数据只是某一天的数据，不是趋势性的数据。

只要你每天看数据，就会发现，经常都会有某款非热销产品突然转化率极高。原因其实很简单，非热销产品本身的流量引入能力就不是很强，这样就会导致到达的访客数基数本来就很小，而当某一天突然有个喜欢它的人入店购买，你就会发现它的转化率非常高。

一款产品 B 每天有 20000 人访问，大概有 400 人成交，那么它每天的转化率为 2%，另外一款产品 A 每天只有 10 个人访问，大多数时间都没有成交，突然有一天有 1 个人成交，那么它当天的转化率为 10%，我们能就此下结论说 A 的转化率很高，是爆款候选，而 B 不是吗？所以，我们在日常应用“首页”功能时，要把它当作一种分析店铺经营状况的工具。通过每天对它的观察，我们可以对店铺的突然变化进行及时掌握。

举个例子，如果我们每天看生意参谋首页时，发现我们的淘宝搜索流量都是 300uv 左右，突然有一天增长到了 1000uv，那么此时，我们就要开始寻找根源了，找到那款带来更多流量的产品，看看是因为我们做了什么还是淘宝系统哪里的改变让我们的产品搜索流量突然剧增。

假设，通过查找，我们发现产品 C 在某关键词下的搜索曝光数增加了，那么我们首先要做的是总结，为什么会有这种变化。再假设，是因为我们在这款宝贝标题中使用了“×××”关键词，搜索这个关键词发现，在此阶段搜索出来的产品中，我们的产品 C 非常有竞争力，那么接下来，马上就要做两项工作：一是寻找本店类似产品，看是否还有适合这个关键词的，如果有，立刻加上关键词；二是在这款产品中加入更多的店铺“路径”（产品推荐等）。然后第二天再关注生意参谋平台首页数据，看看会有怎样的变化，继续优化。

## 1.2.2 实时直播

### 1. 实时分析

实时分析主要包含实时概况、实时来源、实时榜单、实时访客四大功能。

（1）实时概况

主要用于展现店铺的实时成交概况（图 1-16）。

实时概况的全屏模式，相当于成交的实时看板，在双 11 等大促时可做大屏展示。同时可以设置零点庆祝特效，来增加店铺达成目标时的大促喜悦气氛（图 1-17）。

实时趋势下有两种对比方式：常规对比和大促对比。

常规对比可以选择在允许时间内的任意一天进行对比。而大促对比则适用于双 11 等大型促销日的数据情况对比。

生意参谋
首页
实时直播
经营分析
市场行情
自助取数
专题工具
帮助中心
实时概况
选择要查看的平台
单击进入实时大屏
访客数
205
浏览量
418
支付金额
0
支付子订单数
0
支付买家数
0
100+
100+
100+
实时趋势
选择对比方式
所有终端-支付金额
所有终端-访客数

图 1-16

点击这里设置庆祝特效时间
生意参谋
直播厅
835
访客数 622
买家数 6
84.55%

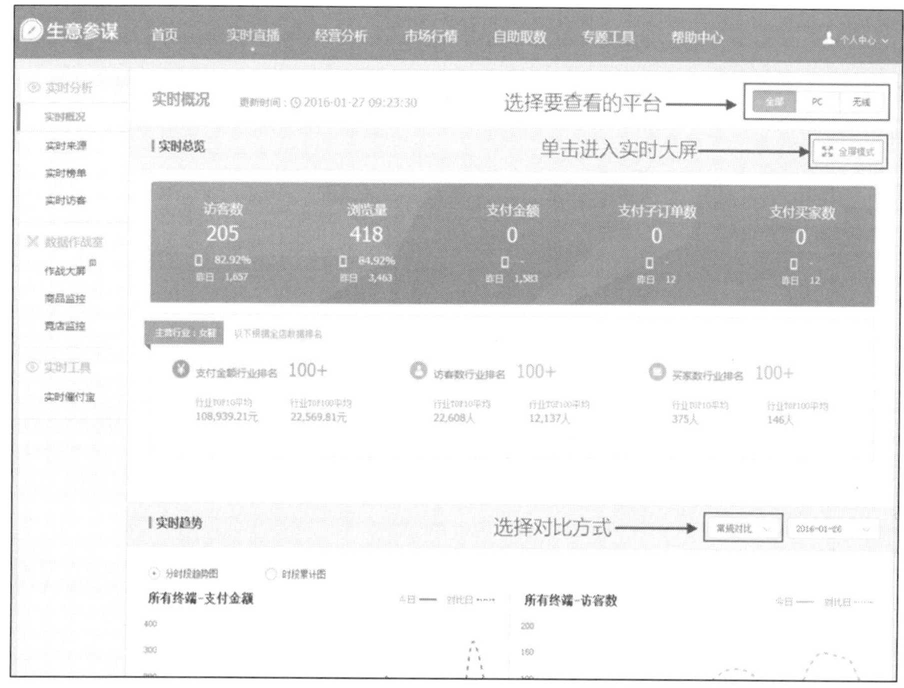

图 1-17

### （2）实时来源

实时来源，主要用于展现店铺访客数的实时情况，包括 PC 来源分布、无线端来源分布、地域分布（图 1-18）。

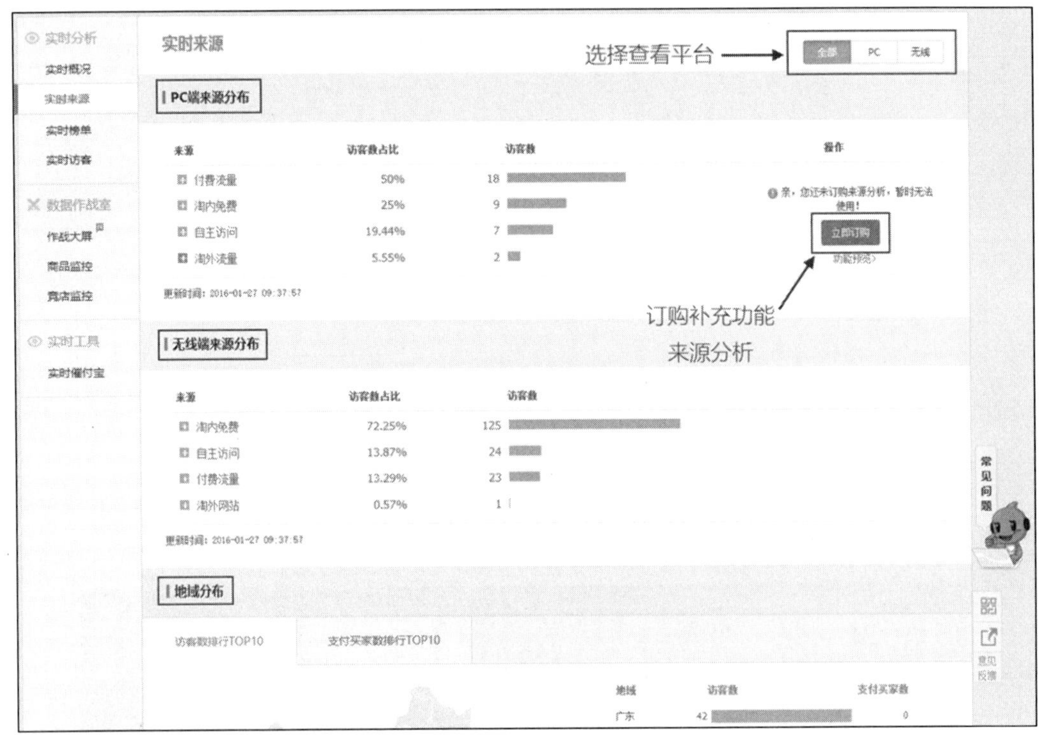


图 1-18

通过这个板块，商家可以了解到在不同终端上，店铺流量的主要来源情况，通过对流量来源的监控，可以对既定营销策略进行效果监控。对不理想的推广策略进行及时调整，以免造成不必要的资源浪费。

来源分析是对实时来源功能的进一步补充，通过对来源分析的订购，商家可以查看到流量来源的细化分类（图 1-19）。来源分析订购费用为一个月 29 元（图 1-20）。

PC端来源分布

未订购版没有此选项

| 来源 | 访客数占比 | 访客数 | |
|---|---|---|---|
| 淘内免费 | 49.46% | 8,528 | |
| • 天猫搜索 | 18.04% | 3,111 | 查看详情 |
| • 淘宝搜索 | 11.54% | 1,990 | 查看详情 |
| • 淘宝站内其他 | 6.82% | 1,175 | 查看详情 |
| 天猫首页 | 6.56% | 1,132 | |
| 淘宝首页 | 4.17% | 719 | |
| • 天猫频道 | 1.72% | 297 | 查看详情 |
| 阿里旺旺 | 1.02% | 176 | |
| 淘宝足迹 | 0.33% | 56 | |
| • 爱淘宝 | 0.08% | | 查看详情 |
| 积分聚乐部 | 0.06% | 10 | |
| 台湾淘宝网 | 0.05% | | |
| 淘宝二手 | 0.05% | 8 | |
| 淘宝信用评价 | 0.05% | 8 | |
| • 淘宝类目 | 0.04% | 7 | 查看详情 |
| • 天猫活动 | 0.01% | 1 | 查看详情 |

订购来源分析后
可查看详细来源

图 1-19

图 1-20

（3）实时榜单

实时榜单主要用于展现店铺实时商品榜，包含访问量最多的前 50 款宝贝及当前付款金额最多的前 50 名宝贝（图 1-21、图 1-22）。

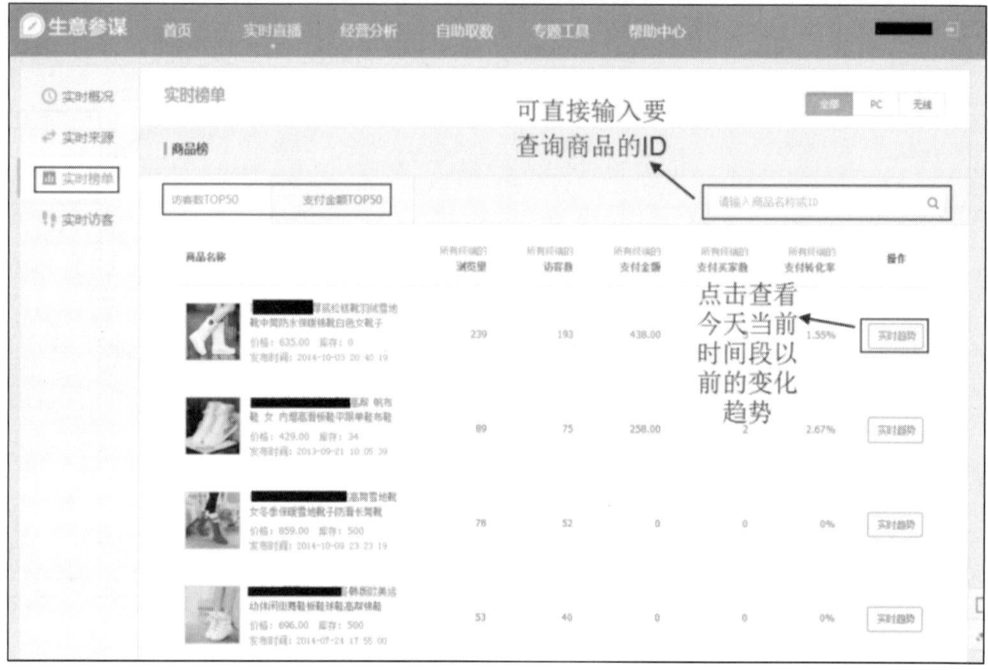


图 1-21

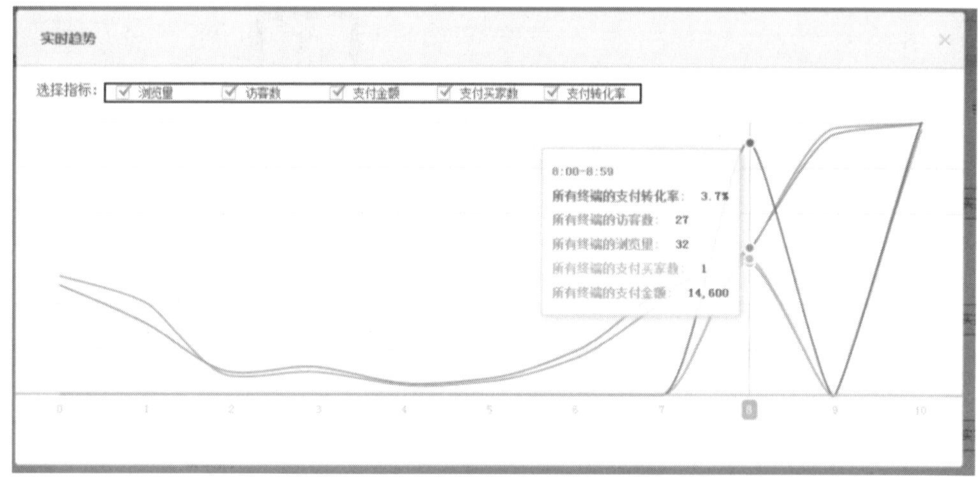


图 1-22

（4）实时访客

实时访客主要用于查询店铺当前的被访情况。

系统每分钟都会更新客户的访问时间、入店来源、被访页面、访客位置、访客编号等访问数据（图 1-23）。访客后的数字串为系统自动生成，主要用于区分访客身份，并不代表访客的来访顺序。如果某个客户后面带有“老”字的绿标识，表明该顾客为店铺的老客户（图 1-23）。

生意参谋　首页　实时直播　经营分析　市场行情　自助取数　专题工具　帮助中心　个人中心

实时分析　实时概况　实时来源　实时榜单　实时访客
数据作战室　作战大屏　商品监控　竞店监控
实时工具　实时催付宝

实时访客　可以选择指定某一来源　目前仅为PC端数据，后期将引入无线端数据，敬请期待

流量来源：全部　访问页面：不限　指定商品　可以选择指定某一商品

最近 66条 访问记录　点击刷新　更新时间：2016-01-27 09:53:42

| 序号 | 访问时间 | 入店来源 | 被访页面 | 访客位置 | 访客编号 |
|---|---|---|---|---|---|
| 1 | 09:51:55 | 直接访问 | 店铺首页 | 浙江省温州市 | 访客38 |
| 2 | 09:51:46 | 购物车 | 森谷岛 冬新款两穿真皮高筒雪地靴 女冬季保暖雪地靴子防滑长筒靴 | 内蒙古自治区巴彦淖尔市 | 访客37 |
| 3 | 09:33:20 | 天猫搜索 | 森谷岛 秋冬真皮雪地靴 平跟女靴子超高筒靴长靴漆皮棉鞋保暖防滑 | 广东省广州市 | 访客36 |
| 4 | 09:18:23 | 天猫搜索 内增高雪地靴… | 森谷岛 冬季新款中筒亮片雪地靴女冬靴内增高雪地棉女鞋棉鞋 | 上海市 | 访客35 |
| 5 | 09:17:35 | 直通车 79418222454315… | 森谷岛 包邮韩版潮手绘高帮 帆布鞋 女 内增高滑板鞋平跟单鞋布鞋 | 江西省上饶市 | 访客34 |
| 6 | 09:17:16 | 淘宝站内其他 | 森谷岛 冬新款两穿真皮高筒雪地靴 女冬季保暖雪地靴子防滑长筒靴 | 北京市 | 访客33 |
| 7 | 09:11:01 | 天猫搜索 长筒雪地靴 | 森谷岛 冬新款两穿真皮高筒雪地靴 女冬季保暖雪地靴子防滑长筒靴 | 吉林省长春市 | 访客32 |
| 8 | 09:05:17 | 直通车 50012042_0_100 | 森谷岛 包邮韩版潮手绘高帮 帆布鞋 女 内增高滑板鞋平跟单鞋布鞋 | 吉林省吉林市 | 访客31 |
| 9 | 09:03:12 | 直通车 14923194854884… | 森谷岛 包邮韩版潮手绘高帮 帆布鞋 女 内增高滑板鞋平跟单鞋布鞋 | 安徽省六安市 | 访客30 |
| 10 | 09:01:49 | 直通车 50012825_0_100 | 森谷岛 春季新款侧拉链纯色百搭板鞋 高帮女式帆布鞋平底学生鞋 | 四川省乐山市 | 访客27 |
| 11 | 09:00:29 | 淘宝站内其他 | 森谷岛 冬新款两穿真皮高筒雪地靴 女冬季保暖雪地靴子防滑长筒靴 | 广东省江门市 | 访客29 |
| 12 | 09:00:04 | 宝贝收藏 | 森谷岛 冬季新厚底松糕靴羽绒雪地靴中筒防水保暖棉靴白色女靴子 | 辽宁省铁岭市 | 访客28 |
| 13 | 08:57:35 | 直通车 50012825_0_100 | 森谷岛 红唇魔术贴高帮鞋 韩版内增高女鞋 潮 拼色时尚春季单鞋女 | 四川省乐山市 | 访客27 |

图 1-23

## 2．数据作战室

数据作战室是生意参谋最新发布的一项创新功能，将原来仅在阿里总部才能看到的高大上的数据实时大屏变为大众化产品，让每一个商家均可通过大屏来监控数据，从而方便商家大促的全局指挥。

数据作战室主要包含作战大屏、商品监控、竞店监控三大功能。

数据作战室为生意参谋的付费功能，订购后才能使用，起订时间为 1 年。价格为主店版 6888 元一年，单店版 5188 元一年（图 1-24）。

图 1-24

**（1）作战大屏**

在日常运用上作战大屏主要包含以下几大功能：

① 大促活动时的数据大屏

a. 活动期间商家可以通过作战大屏查看活动前的预热数据（包括商品收藏、加购数据等）。根据“加购排行”商家可以查看到竞争对手店铺的相关加购数据，从而对自己店铺的预热情况及所处水平有所判断。同时，通过加购等相关数据的统计展示，商家可以对活动期间自身店铺中有可能会成为爆款的商品做一个提前预判，合理安排库存（图 1-25）。

b. 大促活动中，作战大屏会对商家的相关核心数据进行展示。

大促期间，作战大屏可以展示预热加购转化率、活动预测销售金额、今日实时支付金额等数据。商家还可以通过提前设置活动期的销售目标与活动累计销售金额，实时了解活动期目标完成进展情况（图 1-26）。

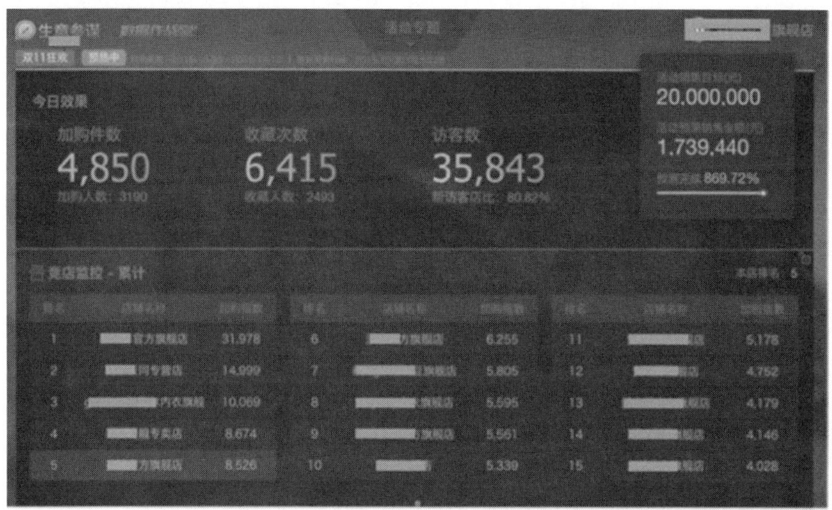


图 1-25

图 1-26

② 作战大屏可以同时展现多店概况

作战大屏最多可以对 30 家分店店铺的销售数据进行同时汇总展示。还可实时展现销售排名前 10 的店铺销售情况，从而可以让商家快速地了解到分店的销售情况（图 1-27）。此功能只有主店版才能展现。

1-27

③ 通过作战大屏可以更直观地展现单店的各项运营数据

商家可以通过作战大屏掌握店铺的实时数据情况，包括行业动态、物流追踪、经营动态及商品情况等（图 1-28）。

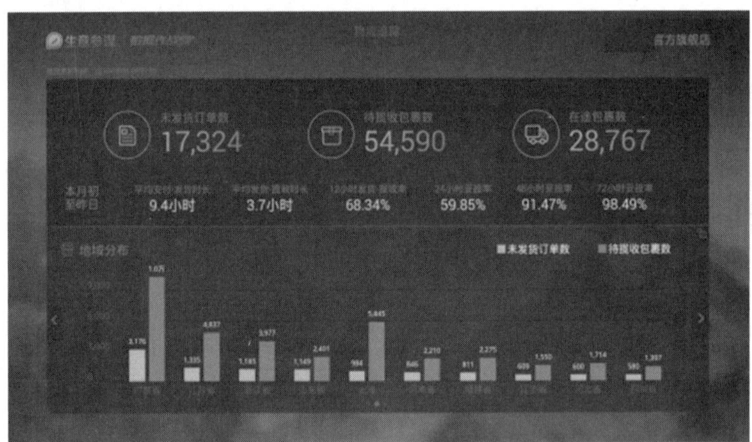


图 1-28

（2）商品监控

商品监控主要用于实时监控店铺的商品概况，包括库存预警提醒、商品实时来源、实时趋势、SKU 销售情况及地域分布等，从而通过这些数据为商家优化商品提供更直观的数据依据（图 1-29）。

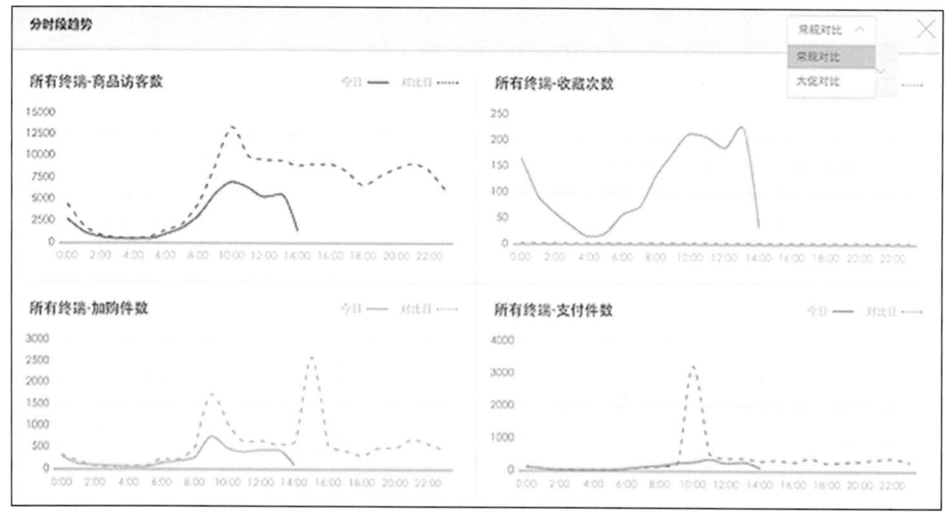


图 1-29

（**3**）竞店监控

竞店监控板块主要用于实时展现监控竞争店铺的综合排名变化，并实时定位竞品的变化情况。通过此功能可以帮助商家通过监控竞争店铺的交易排名、流量排名等数据，更好地定位自己的店铺，及时做出必要的运营决策（图 1-30）。

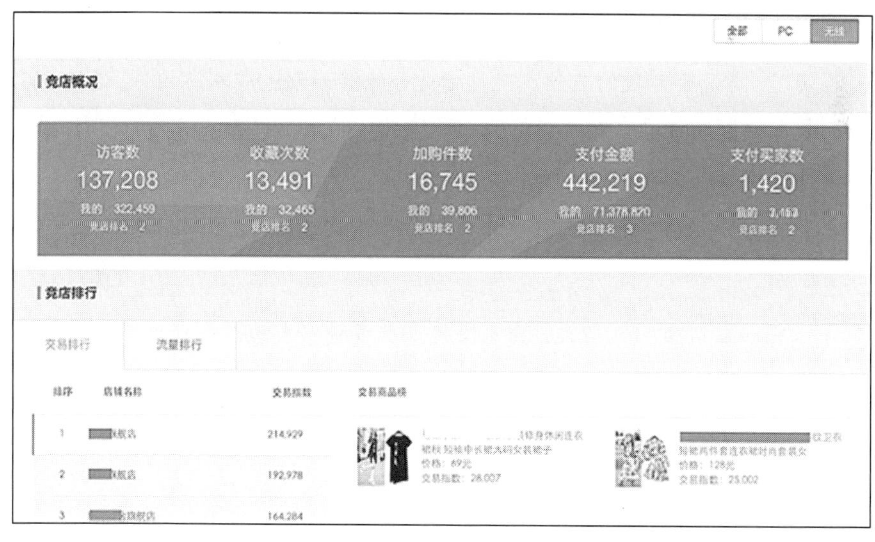


图 1-30

### 3. 实时工具

目前实时工具板块下只有实时催付宝工具。

实时催付宝，主要用于展现目前在店铺下单且未付款的客户信息，从而方便商家进行订单催付（图 1-31）。

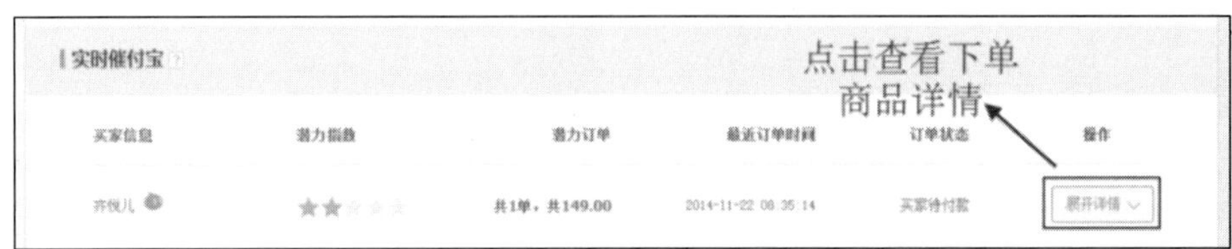


图 1-31

被展现的催付客户主要有以下三个特点：

① 在本店下单且未付款。

② 未在其他店铺购买同类产品。

③ 符合以上 2 条的前 50 名客户。

## 使用心得

在日常使用上，“实时直播”方便我们对店铺实时动态的掌握。尤其在大促期间，店铺的既定目标能否实现，与每个时段的店铺成交目标是否能够如期达成息息相关。通过“实时直播”的功能则可以帮助商家掌握每个时段目标的完成情况。对出现偏差的目标，进行及时地调整和改进，从而确保整体目标得以实现。

通过“实时来源”功能，商家可以对各项推广方式的效果进行实时判断，以免造成不必要的浪费。

举个例子，比如在“双 11”当天，商家决定采取多种形式的广告投放，从而为大促带来更多的销量。

假设商家采取了直通车、钻石展位、站外硬广的投放形式。然而经过当天一段时间的访客“实时来源”比对发现，钻石展位的效果格外突出，而站外广告的引流情况十分糟糕。那么在相同的投入成本下，钻石展位的效果要强于站外广告的几倍之多。此时，商家则可以根据自己的资金预算情况，及时停止站外广告的投放而将有限的预算全部转移到钻石展位上，从而为店铺带来更大的收益。

当然，以上的例子，是为了方便大家的理解，做了很多定量的假设。这种比对本身，是建立在假设钻石展位的投放位置与站外广告位置的来访高峰一致的情况下。很多时候，各个网站的访问高峰期并不相同。比如 a 和 b 两个网站，a 网站访问高峰期可能在上午，而 b 网站的高峰期可能在下午，所以在做比对时，你不能仅凭上午或者下午时段的数据来断定 a 网站与 b 网站的好坏。具体情况，还要具体分析，在使用“实时来源”进行日常数据比对中一定要尽可能地做到各项变量接近一致，再去对比做出相应的结论。

通过“实时榜单”功能我们可以查看到各款商品的成交表现情况，从而对哪些商品更受当天活动的欢迎做出判断，与此同时可以加大相应商品的推广力度。比如，通过比对发现 a 商品在活动当天一开始就有更多的关注，这一方面说明了在预热期间，这款商品更受消费者的青睐，另一方面则可以初步预见该款商品在活动当天也会有不俗的表现。那么，我们就可以以此为依据来加大此款商品的推广力度，如在直通车中提高这款商品的出价，以及在钻展中加大此款商品广告的展现力度等。

“实时访客”板块，则可以方便我们掌握客户的实时访问情况，通过这个功能我们可以查看客户的访问轨迹，通过一定数量及时间的积累，我们可以通过客户的访问轨迹，对店铺的路径设置是否合理、产品之间的关联、客户行为等特征进行相应地掌握及判断，从而为店铺的各项营销方案提供相关数据支持。

对于访客分析及数据作战室等收费功能的使用来说，访客分析对于中小商家还是比较有帮助的，可以让商家更好地去掌握自身店铺的详细来源，从而更好地监控推广工具的使用效果。

数据作战室，除收费门槛较高外，数据门槛也比较高。所以对于中小商家来讲不建议使用。因为一方面要支付高额的费用，另外一方面因为中小商家没有足够的数据支持分析也起不到应有的作用。所以在选择使用上，各位需要根据自己的实际情况及店铺所处的阶段来决定。

## 1.2.3　经营分析

经营分析，主要从店铺经营的四大关键点进行相关数据展示。主要包含：

### 1. 流量分析

流量分析主要用于展现店铺的整体流量情况。

（1）流量概况

① 流量概况下的流量总览主要用于展现在特定时间内特定终端下店铺的流量规模及访客结构（图 1-32）。

图 1-32

② 流量趋势主要用于通过曲线图更直观地向商家展示商家及类目同行、子类目下同行的流量趋势对比情况（图 1-33）。

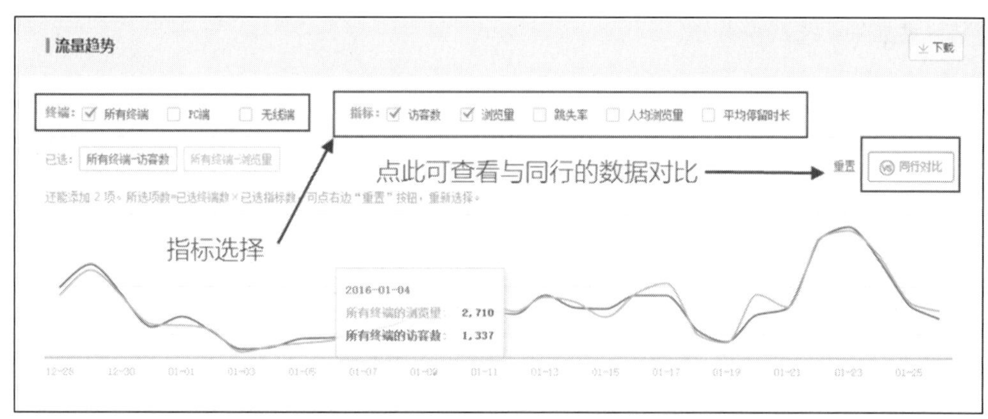


图 1-33

③ 流量来源排行主要用于展现店铺的 PC 端及无线端的前 10 名流量来源情况（图 1-34）。

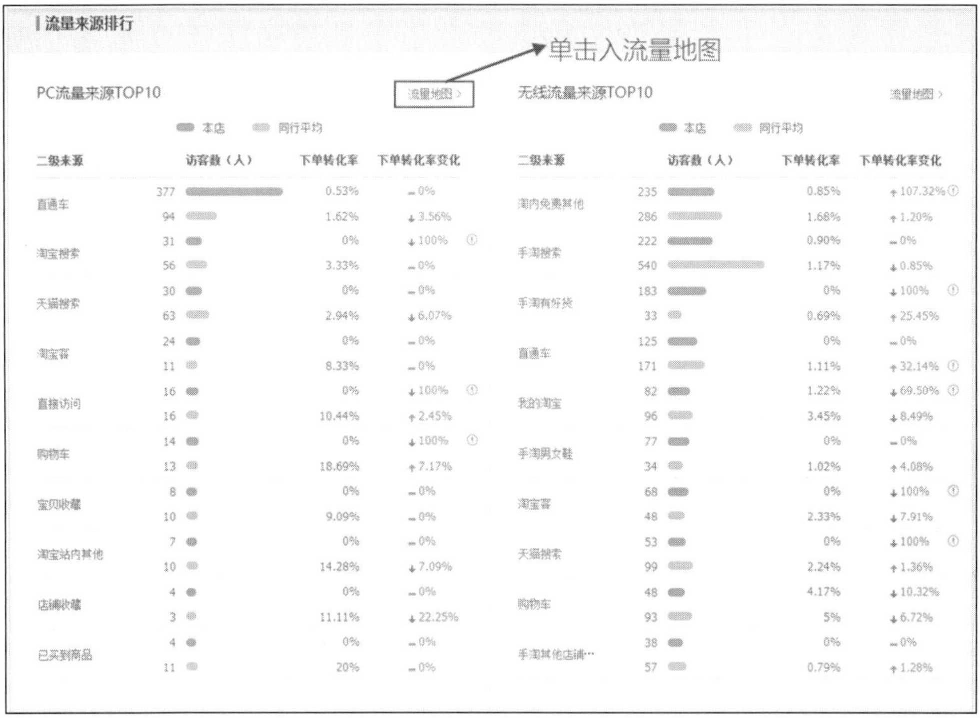

**流量来源排行**

单击入流量地图

PC流量来源TOP10　流量地图 >

本店　同行平均

| 二级来源 | 访客数（人） | 下单转化率 | 下单转化率变化 |
|---|---|---|---|
| 直通车 | 377 | 0.53% | -0% |
| | 94 | 1.62% | ↓3.56% |
| 淘宝搜索 | 31 | 0% | ↓100% |
| | 56 | 3.33% | -0% |
| 天猫搜索 | 30 | 0% | -0% |
| | 63 | 2.94% | ↓6.07% |
| 淘宝客 | 24 | 0% | -0% |
| | 11 | 8.33% | -0% |
| 直接访问 | 16 | 0% | ↓100% |
| | 16 | 10.44% | ↑2.45% |
| 购物车 | 14 | 0% | ↓100% |
| | 13 | 18.69% | ↑7.17% |
| 宝贝收藏 | 8 | 0% | -0% |
| | 10 | 9.09% | -0% |
| 淘宝站内其他 | 7 | 0% | -0% |
| | 10 | 14.28% | ↓7.09% |
| 店铺收藏 | 4 | 0% | -0% |
| | 3 | 11.11% | ↓22.25% |
| 已买到商品 | 4 | 0% | -0% |
| | 11 | 20% | -0% |

无线流量来源TOP10　流量地图 >

本店　同行平均

| 二级来源 | 访客数（人） | 下单转化率 | 下单转化率变化 |
|---|---|---|---|
| 淘内免费其他 | 235 | 0.85% | ↑107.32% |
| | 286 | 1.68% | ↑1.20% |
| 手淘搜索 | 222 | 0.90% | -0% |
| | 540 | 1.17% | ↓0.85% |
| 手淘有好货 | 183 | 0% | ↓100% |
| | 33 | 0.69% | ↑25.45% |
| 直通车 | 125 | 0% | -0% |
| | 171 | 1.11% | ↑32.14% |
| 我的淘宝 | 82 | 1.22% | ↓69.50% |
| | 96 | 3.45% | ↓8.49% |
| 手淘男女鞋 | 77 | 0% | -0% |
| | 34 | 1.02% | ↑4.08% |
| 淘宝客 | 68 | 0% | ↓100% |
| | 48 | 2.33% | ↓7.91% |
| 天猫搜索 | 53 | 0% | ↓100% |
| | 99 | 2.24% | ↑1.36% |
| 购物车 | 48 | 4.17% | ↓10.32% |
| | 93 | 5% | ↓6.72% |
| 手淘其他店铺… | 38 | 0% | -0% |
| | 57 | 0.79% | ↑1.28% |

图 1-34

④ 访客行为

访客行为主要用于展现店铺访客访问量最多的前三款宝贝，以及访客搜索入店量最高的前五位关键词（图 1-35）。

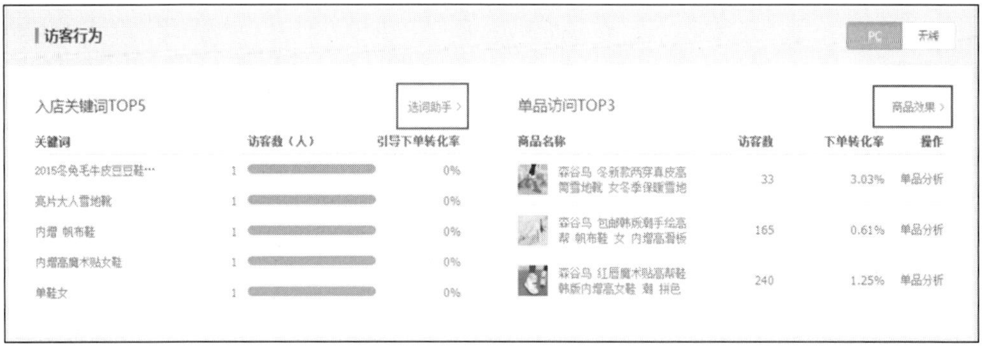

**访客行为**　PC　无线

入店关键词TOP5　选词助手 >

| 关键词 | 访客数（人） | 引导下单转化率 |
|---|---|---|
| 2015冬兔毛牛皮豆豆鞋… | 1 | 0% |
| 高片大人雪地靴 | 1 | 0% |
| 内增 帆布鞋 | 1 | 0% |
| 内增高魔术贴女鞋 | 1 | 0% |
| 单鞋女 | 1 | 0% |

单品访问TOP3　商品效果 >

| 商品名称 | 访客数 | 下单转化率 | 操作 |
|---|---|---|---|
| 森谷鸟 冬新款两穿真皮高筒雪地靴 女冬季保暖雪地 | 33 | 3.03% | 单品分析 |
| 森谷鸟 包邮韩版潮手绘高帮 帆布鞋 女 内增高滑板 | 165 | 0.61% | 单品分析 |
| 森谷鸟 红唇魔术贴高帮鞋 韩版内增高女鞋 潮 拼色 | 240 | 1.25% | 单品分析 |

图 1-35

⑤ 访客特征主要用于展现店铺访客的来访时段、城市、性别、构成等信息（图 1-36）。

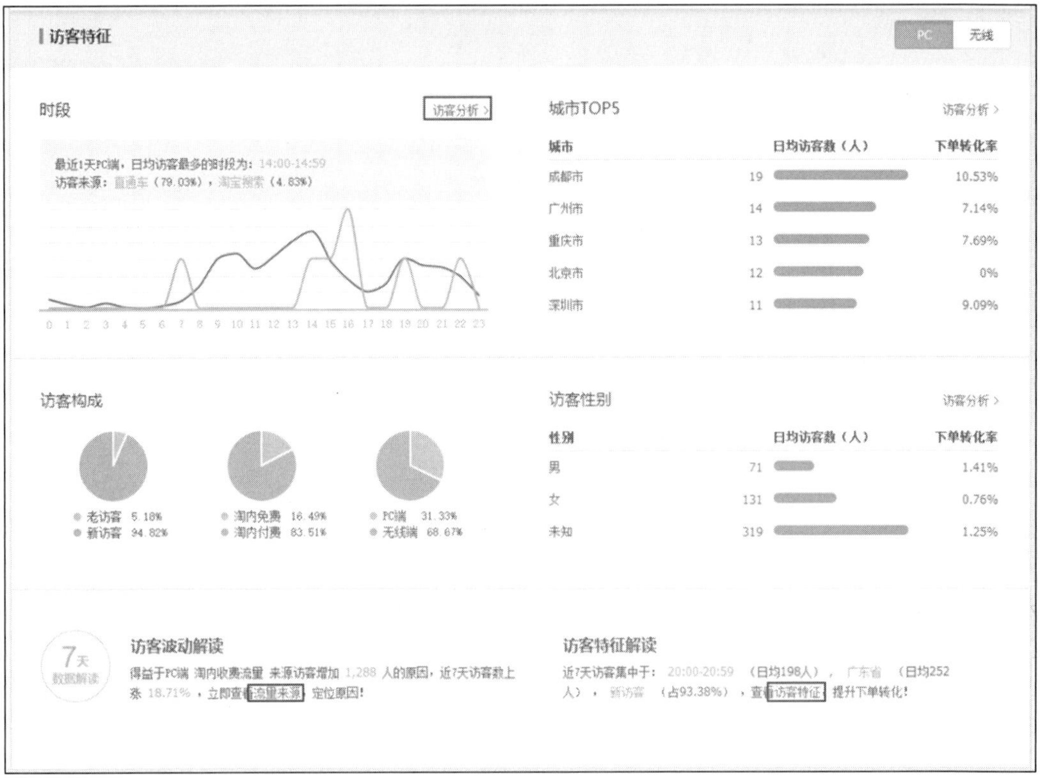

访客特征　PC　无线

时段　访客分析 >

最近1天PC端，日均访客最多的时段为：14:00-14:59
访客来源：直通车（79.03%），淘宝搜索（4.83%）

0 1 2 3 4 5 6 7 8 9 10 11 12 13 14 15 16 17 18 19 20 21 22 23

城市TOP5　访客分析 >

| 城市 | 日均访客数（人） | 下单转化率 |
|---|---|---|
| 成都市 | 19 | 10.53% |
| 广州市 | 14 | 7.14% |
| 重庆市 | 13 | 7.69% |
| 北京市 | 12 | 0% |
| 深圳市 | 11 | 9.09% |

访客构成

老访客 5.18%　新访客 94.82%
淘内免费 16.49%　淘内付费 83.51%
PC端 31.33%　无线端 68.67%

访客性别　访客分析 >

| 性别 | 日均访客数（人） | 下单转化率 |
|---|---|---|
| 男 | 71 | 1.41% |
| 女 | 131 | 0.76% |
| 未知 | 319 | 1.25% |

7天 数据解读

访客波动解读

得益于PC端 淘内收费流量 来源访客增加 1,288 人的原因，近7天访客数上涨 18.71%，立即查看流量来源 定位原因！

访客特征解读

近7天访客集中于：20:00-20:59 （日均198人），广东省 （日均252人），新访客 （占93.38%），查看访客特征 提升下单转化！

图 1-36

通过 7 天内流量的波动情况，可以了解店铺近期引流情况。通过跳失率、浏览量、平均停留时间，可以对店铺的视觉情况进行相应判断。同时，也可以对引入流量的质量进行判断，方便衡量取舍。

**（2）流量地图**

流量地图主要用于展现流量的完整流向（图 1-37）。

① 流量来源

主要用于展现商家店铺及同行店铺的流量主要来源渠道。在这里，商家可以查看自身的流量变化情况。各个引流渠道带来流量的升降情况，可以帮助商家验证引流方法是否得当，从而帮助商家确定更适合自身的引流方法（图 1-38 和图 1-39）。

流量分析
流量概况
流量地图
访客分析
装修分析
商品分析
商品概况
商品效果
异常商品
分类分析
采购进货
交易分析
交易概况
交易构成
营销推广
营销工具
营销效果
流量地图
流量来源
店内路径
流量去向
PC
无线
流量来源
日期
2016-01-26~2016-01-26
指标
下载
我的
同行
流量来源
访客数
下单买家数
下单转化率
操作
付费流量
400
9.59%
2
0.50%
查看详情
淘内免费
79
9.20%
1
0%
1.27%
18.43%
自主访问
47
2.08%
2
0%
4.26%
2.16%
淘外流量
4
0%
0
0%
其它
0
0
0%
7天
数据解读
一级来源解读
同行对比解读

图 1-37

流量分析
商品分析
交易分析
营销推广
流量地图
PC
无线
流量来源
店内路径
流量去向
流量来源
日期
2014-11-21~2014-11-21
指标
下载
我的
同行
点此查看
同行数据
点此查看在所选区间
内的来源情况曲线图
点开查看
具体流量
来源
流量来源
访客数
下单转化率
操作
付费流量
1,122
29.11%
6
25%
0.53%
42.39%
查看详情
淘内免费
817
4.89%
16
30.43%
1.96%
26.87%
自主访问
294
3.61%
15
50%
5.10%
55.49%
淘外流量
15
25%
1
0%
6.67%
19.93%
其它
1
0
0%
流量入口
日期
2014-11-21~2014-11-21
下载

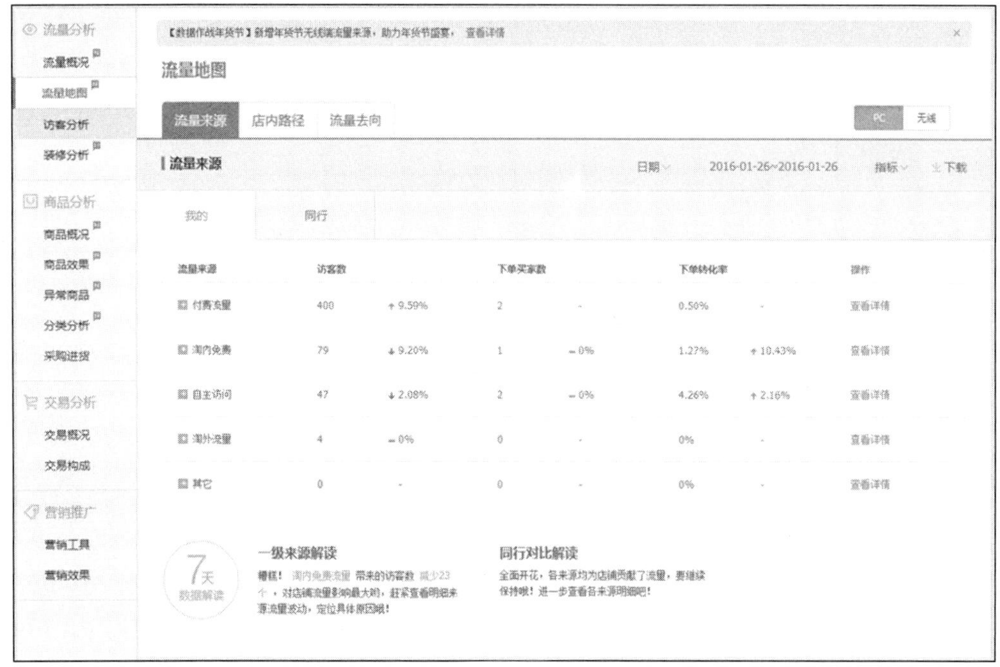

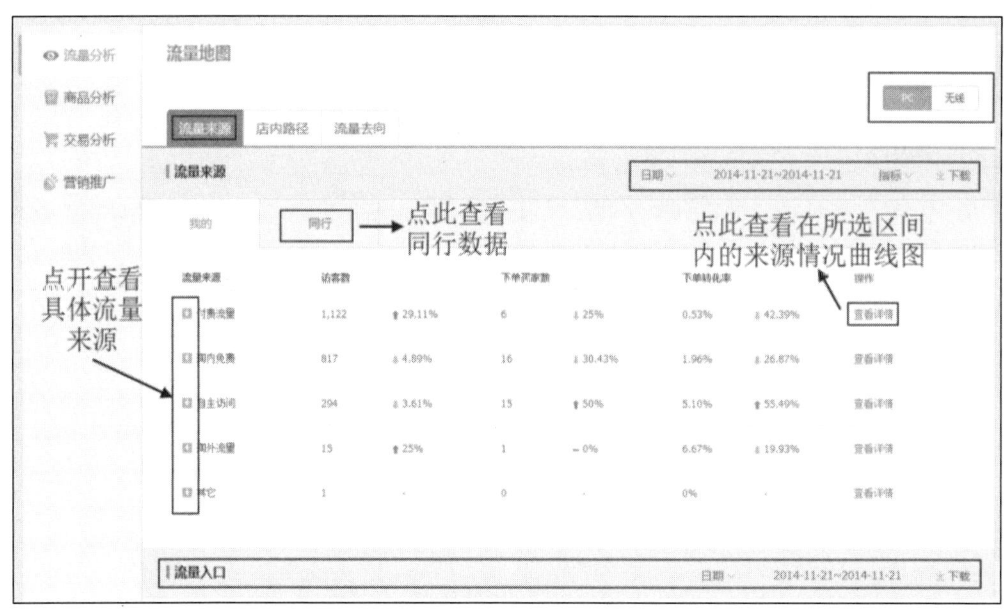

图 1-38

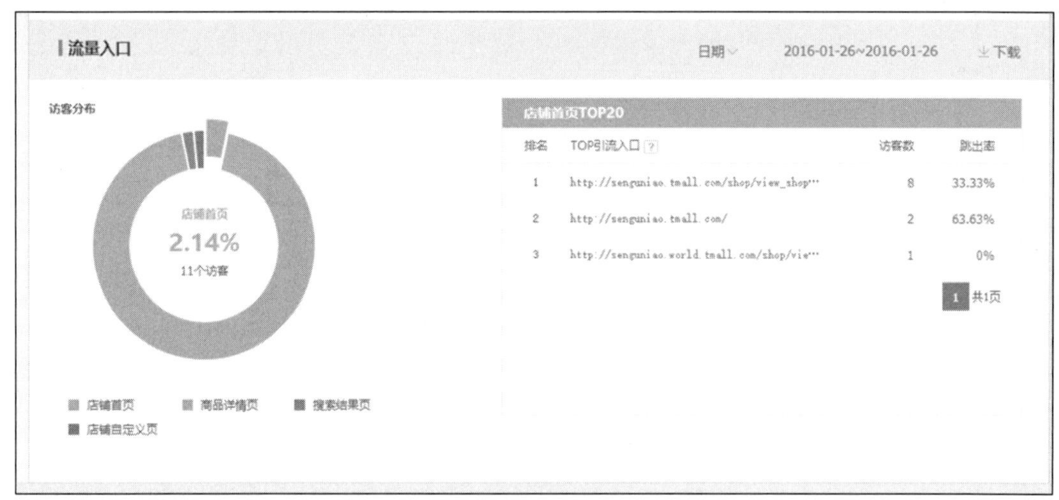


图 1-39

通过对流量来源渠道的对比，可以让商家了解同行的引流渠道。商家可以利用这些信息，对比自己的店铺，找到同行引流能力强的渠道、转化率比较高的流量渠道及自身尚未使用的流量渠道，从而进行相应的自身引流推广优化。

流量入口板块展现的是，流量进入店铺后，在店铺中的流向情况。通过查看店内各个页面的访问及跳失情况，从而知道，店铺哪个环节的设置是无效的，导致客户流失。哪个环节的设置是有效的，可以更好地转化客户。

② 店内路径

店内路径主要从“店铺首页”、“商品详情页”、“搜索结果页”、“店铺自定义页”、“商品分类页”、“店铺其他页”五个维度进行相关数据展示。通过各个页面的访问情况，商家可以进行相应的店铺路径优化（图 1-40）。

③ 流量去向

流量去向主要用于展现访客离开的页面情况。通过对访客离开页面的了解，商家可以更有针对性找到跳失率高的页面，并通过对“流量去向”板块的监测，为页面优化提供有力的数据依据，从而提高页面的转化率（图 1-41）。

流量来源
店内路径
流量去向
店内路径
点此进入装修分析
页面访问排行

图 1-40

生意参谋
首页
实时直播
经营分析
市场行情
自助取数
专题工具
帮助中心
流量分析
流量概况
流量地图
访客分析
装修分析
商品分析
商品概况
商品效果
异常商品
分类分析
采购进货
交易分析
交易概况
交易构成
流量地图
流量来源
店内路径
流量去向
离开页面排行
离开页面去向排行

图 1-41

除此之外，通过“离开页面去向”排行，商家可以查看到买家离开后的主要去向，通过这些去向，商家可以对买家离开后的行为进行主观推测，从而做出相应的策略调整。

**（3）访客分析**

访客分析主要用于展现访客时段、访客地域和访客特征等数据总结信息（图 1-42）。

图 1-42

① 访客分布—时段分布：通过曲线向商家展现在所选时间内，商家店铺在一天各个时段内的访客数及下单的买家数情况。通过这些数据，可以让商家掌握店铺每天的高峰时段，从而方便商家进行促销时段的选择决策（图 1-43）。

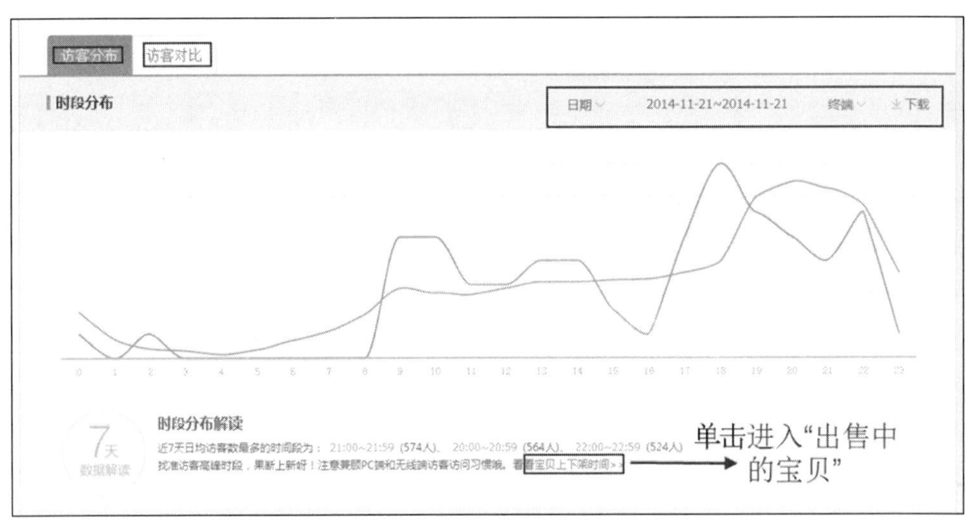


图 1-43

② 访客分布—地域分布：展现在一定时间内各个省份的访客数占比排行及下单买家数排行（图 1-44）

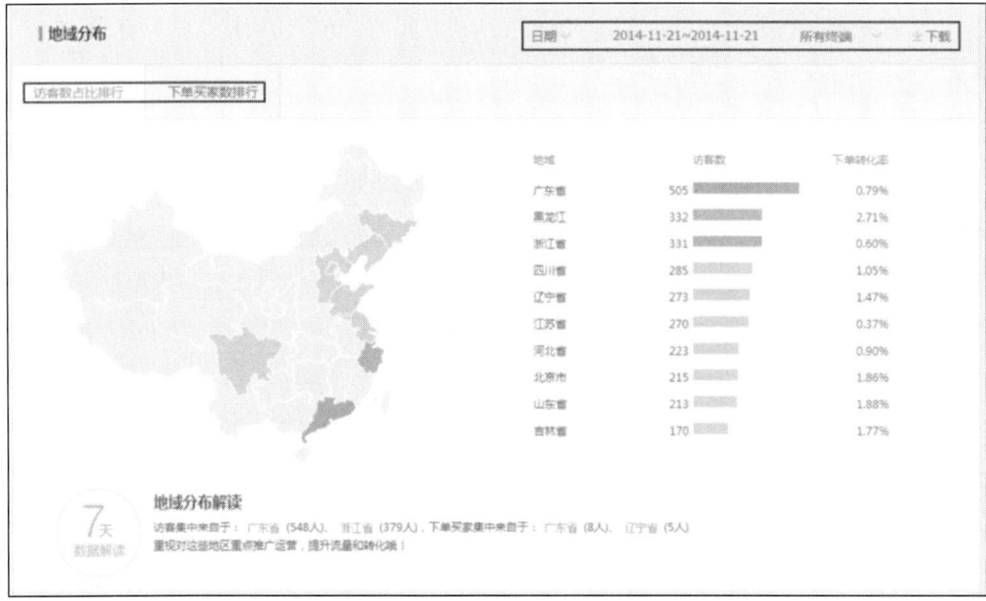


图 1-44

③ 访客分布—特征分布：主要用于展现店铺会员的等级、性别、消费层级、店铺新老客户的各种数据信息（图 1-45）。

特征分布　　日期　2014-11-21~2014-11-21　所有终端

会员等级

| 天猫等级 | 访客数 | 占比 | 下单转化率 |
|---|---|---|---|
| 非天猫达人 | 1,328 | 27.64% | 1.96% |
| 天猫T2达人 | 1,257 | 26.17% | 0.96% |
| 天猫T3达人 | 648 | 13.49% | 1.54% |
| 天猫T1达人 | 480 | 9.99% | 1.04% |
| 天猫T4达人 | 143 | 2.98% | 4.90% |
| 未知会员 | 948 | 19.73% | 0% |

消费层级

| 消费层级（元） | 访客数 | 占比 | 下单转化率 |
|---|---|---|---|
| 28.0以上 | 70 | 97.22% | 85.71% |
| 0-4.0 | 2 | 2.78% | 100% |
| 9.0-15.0 | 0 | 0% | 0% |
| 15.0-28.0 | 0 | 0% | 0% |

性别

| 性别 | 访客数 | 占比 | 下单转化率 |
|---|---|---|---|
| 男 | 598 | 12.45% | 2.51% |
| 女 | 1,632 | 33.97% | 1.65% |
| 未知 | 2,574 | 53.58% | 0.70% |

店铺新老客户

新访客　老访客

| 访客类型 | 访客数 | 占比 | 下单转化率 |
|---|---|---|---|
| 新访客 | 4,259 | 88.66% | 0.96% |
| 老访客 | 545 | 11.35% | 3.49% |

图 1-45

④ 访客分布—行为分布：主要用于展现在所选时间内，访客访问搜索的关键词 TOP5 及不同浏览量客户的占比情况（图 1-46）。

行为分布　日期　2014-11-21~2014-11-21　所有终端

来源关键词TOP5

| 关键词 | 访客数 | 占比 | 下单转化率 |
| --- | --- | --- | --- |
| 雪地靴 | 154 | 67.25% | 0.65% |
| 雪地靴内增... | 28 | 12.23% | 0% |
| 雪地靴女 ... | 18 | 7.86% | 0% |
| 亮片雪地靴 | 16 | 6.99% | 0% |
| 高筒雪地靴 | 13 | 5.68% | 0% |

浏览量分布

| 浏览量 | 访客数 | 占比 |
| --- | --- | --- |
| 1 | 3,166 | 65.90% |
| 2-3 | 1,053 | 21.92% |
| 4-5 | 268 | 5.58% |
| 6-10 | 197 | 4.10% |
| 10以上 | 120 | 2.50% |

图 1-46

⑤ 访客对比

主要用于展现未支付访客、支付新买家、支付老买家的消费层级（元）、性别、年龄、地域 TOP5、营销偏好、关键词 TOP5 等六个方面的数据对比情况（图 1-47）。

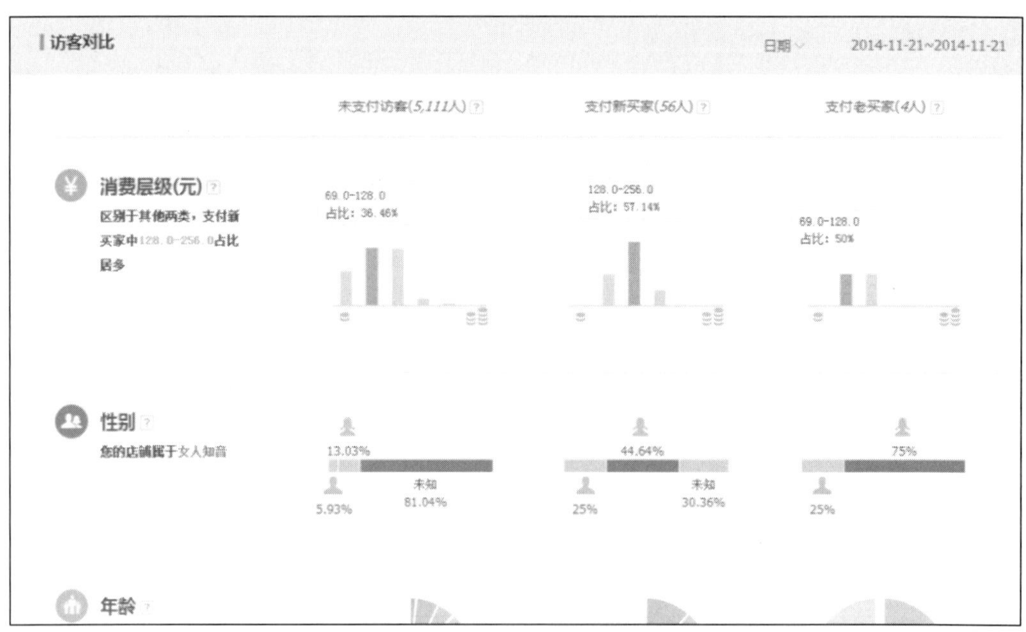


图 1-47

（4）装修分析

装修分析，主要用于分析页面的点击分布情况。可以查看店铺首页页面中每个模块的点击次数、人数、引导下单转化率等数据信息（图 1-48）。

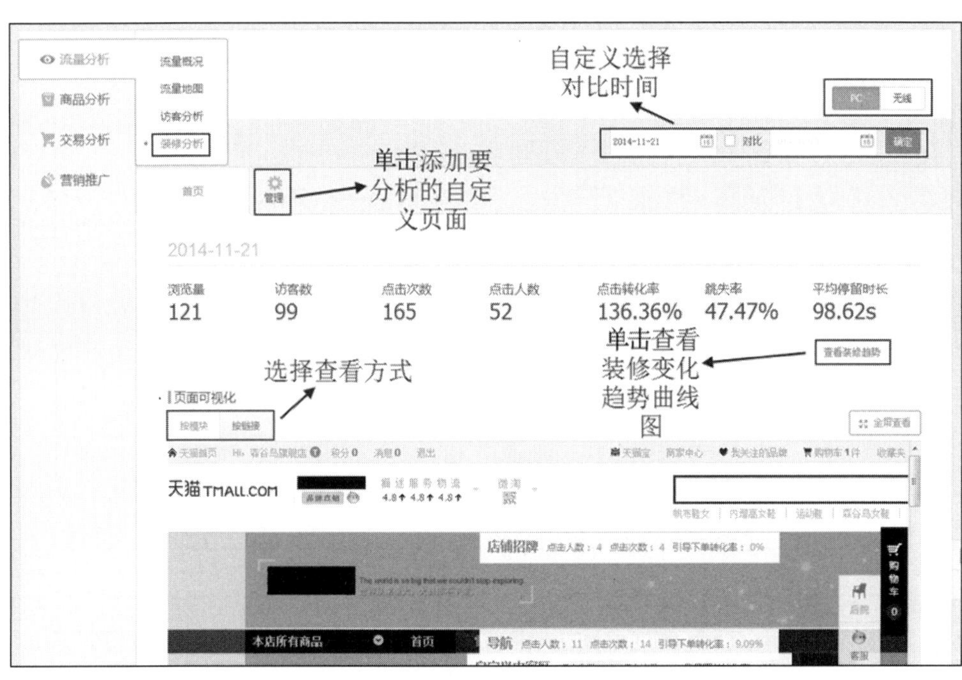


图 1-48

通过“管理”功能，商家可以自行加入要统计的自定义页面。通过“查看装修趋势”可以查看一定时间内，店铺首页的点击等数据情况。

## 2. 商品分析

商品分析，主要展现店铺所有商品的各类数据情况。主要包括：

（1）商品概况

商品概况主要用于展现商品信息的总况，包含流量、访问质量、转化效果、趋势等各项信息（图 1-49）。

（2）商品效果

商品效果概况，主要用于展现宝贝在最近一天的各项数据（图 1-49、图 1-50）。

商品概况
商品信息总况
日期
2016-01-26~2016-01-26
流量相关
商品访客数
1,626
商品浏览量
2,979
被访问商品数
165
访问质量
平均停留时长
52
详情页跳出率
84.93%
转化效果
加购件数
74
支付件数
12
异常商品数
64
商品收藏次数
90
7天
数据解读
流量相关解析
访问质量解析
转化效果解析
商品销售趋势
日期
2016-01-20~2016-01-26
指标
下载

图 1-49

流量分析
流量概况
流量地图
访客分析
装修分析
商品分析
商品概况
商品效果
异常商品
分类分析
采购进货
交易分析
交易概况
交易构成
营销推广
营销工具
营销效果
商品效果
商品效果明细
商品名称
当前状态
操作
商品温度计
单品分析

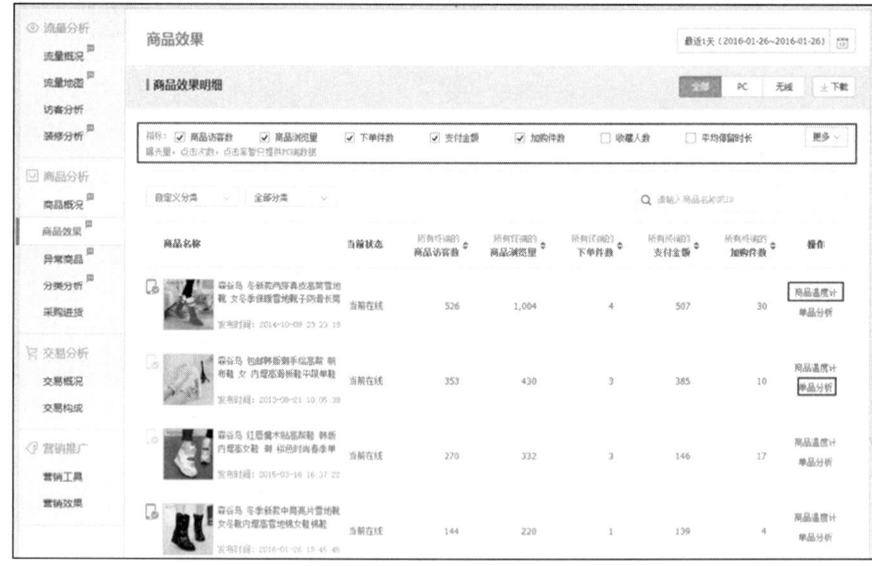

图 1-50

宝贝效果明细主要用于展现最近 1 天 / 最近 7 天 / 最近 30 天的宝贝各项数据。

通过宝贝效果明细，我们可以点击要查看的宝贝所对应的“商品温度计”及“单品分析”来进一步地查看宝贝的各项详细指标（图 1-51、图 1-52 和图 1-53）。

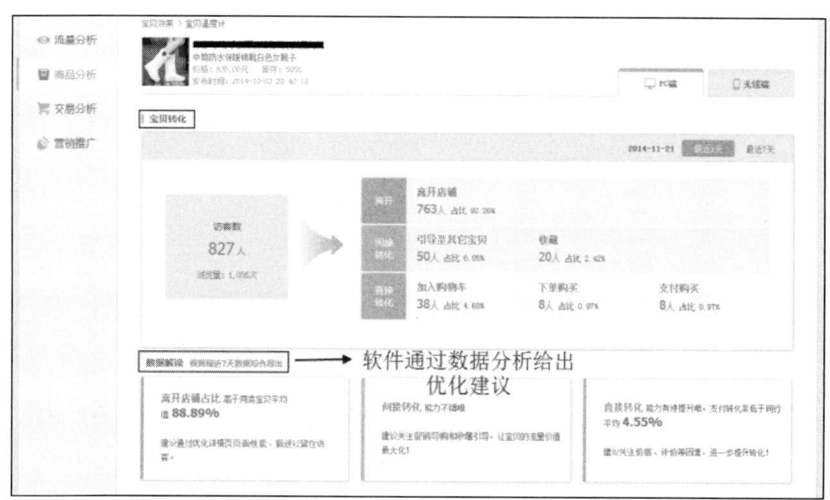


图 1-51

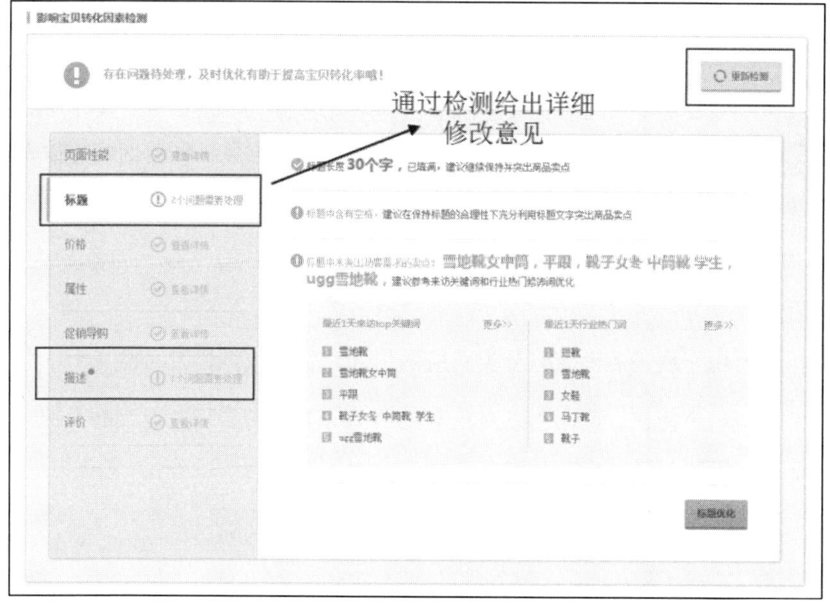


图 1-52

淘宝搜索

| | 搜索曝光 | | | | 引流效果 | | | | 转化效果 | | | |
|---|---|---|---|---|---|---|---|---|---|---|---|---|
| 关键词 | 搜索排名 | 曝光量 | 点击量 | 点击率 | 浏览量 | 访客数 | 人均浏览量 | 跳出率 | 支付买家数 | 支付件数 | 支付金额 | 支付转化率 |
| 长筒雪地靴 | 22 | 43 | 1 | 2.33% | 2 | 1 | 2.00 | 100% | 0 | 0 | 0 | 0% |
| 雪地靴女长筒 | 31 | 18 | 1 | 5.56% | 1 | 1 | 1.00 | 100% | 0 | 0 | 0 | 0% |
| 雪地靴长筒女 | 37 | 1 | 1 | 100% | 1 | 1 | 1.00 | 100% | 0 | 0 | 0 | 0% |

**商品来源去向Top5** 日期 2016-01-26~2016-01-26

| 来源top5商品 | 访客数 | 去向top5商品 | 访客数 |
|---|---|---|---|
| 森谷鸟 红唇魔术贴高帮鞋 韩版内增高女鞋 潮 拼色时尚 | 2 | 森谷鸟 雪地靴女真皮时尚中筒靴松糕厚底保暖靴子 冬季 | 2 |

图 1-53

### （2）异常商品

异常宝贝板块主要用于展现有流量下跌、支付转化率低、高跳出率、支付下跌、零支付或低库存等情况的商品信息。从而方便商家更直接地了解短板宝贝，同时商家可以单击宝贝所对应的“宝贝温度计”、“效果详情”等快捷入口，直接进入相关页面，进行问题诊断及优化（图 1-54）。

### （3）分类分析

分类分析主要用于展现店铺所有分类对应的引导转化等数据情况（图 1-55）。

通过分类分析这个板块，商家可以对现有的店铺分类是否合理进行判断及优化。

### （4）采购进货

采购进货板块，主要用于向商家展现一些可能适合商家的阿里巴巴上的供应厂家信息，以便于商家在需要时选择（图 1-56）。

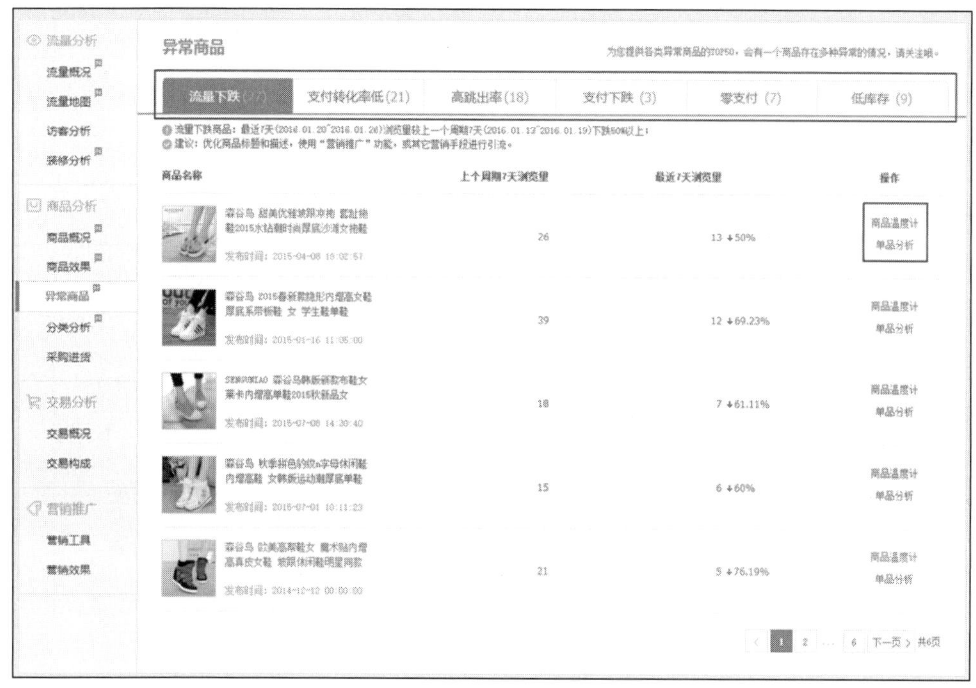


图 1-54

宝贝分类引导转化

2014-11-21　对比　2014-11-20　确定

| 宝贝类别 | 分类中宝贝数 | 分类页访客数 | 引导点击转化率 | 引导支付转化率 |
|---|---|---|---|---|
| [illegible] | 67 | 24 | 66.67% | 8.33% |
| [illegible] | 43 | 22 | 40.91% | 0.00% |
| [illegible] | 16 | 9 | 44.44% | 0.00% |
| [illegible] | 25 | 6 | 66.67% | 0.00% |
| [illegible] | 19 | 3 | 33.33% | 0.00% |
| [illegible] | 4 | 1 | 0.00% | 0.00% |
| [illegible] | 7 | 0 | - | - |
| [illegible] | 22 | 0 | - | - |
| [illegible] | 7 | 0 | - | - |
| [illegible] | 25 | 0 | - | - |

图 1-55

图 1-56

### 3. 交易分析

交易分析主要用于展现店铺的交易情况。通过形象化的漏斗图来展现店铺的交易转化情况（图 1-57）。

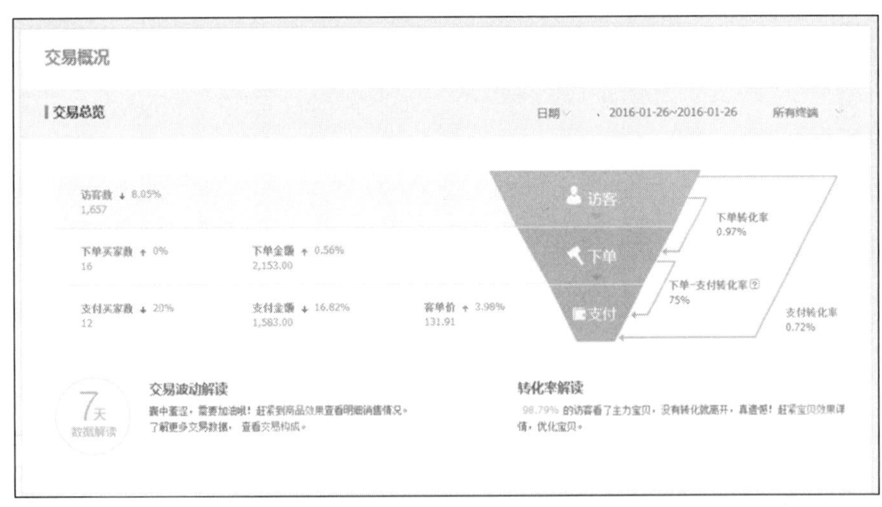


图 1-57

交易趋势则主要用于商家对自身及同行的数据情况进行线性对比分析。

交易构成主要从终端构成、类目构成、价格带构成及资金回流构成四个纬度来展现店铺的交易情况（图 1-58）。

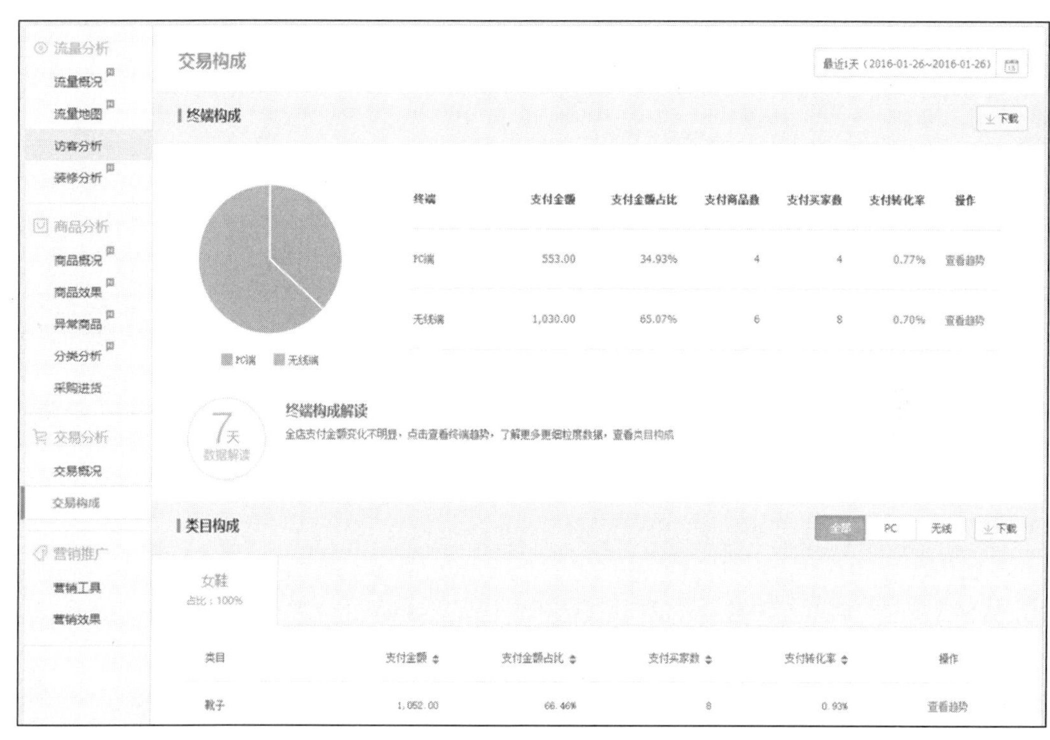


图 1-58

## 4．营销推广

营销推广，主要用于为商家提供营销时的各类数据指标参考，从而让商家可以更精准地选择出推广商品。

① 创意营销板块主要包含以下几项（图 1-59）。

单品营销：以单款宝贝进行营销推广的营销方案生成建议。

多品套餐：以套餐宝贝进行营销推广的营销方案生成建议。

全店优惠：以全店进行营销推广的营销方案生成建议。

图 1-59

② 爱上聚划算板块。

此板块主要为商家参加聚划算推广提供相应的建议及数据支持（图 1-60）。

图 1-60

## 使用心得

1. 流量分析板块可查询的数据有很多，其作用也有很多，根据不同的需求它的使用方式也不同。但在一般情况下，它适合为店铺路径（访客在店铺中所能进入的其他页面引导链接入口）的优化提供数据支持。

举例：

我们可以通过查看店铺“浏览量”与店铺“访客数”的差距（流量概况）来初步判断店铺目前访客的浏览情况。浏览量 / 访客数的比值在大于 1 的情况下比值越大，证明店铺吸引力越大，反之则越小。

访客的浏览量情况，与“流量分析”下“流量地图”中的“店内路径”、“流量去向”息息相关。店铺的“店内路径”与“流量去向”做得越丰富、越吸引客户点击，则浏览量越多。所以想要提高客户浏览量，就要先从“店内路径”及“流量去向”的数据开始优化（图 1-61）。

图 1-61

接下来，我们再通过“店内路径”数据来查看目前店铺路径的访问及占比情况。之后，再通过“流量去向”数据来判断店铺目前的视觉吸引力。看看哪些页面客户离开的几率（跳失率）比较大。而这些跳失率比较大的页面正是我们要优化视觉的重点页面。试想下，对于一个店铺来讲，如果视觉出现问题意味着什么？一定是客户的浏览量下降，也就是意味着客户能够浏览产品的数量下降，在一定程度上必然会伴随着销量的相对下降。

客户在店铺里浏览的宝贝越多，停留时间越长，那么也就意味着他在店铺的成交机会越大，所以对于任何一个店铺来讲，这两项指标至关重要，直接影响着店铺的转化率情况，店铺成交销量，间接影响着我们的推广成本。

诊断问题的下一步就是解决问题。

引起“店内路径”与“流量去向”数据不理想的原因一般是因为店铺路径优化不到位、视觉吸引力不够。当访客进入宝贝页面后，找不到自己想要的宝贝，对当前页面的内容不感兴趣，没有其他点击链接，那么他便没有再查看下去的必要，访客自然会离开。

想要留住访客，一方面，我们要知道访客到底想看到什么，也就是他会对什么内容感兴趣。另一方面，我们需要优化目前做得不够好的地方。

操作流程：

① 通过“商品分析”下的“宝贝效果”找到被访问量大的宝贝（即人气宝贝、入口宝贝）。

② 通过日常销售数据的总结，确定适合与人气宝贝搭配的宝贝。

③ 在人气宝贝页面做宝贝推荐关联模块，增加宝贝入口。

（图 1-62 和图 1-63）

商品详情
累计评价 1393
月成交记录5756件
02/17 100元礼券
春夏新品系列
69-199元特惠专区
¥169
¥109
¥179
¥98.9
¥189
¥189
¥169
¥119
¥269
¥169
关联产品推荐
一般放在产品内页的首屏
这样展现更容易被点击

图 1-62

商品详情
累计评价 1393
月成交记录5756件
¥149.00
¥169.00
精织细节
侧栏产品推荐

图 1-63

④ 所有产品的内页、店铺招牌加入首页链接。

⑤ 根据“商品分析”下的“分类分析”优化店铺分类（如图 1-64），将客户不接受的分类（一段时间内“引导点击转化率”、“引导支付转化率”过低的）去掉或更换，根据人气分类继续做优化。需要注意的是，不同周期内，部分分类会出现波动，所以在优化分类时，可以根据商品的季节性或周期性进行优化。比如，服饰类目在夏季时，“蕾丝裙”分类会比较受关注，而“羊毛裙”则会相对受冷落，冬季二者的受关注程度则恰好相反。

图 1-64

⑥ 通过“流量地图”下的“店内路径”中的店铺首页来源数据来优化店铺首页路径（图 1-65），提高访客进入首页后的停留时间及到宝贝页和分类页的次数（见图 1-66）。同时，根据“流量地图”中的“流量来源”下的“流量入口”（图 1-67）来找到 TOP 流量入口来源，进一步加大此类来源的优化力度。

流量分析
流量概况
流量地图
访客分析
装修分析
商品分析
商品概况
商品效果
异常商品
分类分析
采购进货
交易分析
交易概况
交易构成
营销推广
营销工具
行业分析、竞争分析、搜索优化尽在市场行情，看老师为您深度剖析 查看详情
流量地图
流量来源
店内路径
流量去向
PC
无线
店内路径
日期
2016-05-14~2016-05-14
店铺首页 访客数 3 占比 75%
商品详情页 访客数 0 占比 0%
搜索结果页 访客数 0 占比 0%
店铺自定义页 访客数 1 占比 25%
商品分类页 访客数 0 占比 0%
店铺其他页 访客数 0 占比 0%
来源 访客数 来源访客数占比
直接访问 0 0%
店铺首页 1 25%
商品详情页 0 0%
搜索结果页 0 0%
店铺自定义页 1 25%
商品分类页 0 0%
店铺其他页 0 0%
店外其他来源 2 50%
店铺首页
访客数：3
查看页面模块分析
去向 访客数 来源访客数占比
店铺首页 1 25%
商品详情页 0 0%
搜索结果页 0 0%
店铺自定义页 1 25%
商品分类页 0 0%
店铺其他页 0 0%
离开店铺 2 50%

图 1-65

3.4折 精选荷叶茶30g
2.1折 精选彩虹甜心105g
4.0折 精选冻干柠檬片40g
¥9.9
¥9.9
¥15.9
立即抢购
首页到宝贝页面入口推荐
松鼠美食仓库
主人，不着急，让松鼠小酷帮你找吧的！
坚果
果仁
休闲
干果
花茶
全部坚果
吃货Top榜
年货礼盒
¥33.9
首页到分类页推荐

图 1-66

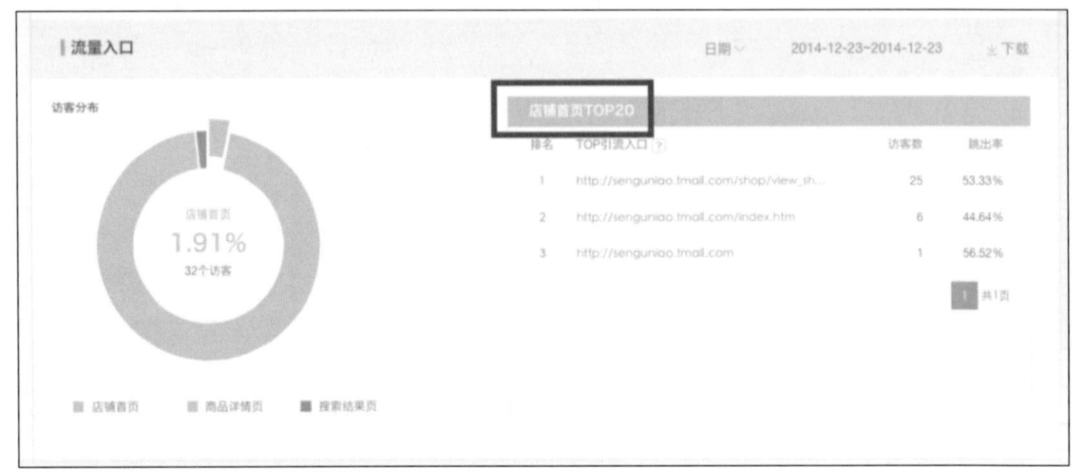


图 1-67

需要注意的是，流量的不精准也会引起店铺浏览量低、访客停留时间短、访问页面少等问题。比如通过直通车的某些非相关关键词引来的流量，又比如通过“淘宝试用”、“淘宝清仓”等活动引来的流量，这些流量本身就存在着很大的不确定性，客户群体也非定位群体，所以在优化过程中，要避开特殊流量数据。

以上举例只是针对店铺路径的初级优化，但想要做好店铺路径仅仅依靠工具是不够的，还需要在定位思路、视觉以及自身店铺服务等多方面进行优化。

2. 装修分析功能主要用于我们日常的店铺装修优化。通过这个功能我们可以对装修的是否有效进行初级判断。很多时候，我们在装修店铺时，都是以个人喜好为店铺装修好坏的判断依据，实际上这个判断依据是不够客观的。店铺装修的好坏，不能单从个人审美的角度去判断，而是需要以店铺的定位，店铺的发展方向等多个角度去衡量。借助相应的数据及客户反馈情况我们才能确定一次装修是否有效，是否进步。而装修分析就恰恰为我们提供了这样的一个帮助。

所以，在店铺装修分析的使用上，我们更多的应是根据每天的数据变化来对店铺的装修状况进行评估。同时，如果我们发现店铺首页、宝贝页面及自定义页面的某个位置，不管放什么内容点击量都会略大些，那就证明这个位置对于买家来讲是格外凸显的，那么此时，我们就可以在装修时，将更希望让客户看到的东西放到这个位置上。

另外一种情况，比如我们想让客户更多的关注和点击某一产品或海报，但是点击量却一直都很低，那么我们就需要去查找原因，到底是海报本身的吸引力不够，还是我们安排的位置有问题。除此之外，我们还可以通过店铺装修趋势数据的历史记录来观察，在某一段期间内，我们的店铺装修水平的变化情况。我们可以找到哪几次装修是成功的，把这些成功的装修作为案例进行分析，总结成功的原因，从而为我们提升自身店铺装修水平做更充分的准备。

3. “交易分析”一般主要应用于分析一周或者一个月的 PC 端店铺经营销售情况。通过对比行业数据来判断店铺的销售情况是否健康。

举个例子，我们在经营店铺时，都会遇到店铺营业额大起大落的情况，尤其是，对于中小卖家店铺，有时销量会出现突然增加或突然减少。每当遇到这样的情况，我们就可以借助“交易分析”下的“交易趋势”功能来分析店铺与行业的销售情况是否同步（如图 1-68）。

假设，我们店铺营业额大幅度下降，但是发现行业销售情况却是一直增长，那么此时，我们就应该注意自己的店铺情况，连续进行数据观察和分析，找找原因。为什么市场前景很好，趋势增长，而我们却在下降？究竟是流量的原因，还是我们自身转化的问题。

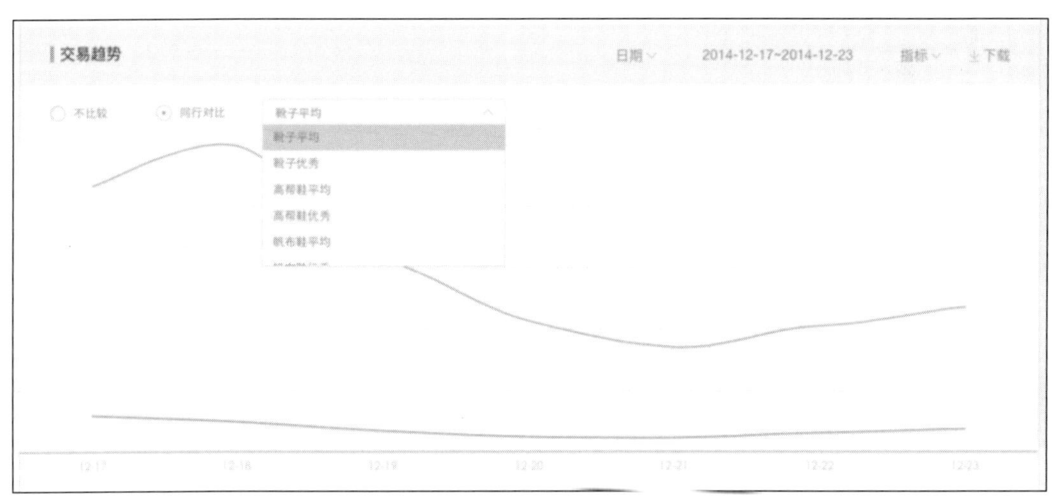


图 1-68

通过“商品分析”中的“宝贝效果”我们可以对店铺的热销宝贝做一个了解，查看是否存在访客数很高，但成交很低的宝贝，如果存在，就要看看哪里影响了转化，是价格还是其他。对于那些跳失率很高的宝贝，我们如何优化它的内页，是不是要增加一些其他宝贝推荐，来降低其跳失率。通过“宝贝温度计”我们可以对宝贝情况进行全面诊断，同时，“宝贝温度计”中还会对宝贝存在的问题，给出相应的优化建议（如图 1-69）。

通过“商品分析”下的“异常商品”（如图 1-70），我们则可以更直观地发现一些波动较大并出现异常的商品。

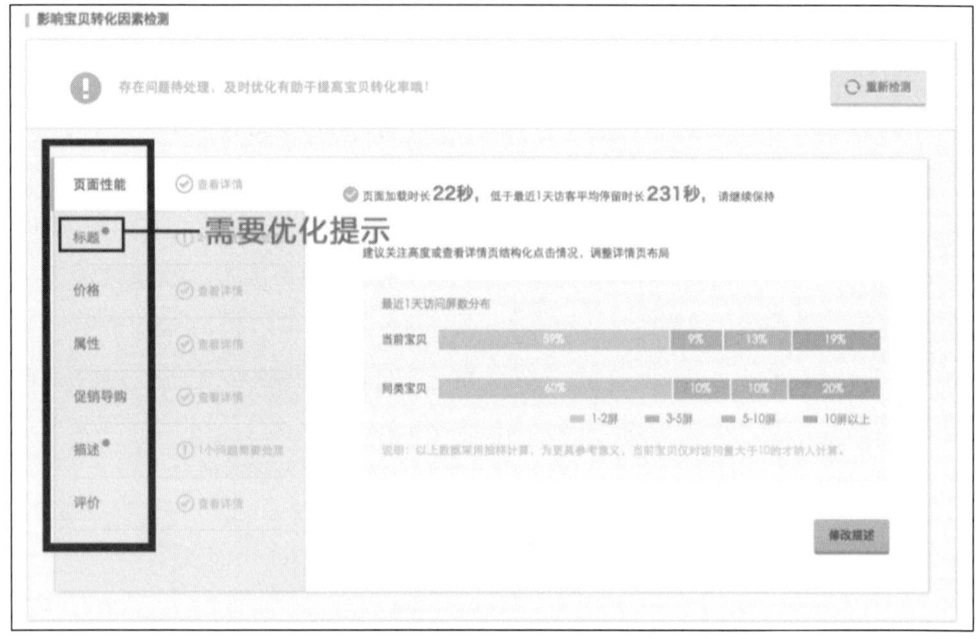


图 1-69

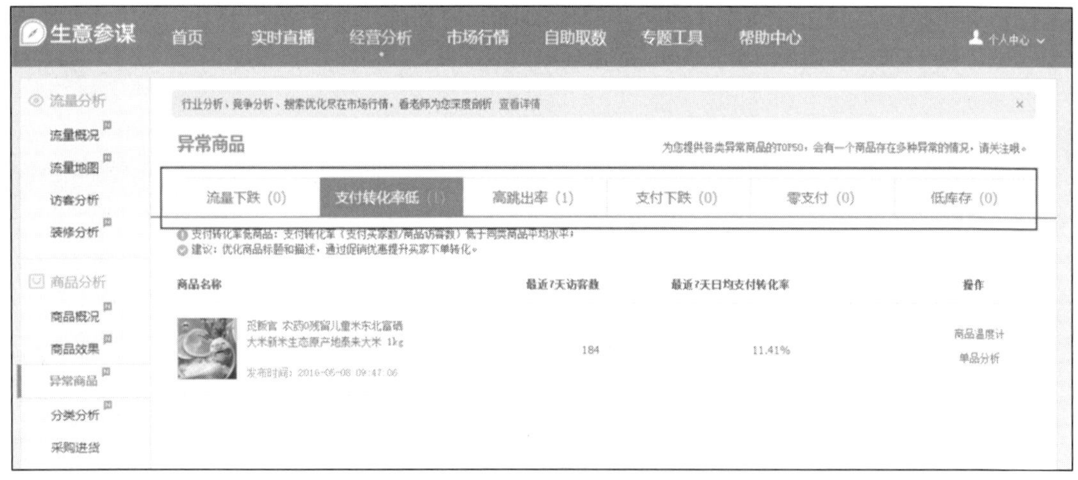


图 1-70

## 4. 市场行情

市场行情的主要功能源于数据魔方。同样分为标准版及专业版。需要商家进行订购。由于市场行情主要针对品牌、行业大盘，很多数据指标的解释与本章其他内容相似，故在此不做赘述。

### 5. 自助取数

通过自助取数功能，商家可以根据自己的个性化需求，来制定相应的数据报表。

#### （1）我要取数

通过“我要取数”，选择自己要查看的数据纬度、周期、日期及各项指标，并单击“加入我的报表”按钮（图 1-71）。

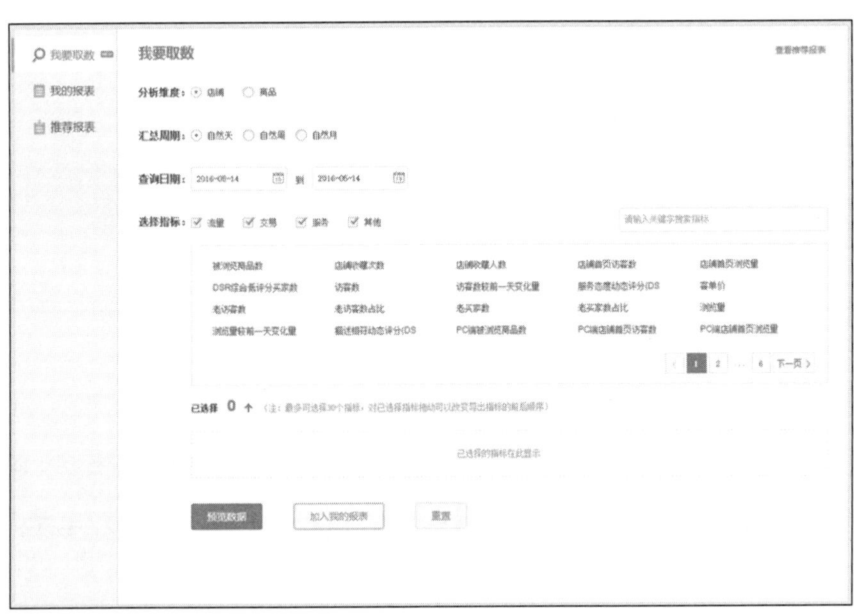


图 1-71

#### （2）我的报表

“我的报表”主要用于保存展现商家制定的个性化数据报表。最多可添加 10 个报表。

#### （3）推荐报表

推荐报表是由系统推荐给商家的，已经预先设定好的取数指标的各种报表，以便于商家直接选取使用（图 1-72）。

### 使用心得

自助取数功能可以说是生意参谋的亮点功能之一，因为有了它的存在，可以更好地满足数据分析人员的个性化数据分析需求。而作为商家本身，我们在不同的店铺经营时期，会有不同的分析需求，通过“自助取数”功能我们可以根据自己的需求，建立属于自己的数据分析表。

图 1-72

## 5．专题工具

专题工具目前还未完全开放，已经提供的官方工具有选词助手及行业排行榜（图 1-73）。

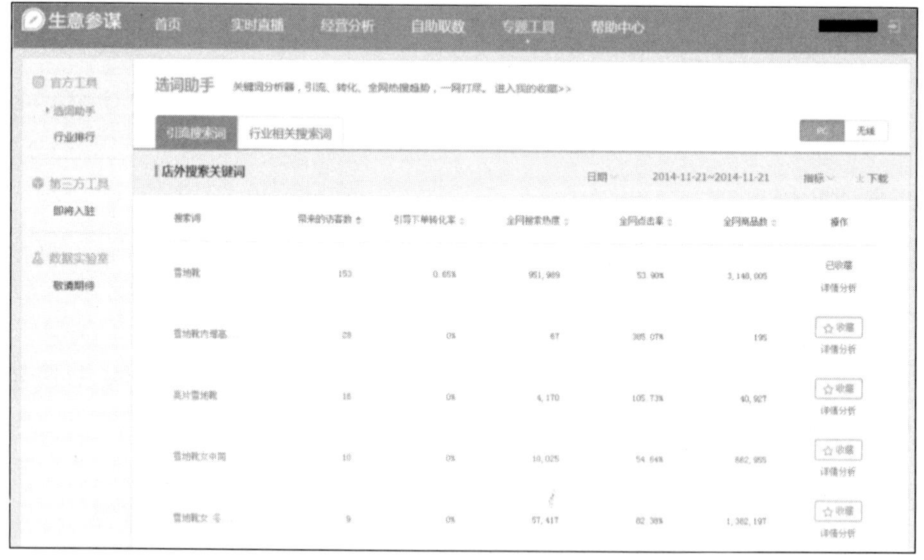


图 1-73

## 使用心得

专题工具的使用，主要是为了方便我们进行各类工具的组合使用。这些工具的加入，可以与生意参谋平台进行功能上的互补，最大限度地提高商家的工作效率，让商家通过生意参谋一个平台便可以完成各种数据分析工作。

# 1.3　生意参谋平台中各项数据指标解释

### 1. 公共指标

| 指标类型 | 指　　标 | 指标注释 |
| --- | --- | --- |
| 流量类 | 浏览量 | 卖家的店铺或商品详情页被访问的次数，一个人在统计时间内访问多次记为多次。PC 端浏览量和无线端浏览量之和即为所有终端浏览量。 |
|  | PC 端浏览量 | 您的店铺或商品详情页在电脑浏览器上被访问的次数，一个 |
|  | 无线端浏览量 | 店铺或商品详情页在无线设备（手机或 Pad）的浏览器上被访问的次数，称为无线 WAP 浏览量；在无线设备的 APP（目前包括手机淘宝、天猫 APP、聚划算 APP）上被访问的次数，称为无线 APP 浏览量，无线 WAP 和无线 APP 浏览量之和为无线端的总浏览量。 |
|  | 访客数 | 店铺页面或商品详情页被访问的去重人数，一个人在统计时间内访问多次仅记为一个。PC 端访客数和无线端访客数相加之和为所有终端访客数。 |
|  | PC 端访客数 | 店铺或商品详情页在电脑浏览器上被访问的去重人数，一个人在统计时间范围内访问多次仅记为一个。 |
|  | 无线端访客数 | 店铺或商品详情页在无线设备（手机或 Pad）的浏览器上，或者，在无线设备的 APP（目前包括手机淘宝、天猫 APP、聚划算 APP）上被访问的去重人数，记为无线端访客数。当通过浏览器和通过 APP 访问的是同一人，无线端访客数只记为一个。 |
|  | 跳失率 | 一天之内，访问您店铺浏览量为 1 的访客数/店铺总访客数，即访客数中仅有一个浏览量的访客数占比。该值越低则说明流量的质量越好。各天跳失率的日均值被称为多天的跳失率。 |
|  | 人均浏览量 | 浏览量/访客数，多天的人均浏览量是各天人均浏览量的日均值。 |
|  | 人均停留时长 | 访问店铺的所有访客总的停留时长/访客数，单位为秒，多天的人均停留时长是各天人均停留时长的日均值。 |
|  | 页面离开访客数 | 根据所选的页面，从该页面离开店铺的人数去重，同一个人一个会话内通过多个页面离开店铺，仅计入该会话中最后一次离开的页面，同一个人多个会话通过多个页面离开店铺，同时计入各个离开的页面。 |
|  | 页面离开浏览量 | 根据所选择的页面，从该页面离开店铺的次数。同一个人一个会话内通过多个页面离开店铺，仅将离开浏览量计入该会话中最后一次离开的页面，同一个人多个会话通过多个页面离开店铺，浏览量计入各个离开的页面。 |

续表

| 指标类型 | 指标 | 指标注释 |
| --- | --- | --- |
| | 页面离开浏览量占比 | 根据所选的页面，页面离开浏览量与页面被访问的次数的比值。 |
| | 去向离开访客数 | 依据选择的去向渠道，离开店铺后去向该渠道的去重人数。 |
| | 去向离开访客数占比 | 去向离开访客数与所有去向离开访客数之和的比值。 |
| | 点击数 | 店铺页面被用户点击的次数，同一个人在统计时间范围内，如果多次点击该页面会被计算为多次。 |
| | 点击人数 | 点击店铺页面的去重人数，一个人在统计时间范围内多次点击该页面仅记为1次。 |
| | 点击转化率 | 统计时间内，店铺页面点击数/店铺页面浏览量，即所查看的页面平均被点击的比率。点击转化率越高越好。 |
| | 跳出率 | 在统计时间内，访客中没有发生点击行为的人数/访客数，即跳出率=1 - 点击人数/访客数。跳出率越低越好。 |
| 交易与商品类 | 下单买家数 | 统计时间内，拍下宝贝的去重买家人数，一个人拍下多件或多笔，只统计为一个人。 |
| | 下单金额 | 统计时间内，买家拍下宝贝的累计金额。 |
| | 支付买家数 | 统计时间内，完成支付的去重买家人数，预售分阶段付款在付清当天才计入内；所有终端支付买家数为PC端和无线端支付买家去重人数，即统计时间内在PC端和无线端都对宝贝完成支付，则买家数统计为为1个。 |
| | PC端支付买家数 | 在电脑上拍下后，统计时间内，完成付款的去重买家人数。特别说明，无论支付渠道是电脑还是手机，只要是在电脑上拍下，就将该买家数计入PC端支付买家数。 |
| | 无线端支付买家数 | 在手机或Pad上拍下后，统计时间内，完成付款的去重买家人数。特别说明，无论支付渠道是电脑还是手机，只要拍下是在手机或Pad上，就将该买家数计入无线端支付买家数。 |
| | 支付金额 | 买家拍下后通过支付宝支付给您的金额，未去除事后退款金额，预售阶段付款在付清当日才计入内。所有终端的支付金额为PC端支付金额和无线端支付金额之和。 |
| | PC端支付金额 | 买家在电脑上拍下后，在统计时间范围内完成付款的支付宝金额，未去除事后退款金额，预售分阶段付款在付清当日才计入内。另：支付渠道无论是电脑还是手机，只要拍下是在电脑上，就将后续的支付金额计入PC端。 |
| | 无线端支付金额 | 买家在无线终端拍下后，在统计时间范围内完成付款的支付宝金额，未去除事后退款金额，预售分阶段付款在付清当日才计入内。另：支付渠道无论是电脑还是手机，只要拍下是在手机或Pad上，就将后续的支付金额计入无线端。 |
| | 客单价 | 统计时间内，支付金额与支付买家数的比值，即平均每个支付买家的支付金额。 |
| | 下单转化率 | 统计时间内，下单的买家数除以访客数，即来访客户转化为下单买家的比例。 |
| | 下单 - 支付转化率 | 统计时间内，下单且支付的买家数除以下单买家数，即统计时间内下单买家中完成支付的比例。 |
| | 支付转化率 | 统计时间内，支付买家数除以访客数，即来访客户转化为支付买家的比例。 |
| | 确认收货指数 | 系统挖掘计算得出的确认收货等级，星级越高，表示催促其确认收货的可能性越大。 |

续表

| 指标类型 | 指标 | 指标注释 |
| --- | --- | --- |
| | 支付件数 | 统计时间内，买家完成支付的宝贝数量，如出售 Pad，16G 两个，32G 三个，那么支付件数为五个。 |
| | 下单件数 | 统计时间内，宝贝被买家拍下的总件数。 |
| | 商品动销率 | 统计时间内，所选终端条件下，店铺整体商品售出率，即支付商品数/店铺在线商品数，PC 端商品动销率=PC 端支付商品数/店铺在线商品数，无线端商品动销率为无线端支付商品数/店铺在线商品数。 |
| | 收藏人数 | 通过对应渠道进入店铺访问的访客数中，后续对商品进行收藏的人数。对于有多个来源渠道的访客，收藏人数仅归属在该访客当日首次入店的来源中。同一个访客多天有收藏行为，则归属在收藏当天首次入店的来源中，即多天都有收藏行为的收藏人数，多天统计会体现在多个来源中。收藏人数不等同于收藏宝贝和收藏人气等其他指标。 |
| | 加入购物车人数 | 通过对应渠道进入店铺访问的访客数中，后续对商品加入购物车人数。对于有多个来源渠道的访客，加入购物车人数仅归属在该访客当日首次入店的来源中。同一个访客多天有加入购物车行为，则归属在加入购物车当天首次入店的来源中，也就是说，多天都有加入购物车行为的人，多天统计会体现在多个来源中。 |
| 公用 | 同行平均 | 您所选的比较二级类目中，在您所在市场（淘宝或天猫）该行业 60%分位的同行的指标值，超过这个指标值，意味着您处于行业前 40%范围内。 |
| | 同行优秀 | 您所选的比较二级类目中，在您所在市场（淘宝或天猫）该行业 90%分位的同行的指标值，超过这个指标值，意味着您处于行业前 10%范围内。 |
| | 淘内免费访客 | 根据所选终端统计的,淘内免费来源渠道的访客数/(淘内免费渠道来源的访客数+淘内付费渠道来源的访客数)，PC 端和无线端淘内免费的访客数直接相加之和为所有终端淘内免费来源访客数。淘内免费和淘内付费来源的定义规则详见流量地图。 |
| | 淘内付费访客 | 根据所选终端统计的,淘内付费来源渠道的访客数/(淘内免费渠道来源的访客数+淘内付费渠道来源的访客数)，PC 端和无线端淘内付费的访客数直接相加之和为所有终端淘内付费来源访客数。淘内免费和淘内付费来源的定义规则详见流量地图。 |
| | 访客地域 | 根据访问者访问时候的 IP 地址进行计算，如果一个访问者同一天内通过多个不同省份的 IP 地址访问，会同时计入多个省份。 |
| | 访客来源关键词 | 访客入店前搜索的关键词，如果访客通过多个关键词进入店铺，将同时计入多个关键词。 |
| | 新访客/老访客 | 本次访问前 6 天内曾来访过店铺，记为老访客，否则为新访客。 |

## 2. “首页”中的数据指标

| 模块名称 | 页面范围 | 指标名称 | 指标注释 |
| --- | --- | --- | --- |
| 首面 | 实时直播 | 支付金额 | 买家拍下后通过支付宝支付给您的金额，未去除事后退款金额，预售阶段付款在付清当天才计入内。所有终端的支付金额为 PC 端支付金额和无线端支付金额之和。 |

续表

| 模块名称 | 页面范围 | 指标名称 | 指标注释 |
|---|---|---|---|
| | | 访客数 | 访问您店铺页面或宝贝详情页的去重人数，一个人在统计时间范围内访问多次仅记为一个。所有终端访客数为 PC 端访客数和无线端访客数直接相加之和。实时计算过程中，店铺流量高峰时，可能会出现交易数据处理快于浏览数据，导致访客数小于支付买家数，请知晓。 |
| | 店铺排名 | 支付金额排名 | 商家在最近 30 天的支付金额在对应层级的排名。 |
| | | 分层级支付金额 | 最近 30 天商家所处层级的最高支付金额。 |
| | 流量 | 访客数 | 访问您店铺页面或宝贝详情页的去重人数，一个人在统计时间范围内访问多次仅记为一个。所有终端访客数为 PC 端访客数和无线端访客数直接相加之和。实时计算过程中，店铺流量高峰时，可能会出现交易数据处理快于浏览数据，导致访客数小于支付买家数，请知晓。 |
| | | 浏览量 | 店铺所有页面被访问的次数，一个人在统计时间内访问多次记为多次。PC 端浏览量和无线端浏览量之和为所有终端的浏览量。 |
| | | 跳失率 | 一天内，来访店铺浏览量为 1 的访客数/店铺总访客数，即访客数中，只有一个浏览量的访客数占比。跳失率越低表示流量的质量越好。多天的跳失率为各天跳失率的日均值。 |
| | 商品 | 被访商品数 | 统计周期内，被访问 UV 数大于 0 的店铺在线商品数总和。 |
| | | 被下单商品数 | 统计周期内，被下单数大于 0 的店铺在线商品数总和。 |
| | | 被支付商品数 | 统计周期内，被支付订单数大于 0 的店铺在线商品数总和。 |
| | | 下单转化率 | 统计时间内，来访客户转化为下单买家的比例为下单买家数/访客数。 |
| | 支付 | 支付金额 | 买家拍下后通过支付宝支付给您的金额，未剔除事后退款金额，预售阶段付款在付清当天才计入内。所有终端的支付金额为 PC 端支付金额和无线端支付金额之和。 |
| | | 客单价 | 统计时间内，平均每个支付买家的支付金额为支付金额/支付买家数。 |
| | | 支付转化率 | 统计时间内，来访客户转化为支付买家的比例为支付买家数/访客数。 |
| | 营销 | 我的营销 TOP5 | 统计周期内，我的店铺按照支付金额降序排前五名的营销工具。 |
| | | 同行营销 TOP5 | 统计周期内，一级主营目录行业内使用人数排名前五名的营销工具。 |
| | 服务 | 发货订单数 | 发货时间在统计周期之内的订单数。 |
| | | 退款金额 | 退款申请时间在统计周期之内的退款金额数。 |
| | | 退款退货买家数 | 退款退货申请时间在统计周期之内的申请买家数。 |
| | | 低评分买家数 | 综合评分地<4 分的买家数；综合评分=(商品描述、服务态度、发货速度)累加和/N；N=商品描述、服务态度、发货速度三项中有评分的项数。如商品描述、服务态度不为空，发货速度为空，则 N=2。 |
| | 行业 | 流量指数 | 根据产品展现过程中的核心指标如展现、点击、收藏等指标，进行综合计算得出的数值。流量指数越大反映流量的热度越大，不等同于展现量。 |

续表

| 模块名称 | 页面范围 | 指标名称 | 指标注释 |
|---|---|---|---|
| | | 交易指数 | 根据产品交易过程中的核心指标如订单数、买家数、支付件数、支付金额等，进行综合计算得出的数值。数交易指数越大反映交易的热度越大，不等同于交易金额。 |
| | | 搜索指数 | 根据搜索次数等因素综合计算得出的数值，搜索指数越大反映搜索热度越大，不等同于搜索次数。 |

## 3.“实时直播”中的数据指标

| 模块名称 | 指标名称 | 指标注释 |
|---|---|---|
| 实时直播 | 支付金额 | 买家拍下后通过支付宝支付给您的金额，未去除事后退款金额，预售阶段付款在付清当日才计入内。PC 端支付金额和无线端支付金额之和为所有终端的支付金额。 |
| | PC 端支付金额 | 买家在电脑上拍下后，在统计时间范围内完成付款的支付宝金额，事后退款金额为被去除，预售分阶段付款在付清当天才计入内。另：支付渠道无论是电脑还是手机，只要拍下是在电脑上，就将后续的支付金额计入 PC 端。 |
| | 无线端支付金额 | 当买家在无线终端拍下后，完成付款的支付宝金额在统计时间内，事后退款金额未被去除，预售分阶段付款将在付清当日才计入内。另：支付渠道无论是电脑还是手机，只要是在手机或 Pad 上拍下的，就将后续的支付金额计入无线端。 |
| | 访客数 | 访问您店铺页面或宝贝详情页的去重人数，一个人在统计时间范围内访问多次也只被记作一人。PC 端访客数和无线端访客数的总和为所有终端访客数。实时计算过程中，店铺流量高峰时，可能会出现交易数据处理快于浏览数据，导致访客数小于支付买家数。 |
| | PC 端访客数 | 访客通过电脑上的浏览器访问您店铺或宝贝详情页的去重人数，一个人在统计时间范围内访问多次也只被记录为一人。 |
| | 无线端访客数 | WAP 端访客数为访客通过无线设备（Pad 或手机）上的浏览器访问您店铺或宝贝详情页的去重人数；APP 访客数为在无线设备的 APP（目前包括手机淘宝、天猫 APP、聚划算 APP）上被访问的去重人数。无线端访客数等于 WAP 端访客数与 APP 访客数之和。 |
| | 支付买家数 | 统计时间内，完成支付的去重买家人数，预售分阶段付款将在付清当日才计入内；所有终端支付买家数为 PC 端和无线端支付买家去重人数，即统计时间内在 PC 端和无线端都对宝贝完成支付，买家数记为 1 个。 |
| | PC 端支付买家数 | 在电脑上拍下后，统计时间内，完成付款的非重复买家人数。特别注意：无论支付渠道是电脑或是手机，只要是在电脑上拍下宝贝，该买家数就会被计入 PC 端支付买家数。 |
| | 无线端支付买家数 | 在手机或 Pad 上拍下后，统计时间内，完成付款的非重复买家人数。特别注意的一点是，无论是电脑还是手机支付，只要是在手机或 Pad 上拍下，该买家数都将被计入无线端支付买家数中。 |
| | 浏览量 | 店铺所有页面被访问的次数，如果一个人在统计时间内多次访问则在统计结果中也会统计为多次。所有终端的浏览量的计算方式为将 PC 端浏览量和无线端浏览量相加。 |

## 4.“交易分析”的数据指标

| 页面范围 | 指标名称 | 指标注释 |
| --- | --- | --- |
| 交易分析交易概况、交易构成 | 访客数 | 您店铺页面或商品详情页被访问的去重人数，一个人在统计时间内访问多次仅记为一个。PC 端访客数和无线端访客数相加之和为所有终端访客数。 |
| | PC 端访客数 | 访客通过电脑上的浏览器访问您店铺或宝贝详情页的去重人数，一个人在统计时间范围内访问多次也只被记录为一人。 |
| | 无线端访客数 | WAP 端访客数为访客通过无线设备（Pad 或手机）上的浏览器访问您店铺或宝贝详情页的去重人数；APP 访客数为在无线设备的 APP（目前包括手机淘宝、天猫 APP、聚划算 APP）上被访问的去重人数。无线端访客数等于 WAP 端访客数与 App 访客数之和。 |
| | 下单买家数 | 在统计时间内，成功拍下宝贝的非重复买家数，例如，一个买家同时拍了多件，则记录买家数为一。 |
| | 下单金额 | 统计时间内，买家拍下宝贝的累计金额。 |
| | 支付买家数 | 统计时间内，完成支付的去重买家人数，预售分阶段付款将在付清当日才计入内；所有终端支付买家数为 PC 端和无线端支付买家去重人数，即统计时间内在 PC 端和无线端都对宝贝完成支付，买家数记为 1 个。 |
| | PC 端支付买家数 | 在电脑上拍下后，统计时间内，完成付款的非重复买家人数。特别注意：无论支付渠道是电脑或是手机，只要是在电脑上拍下宝贝，该买家数就会被计入 PC 端支付买家数。 |
| | 无线端支付买家数 | 在手机或 Pad 上拍下后，统计时间内，完成付款的非重复买家人数。特别注意的一点是，无论是电脑还是手机支付，只要是在手机或 Pad 上拍下，该买家数都将被计入无线端支付买家数中。 |
| | 支付金额 | 买家拍下后通过支付宝支付给您的金额，未去除事后退款金额，预售阶段付款在付清当日才计入内。PC 端支付金额和无线端支付金额之和为所有终端的支付金额。 |
| | PC 端支付金额 | 买家在电脑上拍下后，在统计时间范围内完成付款的支付宝金额，事后退款金额为被去除，预售分阶段付款在付清当天才计入内。另：支付渠道无论是电脑还是手机，只要拍下是在电脑上，就将后续的支付金额计入 PC 端。 |
| | 无线端支付金额 | 当买家在无线终端拍下后，完成付款的支付宝金额在统计时间内，事后退款金额未被去除，预售分阶段付款将在付清当日才计入内。另：支付渠道无论是电脑还是手机，只要是在手机或 Pad 上拍下的，就将后续的支付金额计入无线端。 |
| | 客单价 | 统计时间内，平均每个买家的支付金额，即支付金额与支付买家数的比值。 |
| | 下单转化率 | 统计时间内，下单买家数与访客数的比值来表示来访客户转化为下单买家的比例。 |
| | 下单 - 支付转化率 | 统计时间内，下单且支付的买家数与下单买家数的比值来表示统计时间内下单买家中完成支付的比例。 |
| | 支付转化率 | 统计时间内，支付买家数与访客数的比值表示来访客户转化为支付买家的比例。 |
| | 同行平均 | 您所选的比较二级类目中，处于您所在市场（淘宝或天猫）该行业 60%分位的同行的指标值，超过 60%，意味着您处于行业前 40%范围内。 |

续表

| 页面范围 | 指标名称 | 指标注释 |
| --- | --- | --- |
| | 同行优秀 | 您所选的比较二级类目中，处于您所在市场（淘宝或天猫）该行业 90%分位的同行的指标值，超过这个指标值，表明您已经处于行业的前 10%。 |
| 终端构成 | PC 端支付商品数 | 通过电脑拍下，在统计时间内买家完成付款的非重复商品数。特别注意的是，无论是在电脑还是手机上支付，只要是在电脑上拍下，该商品数就会被计入 PC 端支付商品数。 |
| | 无线端支付商品数 | 通过手机或者 Pad 拍下后，统计时间内买家完成付款的去重商品数。特别提示，无论是在手机还是电脑上支付，只要是在手机或者 Pad 上拍下，该商品数都将被计入到无线端支付商品数。 |
| 类目构成 | 商品动销率 | 在统计时间范围内，在已选的终端条件下，店铺整体商品售出率=支付商品数/店铺在线商品数，PC 端商品动销率=PC 端支付商品数/店铺在线商品数，无线端商品动销率=无线端支付商品数/店铺在线商品数。 |
| 资金回流构成 | 支付金额 | 在买家签收后，没有确认收货的订单的支付金额，事后退款金额未去掉的情况下，离自动确认收货时间不足一天将不被计算。 |
| | 支付商品数 | 买家签收后，没有确认收货的订单的去重商品数，在距离自动确认收货时间小于一天时将不计算。 |
| | 支付买家数 | 买家签收包裹后，没有确认收货的订单去重买家数，离自动确认收货时间小于一天将不被计算。 |
| | 确认收货指数 | 系统挖掘计算得出的确认收货等级，星级越高，表示催促其确认收货的可能性越大。 |

## 5.“流量分析”中的数据指标

| 模块名称 | 指标名称 | 指标注释 |
| --- | --- | --- |
| 流量概况 | 浏览量 | 店铺所有页面被访问的次数，如果一个人在统计时间内多次访问则在统计结果中也会统计为多次。所有终端的浏览量的计算方式为将 PC 端浏览量和无线端浏览量相加。 |
| | PC 端浏览量 | 您的店铺或商品详情页在电脑浏览器上被访问的次数，一个人在统计时间内访问多次将被记为多次。 |
| | 无线端浏览量 | 店铺或商品详情页在无线设备（手机或 Pad）的浏览器上被访问的次数，称为无线 WAP 浏览量；在无线设备的 APP（目前包括手机淘宝、天猫 APP、聚划算 APP）上被访问的次数，称为无线 APP 浏览量，无线 WAP 和无线 APP 浏览量之和为无线端的总浏览量。 |
| | 访客数 | 访问您店铺页面或宝贝详情页的去重人数，一个人在统计时间范围内访问多次也只被记作一人。PC 端访客数和无线端访客数的总和为所有终端访客数。实时计算过程中，店铺流量高峰时，可能会出现交易数据处理快于浏览数据，导致访客数小于支付买家数。 |
| | PC 端访客数 | 访客通过电脑上的浏览器访问您店铺或宝贝详情页的去重人数，一个人在统计时间范围内访问多次也只被记录为一人。 |
| | 无线端访客数 | WAP 端访客数为访客通过无线设备（Pad 或手机）上的浏览器访问您店铺或宝贝详情页的去重人数；APP 访客数为在无线设备的 APP（目前包括手机淘宝、天猫 APP、聚划算 APP）上被访问的去重人数。无线端访客数等于 WAP 端访客数与 APP 访客数之和。 |

续表

| 模块名称 | 指标名称 | 指标注释 |
| --- | --- | --- |
| | 跳失率 | 一天内，来访店铺浏览量为 1 的访客数/店铺总访客数，即访客数中，只有一个浏览量的访客数占比。跳失率越低表示流量的质量越好。多天的跳失率为各天跳失率的日均值。 |
| | PC 端跳出率 | 一天内，在电脑浏览器上访问店铺浏览量为 1 的访客数/店铺 PC 端总访客数，即 PC 端访客数中，只有一个浏览量的访客数占比。该值越低表示流量的质量越好。多天的 PC 端跳失率为各天 PC 端跳失率的日均值。 |
| | 无线端跳出率 | 一天内，在无线设备上访问店铺浏览量为 1 的访客数/店铺无线端总访客数，即无线端访客数中，访客数仅有一个浏览量的占比。该值越低表示流量的质量越好。用各天无线端跳失率的日均值来表示多天的无线端跳失率。 |
| | 人均浏览量 | 浏览量与访客数的比值，多天的人均浏览量是各天人均浏览量的日均值。 |
| | PC 端人均浏览量 | PC 端浏览量与 PC 端访客数的比值，多天的 PC 端人均浏览量为各天 PC 端人均浏览量的日均值。 |
| | 无线端人均浏览量 | 无线端浏览量与无线端访客数的比值，多天的无线端人均浏览量为各天无线端人均浏览量的日均值。 |
| | 人均停留时长 | 来访您店铺的所有访客总的停留时长/访客数，单位为秒，多天的人均停留时长为各天人均停留时长的日均值。 |
| | PC 端人均停留时长 | PC 端访问店铺的所有访客总的停留时长/PC 端访客数，单位为秒，多天的 PC 端人均停留时长为各天 PC 端人均停留时长的日均值。 |
| | 无线端人均停留时长 | 无线端来访您店铺的所有访客总的停留时长/无线端访客数，单位为秒，多天的无线端人均停留时长为各天无线端人均停留时长的日均值。 |
| | 淘内免费访客占比 | 依据选择的终端进行统计，淘内免费来源渠道的访客数/（淘内免费渠道来源的访客数+淘内付费渠道来源的访客数），所有终端淘内免费来源访客数为 PC 端和无线端淘内免费的访客数之和。淘内免费和淘内付费来源的定义规则详见流量地图。 |
| | 淘内付费访客占比 | 依据选择的终端进行统计，淘内付费来源渠道的访客数/（淘内免费渠道来源的访客数+淘内付费渠道来源的访客数），所有终端淘内付费来源访客数为 PC 端和无线端淘内付费的访客数之和。淘内免费和淘内付费来源的定义规则详见流量地图。 |
| | 店铺新访客占比 | 在选择的终端类型下，所有访问店铺的访客中，在访问的前 6 天没有来访过的访客比例；所有终端的新访客比例为 PC 端新访客和无线端新访客相加的和除以全部终端访客数。 |
| | 店铺老访客占比 | 在选择的终端类型下，所有访问店铺的访客中，在访问的前 6 天曾经来访过的访客比例；所有终端的老访客占比为 PC 端老访客和无线端老访客相加总数除以所有终端访客数。 |
| | 同行平均 | 在选择的比较二级类目中，处于您所在市场（淘宝或天猫）该行业 60%分位的同行的指标值，超过 60%分位的，意味着您处于行业前 40%范围内。 |
| | 同行优秀 | 在选择的比较二级类目中，处于您所在市场（淘宝或天猫）该行业 90%分位的同行的指标值，超过 90%分位的，意味着您处于行业前 10%范围内。 |
| 流量来源 | 访客数 | 通过对应渠道进入您店铺页面或商品详情页访问的去重人数，一个人在统计时间内访问多次只记为一个。同一个访客，在一个会话时间内通过多种渠道进入店铺，只计入首次进 |

续表

| 模块名称 | 指标名称 | 指标注释 |
| --- | --- | --- |
| | | 入店铺的渠道；同一个访客，多个会话时间通过不同的渠道进入店铺，计入多个来源渠道。所有终端访客数为 PC 端访客数和无线端访客数直接相加之和。 |
| | 新访客数 | 通过对应渠道进入店铺访问的访客数中，前 6 天内没有来访过店铺的去重人数。 |
| | 收藏人数 | 通过对应渠道进入店铺访问的访客数中，后续有商品收藏行为的人数。对于有多个来源渠道的访客，收藏人数仅归属在该访客当日首次入店的来源中。同一个访客多天有收藏行为，则归属在收藏当天首次入店的来源中，即多天都有收藏行为的收藏人数，多天统计会体现在多个来源中。收藏人数不等同于收藏宝贝和收藏人气等其他指标。 |
| | 加入购物车人数 | 通过对应渠道进入店铺访问的访客数中，后续有商品加入购物车行为的人数。对于有多个来源渠道的访客，加入购物车人数仅归属在该访客当日首次入店的来源中。同一个访客多天有加入购物车行为，则归属在加入购物车当天首次入店的来源中，即多天都有加入购物车行为的人，多天统计会体现在多个来源中。 |
| | 下单买家数 | 通过对应渠道进入店铺访问的访客数中，后续下单的人数。对于有多个来源渠道的访客，下单买家数仅归属在该访客当日首次入店的来源中。同一个访客多天有下单行为，则归属在下单当天首次入店的来源中，即多天都有下单的人，多天统计会体现在多个来源中。 |
| | 下单转化率 | 下单买家数/访客数。 |
| | 下单金额 | 归属到对应渠道的下单买家，店内宝贝被买家拍下的累计金额。对于有多个来源渠道的访客，下单金额仅归属在该访客当日首次入店的来源中。同一个人多天都有下单行为，则当天的下单金额归属在当天首次入店的来源中。 |
| | 支付买家数 | 通过对应渠道进入店铺访问的访客数中，后续支付的人数。对于有多个来源渠道的访客，支付买家数仅归属在该访客当日首次入店的来源中。同一个访客多天有支付行为，则归属在支付当天首次入店的来源中，即多天都有支付的人，多天统计会体现在多个来源中。 |
| | 支付转化率 | 支付买家数/访客数。 |
| | 支付金额 | 归属到对应渠道的支付买家，所对应的支付金额。对于有多个来源渠道的访客，支付金额仅归属在该访客当日首次入店的来源中。同一个人多天都有支付行为，则当天的支付金额归属在当天首次入店的来源中。 |
| | 流量入口页访客数 | 所选页面作为首次入店访问的第一个页面，这样的访客去重人数。 |
| | 流量入口页跳出率 | 所选页面的跳出浏览量/所选页面的浏览量，跳出浏览量是指该页面被访问后，直接离开店铺即没有跳转到店铺的其他页面的访问次数。 |
| 店内路径 | PC 端访客数 | 根据所选的路径，在电脑浏览器上访问的，从上一步页面跳转到下一步页面的去重人数，同一个人从多个上一步页面跳转到下一步页面，会同时计入多个上一步页面来源访客数。 |
| | 无线端访客数 | 根据所选的路径，在无线设备上访问对应的无线 APP 或者 WAP，从上一步页面跳转到下一步页面的去重人数，同一个人从多个上一步页面跳转到下一步页面，会同时计入多个上一步页面来源访客数。 |
| | PC 端浏览量 | 根据所选的页面，在电脑浏览器上访问的次数，一个人在统计时间内访问多次记为多次。 |

续表

| 模块名称 | 指标名称 | 指标注释 |
| --- | --- | --- |
| | 无线端浏览量 | 根据所选的页面，在无线设备上访问的次数，一个人在统计时间内访问多次记为多次。 |
| | PC 端平均停留时长 | 根据所选的页面，PC 端上的访客在该页面上停留的总时长/PC 端访客访问该页面的次数。 |
| | 无线端平均停留时长 | 根据所选的页面，无线端上的访客在该页面上停留的总时长/无线端访客访问该页面的次数。 |
| 店内路径 | PC 端访客数 | 根据所选的路径，在电脑浏览器上访问的，从上一步页面跳转到下一步页面的去重人数，同一个人从多个上一步页面跳转到下一步页面，会同时计入多个上一步页面来源访客数。 |
| | 无线端访客数 | 根据所选的页面，从这个页面离开店铺的人数去重，同一个人一个会话内通过多个页面离开店铺，仅计入该会话中最后一次离开的页面，同一个人多个会话通过多个页面离开店铺，同时计入各个离开的页面。 |
| | PC 端浏览量 | 根据所选的页面，在电脑浏览器上访问的次数，一个人在统计时间内访问多次记为多次。 |
| | 无线端浏览量 | 根据所选的页面，在无线设备上访问的次数，一个人在统计时间内访问多次记为多次。 |
| | PC 端平均停留时长 | 根据所选的页面，PC 端上的访客在该页面上停留的总时长/PC 端访客访问该页面的次数。 |
| | 无线端平均停留时长 | 根据所选的页面，无线端上的访客在该页面上停留的总时长/无线端访客访问该页面的次数。 |
| 去向分析 | 页面离开访客数 | 根据所选的页面，从这个页面离开店铺的人数去重，同一个人一个会话内通过多个页面离开店铺，仅计入该会话中最后一次离开的页面，同一个人多个会话通过多个页面离开店铺，同时计入各个离开的页面。 |
| | 页面离开浏览量 | 根据所选的页面，从这个页面离开店铺的次数。同一个人一个会话内通过多个页面离开店铺，仅将离开浏览量计入该会话中最后一次离开的页面，同一个人多个会话通过多个页面离开店铺，浏览量计入各个离开的页面。 |
| | 页面离开浏览量占比 | 根据所选的页面，页面离开浏览量/页面被访问的次数。 |
| | 去向离开访客数 | 根据所选的去向渠道，离开店铺后去向该渠道的去重人数。 |
| | 去向离开访客数占比 | 去向离开访客数/所有去向离开访客数之和。 |
| 访客分布 | 访客数 | 您店铺页面或商品详情页被访问的去重人数，一个人在统计时间内访问多次只记为一个。所有终端访客数为 PC 端访客数和无线端访客数直接相加之和。 |
| | PC 端访客数 | 您店铺或商品详情页在电脑浏览器上被访问的去重人数，一个人在统计时间范围内访问多次只记为一个。 |
| | 无线端访客数 | 您店铺或商品详情页在无线设备（手机或 Pad）的浏览器上，或者，在无线设备的 APP（目前包括手机淘宝、天猫 APP、聚划算 APP）上被访问的去重人数，记为无线端访客数。特别地，如果通过浏览器和通过 APP 访问的是同一人，无线端访客数记为一个。 |
| | 下单买家数 | 统计时间内，拍下宝贝的去重买家人数，一个人拍下多件或多笔，只算一个人。 |

续表

| 模块名称 | 指标名称 | 指标注释 |
| --- | --- | --- |
| | 下单转化率 | 统计时间内，下单买家数/访客数，即来访客户转化为下单买家的比例。 |
| | 访客地域 | 根据访问者访问时候的 IP 地址进行计算，如果一个访问者一天通过多个不同省份的 IP 地址访问，会同时计入多个省份。 |
| | 下单买家地域 | 为方便对同一省份下的访客和下单买家比较，下单买家地域根据下单时候的 IP 地址推算出的省份进行计算。 |
| | 访客来源关键词 | 访客户入店前搜索的关键词，如果访客通过多个关键词进入店铺，同时计入多个关键词。 |
| | 下单买家来源关键词 | 下单买家通过某个关键词访问某个宝贝详情页，并且拍下该宝贝，那么该笔下单买家的来源关键词为这个关键词。如果通过多个关键词访问宝贝后下单，计入下单前时间最近的关键词。 |
| | 访客性别 | 通过访客的各种信息挖掘计算得出的性别，对于未登录的来访客户，性别为未知。 |
| | 新访客/老访客 | 本次访问前 6 天内曾经来访过店铺，记为老访客，否则为新访客。 |
| 访客对比 | 未成交访客数 | 来访的访客数中，在统计时间内没有支付的去重访客人数，对 PC 端和无线端的未成交访客数直接相加。 |
| | 成交新买家 | 统计时间内支付一次且 180 天内首次支付的买家去重人数；可能会存在以前有下单未支付而统计时间段内来支付的买家。 |
| | 成交老买家 | 统计时间内支付多次（>1 次)，或前 180 天有过支付且统计时间内再次支付的买家去重人数；可能会存在以前有下单未支付而统计时间段内来支付的买家。 |
| 页面分析 | 浏览量 | 您的店铺页面被访问的次数，一个人在统计时间内访问多次记为多次。只包含 PC 的访问量。 |
| | 访客数 | 访问您店铺页面的去重人数，一个人在统计时间范围内访问多次只记为一个。只包含 PC 的访问量。 |
| | 点击数 | 您的店铺页面被用户点击的次数，一个人在统计时间范围内多次点击该页面会被计算为多次。 |
| | 点击人数 | 点击您店铺页面的去重人数，一个人在统计时间范围内多次点击该页面会只会被计算为 1 次。 |
| | 点击转化率 | 统计时间内，店铺页面点击数/店铺页面浏览量，即所查看的页面平均被点击的比率。该值越高越好。 |
| | 跳出率 | 统计时间内，访客中没有发生点击行为的人数/访客数，即 1 - 点击人数/访客数。该值越低越好。 |
| | 下单转化率 | 统计时间内，模块或链接引导下单买家数/模块或链接的点击访客人数，即模块或链接有点击的访客转化为下单买家的比例。 |
| 营销效果 | 累计支付金额 | 所选营销方案内，买家从活动开始至今（最长 30 天）拍下后通过支付宝支付给您的金额，未剔除事后退款金额，预售阶段付款在付清当天才计入内。所有终端的支付金额为 PC 端支付金额和无线端支付金额之和。 |

续表

| 模块名称 | 指标名称 | 指标注释 |
| --- | --- | --- |
| | 支付金额 | 买家通过所选营销工具拍下后通过支付宝支付给您的金额，未剔去除事后退款金额，预售阶段<br>付款在付清当天才计入内。所有终端的支付金额为 PC 端支付金额和无线端支付金额之和。 |
| | 客单价 | 所选营销方案内，支付金额/支付买家数，即平均每个支付买家的支付金额。 |
| | 累计支付新买家数 | 新买家：180 天内在店铺里下单并支付的买家为老买家，其余为新买家；累计支付新买家数：所选营销方案内，买家从活动开始至今（最长 30 天），完成支付的去重新买家人数，预售分阶段付款在付清当天才计入内；所有终端支付买家数为 PC 端和无线端支付买家去重人数，即统计时间内在 PC 端和无线端都对宝贝完成支付，买家数记为 1 个。 |
| 我要营销爱上聚划算 | 聚划算指数 | 聚划算指数是根据产品的交易和被浏览情况综合计算得出的指数，最高为 100 分，分为 5 档，指数越大，表示聚划算报名成功的可能性越大。 |
| | 访客数 | 在统计时间内，最近 7 天宝贝详情页被访问的去重人数，一个人在统计时间内访问多次只记为一个。所有终端访客数为 PC 端访客数和无线端访客数直接相加之和。 |
| | 支付金额 | 买家拍下后通过支付宝支付给您的金额，未剔除事后退款金额，预售阶段付款在付清当天才计入内。所有终端的支付金额为 PC 端支付金额和无线端支付金额之和。 |
| | 支付转化率 | 支付买家数/访客数，即来访客户转化为支付买家的比例。 |
| | 当前在网宝贝数 | 截至昨天全淘宝网（包括天猫）同类宝贝个数。 |
| | 最近 7 天有成交的宝贝数 | 最近 7 天全淘宝网（包括天猫）的被买家下单并且支付的同类宝贝个数。 |
| | 当前在网卖家数 | 截至昨天全淘宝网（包括天猫）有同类宝贝的卖家人数。 |
| | 最近 7 天有成交的卖家数 | 截至昨天全淘宝网（包括天猫）有同类宝贝且被买家下单并支付的卖家人数。 |
| | 最近 7 天支付笔数 | 最近 7 天全淘宝网（包括天猫）的同类宝贝被买家下单并且支付的笔数。 |
| 营销效果效果详情 | 支付买家数 | 所选营销方案内，统计时间内，完成支付的去重买家人数，预售分阶段付款在付清当天才计入内；所有终端支付买家数为 PC 端和无线端支付买家去重人数，即统计时间内在 PC 端和无线端都对宝贝完成支付，买家数记为 1 个。 |
| | PC 端支付买家数 | 在电脑上拍下宝贝后，所选营销方案内，统计时间内，完成付款的去重买家人数。特别说明，不论支付渠道是电脑还是手机，拍下为电脑上，就将该买家数计入 PC 端支付买家数。 |
| | 无线端支付买家数 | 在手机或 Pad 上拍下宝贝后，所选营销方案内，统计时间内，完成付款的去重买家人数。特别说明，不论支付渠道是电脑还是手机，拍下为手机或 Pad 上，就将该买家数计入无线端支付买家数。 |
| | 支付金额 | 所选营销方案内，买家拍下宝贝后，在统计时间内，通过支付宝支付给您的金额，未剔除事后退款金额，阶段付款在付清当天才计入内。所有终端的支付金额为 PC 端支付金额和无线端支付金额之和。 |

续表

| 模块名称 | 指标名称 | 指标注释 |
| --- | --- | --- |
| | PC 端支付金额 | 所选营销方案内，买家在电脑上拍下宝贝后，在统计时间范围内完成付款的支付宝金额，未剔除事后退款金额，预售分阶段在付清当天才计入内。特别说明，支付渠道不论是电脑上还是手机上，拍下为电脑上，就将后续的支付金额计入 PC 端。 |
| | 无线端支付金额 | 所选营销方案内，买家在无线终端上拍下宝贝后，在统计时间范围内完成付款的支付宝金额，未剔除事后退款金额，分阶段在付清当天才计入内。特别说明，支付渠道不论是电脑上还是手机上，拍下为手机或 Pad 上，就将后续的支付金额计入无线端。 |
| | 支付新买家数 | 新买家：90 天内在店铺里下单并支付的买家为老买家，其余为新买家；所选营销方案内，统计时间内，完成支付的去重新买家人数，预售分阶段付款在付清当天才计入内；所有终端支付买家数为 PC 端和无线端支付买家去重人数，即统计时间内在 PC 端和无线端都对宝贝完成支付，买家数记为 1 个。 |
| | PC 端支付新买家数 | 新买家：90 天内在店铺里下单并支付的买家为老买家，其余为新买家；在电脑上拍下宝贝后，所选营销方案内，统计时间内，完成付款的去重新买家人数。特别说明，不论支付渠道是电脑还是手机，拍下为电脑上，就将该买家数计入 PC 端支付买家数。 |
| | 无线端支付新买家数 | 新买家：90 天内在店铺里下单并支付的买家为老买家，其余为新买家；在手机或 Pad 上拍下宝贝后，所选营销方案内，统计时间内，完成付款的去重新买家人数。特别说明，不论支付渠道是电脑还是手机，拍下为手机或 Pad 上，就将该买家数计入无线端支付买家数。 |
| | 支付转化率 | 所选营销方案内，统计时间内，支付买家数/访客数，即来访客户转化为支付买家的比例。 |
| | 客单价 | 所选营销方案内，统计时间内，支付金额/支付买家数，即平均每个支付买家的支付金额。 |
| | 下单买家数 | 所选营销方案内，统计时间内，改成了拍下宝贝的去重买家人数，一个人拍下多件或多笔，只算一个人数；所有终端下单买家数为 PC 端和无线端下单买家去重人数，即统计时间内在 PC 端和无线端都对宝贝下单但没有支付，买家数记为 1 个。 |
| | PC 端下单买家数 | 所选营销方案内，统计时间内，在电脑上拍下宝贝后，所选营销方案内，统计时间内，完成付款的去重买家人数。 |
| | 无线端下单买家数 | 所选营销方案内，统计时间内，在手机或 Pad 上拍下宝贝后，所选营销方案内，统计时间内，完成付款的去重买家人数。 |
| | 下单转化率 | 所选营销方案内，统计时间内，下单买家数/访客数，即来访客户转化为下单买家的比例。 |
| | 浏览量 | 宝贝详情页被访问的次数，一个人在统计时间内访问多次记为多次。所有终端的浏览量等于 PC 端浏览量和无线端浏览量之和。 |
| | PC 端浏览量 | 宝贝详情页在电脑浏览器上被访问的次数，一个人在统计时间内访问多次记为多次。 |
| | 无线端浏览量 | 宝贝详情页在无线设备（手机或 Pad）的浏览器上被访问的次数，加上在无线设备（手机或 Pad）的 APP 上被访问的次数，这两者之和为宝贝在无线端的浏览量。 |
| | 访客数 | 宝贝详情页被访问的去重人数，一个人在统计时间内访问多次只记为一个。所有终端访客数为 PC 端访客数和无线端访客数直接相加之和。 |

续表

| 模块名称 | 指标名称 | 指标注释 |
| --- | --- | --- |
| | PC 端访客数 | 通过电脑上的浏览器访问宝贝详情页的去重人数,一个人在统计时间范围内访问多次只记为一个。 |
| | 无线端访客数 | 通过无线设备（Pad 或手机）上的浏览器访问宝贝详情页的去重人数，记为 WAP 端访客数；访客通过无线设备（Pad 或手机）上的 APP 访问宝贝详情页的去重人数，记为 APP 访客数。WAP 端访客数与 APP 访客数直接相加之和，为无线端访客数。 |
| | 收藏人数 | 通过对应渠道进入店铺访问的访客数中，后续有商品收藏行为的人数。对于有多个来源渠道的访客,收藏人数仅归属在该访客当日首次入店的来源中。同一个访客多天有收藏行为,则归属在收藏当天首次入店的来源中，即多天都有收藏行为的收藏人数，多天统计会体现在多个来源中。收藏人数不等同于收藏宝贝和收藏人气等其他指标。 |
| | 加入购物车人数 | 统计时间内，加入购物车的去重人数；所有终端加入购物车人数为 PC 端和无线端加入购物车去重人数，即统计时间内在 PC 端和无线端都对宝贝加入购物车，加入购物车人数记为 1 个。 |
| | 领用个数 | 统计时间内，用户领用红包或者优惠券的个数。 |
| | 领用人数 | 统计时间内，用户领用红包或者优惠券的人数。 |
| | 优惠金额 | 统计时间内，用户下单并支付金额里红包或者优惠券的总计金额。 |
| | 累计支付金额 | 所选营销方案内，买家从活动开始至今（最长 30 天）拍下宝贝后，通过支付宝支付给您的金额，未剔除事后退款金额，阶段付款在付清当天才计入内。所有终端的支付金额为 PC 端支付金额和无线端支付金额之和。 |
| | 累计支付新买家数 | 新买家：180 天内在店铺里下单并支付的买家为老买家，其余为新买家；累计支付新买家数：所选营销方案内，买家从活动开始至今（最长 30 天），完成支付的去重新买家人数，预售分阶段付款在付清当天才计入内；所有终端支付买家数为 PC 端和无线端支付买家去重人数，即统计时间内在 PC 端和无线端都对宝贝完成支付，买家数记为 1 个。 |

## 7. “商品分析”中的数据指标

| 页面范围 | 指标名称 | 指标注释 |
| --- | --- | --- |
| 商品分析宝贝效果 | 访客数 | 宝贝详情页被访问的去重人数，一个人在统计时间内访问多次只记为一个。所有终端访客数为 PC 端访客数和无线端访客数直接相加之和。 |
| | PC 端访客数 | 通过电脑上的浏览器访问宝贝详情页的去重人数，一个人在统计时间范围内访问多次只记为一个。 |
| | 无线端访客数 | 通过无线设备（Pad 或手机）上的浏览器访问宝贝详情页的去重人数，记为 WAP 端访客数；访客通过无线设备（Pad 或手机）上的 APP 访问宝贝详情页的去重人数，记为 APP 访客数。WAP 端访客数与 APP 访客数直接相加之和，为无线端访客数。 |
| | 浏览量 | 宝贝详情页被访问的次数，一个人在统计时间内访问多次记为多次。所有终端的浏览量等于 PC 端浏览量和无线端浏览量之和。 |
| | PC 端浏览量 | 宝贝详情页在电脑浏览器上被访问的次数，一个人在统计时间内访问多次记为多次。 |

续表

| 页面范围 | 指标名称 | 指标注释 |
|---|---|---|
| | 无线端浏览量 | 宝贝详情页在无线设备（手机或 Pad）的浏览器上被访问的次数，称为无线 WAP 的浏览量；在无线设备的 APP（目前包括手机淘宝、天猫 APP、聚划算 APP）上被访问的次数，称为无线 APP 浏览量，无线端浏览量等于无线 WAP 和无线 APP 浏览量之和。 |
| | 下单转化率 | 统计时间内，下单买家数/访客数，即来访客户转化为下单买家的比例。 |
| | 下单–支付转化率 | 统计时间内，下单且支付的买家数/下单买家数，即统计时间内下单买家中完成支付的比例。 |
| | 支付转化率 | 统计时间内，支付买家数/访客数，即来访客户转化为支付买家的比例。 |
| | 跳出率 | 统计时间内，宝贝详情页跳出浏览量/宝贝详情页浏览量，即访问次数中，跳出行为的访问次数占比。跳出浏览量是指，宝贝详情页被访问后，没有跳转到店铺的其他页面的访问次数；<br>该指标暂时只是在 PC 端计算。 |
| | 收藏数 | 统计时间内，宝贝被来访者收藏的次数，一件宝贝被同一个人收藏多次记为多次。 |
| | 访客平均价值 | 统计时间内，支付金额/访客数，即平均每个访客可能带来的支付金额，建议参考此指标控制流量引入成本。 |
| | 支付金额 | 买家拍下后通过支付宝支付给您的金额，未剔除事后退款金额，预售阶段付款在付清当天才计入内。所有终端的支付金额为 PC 端支付金额和无线端支付金额之和。 |
| | PC 端支付金额 | 买家在电脑上拍下后，在统计时间范围内完成付款的支付宝金额，未剔除事后退款金额，预售分阶段付款在付清当天才计入内。特别说明，支付渠道不论是电脑上还是手机上，拍下为电脑上，就将后续的支付金额计入 PC 端。 |
| | 无线端支付金额 | 买家在无线终端上拍下后，在统计时间范围内完成付款的支付宝金额，未剔除事后退款金额，预售分阶段付款在付清当天才计入内。特别说明，支付渠道不论是电脑上还是手机上，拍下为手机或 Pad 上，就将后续的支付金额计入无线端。 |
| | 支付件数 | 统计时间内，买家完成支付的宝贝数量，如出售手机，16G 两个，32G 一个，那么支付件数为 3。 |
| | PC 端支付件数 | 买家在电脑上拍下后，在统计时间内完成支付的宝贝件数。特别说明，支付渠道不论是电脑还是手机上，拍下为电脑上，就将后续的支付件数计入 PC 端支付件数。 |
| | 无线端支付件数 | 买家在手机或 Pad 上拍下后，在统计时间内完成支付的宝贝件数。特别说明，支付渠道不论是电脑还是手机上，拍下为手机或 Pad 上，就将后续的支付件数计入 PC 端支付件数。 |
| | 支付买家数 | 统计时间内，完成支付的去重买家人数，预售分阶段付款在付清当天才计入内；所有终端支付买家数为 PC 端和无线端支付买家去重人数，即统计时间内在 PC 端和无线端都对宝贝完成支付，买家数记为 1 个。 |
| | PC 端支付买家数 | 在电脑上拍下宝贝后，统计时间内，完成付款的去重买家人数。特别说明，不论支付渠道是电脑还是手机，拍下为电脑上，就将该买家数计入 PC 端支付买家数。 |

续表

| 页面范围 | 指标名称 | 指标注释 |
| --- | --- | --- |
| | 无线端支付买家数 | 在手机或 Pad 上拍下宝贝后，统计时间内，完成付款的去重买家人数。特别说明，不论支付渠道是电脑还是手机，拍下为手机或 Pad 上，就将该买家数计入无线端支付买家数。 |
| | 下单金额 | 统计时间内，宝贝被买家拍下的累计金额。 |
| | 下单件数 | 统计时间内，宝贝被买家拍下的累计件数。 |
| | 下单买家数 | 统计时间内，拍下宝贝的去重买家人数。 |
| 商品分析 - 宝贝效果详情 | 访客数 | 宝贝详情页被访问的去重人数，一个人在统计时间内访问多次只记为一个。所有终端访客数为 PC 端访客数和无线端访客数直接相加之和。 |
| | PC 端访客数 | 通过电脑上的浏览器访问宝贝详情页的去重人数，一个人在统计时间范围内访问多次只记为一个。 |
| | 无线端访客数 | 通过无线设备（Pad 或手机）上的浏览器访问宝贝详情页的去重人数，记为 WAP 端访客数；访客通过无线设备（Pad 或手机）上的 APP 访问宝贝详情页的去重人数，记为 APP 访客数。WAP 端访客数与 APP 访客数直接相加之和，为无线端访客数。 |
| | 浏览量 | 宝贝详情页被访问的次数，一个人在统计时间内访问多次记为多次。所有终端的浏览量等于 PC 端浏览量和无线端浏览量之和。 |
| | PC 端浏览量 | 宝贝详情页在电脑浏览器上被访问的次数，一个人在统计时间内访问多次记为多次。 |
| | 无线端浏览量 | 宝贝详情页在无线设备（手机或 Pad）的浏览器上被访问的次数，加上在无线设备（手机或 Pad)的 APP 上被访问的次数，这两者之和为宝贝在无线端的浏览量。 |
| | 下单转化率 | 统计时间内，下单买家数/访客数，即来访客户转化为下单买家的比例。 |
| | 下单 - 支付转化率 | 统计时间内，下单且支付的买家数/下单买家数，即统计时间内下单买家中完成支付的比例。 |
| | 支付转化率 | 统计时间内，支付买家数/访客数，即来访客户转化为支付买家的比例。 |
| | 跳出率 | 统计时间内，宝贝详情页跳出浏览量/宝贝详情页浏览量，即访问次数中，跳出行为的访问次数占比。跳出浏览量是指，宝贝详情页被访问后，既没有被下单，也没有被收藏，也没用跳转到店铺的其他页面的访问次数。 |
| | 收藏数 | 统计时间内，宝贝被来访者收藏的次数，一件宝贝被同一个人收藏多次记为多次。 |
| | 访客平均价值 | 统计时间内，支付金额/访客数，即平均每个访客可能带来的支付金额，建议参考此指标，控制流量引入成本。 |
| | 支付金额 | 买家拍下后通过支付宝支付给您的金额，未剔除事后退款金额，预售阶段付款在付清当天才计入内。所有终端的支付金额为 PC 端支付金额和无线端支付金额之和。 |
| | PC 端支付金额 | 买家在电脑上拍下后，在统计时间范围内完成付款的支付宝金额，未剔除事后退款金额，预售分阶段付款在付清当天才计入内。特别说明，支付渠道不论是电脑上还是手机上，拍下为电脑上，就将后续的支付金额计入 PC 端。 |

续表

| 页面范围 | 指标名称 | 指标注释 |
| --- | --- | --- |
|  | 无线端支付金额 | 买家在无线终端上拍下后，在统计时间范围内完成付款的支付宝金额，未剔除事后退款金额，预售分阶段付款在付清当天才计入内。特别说明，支付渠道不论是电脑上还是手机上，拍下为手机或 Pad 上，就将后续的支付金额计入无线端。 |
|  | 支付件数 | 统计时间内，买家完成支付的宝贝数量，如出售手机，16G 两个，32G 一个，那么支付件数为 3。 |
|  | PC 端支付件数 | 买家在电脑上拍下后，在统计时间内完成支付的宝贝件数。特别说明，支付渠道不论是电脑还是手机上，拍下为电脑上，就将后续的支付件数计入 PC 端支付件数。 |
|  | 无线端支付件数 | 买家在手机或 Pad 上拍下后，在统计时间内完成支付的宝贝件数。特别说明，支付渠道不论是电脑还是手机上，拍下为手机或 Pad 上，就将后续的支付件数计入 PC 端支付件数。 |
|  | 支付买家数 | 统计时间内，完成支付的去重买家人数，预售分阶段付款在付清当天才计入内；所有终端支付买家数为 PC 端和无线端支付买家去重人数，即统计时间内在 PC 端和无线端都对宝贝完成支付，买家数记为 1 个。 |
|  | PC 端支付买家数 | 在电脑上拍下后，统计时间内，完成付款的去重买家人数。特别说明，不论支付渠道是电脑还是手机，拍下为电脑上，就将该买家数计入 PC 端支付买家数。 |
|  | 无线端支付买家数 | 在手机或 Pad 上拍下宝贝后，统计时间内，完成付款的去重买家人数。特别说明，不论支付渠道是电脑还是手机，拍下为手机或 Pad 上，就将改买家数计入无线端支付买家数。 |
|  | 下单金额 | 统计时间内，宝贝被买家拍下的累计金额。 |
|  | 下单件数 | 统计时间内，宝贝被买家拍下的累计件数。 |
|  | 下单买家数 | 统计时间内，拍下宝贝的去重买家人数。 |
| 商品分析<br>分类分析 | 引导点击转化率 | 统计时间内，访问分类页的人数中，后续有点击访问宝贝详情页的访客占比。 |
|  | 引导支付转化率 | 统计时间内，访问分类页的人数中，后续点击访问宝贝详情并最终拍下付款的买家数占比。 |
| 无线 - 宝贝效果 | 无线端访客数 | 通过无线设备（Pad 或手机）上的浏览器访问宝贝详情页的去重人数，记为 WAP 端访客数；访客通过无线设备（Pad 或手机）上的 APP 访问宝贝详情页的去重人数，记为 APP 访客数。WAP 端访客数与 APP 访客数直接相加之和，为无线端访客数。 |
|  | 无线端浏览量 | 宝贝详情页在无线设备（手机或 Pad）的浏览器上被访问的次数，加上在无线设备（手机或 Pad）的 APP 上被访问的次数，这两者之和为宝贝在无线端的浏览量。 |
|  | 无线端下单转化率 | 统计时间内，无线端下单买家数/无线端访客数，即无线端来访客户转化为下单买家的比例。 |
|  | 无线端下单 - 支付转化率 | 统计时间内，无线端下单且支付的买家数/无线端下单买家数，即统计时间内无线端下单买家中完成支付的比例。 |
|  | 无线端支付转化率 | 无线端支付买家数/无线端访客数，即无线端来访客户转化为支付买家的比例。 |

续表

| 页面范围 | 指标名称 | 指标注释 |
| --- | --- | --- |
| | 无线端收藏 | 统计时间内，宝贝被来访者在无线端上的收藏次数，一件宝贝被同一个人收藏多次记为多次。 |
| | 无线端访客平均价值 | 统计时间内，无线端支付金额/无线端访客数，即无线端平均每个访客可能带来的支付金额，建议参考此指标，控制流量引入成本 |
| | 无线端支付金额 | 买家在无线终端上拍下后，在统计时间范围内完成付款的支付宝金额，未剔除事后退款金额，预售分阶段付款在付清当天才计入内。特别说明，支付渠道不论是电脑上还是手机上，拍下为手机或 Pad 上，就将后续的支付金额计入无线端。 |
| | 无线端支付件数 | 买家在手机或 Pad 上拍下后，在统计时间内完成支付的宝贝件数。特别说明，支付渠道不论是电脑还是手机上，拍下为手机或 Pad 上，就将后续的支付件数计入无线端支付件数。 |
| | 无线端支付买家数 | 在手机或 Pad 上拍下宝贝后，统计时间内，完成付款的去重买家人数。特别说明，不论支付渠道是电脑还是手机，拍下为手机或 Pad 上，就将该买家数计入无线端支付买家数。 |
| | 无线端下单金额 | 统计时间内，宝贝在无线端被买家拍下的累计金额。 |
| | 无线端下单件数 | 统计时间内，宝贝在无线端被买家拍下的累计件数。 |
| | 无线端下单买家数 | 统计时间内，无线端拍下宝贝的去重买家人数。 |
| 货 - 宝贝效果详情 | 时段 TOP5 | 访客来访当前宝贝的时段，仅提供访客数最多的前 5 个时段。 |
| | 地域 TOP5 | 根据来访当前宝贝的访客 IP 地址，推算出的访客所在省份，仅提供访客数最多的前 5 个省份。 |
| | 来源关键词 TOP5 | 访客通过搜索这些关键词来到这个宝贝详情页面，显示访客数最多的 5 个关键词。 |
| | 店铺新老访客 | 新老访客和买家是针对您的店铺而言，6 天内访问过本店再次访问的为老访客，否则为新访客。 |
| | 来源渠道 TOP5 | 来访当前宝贝的访客，进入本店的来源渠道。 |
| | 流量来源宝贝 TOP5 | 通过这些宝贝页面点击访问至当前宝贝，这些宝贝就是当前宝贝的流量来源宝贝，仅提供带来访客数最多的 5 个流量来源宝贝。 |

# 第 2 章 淘宝客推广

## 2.1 淘宝客推广

### 2.1.1 什么是淘宝客推广

淘宝客推广简称淘客推广，是一种在推广商品成交后，按提成比例来提取相应佣金的推广模式。我们通常把这种推广模式称为 CPS（按成交计费）（见图 2-1）。

图 2-1

通俗点来讲，使用淘宝客推广即商家将商品设置淘客佣金，淘客推广商品，商品被购买后，淘客领取相应的推广佣金。

淘宝客简称淘客，是指帮助商家推广商品的主体。这个主体可以是“个人”（个人站长、博客主、微博主、论坛主或会员等）、“团体”（公司或淘客团体）也可以是“网站”（淘宝联盟、导购网站、返利网站等）。

淘宝客推广的入口：卖家中心—营销中心—我要推广—淘宝客推广（见图 2-2）。

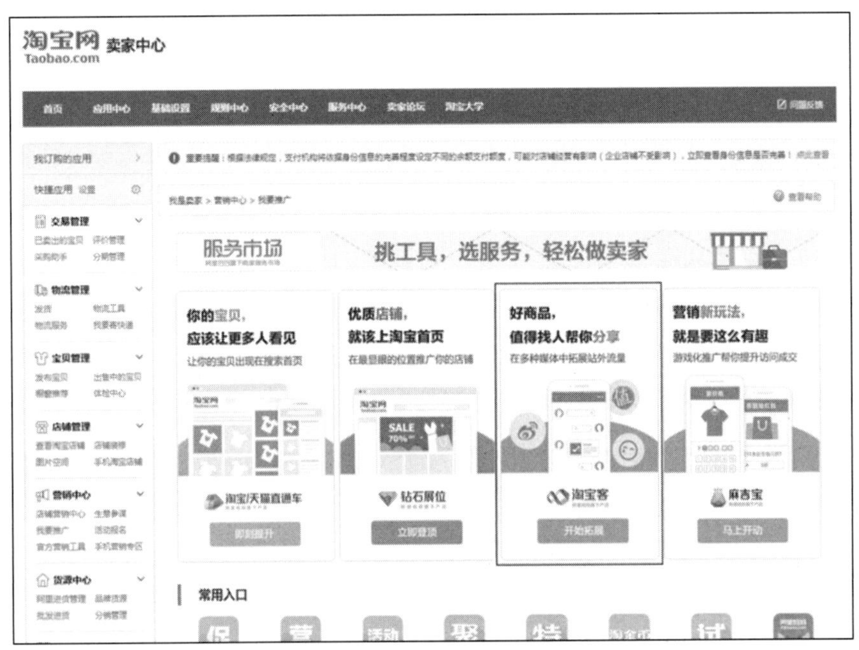


图 2-2

## 2.1.2　淘宝客推广的利弊

### 1．淘宝客推广的优势

a．成交后才支付佣金，高投入产出比高。

b．成本低，展示点击均为免费。

c．可以自行招募稳定的淘客群体，建立长期推广合作关系。

d．淘宝客推广，可以让商家的优质产品直接被一些导购网站抓取收录，减少了繁琐的推广操作。

e. “一淘”、“爱淘宝”的出现，预示着引流模式的更替。淘宝客将在未来的站外引流中扮演至关重要的角色。

### 2. 淘宝客推广的劣势

a. 淘宝客推广见效相对比较缓慢，需要长期积累发力。如果想要有显著的推广效果，需要配合直通车、钻石展位等其他更直接的推广工具来使用。

b. 淘宝客推广也需要有一定的实力及交际能力和人脉关系。商家要善于招募优秀淘客并能长期维系关系。如果商家想要跟很多淘客类网站合作，要么自己有相应的人脉关系，要么就要有足够的实力（资金或品牌、商品足够优秀）能够获得相应网站的青睐才行。

c. 淘宝客推广设置佣金后，也会带来不必要的成本。比如一些浏览器或网站的劫持，恶意篡改地址，导致只要客户使用该浏览器进行购物就会产生淘客佣金。而这些佣金是没有经过推广的，没有为店铺带来任何展现和点击。

常见的网站类淘宝客账号有如下几个。

- 上海奇泰：为 360 浏览器淘客账号
- Taobaoss137：为一淘网淘宝客账号
- 苹果元元 88：为 51 返利网淘宝客账号
- sogouie：为搜狗浏览器的淘宝客账号
- fanhuancom：为返还网的淘宝客账号
- 贝壳网际：为金山浏览器淘宝客账号

因为互联网信息的时效性，以上账号信息仅供参考，想要了解具体信息，大家可自行在互联网上进行查询（见图 2-3）。

图 2-3

### 2.1.3 如何判断网站上的产品是否是淘宝客推广的

一般淘宝客推广的产品，在被点击后，链接地址会经过跳转，这时你只要留心看着（网速越慢越容易发现）浏览器地址栏跳转中的地址是否含有“s.click.taobao.......”就可以进行简单判断了。如果含有该前缀，一般是淘宝客推广的产品，反之则不是。

### 2.1.4 淘宝客推广的收费方式

淘宝客推广的收费方式为CPS（按成交计费）。

举例说明：

商家把A产品进行淘宝客推广，并设置推广佣金比为5%，假定A产品售价为100元。淘客×××选取了A产品进行推广。最终客户通过淘客×××的推广链接查看了A产品并购买最终交易成功。而此时商家A需要支付淘客×××的佣金为：100×5% = 5元。

在商品购买之前，不管有多少客户通过淘客×××的链接进入到了商家的产品页面均不会产生佣金费用。

客户点击淘客×××的链接查看了A产品，只要他在15天内产生了购买并交易成功，商家均需支付淘客×××佣金。超过15天，将不计佣金。

## 2.2 为什么你总是用不好淘宝客推广

#### 1．“急功近利”的心理

淘宝客推广有别于直通车、钻石展位等其他推广方式。就拿直通车推广来说，如果你做了正确的投放，可以在很短时间内获得大量的店铺访问UV，而淘宝客推广则不是，它需要长期的积累才会有效果。所以很多商家往往坚持不到它见效时就选择了放弃持续优化。更有甚者因为觉得淘客没有带来多少流量却产生了佣金而退出淘客。

其实只要换个角度来思考，淘宝客的推广并非我们所认为的那么没有效果。

首先，淘宝客是用成交来换取佣金的，所以不能将其与直通车这类大撒网式的换取展现与点击的推广方式来对比引入流量。取而代之的是我们应该来比较其相应的ROI（投入产出比）。

其次，淘宝客推广是长期的推广工具，它虽然见效慢，但是一旦有了效果将会相对比较稳定，讲究长尾效果。虽然淘宝直通车、钻石展位等推广方式见效快，但是起伏也比较大，而淘宝客推广的稳定是它们所无法比拟的。

### 2．不知道淘宝客推广

不知道淘宝客推广一般分为两种，一种是从来没有听说过淘宝客推广，另外一种是听说过淘宝客推广，但是并不知道它的效果。

这两种原因都很好解决，只要认真学习并且去了解淘宝客推广，问题将会迎刃而解。如果你此刻已经知道淘宝客推广及其威力了，那么从现在开始就认真学习并开始推广吧( 见图 2-4 )。

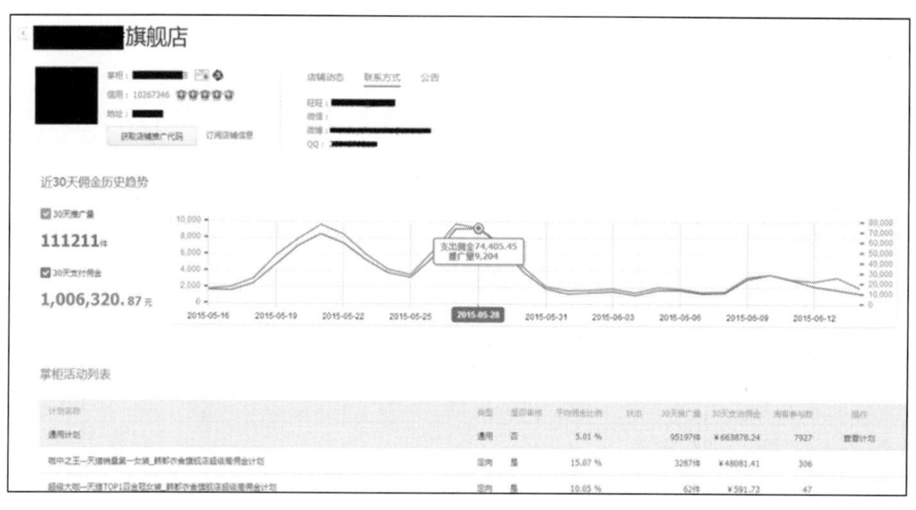


图 2-4

### 3．因为一些网站的“劫持”佣金行为而放弃推广

如果你是因为这个原因而没有认真进行淘宝客推广，那么你应该重新认真地去思考下利弊。网站的“劫持”行为是不符合市场规律的，所以只能是暂时的。而你如果因为这个暂时性的行为而放弃了在淘宝客推广中的长期蓄势行为，将来也必将会为此付出相应的代价。

当然，利弊的分析，见仁见智，更多的还是需要根据你自身的实际情况进行分析处理。

### 4．因为看不到效果而放弃

所有的推广工具的使用都是一个循序渐进的学习与实践的过程。如果你想要用好淘宝客推广，就要做好长期学习实践的准备，不要为一时的成败得失而气馁。本章接下来的内容也将针对此问题进行讲解。

# 2.3 如何让“淘客”疯狂推广你的商品

## 2.3.1 开通淘宝客

### 1. 开通淘宝客的准入条件

**（1）天猫商家（即入驻 tmall.com 的商户）准入条件**

a. 店铺动态评分各项分值均不低于 4.5。

b. 店铺状态正常且出售中的商品数大于等于 10 件（同一商品库存有多件的，仅计为 1 件商品）。

c. 不得有因违反《天猫规则》中关于出售假冒商品的行为被扣分 6 分及以上。

d. 不得有因违反《天猫规则》中关于其他严重违规行为（出售假冒商品除外）被扣分 12 分及以上。

e. 不得有因违反《天猫规则》中关于虚假交易违规行为被扣分 12 分及以上。

f. 用户未处于违反下述规则被扣分之日起三十天内的：违反《天猫规则》“描述不符”中“商家对商品材质、成分等信息的描述与买家收到的商品严重不符，或导致买家无法正常使用的”。

g. 签署支付宝代扣款协议。

h. 未在使用阿里妈妈或其关联公司其他营销产品（包括但不限于钻石展位、淘宝直通车、天猫直通车、网销宝全网版/1688 版等）服务时因违规被中止或终止服务。

**（2）淘宝网卖家准入条件**

a. 卖家信用等级在一心及以上或参加了消费者保障计划。

b. 卖家店铺动态评分各项分值均不低于 4.5。

c. 店铺状态正常且出售中的商品数大于等于 10 件（同一商品库存有多件的，仅计为 1 件商品）。

d. 不得有因违反《淘宝规则》中关于出售假冒商品的行为被扣分 6 分及以上。

e. 不得有因违反《淘宝规则》中关于其他严重违规行为（出售假冒商品除外）被扣分 12 分及以上。

f. 不得有因违反《淘宝规则》中关于虚假交易违规行为被扣分 12 分及以上。

g. 签署支付宝代扣款协议。

h. 未在使用阿里妈妈或其关联公司其他营销产品（包括但不限于钻石展位、淘宝直通车、天猫直通车、网销宝全网版/1688 版等）服务时因违规被中止或终止服务。

### 2. 开通淘宝客的操作流程

① 进入联盟。

a. 通过“卖家中心”后台“营销中心”单击“我要推广”超链接，进入“我要推广”页面。

b. 单击“淘宝客推广”进入“淘宝联盟协议确认”页面。

② 确认协议：在“确认协议”页面勾选并确认协议（见图 2-5）。

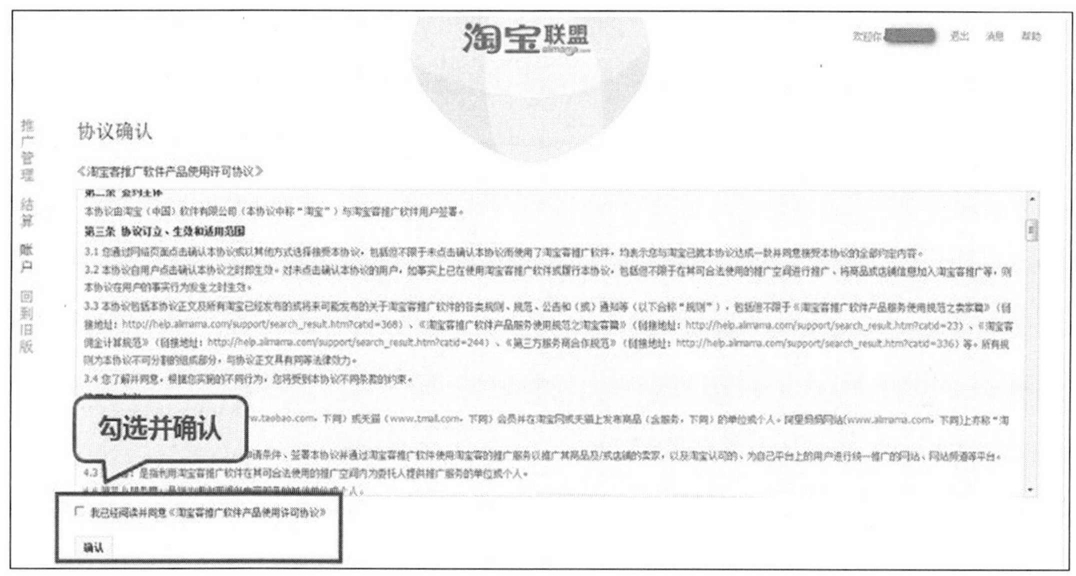


图 2-5

③ 开通“支付宝账户付款”服务：按提示输入支付宝信息，单击“同意协议并提交”按钮（见图 2-6）。

④ 开通成功：进入淘宝客推广卖家操作后台。

有的天猫店铺首次加入淘宝客推广之会发现账户总揽下有结算金额。需要说明的是结算金额是指推广成交之后的产品交易额，而并非需要支付的佣金。而我们需要支付给淘客的佣金数据要看“佣金”下的数据（见图 2-7）。

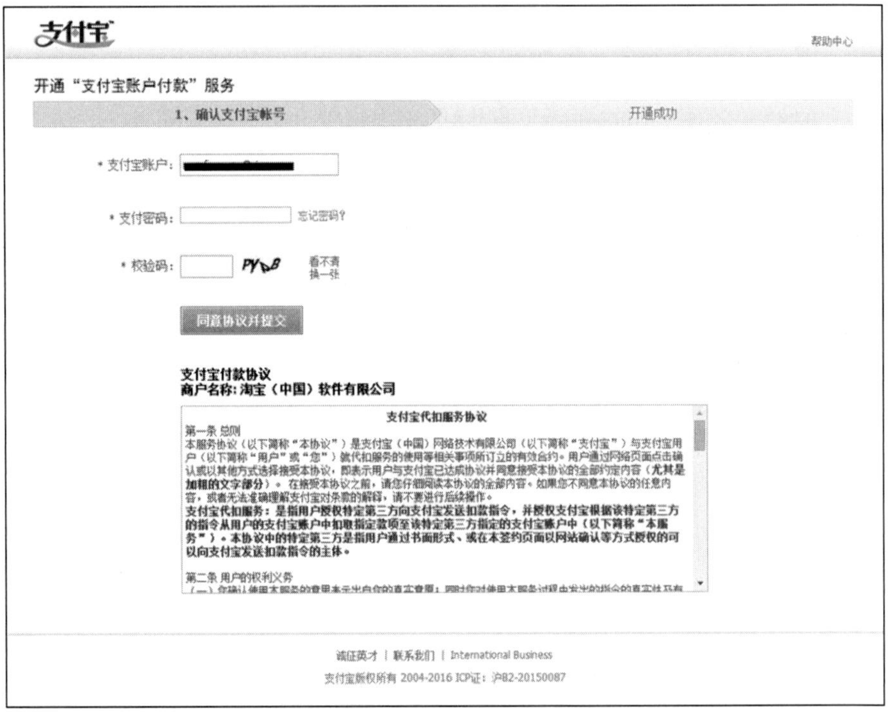

支付宝

帮助中心

开通“支付宝账户付款”服务

1、确认支付宝帐号　　开通成功

* 支付宝账户：

* 支付密码：　忘记密码？

* 校验码：　看不清 换一张

同意协议并提交

**支付宝付款协议**
**商户名称：淘宝（中国）软件有限公司**

**支付宝代扣服务协议**

第一条 总则

本服务协议（以下简称“本协议”）是支付宝（中国）网络技术有限公司（以下简称“支付宝”）与支付宝用户（以下简称“用户”或“您”）就代扣服务的使用等相关事项所订立的有效合约。用户通过网络页面点击确认或以其他方式选择接受本协议，即表示用户与支付宝已达成协议并同意接受本协议的全部约定内容（**尤其是加粗的文字部分**）。在接受本协议之前，请您仔细阅读本协议的全部内容。如果您不同意本协议的任意内容，或者无法准确理解支付宝对条款的解释，请不要进行后续操作。

**支付宝代扣服务：是指用户授权特定第三方向支付宝发送扣款指令，并授权支付宝根据该特定第三方的指令从用户的支付宝账户中扣取指定款项至该特定第三方指定的支付宝账户中（以下简称“本服务”）。本协议中的特定第三方是指用户通过书面形式、或在本签约页面以网站确认等方式授权的可以向支付宝发送扣款指令的主体。**

第二条 用户的权利义务

诚征英才 | 联系我们 | International Business

支付宝版权所有 2004-2016 ICP证：沪B2-20150087

图 2-6

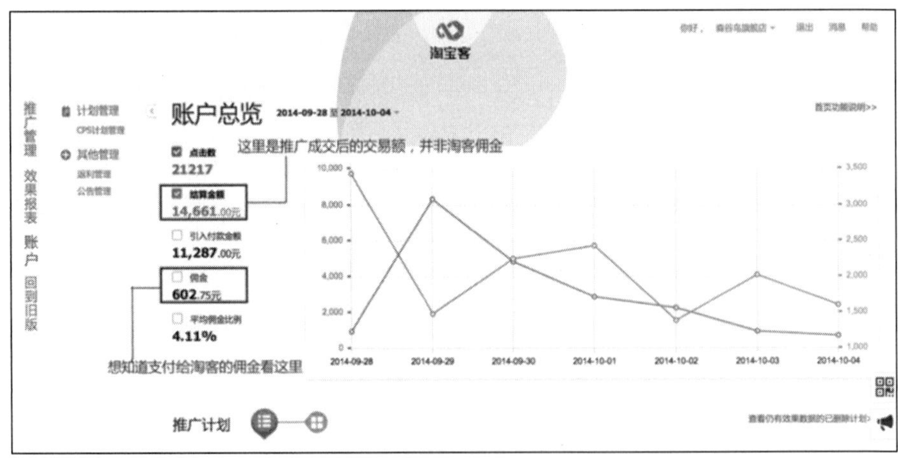


图 2-7

## 2.3.2　了解淘宝客的推广原理

淘宝客的推广原理如图 2-8 所示。

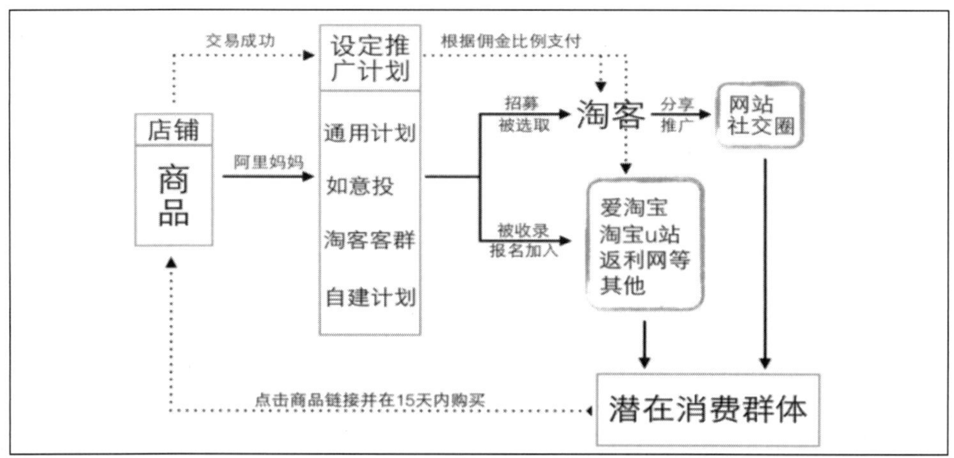


图 2-8

a. 商家将经营的类目、商品设置淘客佣金比。

b. 商品展现在淘宝客推广系统中。

c. 个体淘客或淘客联盟选取商品进行推广。

d. 商品成交后将相应佣金比的佣金支付给淘客。

## 2.3.3　设置推广计划

### 1. 通用计划

“通用计划”无须建立，默认显示在推广计划列表的第一项（见图 2-9）。

单击“查看”进入“通用计划”的“佣金管理”页面进行类目推广佣金比例及主推产品的设定（见图 2-10）。

推广计划　　查看仍有效果数据的已删除计划>>

+新建自选淘宝客计划　　不需要设置，默认存在　　自定义字段　下载

| 状态 | 计划名称 | 产品类型 | 结算佣金 | 结算金额 | 平均佣金比率 | 点击数 | 引入付款笔数 | 引入付款金额 | 点击转化率 | 操作 |
|---|---|---|---|---|---|---|---|---|---|---|
|  | 通用 通用计划 | 淘宝客 | 371.04 | 9,276.00 | 4.00% | 1,940 | 58 | 8,660.50 | 2.98% | 查看 |
|  | 如意投 如意投计划 | 如意投 | 69.20 | 692.00 | 10.00% | 302 | 2 | 258.00 | 0.66% |  |
|  | 淘宝客群 淘客群计划 | 淘宝客 | 0.00 | 0.00 | 0.00% | 0 | 0 | 0.00 | 0.00% |  |
|  | 推广1号 | 淘宝客 | 38.44 | 961.00 | 4.00% | 826 | 4 | 652.00 | 0.48% |  |
|  | T1淘客_类目佣金8个点_单品佣金20个点 | 淘宝客 | 0.00 | 0.00 | 0.00% | 0 | 0 | 0.00 | 0.00% |  |
|  | T2淘客_类目佣金12个点_单品佣金25个点 | 淘宝客 | 0.00 | 0.00 | 0.00% | 0 | 0 | 0.00 | 0.00% |  |
|  | T3淘客_类目佣金12个点_单品佣金30个 | 淘宝客 | 0.00 | 0.00 | 0.00% | 0 | 0 | 0.00 | 0.00% |  |

单击设置通用计划

图 2-9

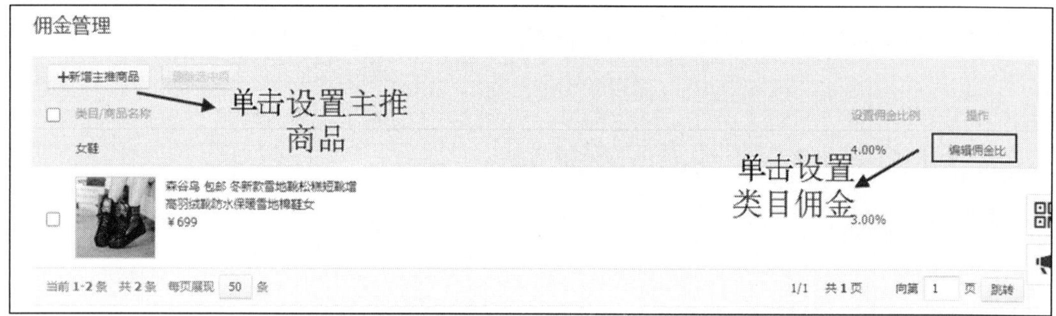


图 2-10

主推类目为系统根据你所销售的产品类目默认选定。设定的佣金比范围为 3% ~ 50%。单击“新增主推商品”，可以进行产品的个性佣金比例设定，最多可添加 30 款主推产品（见图 2-11）。

主推商品的佣金比优先级高于类目佣金比，即设定了主推商品佣金比的商品以设定的佣金比为准。而那些没有设定成为“主推商品”的商品，因为没有个性佣金比，一旦产生成交，则需要按照类目佣金比对淘客进行佣金支付。

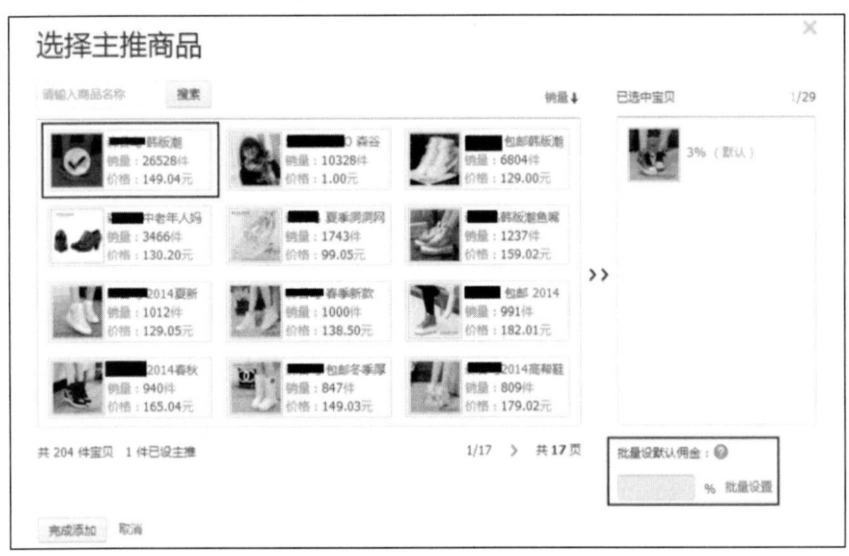


图 2-11

## 2. 如意投

### （1）什么是如意投

如意投是为淘宝卖家度身定制，帮助卖家快速提升流量，按成交付费的精准推广营销服务（见图 2-12）。

推广计划　　查看仍有效果数据的已删除计划>>

+新建自选淘宝客计划　　自定义字段　下载

| 状态 | 计划名称 | 产品类型 | 结算佣金 | 结算金额 | 平均佣金比率 | 点击数 | 引入付款笔数 | 引入付款金额 | 点击转化率 | 操作 |
|---|---|---|---|---|---|---|---|---|---|---|
| | 通用 通用计划 | 淘宝客 | 371.04 | 9,276.00 | 4.00% | 1,940 | 58 | 8,660.50 | 2.98% | |
| | 如意投 如意投计划 | 如意投 | 69.20 | 692.00 | 10.00% | 302 | 2 | 258.00 | 0.66% | |
| | 淘宝客群 淘客群计划 | 淘宝客 | 0.00 | 0.00 | 0.00% | 0 | 0 | 0.00 | 0.00% | |
| | 推广1号 | 淘宝客 | 38.44 | 961.00 | 4.00% | 826 | 4 | 652.00 | 0.48% | |

图 2-12

如意投系统会根据商家的产品特征进行选取推广，通过如意投，可以将商家的产品展现给站外的买家。相对于传统的淘宝客，如意投有系统智能、精准投放、流量可控、渠道精准的几个特点。

如意投不需要商家进行复杂繁琐的推广操作，也不需要商家进行淘客招募，只需将商品进行合理的如意投设定，如意投系统便会自动选取优质的商品进行站外推广。

简单来说，如意投可以比作站外的“淘宝直通车”，只不过直通车是淘宝网站内的产品推广，而如意投是在站外的淘宝特卖频道和一些与淘宝网合作的中小传媒网站进行产品推广。

（2）如意投的投放原理

商家投放推广商品，进入如意投宝贝池。如意投系统根据系统对宝贝的评分，对宝贝进行智能排名，系统评分越高的宝贝展现的几率则越大。被选取的宝贝再由各种淘宝客进行推广，最终带来成交（见图 2-13）。

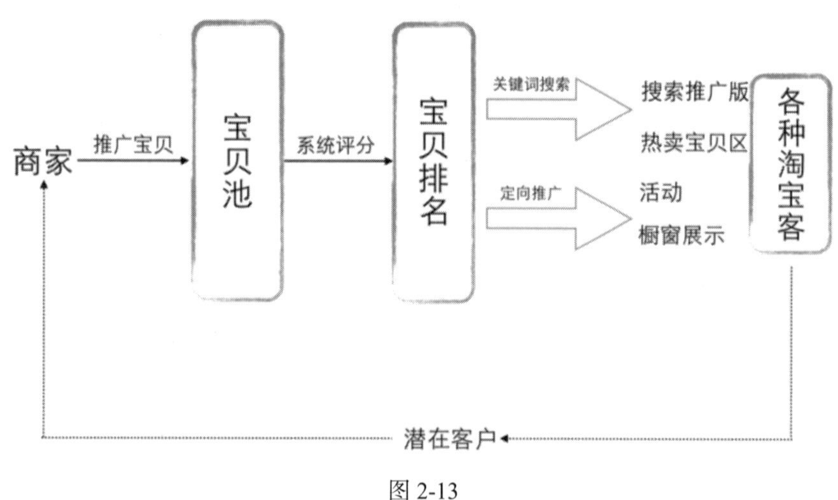


图 2-13

（3）如何设置如意投

a. 进入“淘宝客卖家平台”。

b. 在推广计划板块下找到“如意投计划”，在对应的“状态”下点击“||”进行“如意投计划”的激活（见图 2-14）。

c. 单击“新增主推商品”，进行主推商品的添加。同时可以对主推商品进行单个佣金比的设定或者批量佣金比设定。创建或修改的设置会在一天后生效（见图 2-15 和图 2-16）。

推广计划　　查看仍有效果数据的已删除计划>>

+新建自选淘宝客计划　　自定义字段　下载

| 状态 | 计划名称 | 产品类型 | 结算佣金 | 结算金额 | 平均佣金比率 | 点击数 | 引入付款笔数 | 引入付款金额 | 点击转化率 | 操作 |
|---|---|---|---|---|---|---|---|---|---|---|
|  | 通用 通用计划 | 淘宝客 | 371.04 | 9,276.00 | 4.00% | 1,940 | 58 | 8,660.50 | 2.98% |  |
| 投放 ✓ 停止 | 如意投 如意投计划 | 如意投 | 69.20 | 692.00 | 10.00% | 302 | 2 | 258.00 | 0.66% | 查看 |
|  | 淘宝客群计划 | 淘宝客 | 0.00 | 0.00 | 0.00% | 0 | 0 | 0.00 | 0.00% |  |

图 2-14

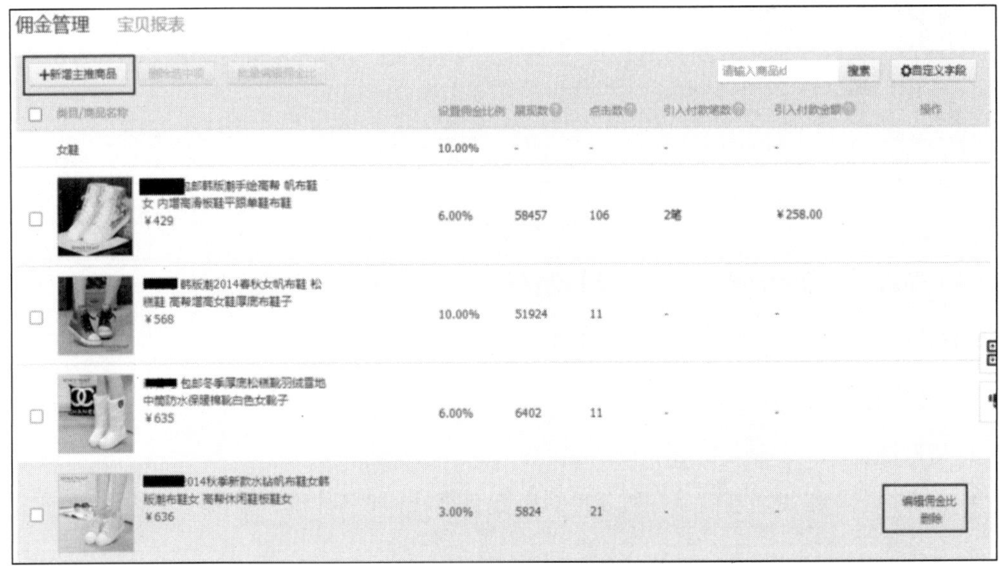


图 2-15

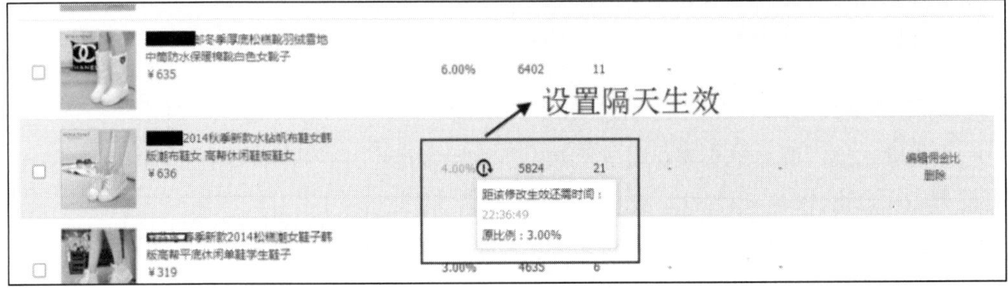


图 2-16

d. 单击“自定义字段”进行宝贝展现的数据信息的设定。建议展现“质量评价、排名参考”（见图 2-17）。

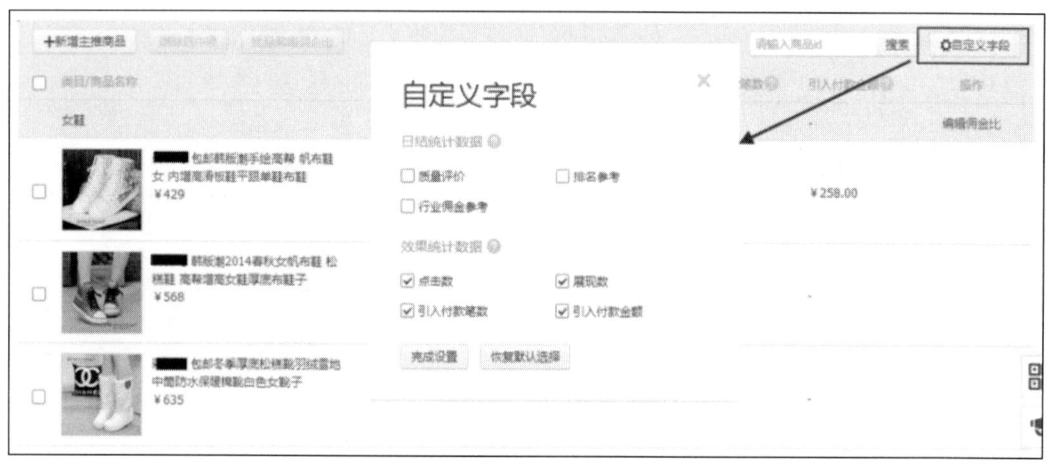


图 2-17

**（4）如意投“佣金管理”展现字段的含义**

如意投目前展现的字段主要包含两大类。

① 日结统计数据

- 质量评价。
- 参考排名：是指当前商品在所获得的流量上的一个排名体现，排名数据需要与展现量结合来看。
- 行业佣金参考：指商品所在二级类目中的有成交效果的推广商品的平均佣金数值。日结统计数据的数据统计仅针对本天的数据结算，并不关联所有与点击时间相关的效果数据统计。

② 效果统计数据

- 点击数：推广商品被买家点击的次数，当淘宝客推广并带来用户浏览发生点击行为，即为一次点击。
- 展现数：推广宝贝在如意投展示位上被买家看到的次数。
- 引入付款笔数：商品在淘宝联盟平台通过淘宝客推广发生点击后所有后续产生的效果累计的结算笔数总和。该成交统计针对本天产生的用户拍下并付款行为。

- 引入付款金额：商品在淘宝联盟平台通过淘宝客推广发生点击后所有后续产生的效果累计的结算金额总和。该成交统计针对本天产生的用户拍下并付款行为。
- 效果统计数据里的数据与日结统计不同，都已经进行了点击时间的会回溯关联。点击回溯的时间为 15 天。即点击行为发生后的 15 天内所产生的数据均已被记录。

**（5）如意投“宝贝报表”展现字段的含义**

① 日结统计数据

- 平均结算佣金比率：平均佣金比率=佣金/结算金额。反映一段时间内的宝贝平均支出的推广佣金占比，与结算金额一样有一定延迟。
- 结算佣金：商品在淘宝联盟平台上支付淘宝客推广所花费的佣金金额。此佣金的计算是仅针对本天的结算金额（确认收货的结算金额），不能用它来描述本天的效果，因为此佣金可能是前段时间的效果带来的佣金支出。
- 结算笔数：与“佣金管理”中的字段含义相同。
- 结算金额：与“佣金管理”中的字段含义相同。

② 效果统计数据

- 点击数：与“佣金管理”中的字段含义相同。
- 点击转化率：商品在淘宝联盟平台通过淘宝客推广发生点击后成交数据的转化比率，等于引入付款笔数除以点击数。
- 点击率：点击率是用点击数除以宝贝展现数得到，点击率的高低与推广所在位置和宝贝自身的效果相关。
- 展现数：与“佣金管理”中的字段含义相同。
- 展现转化率：展现转化率 = 引入付款笔数 / 展现数。
- 引入付款笔数：与“佣金管理”中的字段含义相同。
- 引入付款金额：与“佣金管理”中的字段含义相同。

**（6）佣金比的设定**

如意投为站外推广，官方统计数据如意投的平均转化率为 3%，点击率为 0.5%。

商品推广的佣金比的设定，没有固定的比例模式可以去遵循。所以在设定时我们需要根据自己的实际用途来做判断。当然也可以根据产品的周期来进行合理的推算设置。

比如推广初期，商品自身的成交量等权重因素不够成熟，我们可以将推广佣金设置为保本比例，等到商品自身的其他权重因素有所提升时，我们可以进行相应的佣金比调低，来获取更多利润。

**（7）如意投的主要展现位置**

① 爱淘宝（ai.taobao.com）（见图 2-18）

图 2-18

② 中小网站的橱窗推广（见图 2-19）

图 2-19

③ 站外搜索（见图 2-20）

图 2-20

**（8）如何优化如意投**

系统评分 = 推广宝贝的综合质量评价分

质量评价是如意投投放系统根据宝贝的历史数据计算出的宝贝综合转化成交能力。一般分为好、中、差三个级别，如果无显示，则说明宝贝质量评价太差了。

如意投的质量评价其实与直通车关键词的质量得分有着异曲同工之处。由于其相关因素算法会不断变化，所以我们无法得知其详细的权重因素，但是我们可以经过测试得知其主要权重因素包括宝贝推广佣金比、宝贝转化率、宝贝点击率、宝贝相关性、店铺综合分。根据这些元素判断，选择如意淘推广的宝贝依然是热销款（爆款）宝贝优先。

优化如意投的关键除了做好推广商品的内功（主图、标题、描述、DSR 等综合评分），还需要增加产品的站外流量成交转化率。要做到这点的最快办法，就是结合淘宝直通车及钻石展位等站外推广。至于如何结合，则需要根据特定商品的特性进行综合推广的理论推倒及测试。因为没有一套固定模式可供大家套用，所以本书也无法为大家展现相应的具体办法。如对这个方法有兴趣可以准备相应店铺信息与笔者进行专属店铺推广方法的探讨。

**（9）如何关闭如意投**

将鼠标移动到如意投计划前方，单击“停止”，即可停止投放（见图 2-21）。

+新建自选淘宝客计划　　⚙自定义字段　⬇下载

| 状态 | 计划名称 | 产品类型 | 结算佣金 | 结算金额 | 平均佣金比率 | 点击数 | 引入付款笔数 | 引入付款金额 | 点击转化率 | 操作 |
|---|---|---|---|---|---|---|---|---|---|---|
|  | 通用 通用计划 | 淘宝客 | 408.59 | 10,224.10 | 3.99% | 7,472 | 67 | 9,587.00 | 0.89% |  |
| 投放 ✓ / 停止 |  | 如意投 | 27.80 | 278.00 | 10.00% | 705 | 3 | 408.00 | 0.42% | 查看 |

图 2-21

## 3．自选淘宝客计划

**（1）什么是自选淘宝客计划**

自选淘宝客计划即由自己来选择和招募淘客的推广计划。可以选择公开或不公开计划，审核方式也很灵活，可以选择手动方式或自动方式（见图 2-22）。

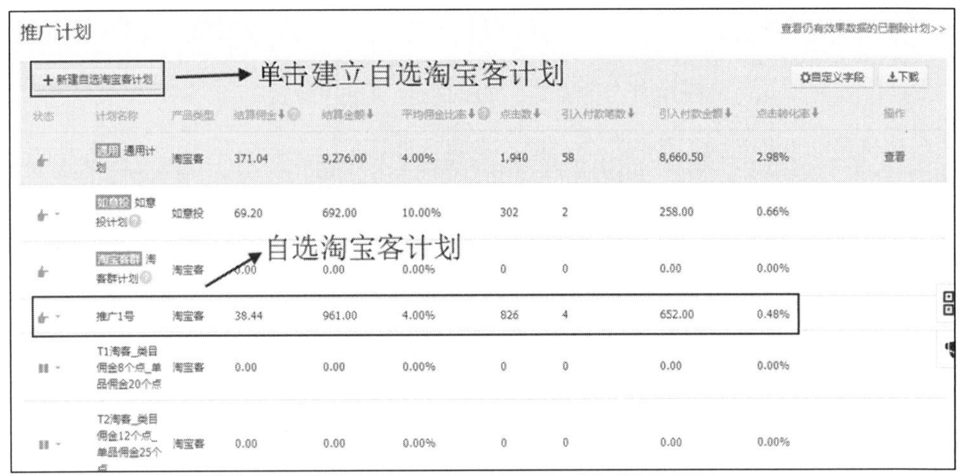


推广计划　　查看仍有效果数据的已删除计划>>

+新建自选淘宝客计划　　⚙自定义字段　⬇下载

| 状态 | 计划名称 | 产品类型 | 结算佣金 | 结算金额 | 平均佣金比率 | 点击数 | 引入付款笔数 | 引入付款金额 | 点击转化率 | 操作 |
|---|---|---|---|---|---|---|---|---|---|---|
|  | 通用 通用计划 | 淘宝客 | 371.04 | 9,276.00 | 4.00% | 1,940 | 58 | 8,660.50 | 2.98% | 查看 |
|  | 如意投 如意投计划 | 如意投 | 69.20 | 692.00 | 10.00% | 302 | 2 | 258.00 | 0.66% |  |
|  | 淘宝客群 淘客群计划 | 淘宝客 | 0.00 | 0.00 | 0.00% | 0 | 0 | 0.00 | 0.00% |  |
|  | 推广1号 | 淘宝客 | 38.44 | 961.00 | 4.00% | 826 | 4 | 652.00 | 0.48% |  |
|  | T1淘客_类目佣金8个点_单品佣金20个点 | 淘宝客 | 0.00 | 0.00 | 0.00% | 0 | 0 | 0.00 | 0.00% |  |
|  | T2淘客_类目佣金12个点_单品佣金25个点 | 淘宝客 | 0.00 | 0.00 | 0.00% | 0 | 0 | 0.00 | 0.00% |  |

图 2-22

**（2）自选淘宝客计划的优势**

① 灵活性高，针对性强，方便商家自主管理淘客，有利于维护商家与淘客的长久关系。

② 可以通过发布公告和设置审核方式让淘客留下联系方式，以便与优质淘客取得联系。

③ 将审核方式设置为手动，可以避免一些恶意网站的淘客佣金的“劫持”行为。

**（3）如何设置自选淘宝客计划**

① 进入“淘宝客卖家平台”。

② 在推广计划板块中单击“新建自选淘宝客计划”，进入自选淘宝客计划建立页面。

③ 按照需求填写相应信息，单击“创建完成”按纽，进入计划页面（见图 2-23）。

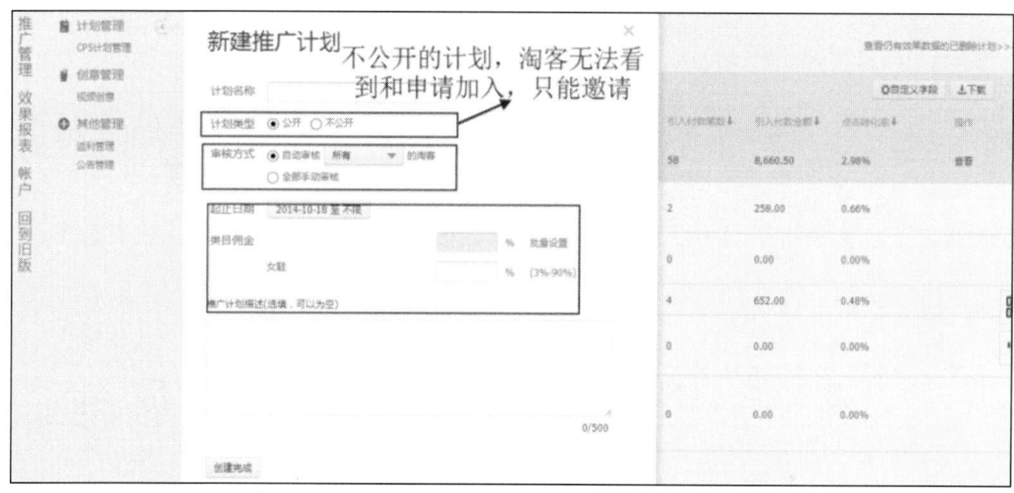


图 2-23

④ 添加主推商品并设置相应佣金比。主推商品最多可以添加 30 款。

**（4）自选淘宝客计划“淘宝客管理”中字段含义**

① 收藏宝贝数：淘宝客在淘宝联盟平台上为淘宝客推广所收藏的宝贝数。

② 收藏店铺数：淘宝客在淘宝联盟平台上为淘宝客推广所收藏的店铺数。其他字段含义请参照“如意投”中相同的字段含义。

**（5）如何关闭自选淘宝客计划**

① 进入要删除的自选淘宝客计划（见图 2-24）。

② 计划本身不可以直接删除，只能通过设置计划的结束日期使其失效来删除计划（见图 2-29）。

图 2-24

图 2-25

## 2.3.4 关于淘宝客佣金的设定

① 商品设定了独立佣金比后，推广佣金比以独立佣金比为准，未设定独立佣金比的商品按照类目佣金比进行支付佣金。

② 商家调整佣金比后，新的佣金比在 24 小时后才生效。

③ 如果买家通过淘宝客的推广链接进入店铺的当天并没有购买，但在此后的 15 天内完成了购买，商家仍需向淘宝客支付相应的佣金。

④ 如果实际交易金额大于等于拍下时的商品单价，则按实际交易金额（不含运费）进行佣金计算。如果实际交易金额小于拍下时的商品单价，则按拍下时的商品单价金额进行佣金计算。

⑤ 如果买家通过淘宝客推广链接直接购买 A 商品，则直接按照该商品所对应的佣金比支付佣金；如果买家通过 A 商品的淘宝客推广链接购买了店铺内的 B 商品，则按照 B 商品对应的佣金比支付佣金给淘宝客；如果买家通过淘宝客推广链接购买了店铺内的非淘客推广商品 C，则按照类目的最低佣金比来支付佣金给淘宝客。

⑥ 商城采取全站结算形式，即全商城参加淘宝客推广的商品都可结算佣金。

## 2.3.5 淘宝客卖家平台的功能介绍

### 1. 推广管理

#### （1）计划管理

CPS 计划管理主要包含四大类计划设置，前文已有讲过，这里便不再赘述（见图 2-26）。

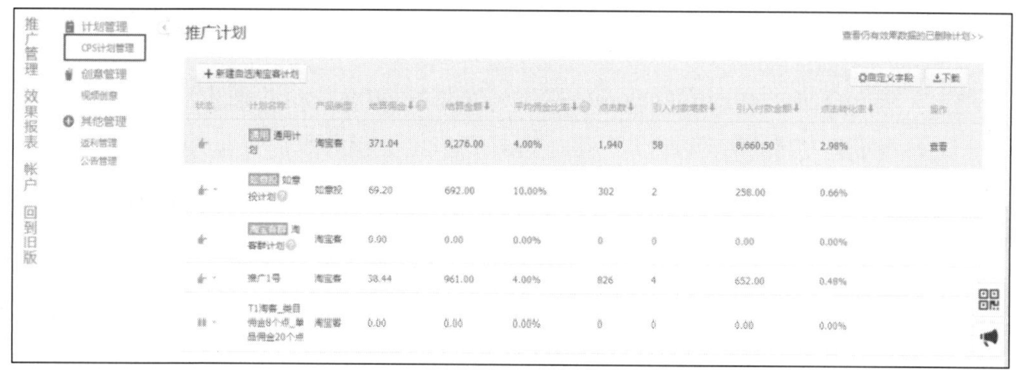


图 2-26

#### （2）互动招商

① 什么是互动招商

互动招商平台又称鹊桥，是淘宝联盟为商家和淘宝客之间量身打造的互动平台。商家可以通过这个平台，报名参加由淘客发布的各类主题活动。

在互动招商平台中，商家可以选择报名适合自己的各类营销活动（如图 2-27）。

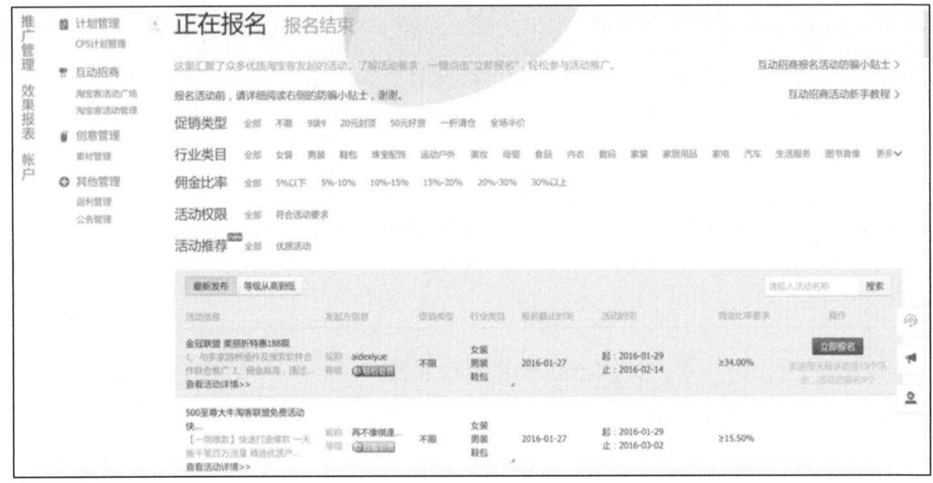


图 2-27

② 互动招商防骗贴士

需要注意的是，报名互动招商内的活动也需要防骗，切勿向淘宝客私下缴纳任何费用。以下给出官方公布的几个骗局案例，供读者参考：

案例一：

卖家 A 报名参加 A 淘客发起的 90%佣金比率的活动，报名后忘记对商品设置库存及限购。买家 A 通过淘宝客发起的活动进入，一下子购买了近 30 万元的商品。

此时，卖家 A 发现自己需要支付将近 27 万元的佣金，承受不了损失，违约不愿意发货。

可如果卖家因自身原因违约不发货，后续也将受到天猫 30%的缺货赔款。

提示一：

设置高佣金有风险，请勿盲目参加高佣金活动。

如参加活动务必设置好商品的库存量及每位买家的限购数量，以避免佣金支付金额超出自身承受范围。

案例二：

卖家 B 报名参加 B 淘客活动并设置了 90%的佣金。买家 B 以批发的名义找卖家 B 买 30 万元的货物，并以帮公司购买或者其他种种理由，要求卖家购买后线下返 10 万元差价给自己。后续卖家线下退款并发货后，却发现买家 B 是通过淘宝客推广进入，需要支付 90%佣金，最终自己支付金额高达 37 万元。

提示二：

设置高佣金有风险，请勿盲目参加高佣金活动。

任何买家都有可能是通过淘宝客进入的，务必实时记得自己淘宝客推广需要支付佣金。

线下打款有风险，不受淘宝网保护。如需退款务必走淘宝正常退款流程，保证自己的利益。

案例三：

卖家 C 报名参加 C 淘客活动并设置了高佣金商品 C。买家 C 要求购买店铺内的多个宝贝。但是最终只拍下了高佣金商品 C，已嫌麻烦为理由要求卖家 C 在该商品下改价，但却让卖家 C 发自己约定要购买的商品。即实际要购买 ABD 等多个商品，但是买家 C 只拍下高佣金商品 C，卖家发货后发现受骗。

提示三：

设置高佣金有风险，请勿盲目参加高佣金活动。

购买什么商品就拍什么商品，千万不要拍下 A 商品实际发货 B 商品。

③ 互动招商的报名

互动招商的报名流程与如意投相似，单击“立即报名”后按流程操作即可（如图 2-28）。

图 2-28

在报名活动前要认真阅读报名要求，按要求提交商品（如图 2-29）。

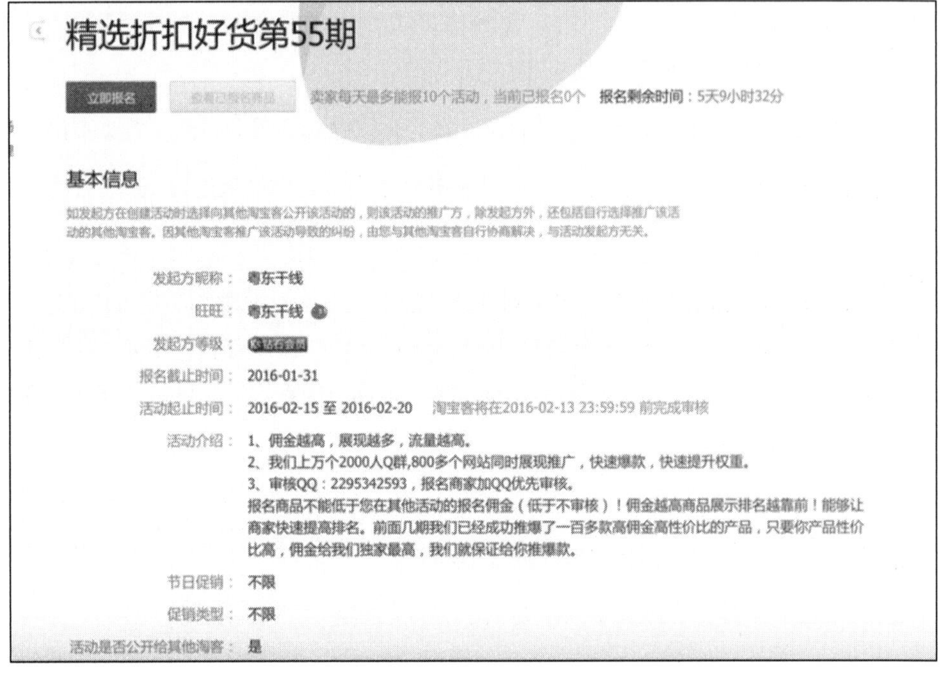


图 2-29

商品的创意图片能够增加活动通过的概率。好的商品创意图片的标准应为：

a. 图片尺寸比例为 1：1，宽度和高度≥500 像素，支持 PNG、JPG 和 BMP 格式，大小不超过 800KB；

b. 图片清晰，无边框，无水印，无牛皮癣，无拼接贴图（品牌宝贝图，Logo 放在图片右上角，Logo 在整体宝贝图中占比＜5%）；

c. 背景简单不杂乱，淡色系为主（白底最佳），宝贝色调和背景色调反差明显；

d. 宝贝主体突出，清晰美观不变形，居中展示，且宝贝占图片比例大于 50%。

④ 注意事项

a. 当活动状态变为报名截止后，商家在活动期间将无法修改活动的佣金比例。

b. 淘宝客推广计划有 15 天的佣金有效期，所以，活动结束后的 15 天内该活动带来的成交依然按照活动佣金进行计算。

⑤ 淘宝客活动管理

所有在互动招商内报名的活动管理均可在此进行查看管理（如图 2-30）。

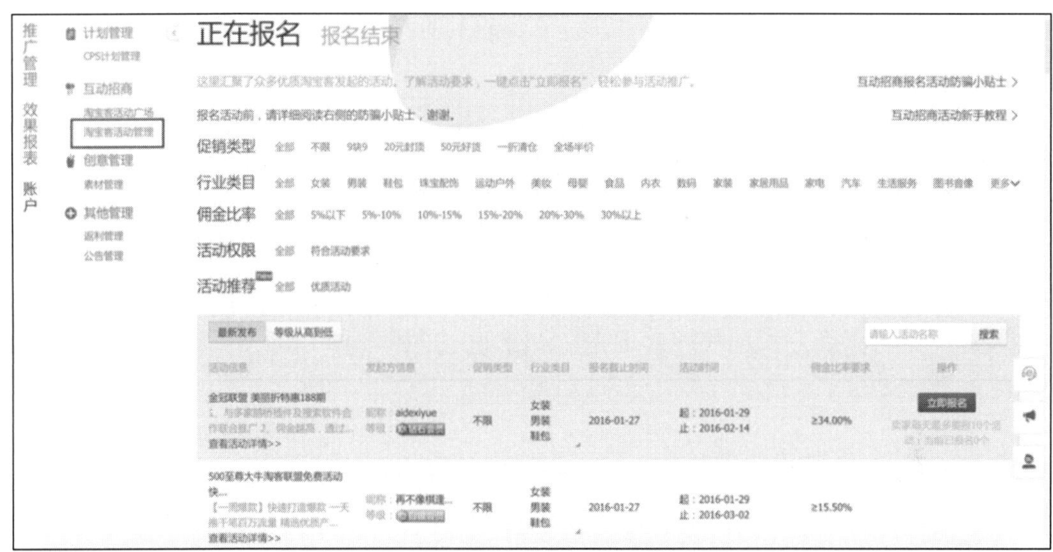


图 2-30

**（3）创意管理**

对已推广的商品创意进行上传及设置（见图 2-31）。

图 2-31

### （4）其他管理

其他管理主要包含返利管理和公告管理两项：

① 返利管理用于开启和关闭返利功能。关于返利的内容，因为页面会有详细讲解，所以本书也不再赘述（见图 2-32）。

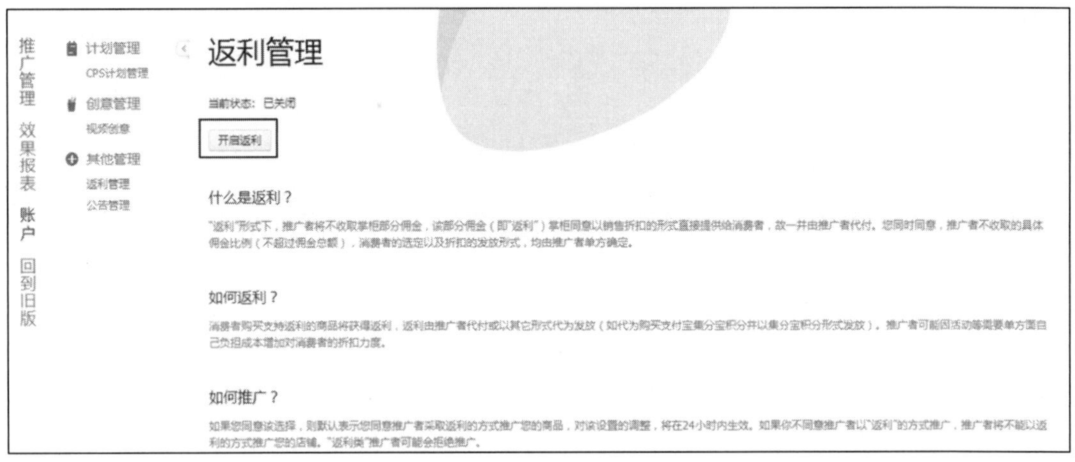


图 2-32

② 公告管理用于将店铺信息展现给淘宝客，主要包含掌柜奖励、掌柜促销、掌柜热卖、其他四项（见图 2-33）。

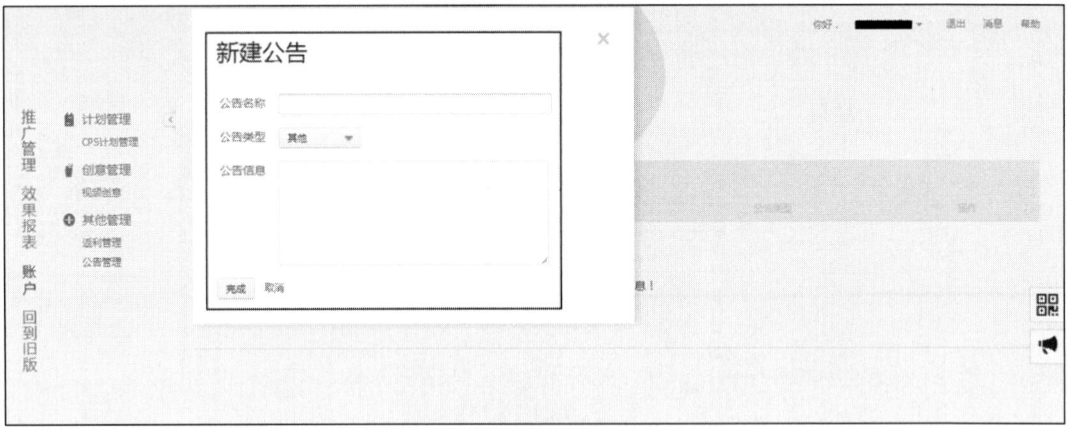

图 2-33

## 2. 效果报表

“效果报表”主要用于展现直通车账户的每日账户明细情况（见图 2-34）。

图 2-34

结算明细如下。

① 账户明细：主要用于展现每天的佣金支出情况，最多可以查询 90 天的记录。建议大家及时下载或记录。

② 订单明细：主要展现最近 90 天内的订单数据信息。包含两个维度选择：订单结算（您的订单已经成功支付佣金）及订单成功（您的订单买家已经确认收货，但还未支付佣金）。

③ 维权退款订单明细：用于展现最近 90 天内的订单佣金推广情况。

## 3. 账户

主要用于展现卖家的账户信息（见图 2-35），包括如下几项。

a. 账号信息：注册时已确定，无法编辑。

b. 基本信息：可通过“编辑信息”进行编辑。

c. 支付宝管理：支付宝信息，不可编辑。

d. 退出淘宝客：若想退出淘宝客，可通过单击此按钮进行退出。退出后，推广链接在 15 天内仍然有效，仍需支付推广佣金。退出淘宝客的 15 天内不允许重新申请加入淘宝客推广。

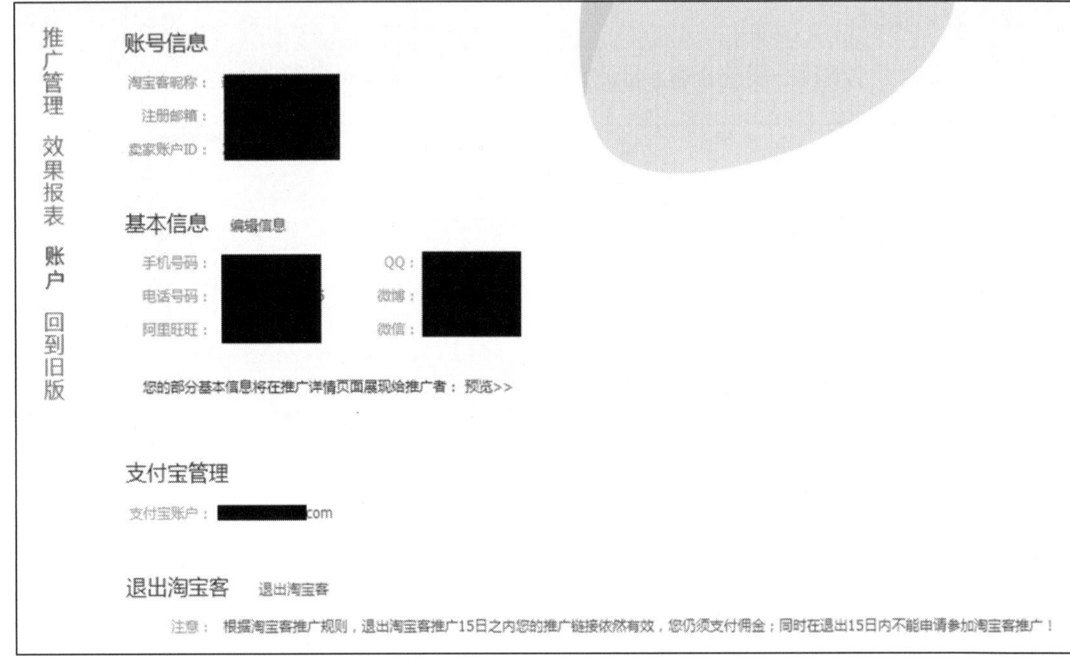


图 2-35

## 2.3.6 如何吸引淘客

### 1. 如何获得淘客们的青睐

淘宝客推广除了自身要有好的商品外，另外的一个关键点是要有优秀的淘客肯来长期持续地推广你的商品。想要让淘客来推广你的商品，就要让淘客获得他想要获得的东西——真正赚取到佣金。

首先，你需要了解淘客的需求。一方面你需要站在他们的角度去思考问题；另一方面你需要不断地与已经合作的淘客们进行沟通。不要以为只要设置佣金就能满足淘客的需求了，有很多时候淘客在推广时也想更多地了解你的产品，当然如果你能够再给一些所需要的素材就更好了！所以保持双方的沟通就显得至关重要了。

如何保持良好的双向沟通？一方面你需要通过审核等方式来获取淘客们的联系方式（见图 2-36），另外一方面你也要让想找到你的淘客能够找到你，不要在资料上什么都不写（见图 2-37）。

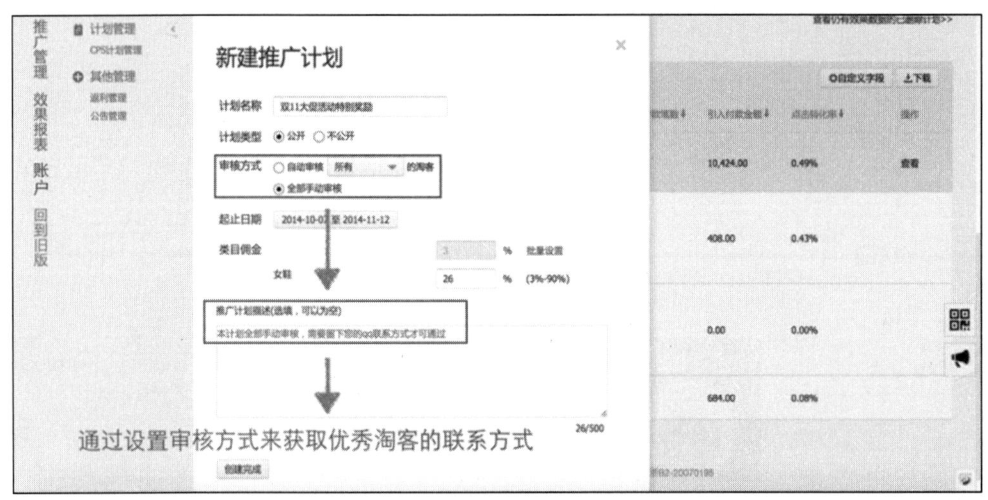


图 2-36

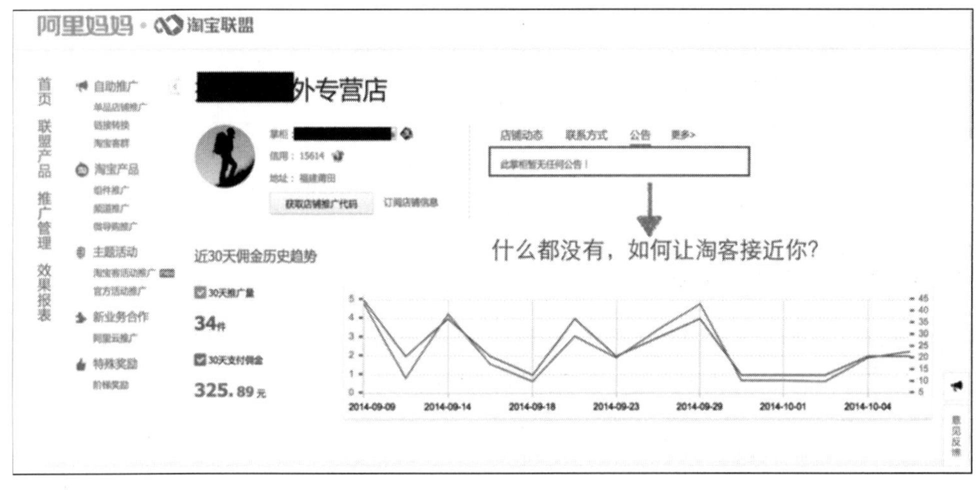


图 2-37

其次，你需要了解淘客的行为习惯，比如他们是如何选取推广商品的。他们想要的推广商品应该是什么样的？高佣金是必然的，但是并非高佣金就一定会获得他们的青睐。因为即便佣金再高，若没有人购买，对于淘客们来说一切也都是徒劳的。

最后，你需要找个小号来加入淘客队伍。加入的目的不是让你成为淘客，而是让你了解淘客们的后台操作。了解淘客们是如何选取产品的，而你的产品是否能够展现到他们眼前（见图 2-38）。

图 2-38

### 2．增强自身产品的竞争力

淘客进行宝贝推广与我们开店一样，需要根据自身的资源进行风格和类型的定位。根据这个定位，大部分淘客会在自己的淘宝客后台进行热销产品的搜索。通过搜索，他们会选择能让自己更快速获得佣金的产品进行推广，所以你的产品自身的相关性及竞争力直接决定着淘宝客推广的成败。

很多时候我们在运营淘宝客推广时并没有经过筛选和思考，只是程序化地进行了推广设置，看看下面几个案例，是不是也是你曾经犯过或正在犯的错误？

接下来，我们模拟淘客选取产品进行推广的场景：

① 在搜索栏中搜索关键词“笔记本电脑”，弹出页面（见图 2-39）。

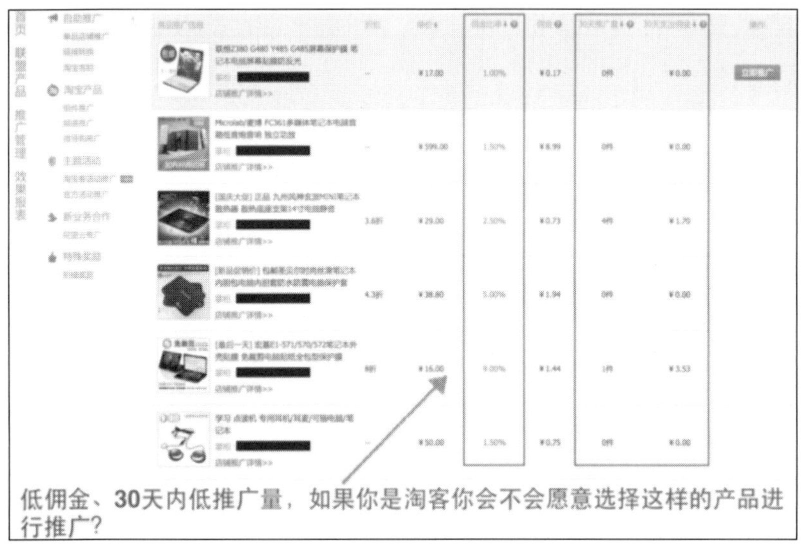


图 2-39

② 搜索的页面并不是很理想，接下来新的淘客一般会选择排序，首先是按佣金进行排序，排序出来的结果你会发现，有很多商家将佣金设置为最高 50%，但是看看他们的产品。如果你是淘客你会选择推广吗（见图 2-40）？

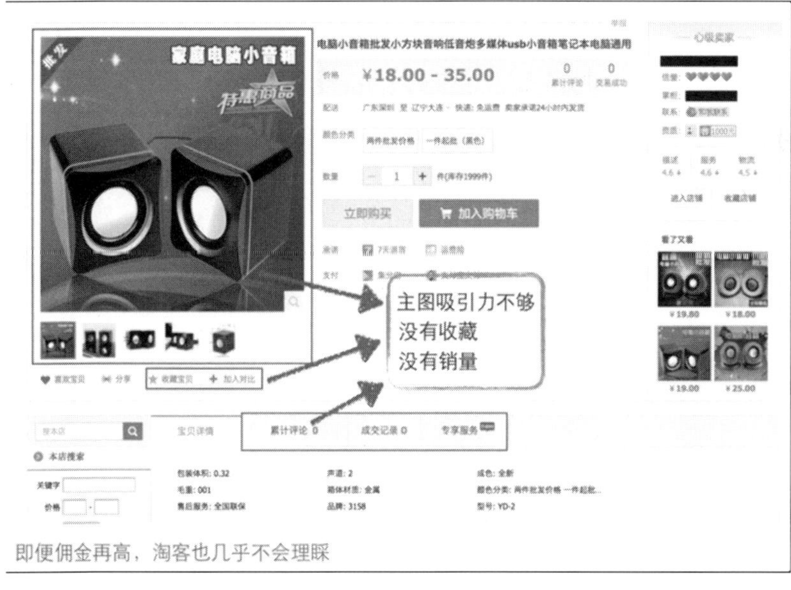


图 2-40

③ 佣金排序不理想，接下来，淘客会进行按“30 天支出佣金”或“30 天推广量”进行排序（见图 2-41）。

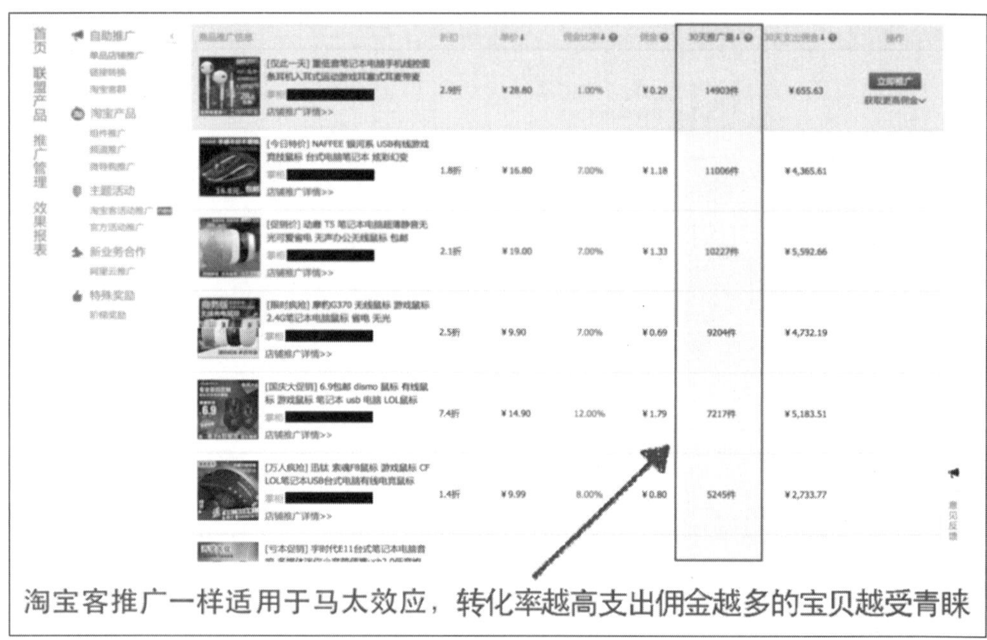


图 2-41

再给大家看个有意思的现象（见图 2-42）。大家看下排在前面几位的数据，你只要仔细查看并计算下数据就会发现其中的猫腻儿。

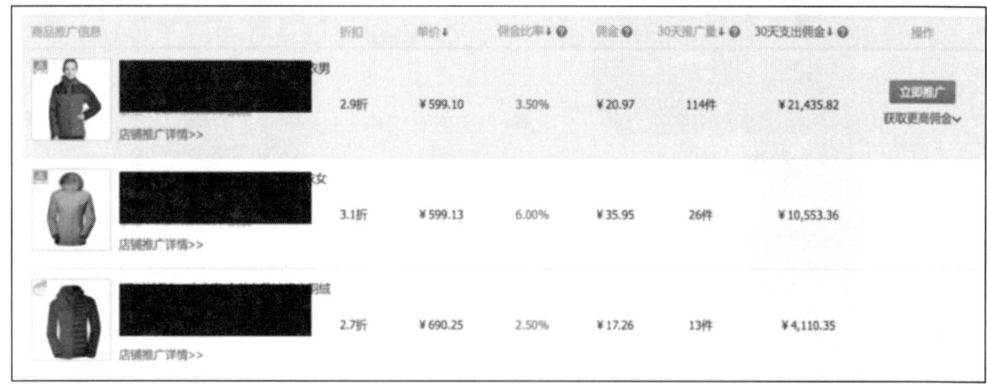

| 商品推广信息 | 折扣 | 单价 | 佣金比率 | 佣金 | 30天推广量 | 30天支出佣金 | 操作 |
|---|---|---|---|---|---|---|---|
| 店铺推广详情>> | 2.9折 | ¥599.10 | 3.50% | ¥20.97 | 114件 | ¥21,435.82 | 立即推广 获取更高佣金 |
| 店铺推广详情>> | 3.1折 | ¥599.13 | 6.00% | ¥35.95 | 26件 | ¥10,553.36 | |
| 店铺推广详情>> | 2.7折 | ¥690.25 | 2.50% | ¥17.26 | 13件 | ¥4,110.35 | |

图 2-42

随着淘客竞争的白热化，越来越多的中小淘客已经不复存在了，取而代之的更多是掌握流量的网站站长或者成熟的流量合作商。而他们也越来越强大起来，所以如果你的产品不能很快吸引到他们，基本上他们是不会主动推广你的产品的。而对于那些职业淘客也是相同的道理，他们会力求在有限的精力下创造出最大的利润来，所以你的商品本身将起到非常重要的作用。

一个优质的淘客推广商品应该具备：

- 拥有足够吸引力的主图，高点击量。
- 有效促成交易的宝贝描述，高转化率。
- 已经产生的可观销量。
- 拥有不错的淘宝客推广 30 天内的支付推广佣金数额和推广销量。
- 合理的推广佣金和计划。

最后提醒你，不要总是纠结于是否为新店，是否为新品，只要方法得当，其实很多数据都是可以人为操控的。

### 3. 划分淘客等级，建立淘客晋升机制

阶梯式的淘客晋升制度有利于激发淘客的工作热情，强者多赚也更符合市场发展规律（见图 2-43）。

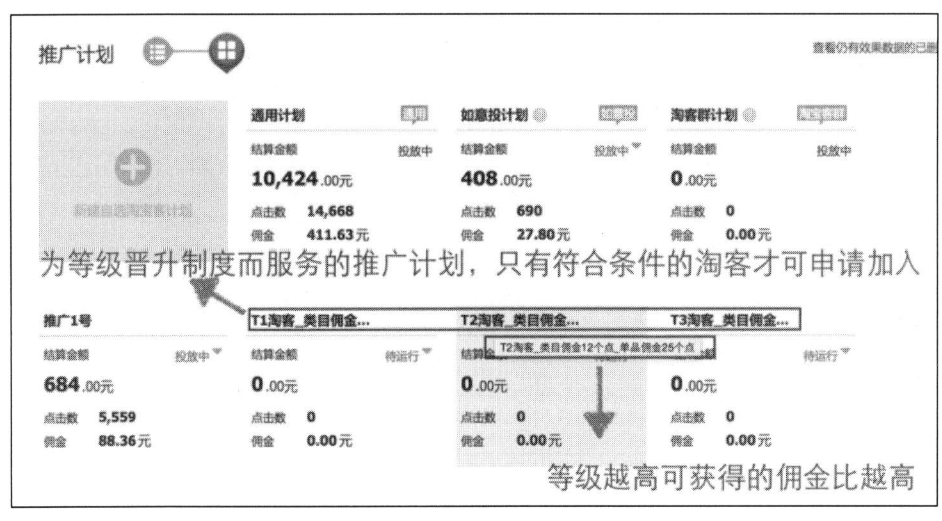


图 2-43

（1）学会查看竞争对手的淘客晋升计划

通过淘宝客的后台，我们也可以去借鉴他人的淘客晋升等级制度（见图 2-44）。

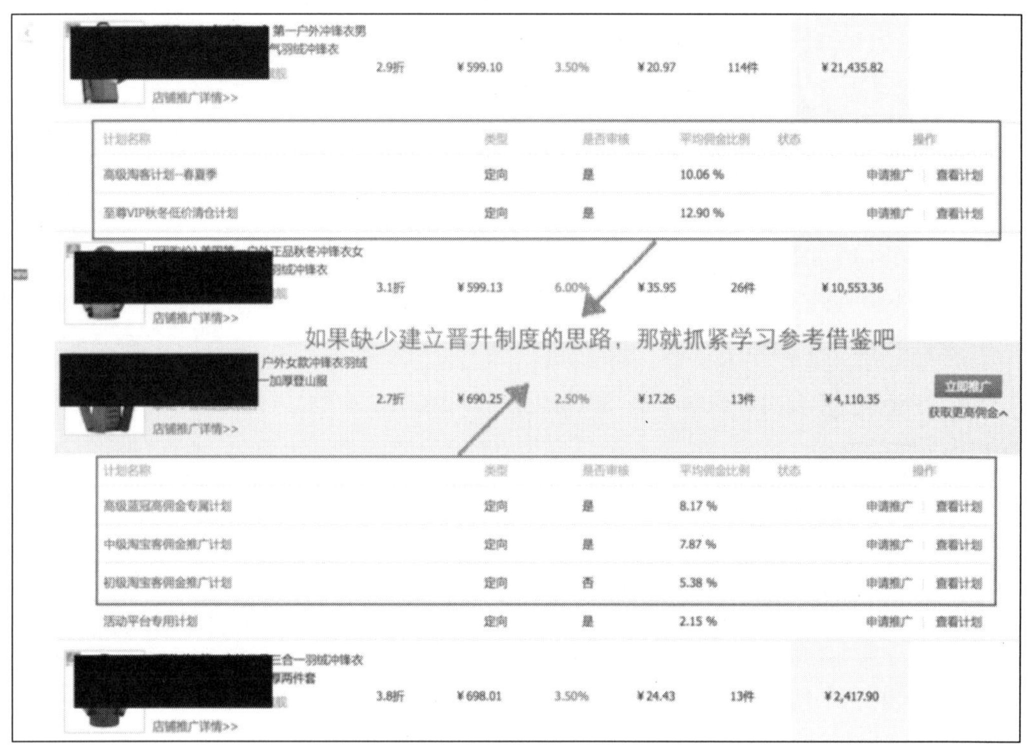


图 2-44

（2）比较常见的晋升制度范例

初级淘客：类目推广佣金比 8%

中级淘客：类目推广佣金比 12%，单品推广佣金比 18%

高级淘客：类目推广佣金比 16%，单品推广佣金比 26%

殿堂级淘客：类目推广佣金 25%，单品推广佣金比 35%

……

制度范例中的佣金比根据不同类目、不同利润比例进行调整，切勿直接套用。只要保证，不同级别之间的佣金比设置比较合理即可。

（3）额外奖励

除了正常的晋升制度外，还可以设置额外奖励，对每周、每月、每年的淘宝客推广冠军进行一次性奖金的额外奖励。

（4）线下结算

线下结算是指商家与其合作的淘宝客除了以阿里妈妈后台结算的基本佣金外，还有大部分佣金将以走私账为主的方式结算，并且还会在推广前期缴纳部分活动押金。如果要采用这样的结算方式，必须要建立在对淘宝客的绝对了解和绝对信任的基础上，且不可盲目预付推广佣金，以免造成不必要的损失。

### 4．设置合理佣金制度

① 佣金比究竟该设置多少的问题，仁者见仁，智者见智。但思路上，不可局限在某款产品在某次推广上的稳赚不赔。很多人如果让他亏本去设置直通车，他会去做，但是要让他设置亏本的淘客佣金，他却不愿意做。归根结底就是 CPS 模式最初宣传的“稳赚不赔”。在这一点上，建议大家对于不同的淘客一定要区别对待。

对于一般性的淘客，大家坚持稳赚不赔的原则来设置佣金比无可厚非。但是对于优质淘客，就略显失当了。因为这些优质淘客在为我们带来每笔成交的同时还会带来非常多的优质 UV。所以，你就不能将他们的佣金价值局限在某一款产品上了，而是要全局来看。请相信，损失一个优质淘客给你带来的损失一定会超出你的想象。

② 佣金设置完成后，审核一定要认真仔细，尤其是高级别的淘客计划。这样做的好处是防止浏览器“打劫”现象的发生。以免你付了超高的佣金，但却没有收获任何流量和入口（见图 2-45）。

如果你发现你的一个淘客，连续 15 天左右他的点击转化率超过 9%左右，那么你就要开始留意他了，他很有可能是来“劫持”的。

③ 设置好淘宝客推广。如果你不会维护，那么建议将类目佣金设置为最低，以免被“劫持”。

图 2-45

## 5．如何招募淘客

① 为什么你发布的招募帖没有招募到任何淘客？

论坛发帖就如同找工作的一份“简历”一样，不需要很炫，但是一定要在短时间内展现出自己的优势。如果你的招募帖有很多人阅读但是却没有人推广你的商品，那么可能是因为你的商品很差，推广难度比较大。也可能是因为你的佣金太少或者是你的奖励制度不够完善。如果你的招募帖根本没有阅读量，那么除了论坛没人看的原因外就只有一个原因了，那就是你的帖子标题对淘客根本没有任何吸引力。

② 如何让你的招募帖变成吸金帖？

a. 编写一个能够吸引淘客的标题

招募帖的标题设置其实并不难，只是因为有了太多的“经验谈”才导致了大部分商家的本末倒置，过于去追求创意而忽略了淘客的真正需求。一个好的招募帖标题不需要有过多花哨的创意，只要可以在有限的字句内交代出品牌（或店铺）、佣金比（类目及单品的）、产品风格、所属类目、自身实力等淘客需要且能吸引其眼球的信息即可（见图 2-46）。

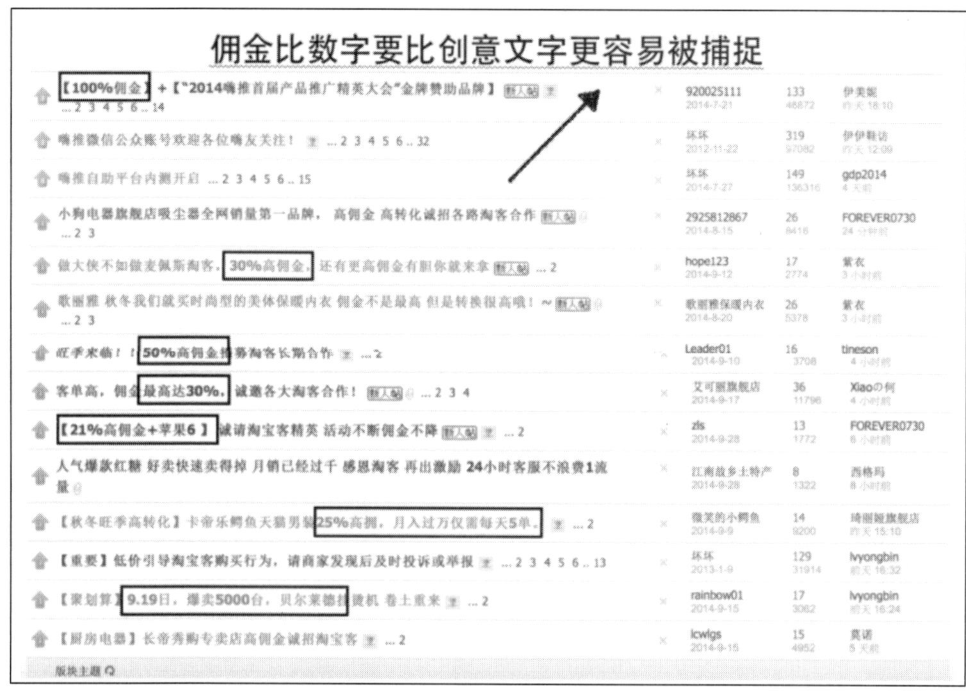


图 2-46

b. 能够留住淘客的帖子的内容，首先一定要遵照论坛的要求，以免被删除。其次，帖子内容一定要能足够详细的介绍出你的实力，以及你能为淘客所提供的帮助，要以数据为主，切勿空谈阔论（见图 2-47）。

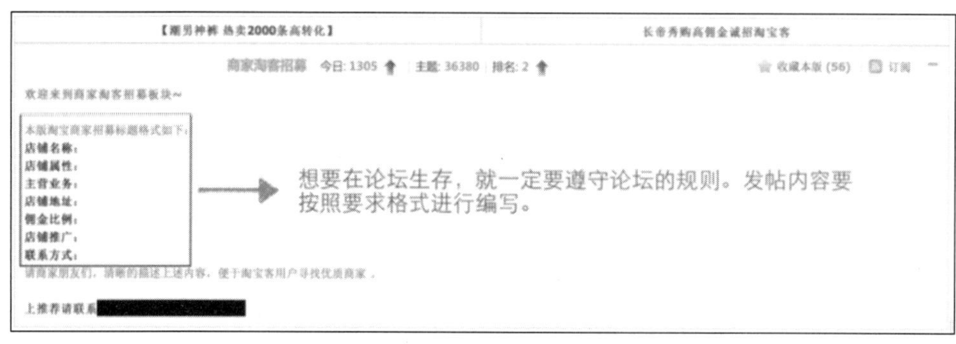


图 2-47

韩都衣舍的招募帖，除了按照论坛要求格式完成编写外，还用更多的数据来展现自己的实力，以达到吸引淘客的目的（见图 2-48）。

图 2-48

c. 推广你的帖子

不要把帖子编写完成发到论坛后，就开始坐等淘客上门。一定要主动推广你的帖子，让更多的人看到。正所谓“酒香也怕巷子深”，帖子再完美，看到的人不够多，也不会展现出应有的效果。

经常在论坛回帖，跟其他人交流会让你有意想不到的收获。要有周期性的顶帖，最好能够与其他人在帖子回复中产生交流。交流也是另一种推广。除了顶帖外，还可以以更直接的方式来推广自己的帖子，购买论坛的广告位或者推荐置顶位（见图 2-49）。

论坛招募淘宝客的办法还有很多，不同的人会有不同的办法，这里的内容只是给大家抛砖引玉。其实很多时候，不是有什么秘密你不知道而导致你做不好淘宝客招募，而是你没有去尝试到底，没有去琢磨自己的方法。所以，学习了不是目的，重要的是去执行和总结。

图 2-49

③ 借助淘客 QQ 群资源

a. 如何搜集淘客 QQ 群？

其实办法非常简单，求助“度娘”等搜索浏览器，你就可以获得大量的淘客 QQ 群信息。得到的数据信息量会非常大，接下来就要靠你自己一一去筛选，筛选出你所需要的信息（见图 2-50）。

b. 如何在群中找到优秀的淘客？

这个工作其实比较繁琐，你需要先筛选出活跃的群，然后潜伏下来，经常跟大家交流，找到优质的淘客，私聊拉入自己的阵营。这是比较有针对性的办法。还有一种办法，是利用软件功能，将群成员导出，进行批量筛选，之后再逐一加为好友。

④ 主动寻找达人、博主等个人站长或网站合作

主动出击，找到爱淘宝、美丽说、微博、蘑菇街等门户分享网站的达人以及 U 站等个人站长直接付费合作。这种合作方式就等同于购买广告，合作前需要对相应达人及网站的风格进行

调研，相关度一定要高，否则付出成本却没有回收就得不偿失了（见图 2-51）。

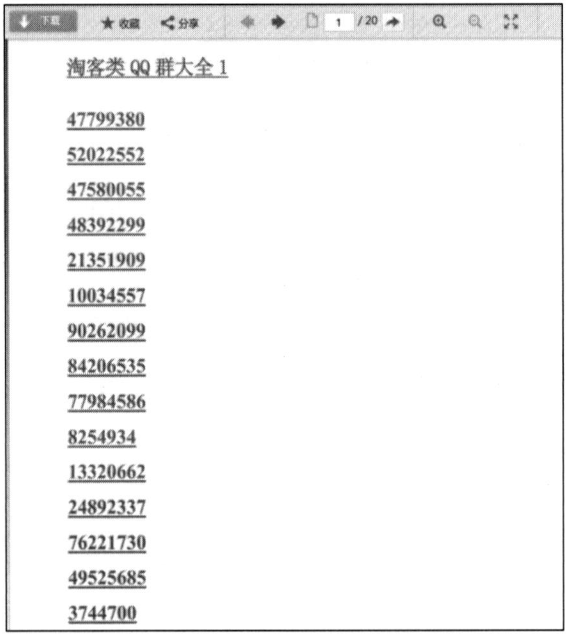
下载 收藏 分享 1 / 20

淘客类 QQ 群大全 1

47799380

52022552

47580055

48392299

21351909

10034557

90262099

84206535

77984586

8254934

13320662

24892337

76221730

49525685

3744700

图 2-50

| | 平台 | 联系方式 | 合作方式 | 链接 | 备注 |
|---|---|---|---|---|---|
| 2 | 蘑菇街达人 | 191[illegible]6 | 女装300元一 款 | 博客：http://cherrycat1121.blog.163.com/ 微 | 亲把产品寄过来后，喵喵会 |
| 3 | 美丽说资深超级 | 53[illegible]6 | 发布分享一个宝 | http://www.meilishuo.com/person/u/23651398 | 在我的美丽说资深超级主编 |
| 4 | 美丽说达人 | 60[illegible]32 | 分享15元2款 | http://www.meilishuo.com/person/u/4444550?frm=headerprofile | |
| 5 | 巧麻大人 | 395[illegible]351 | 亲真人秀的话是一 | http://myfi.qq.com/home.php?mod=space&uid=72 | 有发微信还有腾讯 |
| 6 | 蘑菇街达人 | 102[illegible]549 | 搭配的话 150哈 | http://guang.taobao.com/detail/index.htm?sp | |
| 7 | 淘宝达人，时尚博 | 676[illegible]62 | 1件100元 | http://xuan8711.i.sohu.com/ | |
| 8 | 微博主 | 73[illegible]419 | 八百，微博，博客 | http://weibo.com/1561285607/profile | |
| 9 | 微博主 | 131[illegible]92 | 微博一条200-300 | http://www.weibo.com/zengfeifei?from=profile&wvr=5&loc=infdomain ht | |
| 10 | pclady资深达人、 | 46[illegible]24 | 600元一件 发布 | http://missmmm.blog.sohu.com/ http://weibo.com/2272814962/profile?to | |
| 11 | 蘑菇街达人 | 8641[illegible]103 | 200一款 | http://www.mogujie.com/xixili | 真人秀啊，拍照发布各个平台 |
| 12 | 美丽说达人 | 124[illegible]96 | 具体讨论 | http://stellaisme.i.sohu.com/ http://weibo.c | 他们是有摄影师来外拍 他们 |
| 13 | 微博主 | 249[illegible]38 | 一条微博一件或一 | http://weibo.com/u/1989042943 | 具体再商量 |
| 14 | 蘑菇街达人 | 70[illegible]611 | 一套或者一款，价 | http://www.mogujie.com/cover/u/1h0ycc | 具体再商量 |
| 15 | 美丽说达人 | 137[illegible]922 | 微博直发400，博 | http://weibo.com/dream8965 | |
| 16 | 蘑菇街 | 381[illegible]13 | 300/款 博客+微博 | http://www.mogujie.com/maiqila | |
| 17 | 搜狐专栏的达人 | 164[illegible]445 | 服装的话~一篇5 | http://vivianandalex.blog.sohu.com/ | |
| 18 | 论坛的达人 | 37[illegible]240 | 500一套 | http://weibo.com/2810445594/profile?topnav=1 | 搜狐博客，微博，YOKA和PC等 |
| 19 | YOKA美妆达人，博 | 63[illegible]71 | 500，可以发yoka, | http://weibo.com/2768380215/profile?topnav=1 | 推荐YOKA等的首页哦 |
| 20 | 美丽说达人 | 304[illegible]20 | 服饰真人秀：一款 | http://www.mogujie.com/patty/cover http://ruoxuepatty.blog.sohu.com/ | |
| 21 | 美丽说达人 | 934[illegible]320 | 微博 博客 蘑菇 | http://weibo.com/jun0719 http://aijunjunde. | 关键看转化 逛街我有自己的 |
| 22 | 微博达人 | 276[illegible]11 | 具体商量 | http://weibo.com/caomeiki | 没和商家合作过 |
| 23 | 美丽说达人 | 286[illegible]303 | 微博是一条300 | http://space.yoka.com/blog/2871881/ http://weibo.com/209696058 http: | |
| 24 | 美丽说大人 | 9[illegible]48 | 微博和美丽说一起1000 | | 微博和美丽说一起1000 |

图 2-51（资料图片转自网络）

### 6．诚信维护，永续发展

淘宝客推广是一种需要长期用心维护的推广方式，它见效慢，但一旦形成，相对于其他推广方式来说它的稳定性也非常高。而这种稳定是建立在众多淘客的基础之上的。最后在这里絮叨一些大家都知道的道理，就是诚信。想要让淘客一直推广你的产品，一定要给予其足够地帮助和回报，设定的奖励，一定要执行，要严格遵守既定的淘客晋升制度，切勿因为眼前的蝇头小利，丢掉未来的淘客大军。相信道理大家都懂，在这里我便不再赘述了。

# 2.4　做淘宝客必须知道的两大平台

## 2.4.1　淘宝达人

### 1．什么是淘宝达人

淘宝达人是基于淘宝的开放导购平台，由众多淘宝达人组成，分享各自在其所擅长的领域中挑选出的优质商品，从而达到为消费者进行购物导购，为商家推荐其商品的目的( 见图 2-52 )。

图 2-52

对于买家来讲，淘宝达人是一个类似于美丽说、蘑菇街类的购物分享平台，在这里，买家可以根据自己的兴趣爱好选择自己喜欢的小站进行关注。

对于商家来讲，淘宝达人是一个 CPS 的推广平台。在这里，卖家在参加淘宝客推广后，可以根据自己的商品风格联系适合自己的达人进行商品推广。

### 2．如何通过淘宝达人进行商品推广

① 通过淘宝达人导购找到适合自己商品风格的推荐达人（见图 2-53）。

图 2-53

② 通过单击达人的名字，进入达人专辑找到达人的联系方式，进行合作沟通（见图 2-54）。

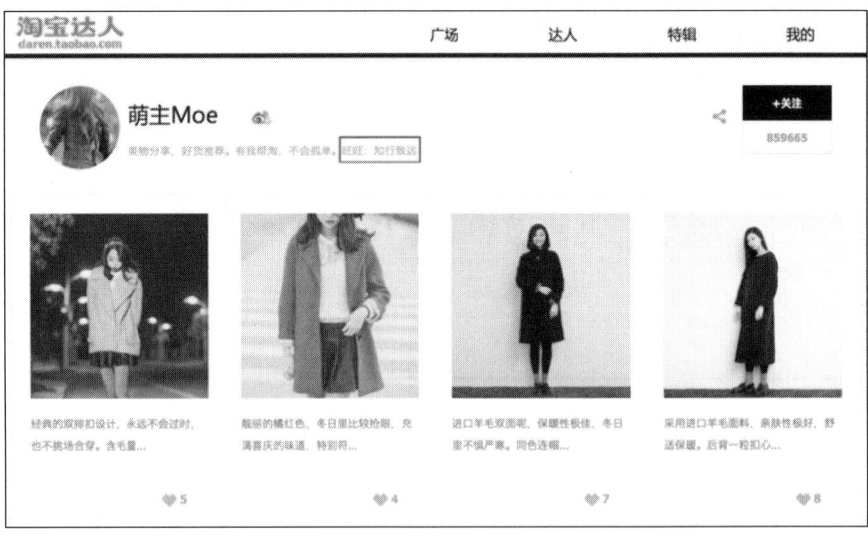


图 2-54

## 2.4.2　爱淘宝

### 1．什么是爱淘宝（ai.taobao.com）

爱淘宝（原淘宝特卖频道）是淘宝网旗下购物分享网站。目前爱淘宝日均 600 万 UV 以上，且正在不断增长中（见图 2-55）。

图 2-55

爱淘宝网是淘宝网“淘宝客特约合作网站”，是由淘宝网淘宝客业务经严格审核认可，并颁发统一形式的识别标志，其网站可选取官方平台上的淘宝商品做导购，但最终成交过程还需在淘宝网上进行，为广大买家提供便捷与安全的网络购物。目前爱淘宝是如意投的商品主要投放平台。

### 2．如何加入爱淘宝推广自己的商品？

只要加入淘宝客 15 日以上并开通如意投，商品会自动进入爱淘宝商品池进行综合排名投放。

### 3．如何申请创意图片上传权限？

商家使用如意投添加创意图片投放至爱淘宝的商品将有机会展现在“爱淘宝→潮流单品页”及“爱淘宝→综合搜索结果页”。

如何申请创意图片上传权限？

① 要加入爱淘宝推广自己的商品必须先开通如意投。

② 满足爱淘宝商品报名的店铺准入条件：

a. 集市卖家信用等级须在一皇冠及以上。

b. 商城店铺自由报名。

c. 主营类目要求如下。

<table>
<tr><th>行　业</th><th>内　容</th><th>对应一级类目</th></tr>
<tr><td rowspan="12">女人男人</td><td>女装</td><td>女装/女士精品</td></tr>
<tr><td>女鞋</td><td>女鞋</td></tr>
<tr><td>女包</td><td>箱包皮具/热销女包/男包</td></tr>
<tr><td>内衣</td><td>女士内衣/男士内衣/家居服</td></tr>
<tr><td rowspan="5">配饰</td><td>饰品/流行首饰/时尚饰品新</td></tr>
<tr><td>服饰配件/皮带/帽子/围巾</td></tr>
<tr><td>珠宝/钻石/翡翠/黄金</td></tr>
<tr><td>ZIPPO/瑞士军刀/眼镜 （仅限天猫卖家）</td></tr>
<tr><td>手表（仅限天猫卖家）</td></tr>
<tr><td rowspan="2">男装</td><td>男装</td></tr>
<tr><td>运动服/休闲服装</td></tr>
<tr><td>男鞋</td><td>流行男鞋</td></tr>
<tr><td rowspan="3">美妆护肤</td><td>彩妆</td><td>彩妆/香水/美妆工具</td></tr>
<tr><td>美发</td><td>美发护发/假发</td></tr>
<tr><td>护肤</td><td>美容护肤/美体/精油</td></tr>
<tr><td rowspan="10">生活</td><td rowspan="3">居家日用</td><td>清洁/卫浴/收纳/整理用具</td></tr>
<tr><td>厨房/餐饮用具</td></tr>
<tr><td>居家日用/婚庆/创意礼品</td></tr>
<tr><td rowspan="3">家饰家纺</td><td>床上用品/布艺软饰</td></tr>
<tr><td>家居饰品</td></tr>
<tr><td>特色手工艺</td></tr>
<tr><td rowspan="2">家具建材</td><td>住宅家具</td></tr>
<tr><td>家装主材</td></tr>
<tr><td rowspan="2">美食特产</td><td>零食/坚果/特产</td></tr>
<tr><td>茶/咖啡/冲饮</td></tr>
<tr><td rowspan="7">数码家电</td><td>3C 配件</td><td>3C 数码配件</td></tr>
<tr><td>手机</td><td>手机</td></tr>
<tr><td>相机</td><td>数码相机/单反相机/摄像机</td></tr>
<tr><td rowspan="2">影音</td><td>影音电器</td></tr>
<tr><td>MP3/MP4/iPod/录音笔</td></tr>
<tr><td rowspan="2">电脑数码</td><td>笔记本电脑</td></tr>
<tr><td>电脑硬件/显示器/电脑周边</td></tr>
</table>

续表

| 行　业 | 内　容 | 对应一级类目 |
| --- | --- | --- |
| | | 闪存卡/U 盘/存储/移动硬盘 |
| | | 平板电脑/MID |
| | | 台式机/一体机/服务器 |
| | | 国货精品数码 |
| | 家用电器 | 生活电器 |
| | | 厨房电器 |
| | | 大家电 |
| | 电子产品周边 | 电子词典/电纸书/文化用品 |
| | | 数字阅读 |
| 母婴玩具 | 童装童鞋亲子装 | 童装/童鞋/亲子装 |
| | 孕产用品 | 孕妇装/孕产妇用品/营养 |
| | 婴儿用品 | 奶粉/辅食/营养品/零食 |
| | | 尿片/洗护/喂哺/推车床 |
| | 玩具 | 玩具/模型/动漫/早教/益智 |
| 运动汽配 | 运动休闲 | 运动/瑜伽/健身/球迷用品 |
| | | 户外/登山/野营/旅行用品 |
| | | 运动鞋 new |
| | | 运动包/户外包/配件 |
| | 汽摩配件 | 汽车/用品/配件/改装 |
| | | 摩托车/配件/骑士装备 |
| | | 新车/二手车 |

d. 参加考试并通过（100 分满分，80 分通过），即为成功申请了创意图片上的上传权限。考试地址：http://tb.cn/HDW8Hey。

e. 考试通过的 10 个工作日内，淘宝小二将开通上传权限。

③ 创意图片上传的基本要求:

a. 图片尺寸≥700 像素，大小在 800kB 以内，宽度：高度控制在 1:1 ~ 1:3 之间。

具体行业图片比例如下。

| 行　业 | 范　围 | 图片尺寸 |
| --- | --- | --- |
| 女人 | 女装 | 比例 1:1 ~ 1:1.4 |
| | 女鞋、女包、内衣、配饰 | 比例 1:1 ~ 1:1.2 |
| | | 其中：ZIPPO/瑞士军刀/眼镜、手表，比例 1:1 |

续表

| 行　业 | 范　围 | 图片尺寸 |
|---|---|---|
| 男人 | 男装、男鞋、男包、内衣、配饰 | 比例 1:1 ~ 1:1.2 |
| | | 其中：男鞋、ZIPPO/瑞士军刀/眼镜、手表，比例 1:1 |
| 美妆护肤 | 彩妆、美发、护肤 | 比例 1:1 |
| 生活 | 居家日用、家饰家纺、家具建材、美食特产 | 比例 1:1 |
| | | 其中：家居饰品、特色手工艺，比例 1:1 ~ 1：1.2 |
| 数码家电 | 3C、家电 | 比例 1:1 |
| 母婴玩具 | 童装童鞋亲子类 | 比例 1:1 ~ 1:1.2 |
| | 孕产用品、婴儿用品、玩具 | 比例 1:1 |
| 运动汽配 | 运动休闲 | 比例 1:1 |
| | | 其中：户外/登山/野营/旅行用品、运动包/户外包/配件，比例 1:1 ~ 1:1.2 |
| | 汽摩配件 | 比例 1:1 |

b. 图片清晰、无边框、无水印、宝贝居中显示。

c. 图片必须是与推广商品相符。

d. 图片格式支持 PNG、JPG、BMP。

e. 女人版块类目：图片尺寸高度≥宽度

f. 美妆类目和饰品类目建议：图片背景忌用深色背景，如黑色，以白底为佳。

g. 内衣、内裤类目建议：严禁真人模特，全部用平铺的方式拍摄。

不同类目的上传标准还会不断地补充和完善，具体变化请参照阿里妈妈社区“如意投”版块通知。

④ 创意图片处罚规则。触犯以下规则，将会被关闭上传权限。

a. 发布与推广商品不相符的图片，即图片与商品无关。

b. 上传带有水印或边框的图片达 3 次及以上。

c. 上传图片大小不符合要求（比例），导致变形，3 次以上。

⑤ 创意图片的上传方法。

a. 淘宝客联盟卖家平台。

b. 在如意投推广计划后单击“查看”。

c. 单击“创意管理”。

d. 将鼠标移动到要添加创意图片的宝贝栏上，在“操作”下单击“添加新创意”。

e. 按提示上传创意图片。上传成功后等待审核（三个工作日内）结果。

审核通过后，添加了创意图片的商品将有机会被展现。

## 2.5 淘宝客推广的未来发展趋势预测

① 爱淘宝的出现，将会促使如意投与淘宝直通车站外推广配合使用，两者的结合运用将会给商家带来更大的回报。

② 当越来越多的商家意识到站外流量的重要性时，淘宝客的推广成本将会逐步加大。

③ 淘宝客的推广将会进一步趋向季节性、活动性。

④ 站外流量的迅速引入将会促使爱淘宝等单纯的淘宝客导购网站加入其他竞价模式。日后的淘宝客推广想要获得更大的收效，则需要配合其他推广工具的使用。

以上发展趋势的预测仅代表本书作者的个人观点。

# 第 3 章 淘宝/天猫直通车

## 3.1 淘宝/天猫直通车概述

### 3.1.1 什么是淘宝/天猫直通车

淘宝/天猫直通车（以下简称直通车）是专门为淘宝及天猫卖家量身定制的一款搜索推广工具。

### 3.1.2 大部分商家对直通车的认知

说到淘宝/天猫直通车（以下简称直通车），大部分卖家的印象来源于帮派、论坛的一些帖子，什么“第一次开车，单品从 20 笔到 1020 笔的秘诀”、“四步造爆款，你眼肿了吗”、“7 分钱点击单价一天上千流量”等等，这些都是正面的，当然还有一些反面的信息，类似“直通车是烧钱工具“、“直通车让我亏损殆尽”，等等（见图 3-1）。

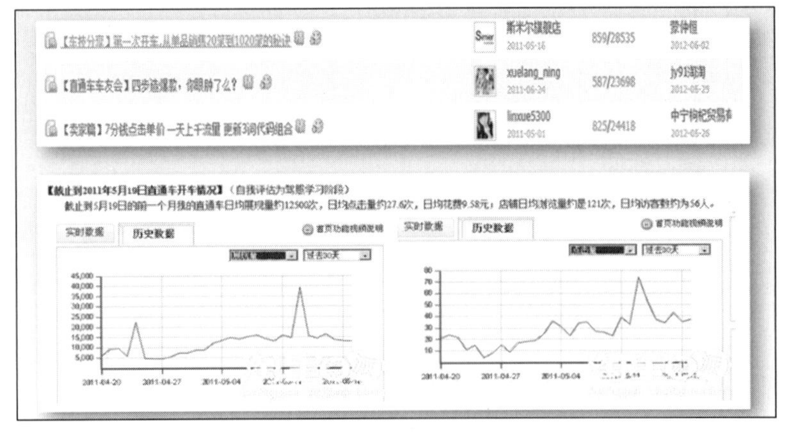


图 3-1

不管是正面的信息还是反面的信息，都会对卖家有些影响，这些会直接影响到卖家对直通车的认识，从而影响到使用直通车的效果。

影响直通车使用效果的认知一般可以分为四类：

① 积极相信。积极相信直通车有效的卖家，在操作直通车上会有很好的意识引导，他始终坚信直通车可以为他带来效果，即便出现问题，因为他相信会有效，所以他会不断地调整和改进，久而久之就真的有效了。

② 盲目相信。并非所有卖家都是积极的相信，有些卖家会盲目相信，盲目的相信会使结果偏向另外一面，就是极端的完美。当他在使用直通车时，即便已经有了很好的效果，但是因为盲目的相信直通车效果，以为可以“3 分钱点击单价”，但自己却一直无法达到，以至于自己对自己产生了怀疑，最终会失去信心而放弃直通车。

③ 消极否认。对于那些消极否认直通车效果的人，只要在操作上稍微遇到点困难，例如某一天的点击量巨大，然而销量很低，投入产出比失衡，就会立即放弃直通车，因为他从始至终都没有相信过，所以他无法更好地使用直通车。

④ 相信事实。相信事实的人，往往会在操作上取得进步，因为不管接收到任何信心，他的第一反应就是实验和验证，只有不断验证的结果才是最具说服力的。往往这类人会将直通车运用得得心应手。

我们必须要明白的一个道理是直通车只是一种推广工具，并非是什么需要秘笈就能开启流量大门的利器。所以它的好坏完全取决于使用者。不同的人会有不同的使用方法，所以，我们要学会一边实践一边去总结自己的方法，这样才会有所收获。

## 3.1.3　直通车的推广原理

### 1. 直通车的推广原理模型

① 投放：淘宝/天猫开发直通车工具平台，提供专属产品的展示位置。

② 投入：卖家通过关键词竞价，将自己的产品展现在相应位置上。

③ 点击：买家通过点击相应产品进入购买页面，选择是否购买。

④ 收入：只要买家点击，无论是否购买，即卖家投入，直通车平台获利，若买家点击后购买，则卖家有收入（见图 3-2）。

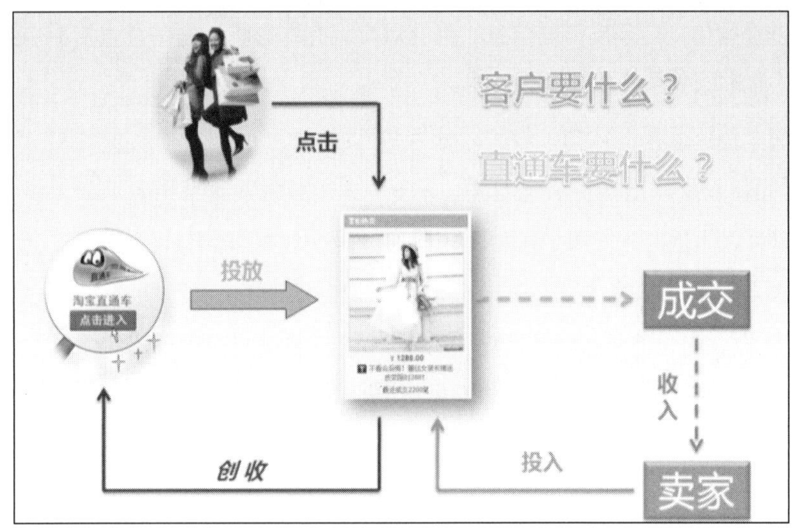


图 3-2

通过这个模型，我们不难看出，直通车是一种盈利工具，是淘宝/天猫的，也是卖家的。所以不可否认的是，不管是淘宝/天猫还是卖家都想通过这个工具产生利润。那么产生利润的关键点，也就是我们优化的重点。

### 2. 降低直通车投入的重点

减少点击费用，加大成交利润。

再分解：

如何减少点击费用？摸清平台规律，从而更好地适应平台。

如何加大成交利润？摸清客户规律，从而更好地服务客户。

作为卖家，我们既受制于淘宝/天猫，也受制于消费者，所以想要做好直通车，先要搞清楚，平台要什么？客户要什么？

先来思考下直通车平台。想要弄懂它，就要先了解它，我们先来看下它的发展进程：

① 直通车平台建立，采用“关键词”竞价收费模式，只要出价高就可以排在前面。当时客户很少，出现很多开户优惠政策。

② 出现类目竞价模式，类目出价高低决定位置，一段时间内类目推广要优于关键词推广。客户开始增多，开始规范直通车市场。

③ 出现质量得分模式。展位增加，强调产品匹配。出价已无法完全决定排名位置，关键词出价及类目出价价格开始上涨。客户很多，备受关注，不断调整市场规范。

④ 出现“精准词匹配”、“中心词匹配”、“广泛词匹配”规则，关键词出价越来越高，直通车市场竞争激烈。

⑤ 出现“店铺推广”、“定向推广”，展位调整和增加。直通车竞争白热化，几乎没有任何优惠政策，市场规范适时改变（见图 3-3）。

图 3-3

### 3. 总结

① 直通车是一种盈利工具。

② 直通车平台的盈利基础是提升买家购物体验点，从而服务好买家，让更多的买家去点击直通车展位产品，为卖家带来交易机会，也为自己带来利润。

③ 直通车平台的目标：不断提升营运能力。通过服务更多的卖家，带来好的口碑，从而创收（见图 3-4）。

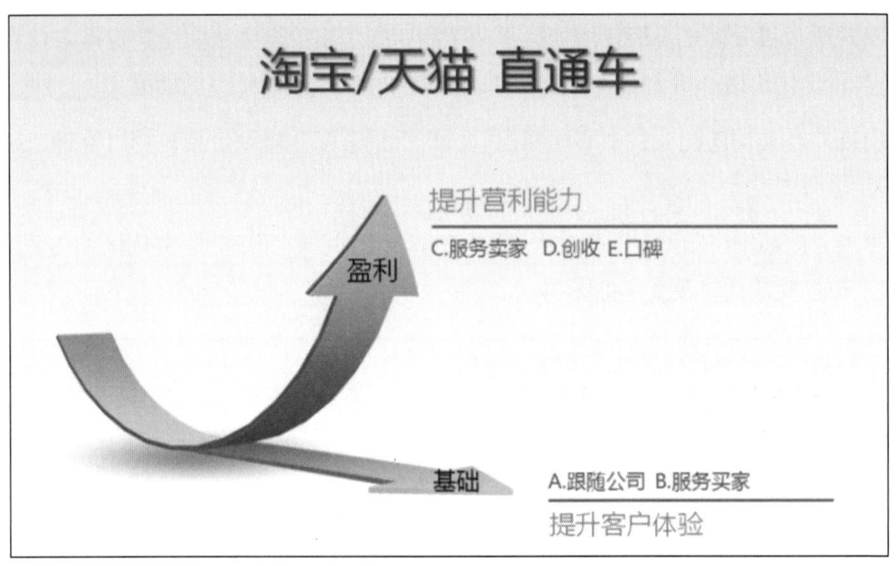


图 3-4

综上所述，我们在运作直通车时不要盲目跟随，直通车推出的每一次变革，并非完全都对我们有利。有些是为了提升客户体验点，降低恶意竞争的，那么有些是需要我们义无反顾选择并运用的，有些则是为了提升自身营运能力的功能，我们需要谨慎选择，找到合理的优化点，再全力投入（见图 3-5）。

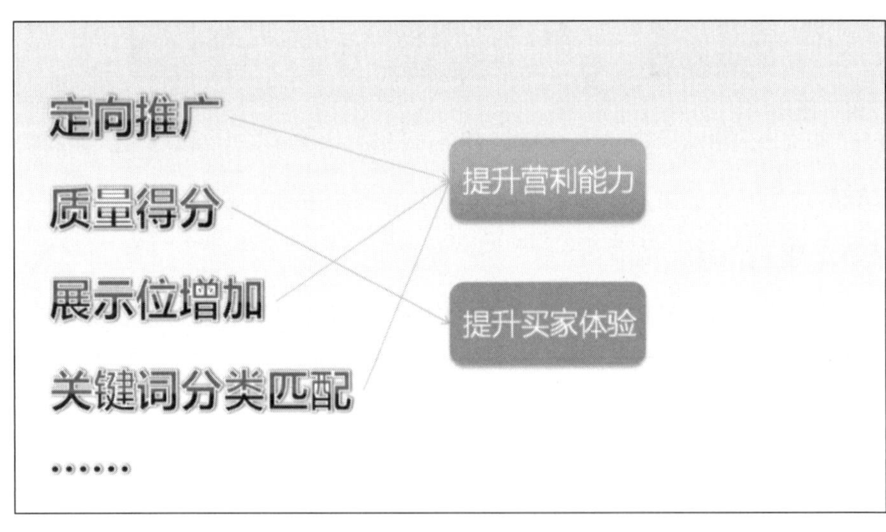


图 3-5

## 3.1.4　直通车的推广优势及劣势

### 1．直通车的推广优势

**（1）精准流量**

直通车的主要投放方式是根据买家的“关键词”搜索来进行的。而买家一般只会在有潜在需求时才会进行商品搜索。直通车的推广模式是需要搜索和定向才会有所展现，所以相较其他传统的广告投放来说，直通车的引流比较精准。

**（2）计费合理**

直通车的计费方式是展现免费，点击付费。

**（3）准入门槛低**

① 店铺信用在 2 心以上且 DSR 各项评分在 4.4 以上。

② 首次充值 500 元即可开始设置推广。

**（4）对商家自身的要求并不是很高**

钻石展位等广告投放类推广对商家的视觉能力要求很高，就拿钻石展位来说，如果你拿不出好的创意素材，就很难有好的收效。但是对于直通车来说，要求相对就要简单很多，只要你有宝贝你就可以推广，商品主图并不要求过多的创意，一样可以有很好的竞价展现。

### 2．直通车推广劣势

**（1）推广效果有一定的延迟性**

直通车优化需要养词，养词则需要时间的积累，所以直通车很难在非常短的时间内有很大收效。

**（2）直通车的流量有一定的瓶颈**

直通车属于类目局限性推广工具，也就是商家只能通过关键词或定向推广在自身所属的行业中进行推广。既然展现范围有限，那么流量自然有限。

**（3）互联网中直通车的运用存在过多欺骗**

可以说在互联网上没有一款工具的经验分享比淘宝直通车的使用技巧更多了。使用技巧多，本身是件好事，但是因为直通车的运营已经公司化运作了，也就意味着，很多技巧的目的并不纯，这样的结果就会是真假消息混杂，对于很多新手商家来说很难分辨。一不小心就会有惨重的损失。

**（4）直通车的成本在持续增高**

原因很简单，有限的流量，越来越多的商家在争抢，那么成本增高是必然趋势。

### 3.1.5 直通车的展现位置

做直通车最忌讳的就是盲目出价。现在整个电商行业都讲究精准营销。直通车也不例外。精准营销的前提是了解客户，而不同平台的客户具有不同的特点，所以想要做好直通车，前提是必须要掌握直通车的展现位置，同时对各种展位进行分析，总结客户特点，以便用最少的投入换来最精准的客户，从而带来更多的利润（见图 3-6）。

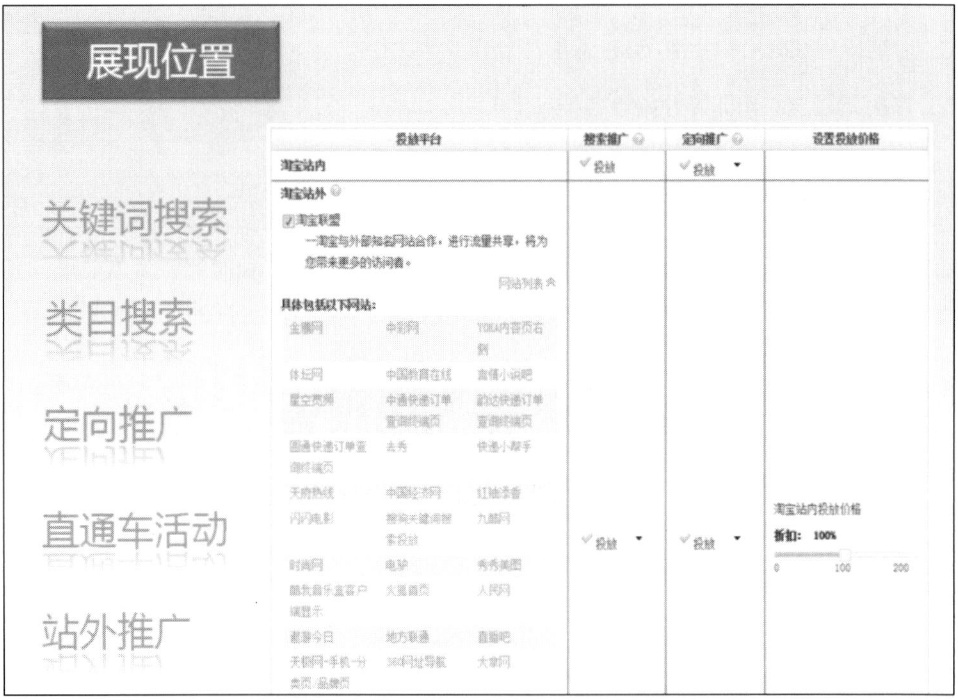

图 3-6

直通车目前的展现位置主要有：

① 宝贝关键词搜索结果页面（搜索展现页 1 个、淘宝网右侧 12 个、底部 5 个、天猫只有底部 5 个）（见图 3-7 和图 3-8）。

图 3-7

图 3-8

② 类目搜索结果页面（展示位置与关键词搜索相同）。

③ 定向推广展示页面（每日焦点、已买到的宝贝页面等）（见图 3-9 和图 3-10）。

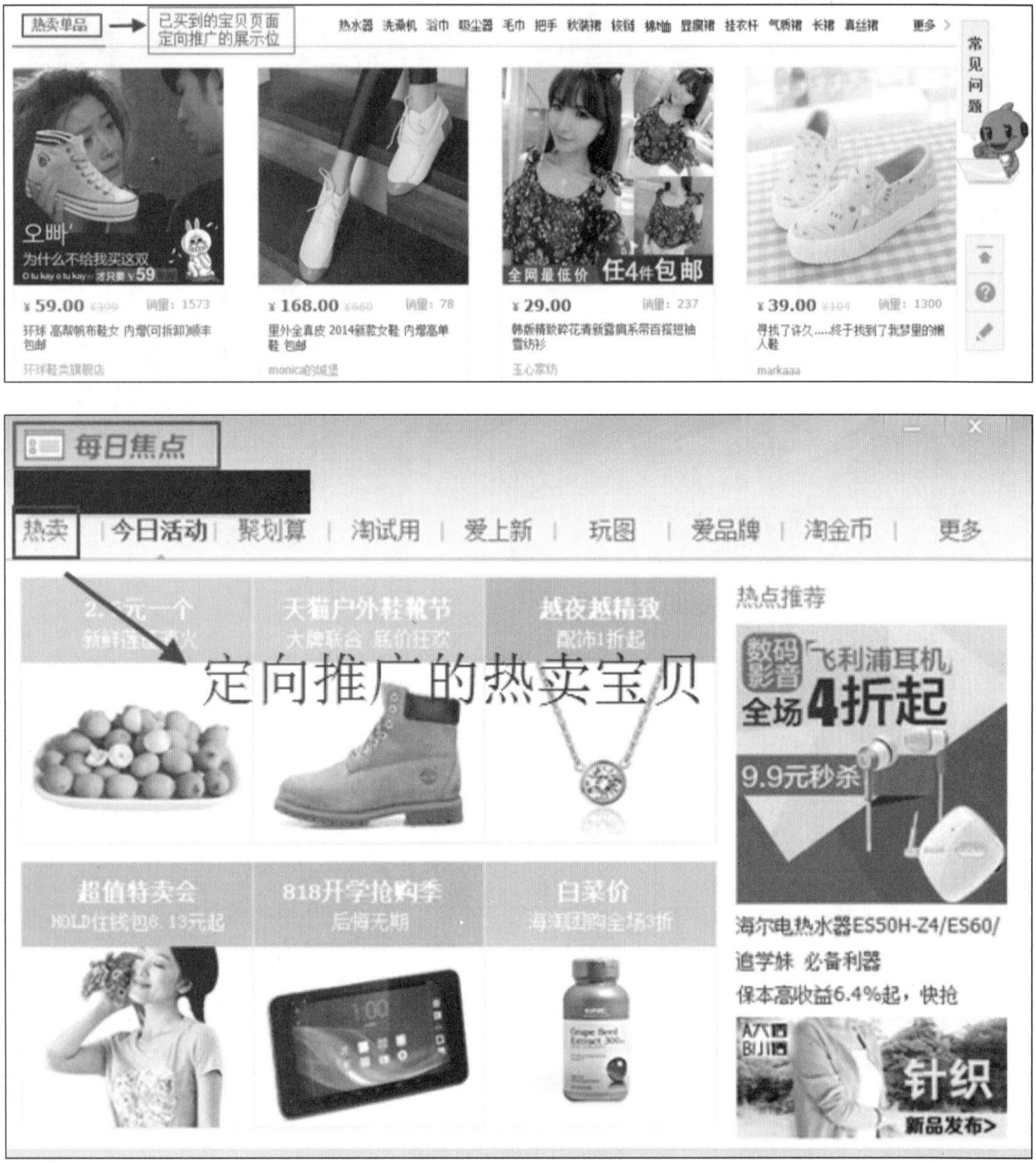

每日焦点
热卖 今日活动 聚划算 淘试用 爱上新 玩图 爱品牌 淘金币 更多
热点推荐
定向推广的热卖宝贝
天猫户外鞋靴节
越夜越精致
超值特卖会
818开学抢购季
白菜价
飞利浦耳机
全场4折起
9.9元秒杀
海尔电热水器ES50H-Z4/ES60/
追学妹 必备利器
保本高收益6.4%起，快抢
针织
新品发布>

图 3-9

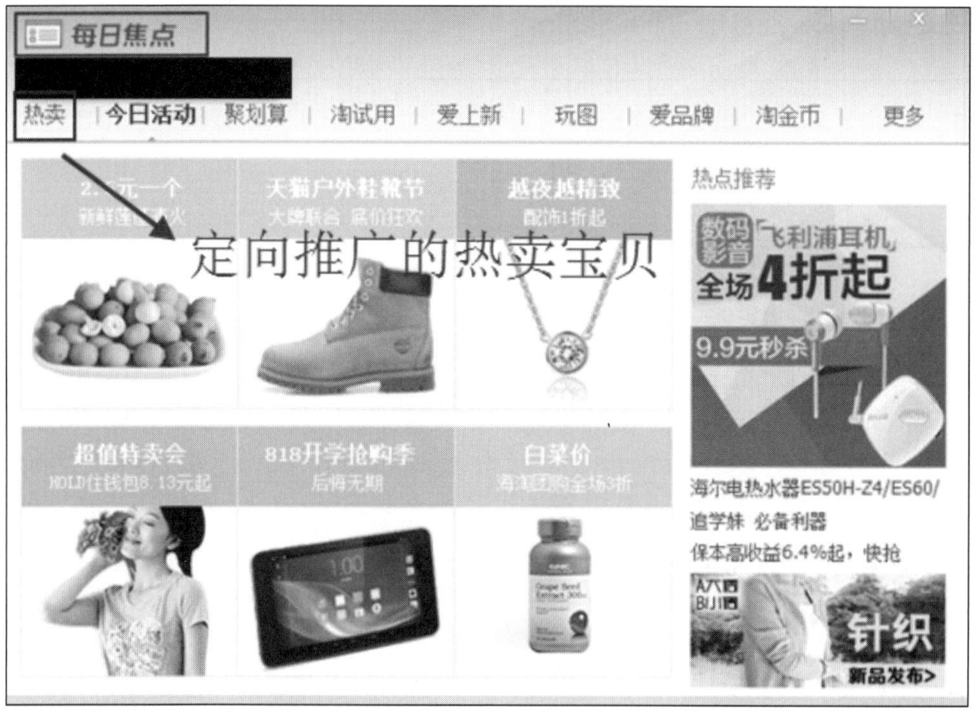


图 3-10

④ 直通车活动展示页（见图 3-11）。

图 3-11

⑤ 站外合作网站展示页（见图 3-12）。

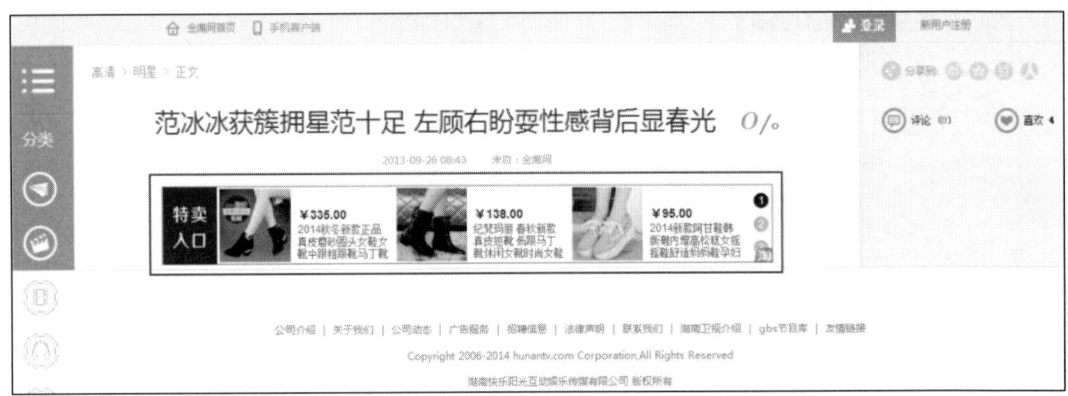


图 3-12

# 3.2　直通车的扣费原理

## 3.2.1　直通车的扣费标准

直通车的扣费主要分为（由于直通车规则会不定期发生变动，所以请以官方公告为主）：

① 关键词搜索竞价扣费

直通车的扣费公式：您的实际扣费=下一名出价×下一名质量得分/您的质量得分+0.01 元

② 定向推广扣费

定向推广扣费=某一定向下你所设置的单独出价金额

如果你设置了分段折扣出价，最终出价还需乘以当时的折扣比。

③ 直通车活动扣费

直通车首页活动：按出价扣费，即出价多少扣费多少（见图 3-13）。

图 3-13

④ 直通车其他频道活动：下一名出价+0.01 元，即在下一名出价的基础上加 0.01 元。

## 3.2.2　直通车运营的盈亏指标

做了直通车，到底什么才是适合的盈利衡量标准?

这里给到大家一个盈亏指标公式供大家参考（见图 3-14）。

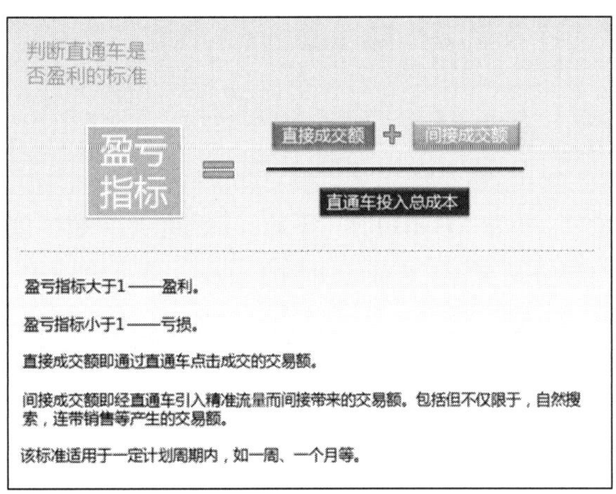


图 3-14

很多时候，我们只看到直通车的直接盈利，实际上直通车还会给我们带来很多间接收入。比如收藏带来的成交、关联销售、打造爆款，从而自然排名靠前而产生的成交等。

很多人都以为自己已经懂了，而实际上未必如此。这个指标公式可以为我们解决很多问题，比如为什么有些人的产品看起来利润很低，关键词出价却很高，怎么算也觉得对方是亏的。原因就是我们忽略了它的间接利润、自然搜索利润等。

所以在一定周期内经常使用盈亏指标去衡量直通车的效果至关重要。

懂得了直通车的盈亏判断标准后，我们需要了解的是直通车的盈利模式。如果运作直通车，只懂得以直通车带来的直接交易为判断标准，那么直通车的盈利将会非常有限，直通车的运营也很难渐入佳境。

其实，目前直通车的盈利模式主要有（随着直通车的发展还会衍生出其他盈利模式）以下几个。

① 直接成交：即通过点击转化而带来的成交。

② 自然搜索成交：即通过打造爆款，将自己的产品做到自然搜索靠前，从而产生更多的自然搜索成交。

③ 连带成交：即在主推产品中加入更多的其他产品进行辅推，从而产生关联成交。

④ 潜在成交：即当时未购买，通过收藏或者其他手段产生的延迟交易。

## 3.3 直通车推广计划的建立

### 3.3.1 如何加入直通车

① 进入“卖家中心”，单击“营销中心”下的“我要推广”超链接，进入“营销入口”页面单击“直通车”，弹出“协议签署”页面（见图3-15）。

图 3-15

② 同意协议（见图 3-16）。

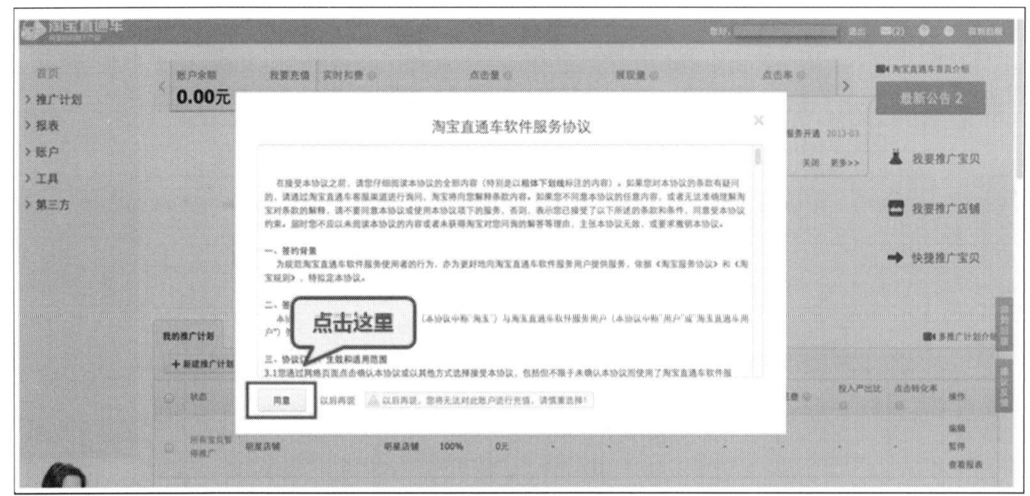


图 3-16

③ 账户充值，开始推广（见图 3-17）。

图 3-17

## 3.3.2 直通车禁止推广的商品

### 1. 天猫直通车禁止推广的商品目录

| 序号 | 禁止推广的类目商品 |
| --- | --- |
| 1 | “服务商品”、“服务市场”类目下的商品 |
| 2 | “成人用品/避孕/计生用品”类目下的商品 |
| 3 | “电子凭证”类目下的商品 |
| 4 | “国货精品数码”类目的二级类目“国货精品笔记本”“国货精品手机”下的商品 |
| 5 | “个人护理/保健/按摩器材”类目的二级类目“其他个人护理”下的商品 |
| 6 | “孕妇装/孕产妇用品/营养”类目的二级类目“早孕检测”下的商品 |
| 7 | “玩具/模型/动漫/早教/益智”类目的二级类目“早教/音乐/智能玩具”的三级类目“早教 VCD/DVD/CD”下的商品 |
| 8 | “网游装备/游戏币/账号/代练”类目的二级类目“游戏装备”的三级类目“C-穿越火线装备”下的商品 |
| 9 | “洗护清洁剂/卫生巾/纸/香薰”下的二级类目“洗发沐浴/个人清洁”下的三级类目“其他洗护清洁用品”，及三级类目“身体护理”下的四级类目“身体乳液”、“护足霜”、“浴足剂”、“足部磨砂膏”“足浴盐”，及三级类目“身体清洁”下的四级类目“私处洗液“下的商品 |
| 10 | “古董/邮币/字画/收藏”类目下的二级类目“宗教收藏品”、二级类目“其它收藏品”下的商品，及二级类目“宗教用品”下三级类目“宗教服务及其用品”下的商品 |

## 2. 淘宝直通车禁止推广商品目录

| 序号 | 禁止推广的类目商品 |
|---|---|
| 1 | "音乐/影视/明星/音像"类目下的商品 |
| 2 | "书籍/杂志/报纸"类目下的商品 |
| 3 | "闪存卡/U 盘/存储/移动硬盘"类目下的商品 |
| 4 | "网游装备/游戏币/账号/代练"类目下的商品 |
| 5 | "手机号码/套餐/增值业务"类目下的商品 |
| 6 | "教育培训"类目下的商品 |
| 7 | "本地化生活服务"类目下的商品 |
| 8 | "网店/网络服务/软件"类目下的商品 |
| 9 | "服务商品"、"服务市场"类目下的商品 |
| 10 | "成人用品/避孕/计生用品"类目下的商品 |
| 11 | "电子凭证"类目下的商品 |
| 12 | "景点门票/度假线路/旅游服务"下二级类目"旅游度假线路"下的商品 |
| 13 | "国货精品数码"类目的二级类目"国货精品笔记本"和"国货精品手机"下的商品 |
| 14 | "电玩/配件/游戏/攻略"类目下二级类目"游戏软件"下的商品 |
| 15 | "大家电"类目的二级类目"电视机"的三级类目"3D 电视"、"等离子电视"、"LCD 液晶电视"、"LED 电视"下，品牌属性为"其他"的商品 |
| 16 | "个性定制/设计服务/DIY"类目下的二级类目"其他定制"，及二级类目"设计服务"下三级类目"设计素材\源文件"、"其他设计服务"下的商品 |
| 17 | "古董/邮币/字画/收藏"类目下的二级类目"宗教收藏品"，二级类目"其他收藏品"下的商品，及二级类目"宗教用品"下三级类目"宗教服务及其用品"下的商品 |
| 18 | "个人护理/保健/按摩器材"类目的二级类目"其他个人护理"下的商品 |
| 19 | "孕妇装/孕产妇用品/营养"类目下的二级类目"早孕检测"下的商品 |
| 20 | "玩具/模型/动漫/早教/益智"类目的二级类目"早教/音乐/智能玩具"的三级类目"早教 VCD/DVD/CD"下的商品 |
| 21 | "洗护清洁剂/卫生巾/纸/香薰"下的二级类目"洗发沐浴/个人清洁"下的三级类目"其他洗护清洁用品"，及三级类目"身体护理"下的四级类目"身体乳液"、"护足霜"、"浴足剂"、"足部磨砂膏""足浴盐"，及三级类目"身体清洁"下的四级类目"私处洗液"下的商品 |

## 3.3.3 直通车推广计划的建立

直通车推广计划中共有四类，分别是标准推广、快捷推广、活动专区（见图 3-18）。

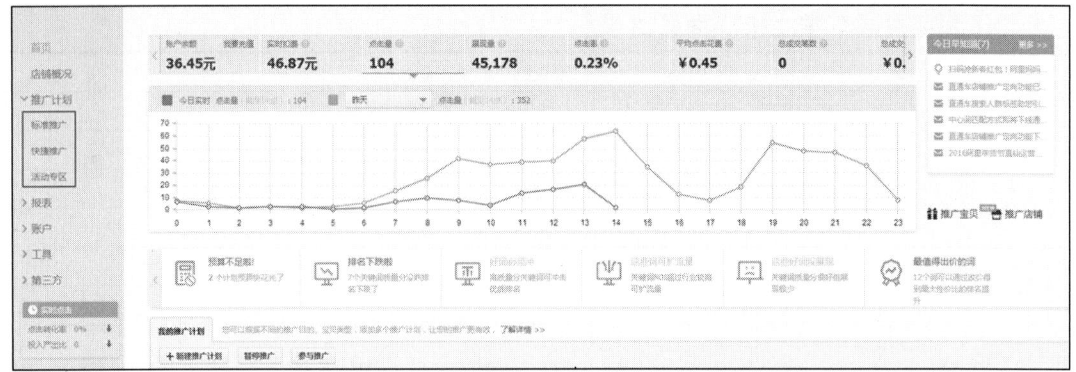


图 3-18

## 1．标准推广

标准推广是直通车推广方式中最普遍的方式，这种推广方式通过新建推广计划，选择推广宝贝，设置关键词，出价等步骤完成宝贝的推广。

标准推广设置步骤：

① 在直通车后台，单击“新建推广计划”，进入推广计划的建立页面（见图 3-19）。

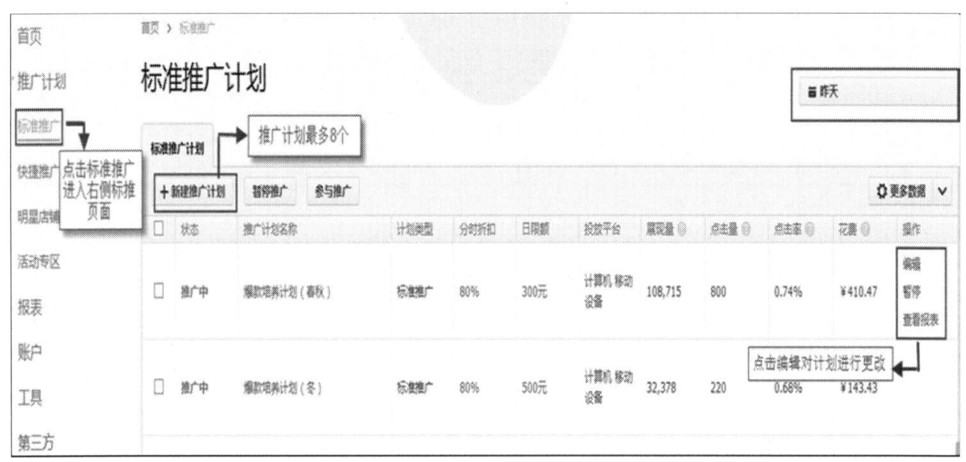


图 3-19

② 输入新建的计划名称。单击“提交”，计划建立成功。

③ 在新建的计划中单击“新建宝贝推广”，添加要推广的宝贝（见图 3-20）。

图 3-20

④ 通过“优选宝贝”功能可以对推广的宝贝进行筛选，从而选出最适合推广的宝贝（见图 3-21）。

图 3-21

a. 什么是优选宝贝功能?

优选宝贝功能是指系统提供宝贝数据来帮助商家选择合适的宝贝进行直通车推广。

b. 为什么要做优选宝贝功能?

经常有商家不知道选什么样的宝贝来做直通车，之前是全部都推广，然后通过测试数据来决定哪一款重点推广。这样做有很大的不确定性和资源浪费。因此需要系统能够推荐一些宝贝或提供一些参数来帮助选择，选出来的宝贝推广直通车会有比较好的表现。

c. 优选宝贝功能介绍。

- 优选宝贝：根据该宝贝的历史数据预测是否为适合推广的宝贝。
- 优选流量：根据该宝贝的历史数据预测是否为在引流方面有潜力宝贝。
- 优选转化：根据该宝贝的历史数据预测是否为在转化方面有潜力宝贝。

因为优选宝贝是综合“优选流量”和“优选转化”的宝贝。所以建议大家在初期选择时先去参照“优选宝贝”来进行选择宝贝推广的依据。

⑤ 选定宝贝，单击“推广”进入宝贝创意上传页面，进行创意选择和上传（手机淘宝）（见图3-22）。

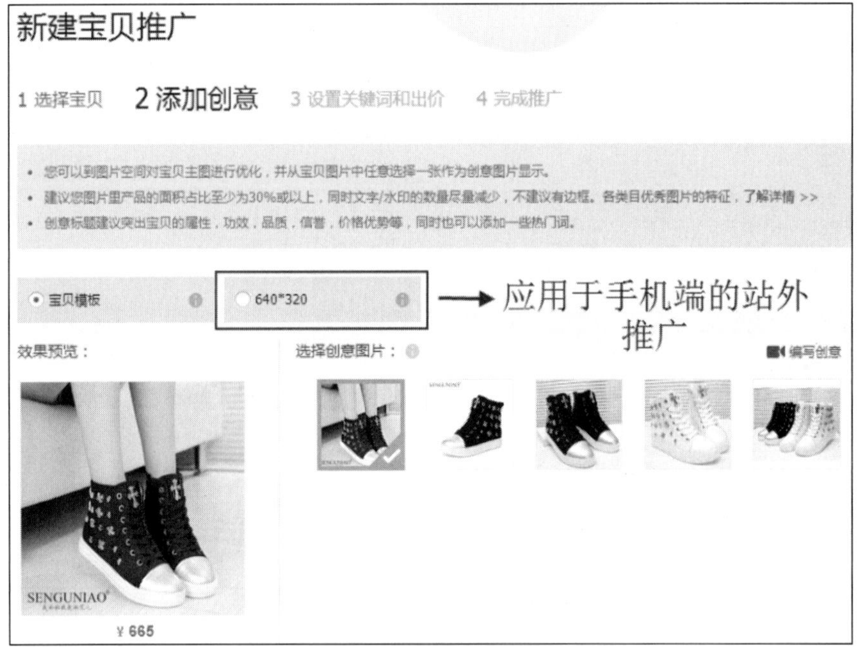


图 3-22

⑥ 编写好40个字符内的标题，单击“下一步”按钮。

⑦ 进入关键词选择页面，进行关键词选择，同时设置关键词的出价（见图3-23）。

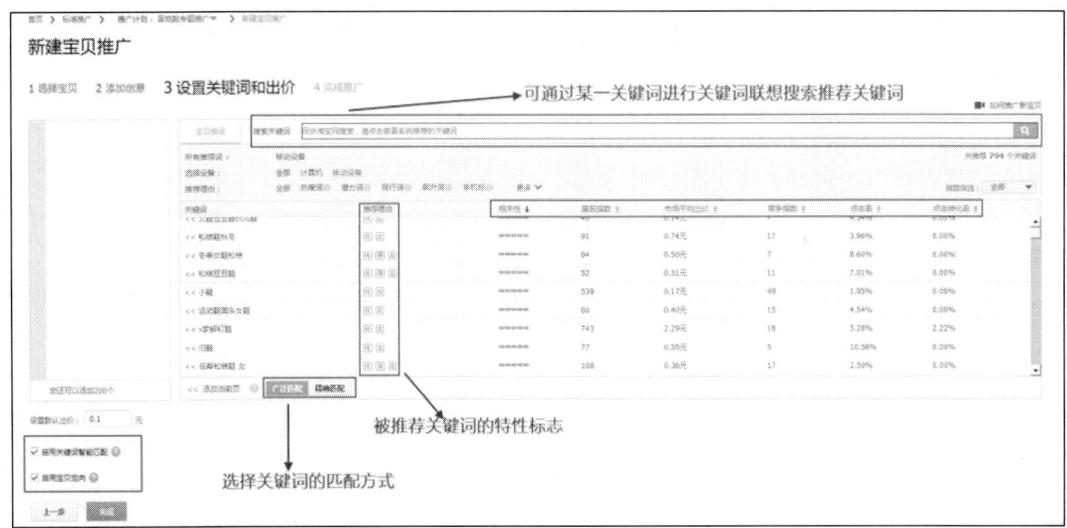


图 3-23

a. 匹配方式

- 广泛匹配：当买家搜索词包含了所设关键词或与其相关时，推广宝贝就有机会展现。搜索展现范围最广。广泛匹配的关键词，在此表中，没有符号。
- 精确匹配：买家搜索词与所设关键词完全相同（或是同义词）时，推广宝贝才有机会展现。搜索展现范围最精准也最小。关键词表示方式用“[ ]”，见图 3-24。

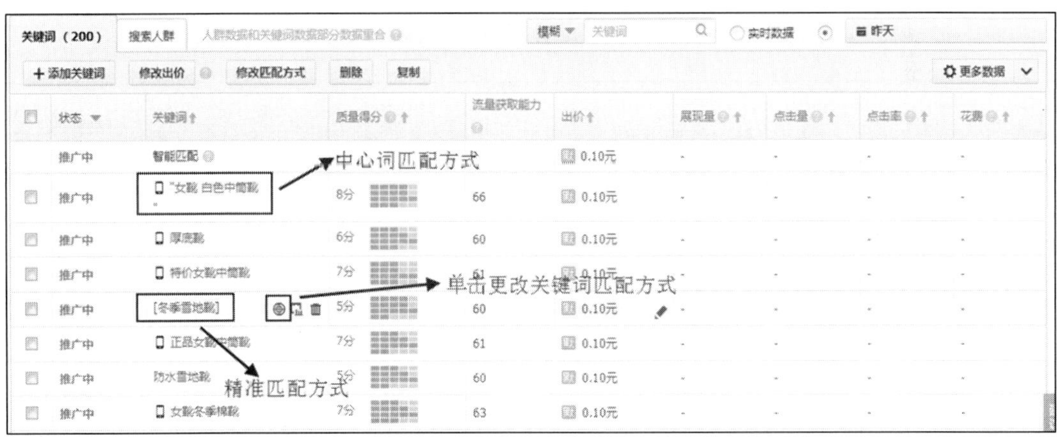


图 3-24

b. 智能匹配的含义：是指根据推广宝贝的特点，系统将智能选择你未添加且适合该宝贝的关键词。

c. 启用宝贝定向的含义：通过数据分析和多维度人群定向技术，锁定目标客户，将推广的内容展现在目标客户浏览的网页上，实现精准营销，即定向推广。

d. 关键词前的左的含义：有机会在淘宝网电脑版搜索结果首页左侧推广位置展示。

⑧ 宝贝推广成功，单击“设置和管理宝贝推广”，对宝贝进行进一步编辑（见图 3-25）。

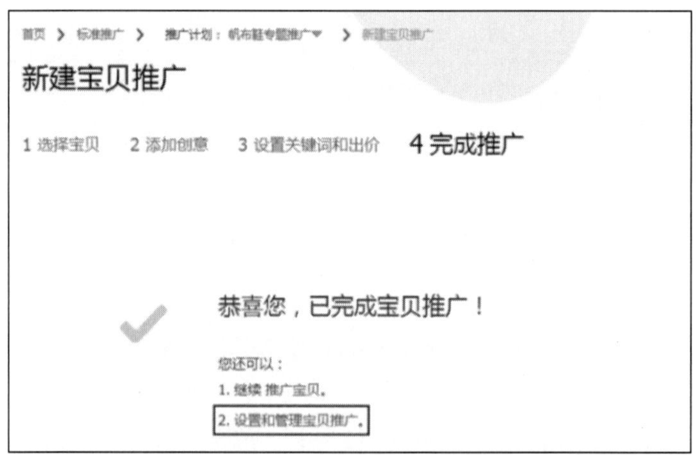


图 3-25

⑨ 对宝贝的关键词进行相关的编辑和设置（见图 3-26）。

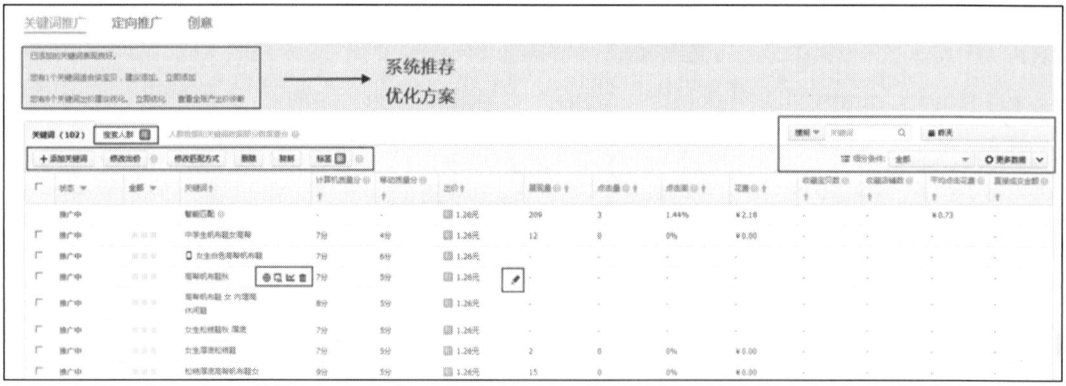

图 3-26

⑩ 设置"搜索人群"（见图 3-27 和图 3-28）。

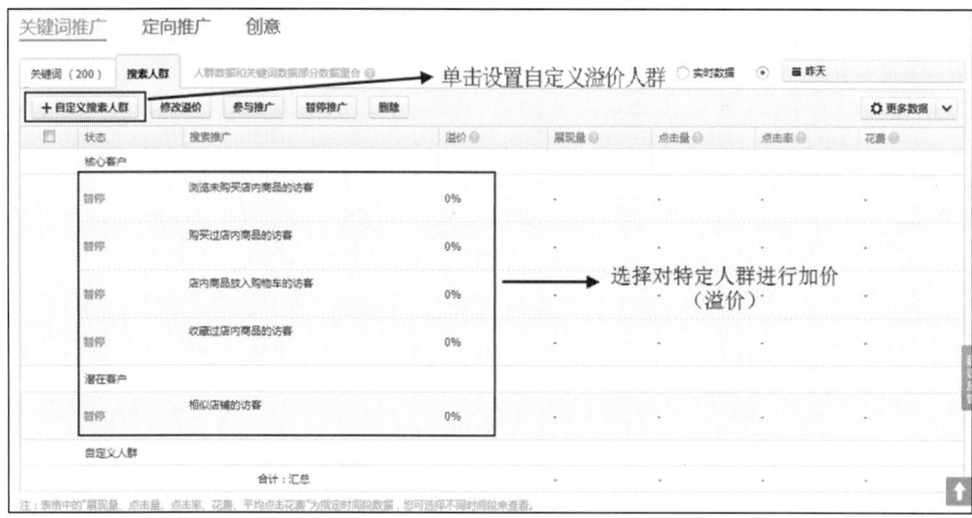


图 3-27

价　格：635.00元
默认出价：0.10元

自定义添加受众

* 名称：受众20141017210039

性别：女　男

年龄：18岁以下　18-24岁　25-29岁　30-34岁　35-39岁　40-49岁　50岁及以上

月均消费额度：300元以下　300-399元　400-549元　550-749元　750-1049元　1050-1749元　1750元及以上

出价：关键词出价 + 关键词出价 x 0%-300% %

确定　取消

自定义人群

图 3-28

溢价是指人群出价中的溢价比例，最终出价按比例加价。例：关键词出价 1.00 元，溢价比例 50%，人群出价=1×（1+50%）=1.5 元。

⑪ 设置定向推广（见图 3-29）。

关键词推广　定向推广　创意

投放人群 新　展示位置 新　定向推广　亲，老版定向流量将逐步减少并下线，请使用新版的人群和位置进行投放。

＋访客定向　＋购物意图定向　修改溢价　推广　暂停　删除

| 状态 | 定向推广 | 出价/溢价 | 展现量 | 点击量 |
|---|---|---|---|---|
| 推广中 | 智能投放 | 1.17元 | 59,110 | 28 |
| 推广中 | 搜索重定向 | | 433 | 0 |
| 推广中 | 喜欢我店铺的访客 | 1% | - | - |
| 推广中 | 喜欢同类店铺的访客 | 1% | - | - |
| 推广中 | 休闲 厚底 | 1% | 4,926 | 10 |

图 3-29

定向推广，简单来说，即直通车系统根据商品的特点，筛选出有可能购买的特定人群，将商品展现在这些特定人群眼前。不同的定向可以进行不同的单独出价，这里的出价与“搜索人群”的溢价不同，出价多少即为多少的点击费用（详见直通车扣费原理）。定向推广下包含投放人群及展示位置定向推广，商家可以根据自己的需要选择投放。

## 2．快捷推广

### （1）什么是快捷推广

快捷推广是在原有的直通车推广方式的基础上，创新推出的一种全新推广方式。它打破了逐个选宝贝、买词、写创意的常规操作逻辑。

### （2）快捷推广的展示原理

只需要排除不想参与推广的宝贝，确定选择好店铺中全部参与推广的宝贝，同时提交感兴趣的关键词，并设定一个出价即可，系统就会自动筛选匹配出与关键词对应的优质宝贝展现在买家面前。展现的位置和标准推广的位置相同，排序规则及扣费规则都和标准推广相同。

**（3）快捷推广的开通条件**

目前快捷推广处于内测阶段，不接受报名。系统会自动为相关用户开通。

**（4）如何设置快捷推广**

① 单击“快捷推广”进入快捷推广设置（见图 3-30）。

图 3-30

② 选择推广宝贝，可以全店商品，也可以选择特定的商品（见图 3-31）。

图 3-31

③ 通过类目词查询添加推广关键词（见图 3-32）。

④ 单击“下一步”按钮，推广成功。

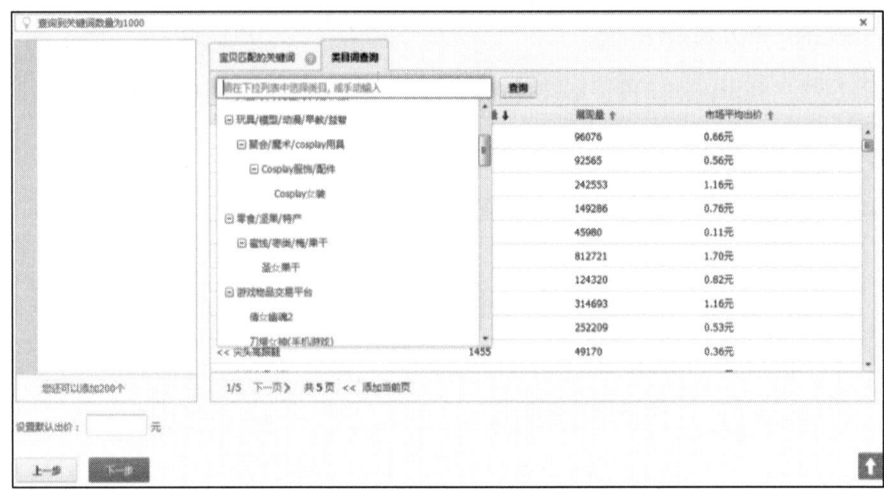

图 3-32

### 3．活动专区

目前（本书成稿时）活动专区已关闭报名。直通车将上线精品库产品，目前精品库产品正在测试中，采取邀约制。

### 4．店铺推广

① 单击直通车首页的“我要推广店铺”，进行店铺推广设置（见图 3-33）。

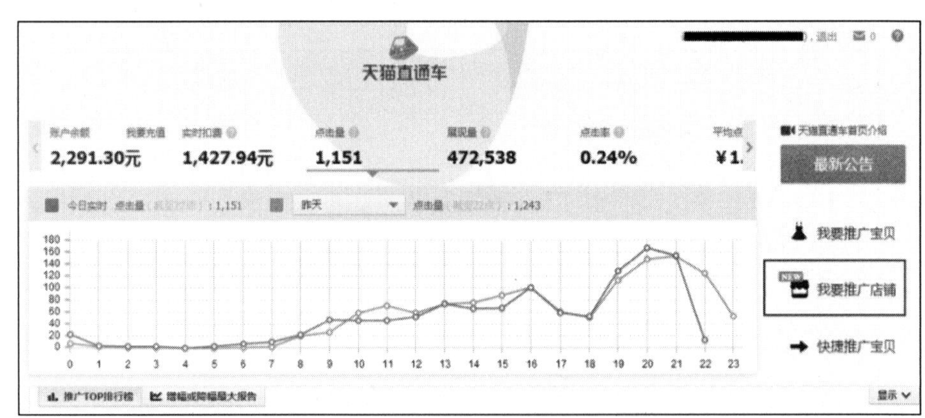


图 3-33

② 选择或新建一个推广计划，从而在推广计划中进行店铺推广。

③ 选择要推广的店铺页面，包括无线端的页面（见图 3-34）。

1 选择推广计划
2 选择页面
3 编辑创意
4 设置关键词和出价
5 完成推广
店铺搜索页面
更多设置
选择要推广的店铺页面
店铺导航页面
自定义页面
一阳指移动设备页面
页面预览：计算机页面 >> 移动页面 >>
上一步
下一步

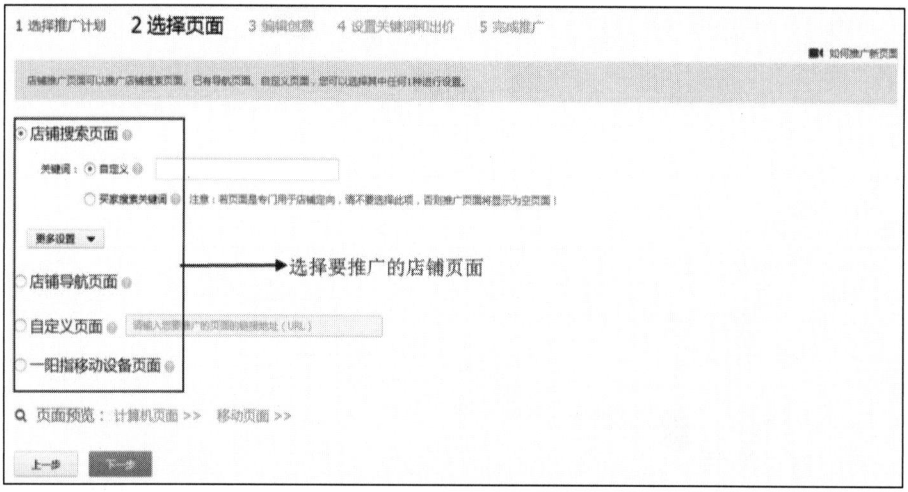

图 3-34

④ 根据页面尺寸来选择上传要推广的平台创意（见图 3-35）。

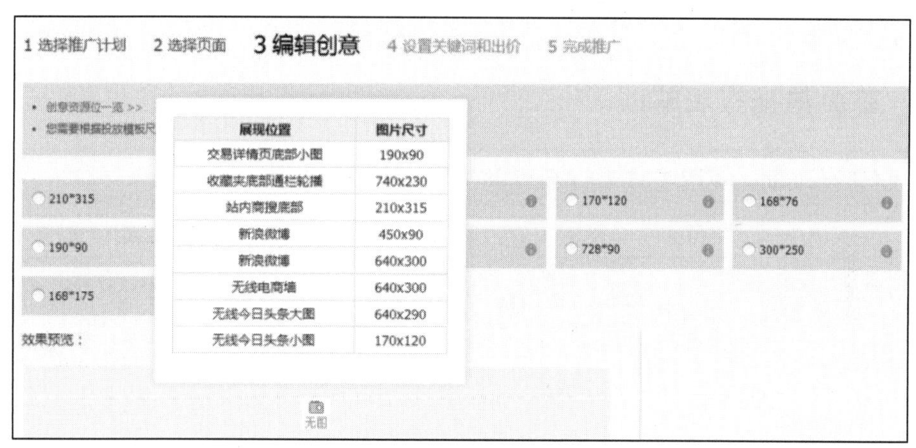

1 选择推广计划
2 选择页面
3 编辑创意
4 设置关键词和出价
5 完成推广
展现位置
图片尺寸
交易详情页底部小图
190x90
收藏夹底部通栏轮播
740x230
站内商搜底部
210x315
新浪微博
450x90
新浪微博
640x300
无线电商墙
640x300
无线今日头条大图
640x290
无线今日头条小图
170x120
210*315
190*90
168*175
170*120
728*90
168*76
300*250
效果预览：
无图

图 3-35

⑤ 添加关键词和设置出价。进行下一步，推广成功。

⑥ 可以再次回到推广计划中，对店铺推广进行编辑，添加更多的创意进行推广。

### 5. 推广计划的投放限制

直通车的每个推广计划均可设置单独的投放日限额、投放平台、投放时间、投放地域（见图 3-36）。

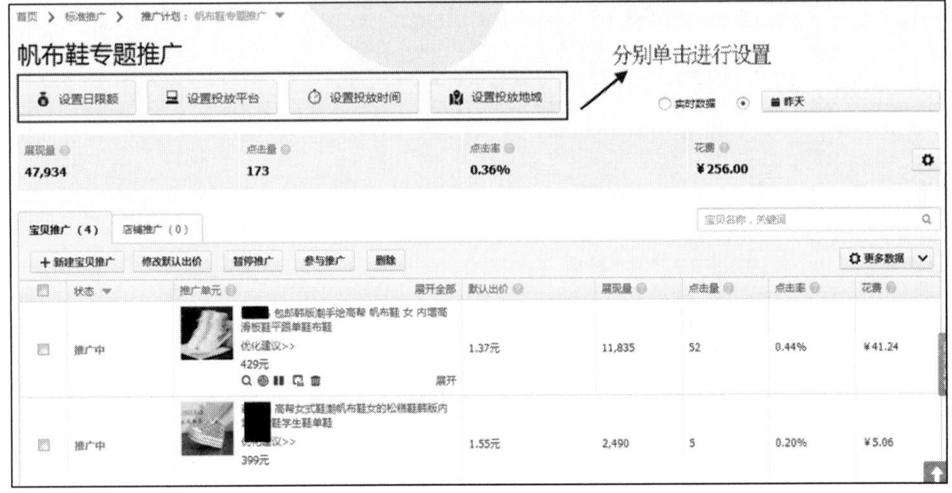


图 3-36

# 3.4 直通车后台的数据报表

## 3.4.1 首页数据报表解读

直通车后台首页（见图 3-37），主要可以查看下面几项数据信息。

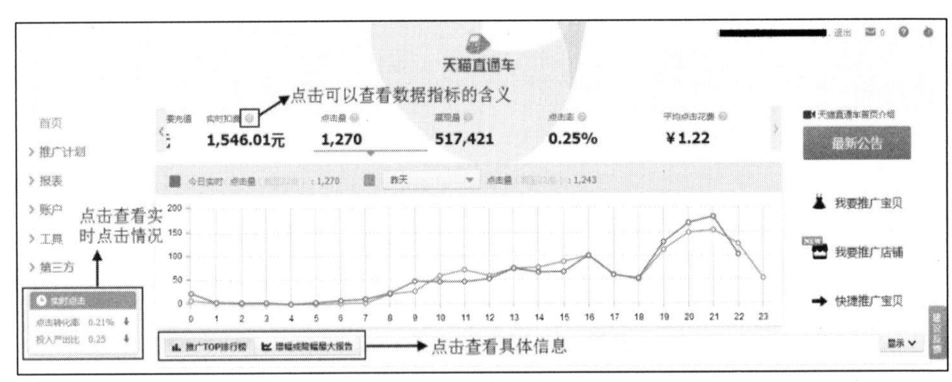


图 3-37

### 1. 趋势图

通过趋势图来对比，今日跟昨日的实时点击情况。

## 2. 系统推荐优化信息通知（出价诊断区）

通过此板块我们可以快速地查看到直通车账户的不足之处。比如，我们可以通过该板块的提醒快速知道账户的限额情况、哪些关键词需要优化等（见图3-38）。

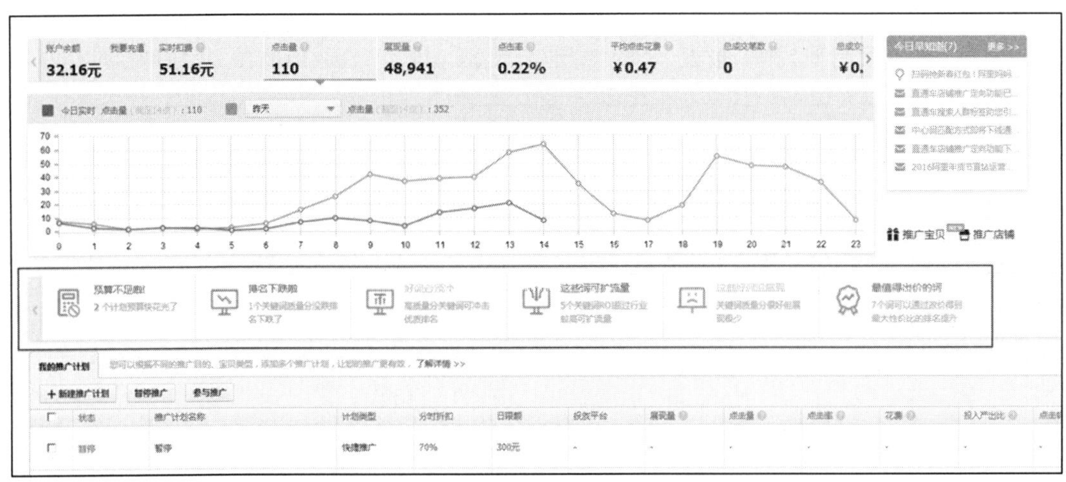


图3-38

## 3. 推广计划专区

这里展现着我们所设置的所有推广计划（见图3-39）。

| 状态 | 推广计划名称 | 计划类型 | 分时折扣 | 日限额 | 投放平台 | 展现量 | 点击量 | 点击率 | 花费 | 投入产出比 | 点击转化率 | 操作 |
|---|---|---|---|---|---|---|---|---|---|---|---|---|
| 暂停 | 暂停 | 快捷推广 | 70% | 300元 | - | - | - | - | - | - | - | |
| 没有参与任何活动 | 活动专区 | 活动专区 | 100% | 不限 | - | - | - | - | - | - | - | 编辑 暂停 查看报表 |
| 推广中 | [illegible]专题推广 | 标准推广 | 65% | 500元 | 计算机 移动设备 | 18,733 | 123 | 0.66% | ¥116.94 | - | - | |
| 暂停 | [illegible]专题推广 | 标准推广 | 50% | 50元 | 计算机 移动设备 | - | - | - | - | - | - | |
| 暂停 | 无线端推广 | 标准推广 | 50% | 200元 | 计算机 移动设备 | - | - | - | - | - | - | |
| 推广中 | [illegible]专题推广 | 标准推广 | 35% | 700元 | 计算机 移动设备 | 5,496 | 15 | 0.27% | ¥2.49 | - | - | |
| 推广中 | 爆款培养计划（冬） | 标准推广 | 50% | 200元 | 计算机 移动设备 | 6,081 | 36 | 0.59% | ¥31.54 | 0 | 0% | |
| 推广中 | 爆款培养计划（夏） | 标准推广 | 50% | 100元 | 计算机 移动设备 | 81,474 | 128 | 0.16% | ¥87.47 | 1.47 | 0.78% | |
| 暂停 | [illegible]专题推广 | 标准推广 | 50% | 50元 | 计算机 移动设备 | - | - | - | - | - | - | |
| 推广中 | 爆款培养计划（春秋） | 标准推广 | 50% | 100元 | 计算机 移动设备 | 79,445 | 307 | 0.39% | ¥100.00 | 1.46 | 0.33% | |
| | (合计) | | | 不限 | - | 190,229 | 609 | 0.32% | ¥338.44 | 0.81 | 0.33% | |

图3-39

## 3.4.2 报表

报表板块展现的内容主要有：直通车报表、定向报表及客户营销报表。

### 1. 直通车报表

单击直通车后台侧栏中“报表”下的“直通车报表”，进入“直通车报表”页面（见图 3-40）。

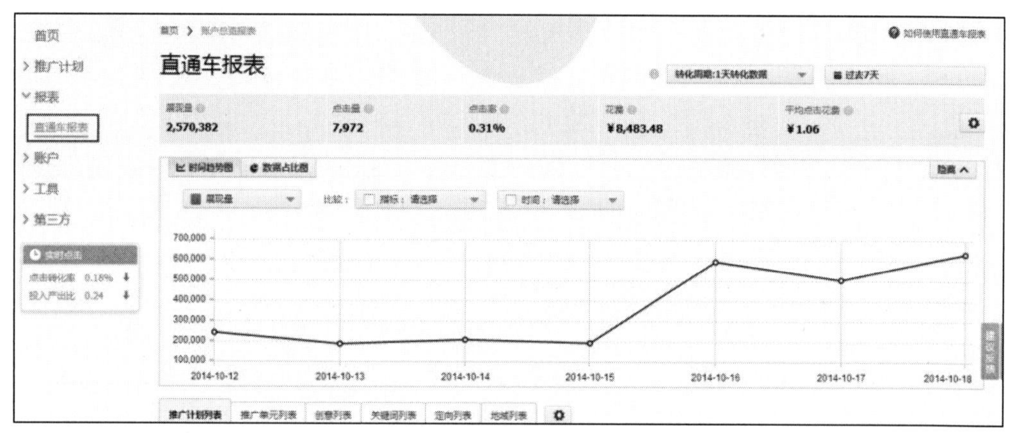


图 3-40

直通车报表，主要用于展现直通车在一段推广周期内的数据总览。为商家分析数据提供充足的数据依据（见图 3-41）。

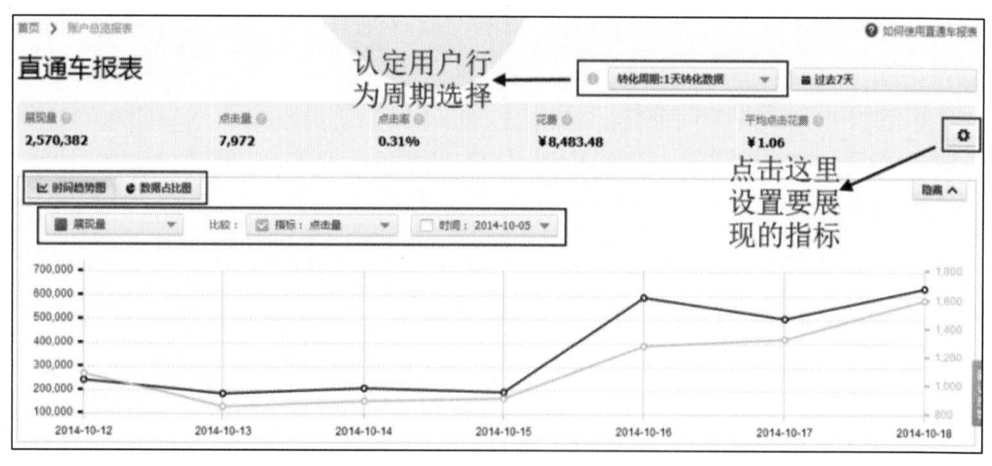


图 3-41

转化周期：从用户点击直通车链接开始，跟踪并统计该用户的浏览、购买、收藏等点击后续行为，称之为“直通车转化数据”。链接点击发生当天产生的收藏、购买等数据，归类为当天转化数据；链接点击发生当天开始 3 日内产生的购买、收藏等数据，归类为三天转化数据，以此类推。目前，我们的直通车转化数据提供直通车链接点击后 1 天、3 天、7 天、15 天内的购买、收藏等数据，你可以根据自己店铺的推广情况选择适合的转化周期。15 天累计数据是旧的逻辑，即每天连续累加变动，最多统计 15 天的效果数据。通过直通车转化数据，可以直观地查看不同的宝贝、推广计划、关键词在投放后的行为数据。对这些数据进行分析和挖掘，并结合店铺自身情况，找到需要改进的问题，持续优化，提升投放效率。

直通车报表下方为详细的数据列表信息，并为商家提供免费下载（见图 3-42）。



| 状态 | 计划名称 | 计划类型 | 日限额 | 展现量 | 点击量 | 点击率 | 花费 | 平均点击花费 | 操作 |
|---|---|---|---|---|---|---|---|---|---|
| 推广中 | 计划（夏） | 标准推广 | ¥450.00 | 273,178 | 1,903 | 0.70% | ¥972.81 | ¥0.51 | 分日详情 |
| 推广中 | 计划（冬） | 标准推广 | ¥500.00 | 151,106 | 806 | 0.53% | ¥591.32 | ¥0.73 | 分日详情 |
| 推广中 | 计划（春秋） | 标准推广 | ¥300.00 | 185,667 | 1,082 | 0.58% | ¥488.83 | ¥0.45 | 分日详情 |
| 推广中 | 推广 | 标准推广 | ¥400.00 | 169,274 | 660 | 0.39% | ¥339.27 | ¥0.51 | 分日详情 |
| 推广中 |  | 明星店铺 | ¥200.00 | 76 | 10 | 13.16% | ¥8.30 | ¥0.83 | 分日详情 |
| 推广中 | 推广 | 标准推广 | ¥1,000.00 | 2,407 | 7 | 0.29% | ¥5.33 | ¥0.76 | 分日详情 |
|  | （合计） |  |  | 781,708 | 4,468 | 0.57% | ¥2,405.86 | ¥0.54 |  |



图 3-42

单击“过滤条件”可以自行设置筛选条件（见图 3-43）。

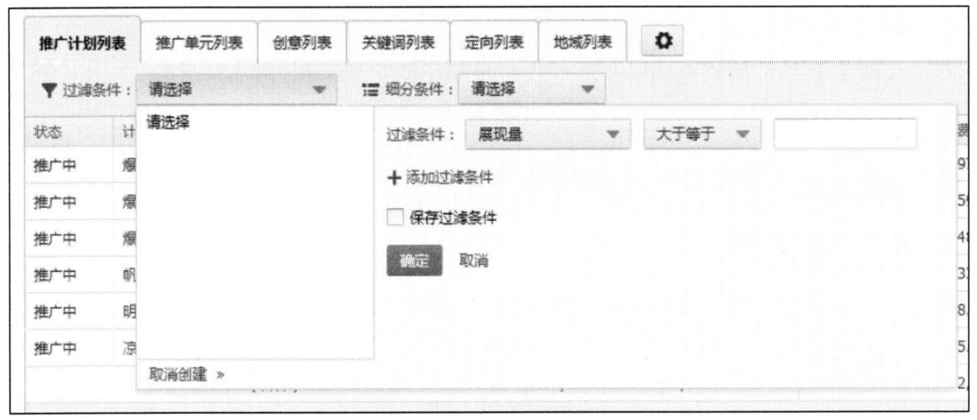


图 3-43

### 2. 定向报表

定向报表主要用于展现直通车账户中定向推广的相关数据（图3-44）。数据解读方式与“直通车报表”相同。

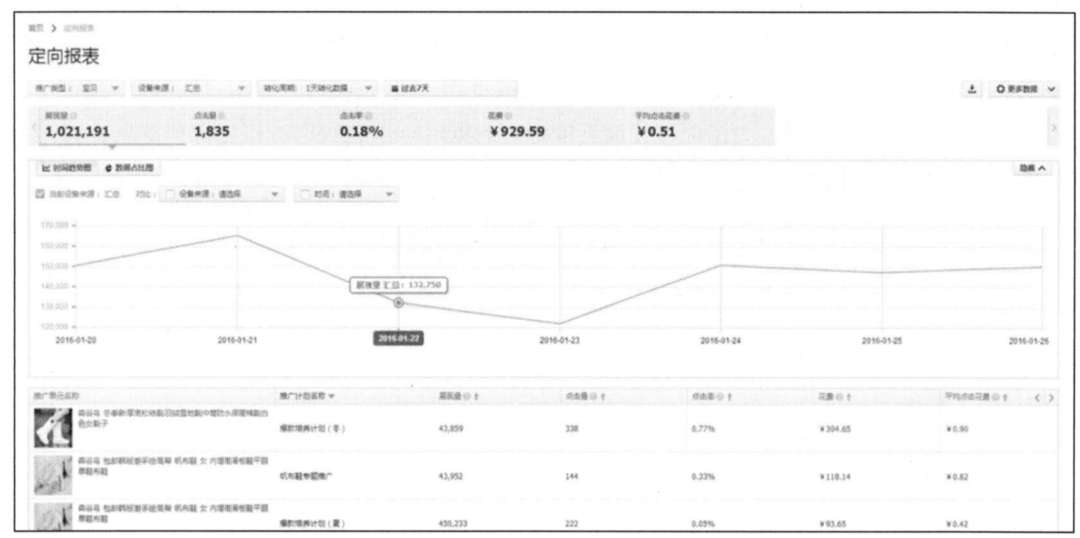


图3-44

### 3. 客户营销报表

客户营销报表主要用于展现店铺推广定向投放的相关数据。

## 3.4.3 账户

账户板块主要用于用户充值及查询操作记录等。

### 1. 充值

商家通过此板块对直通车账户进行充值。

### 2. 自动充值和提醒

商家可通过此板块绑定支付宝账号设置自动充值信息（图3-45）。

### 3. 操作记录

商家通过此板块查看直通车账户的相关操作记录。

### 4. 代理账户

商家可通过此板块设置代理账户，即给其他账户授权直通车操作权限（图 3-46）。

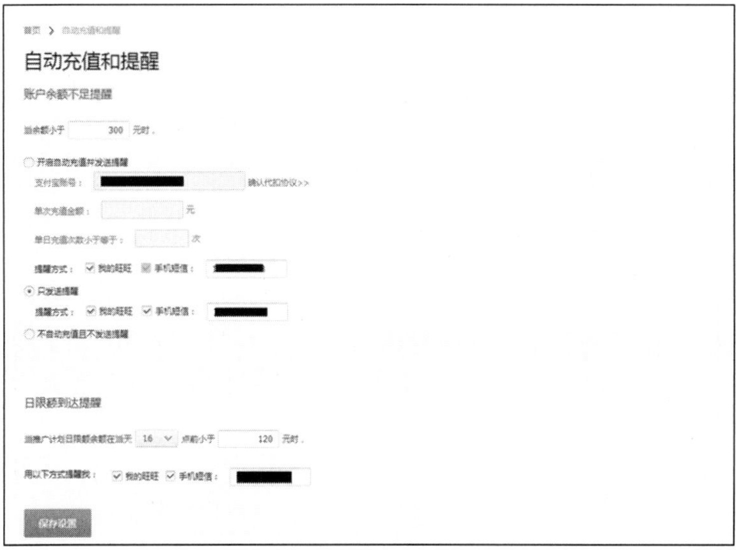

自动充值和提醒

账户余额不足提醒

当余额小于 300 元时，

开启自动充值并发送提醒

只发送提醒

不自动充值且不发送提醒

日限额到达提醒

保存设置

图 3-45

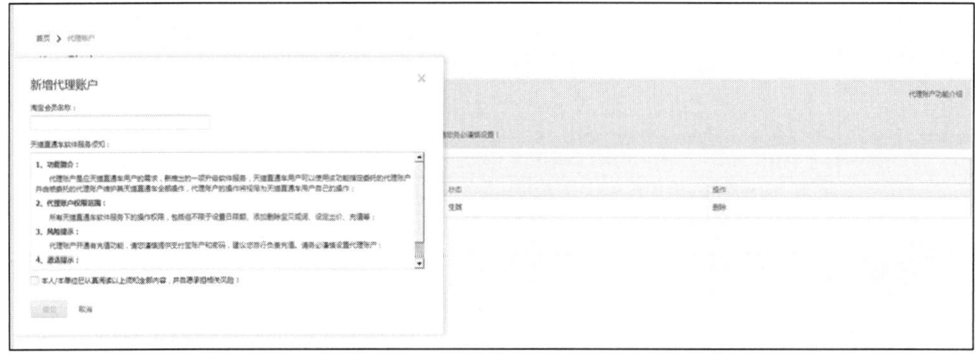


图 3-46

### 5. 违规记录

商家通过此板块可以查询自己账户的违规情况。

### 6. 资质管理

商家可以通过此板块上传自己的品牌资质等信息。

### 3.4.4　工具

工具板块主要包含以下几大功能：

#### 1．出价诊断

出价诊断在直通车后台首页也有所展现。此板块主要用于展现系统对直通车账户的诊断建议（图 3-47）。

图 3-47

#### 2．优化中心

直通车的优化中心在直通车后台侧栏“工具”下方的“优化中心”（见图 3-48）。

优化中心主要用于展现直通车推广中需要优化的内容。主要分为两个内容：质量分占比和变化趋势、优化建议。

质量分占比和变化趋势，主要展现在某个推广计划中，质量得分各个的得分在整体得分中的占比情况（见图 3-49）。

优化建议，即是对每款宝贝的关键词删减和添加的建议（见图 3-50）。

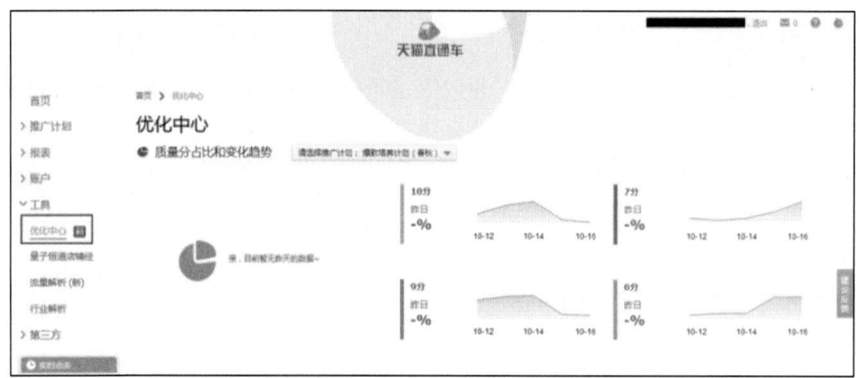


图 3-48

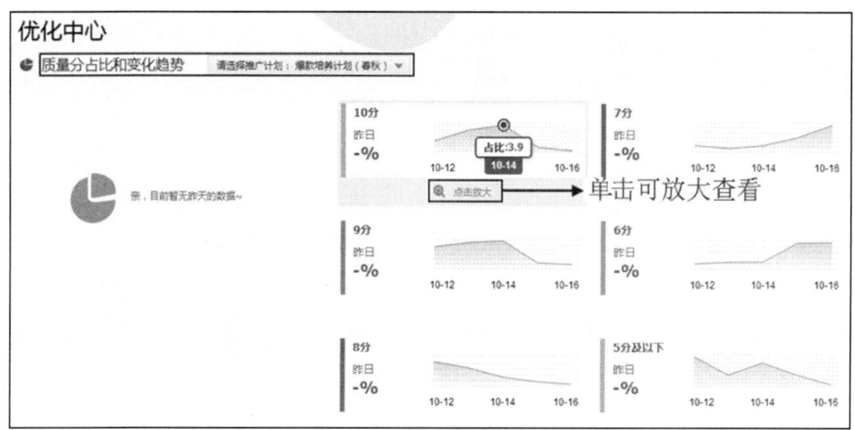


图 3-49

图 3-50

### 3．流量解析

流量解析主要用于对关键词的分析，通过流量解析，我们可以查看到关键词的市场数据分析、推广词表下载、数据透视、线上推广排名情况（见图 3-51）。

图 3-51

#### （1）市场数据分析

主要用于展现搜索关键词在所选时间范围内的市场数据（见图 3-52）。

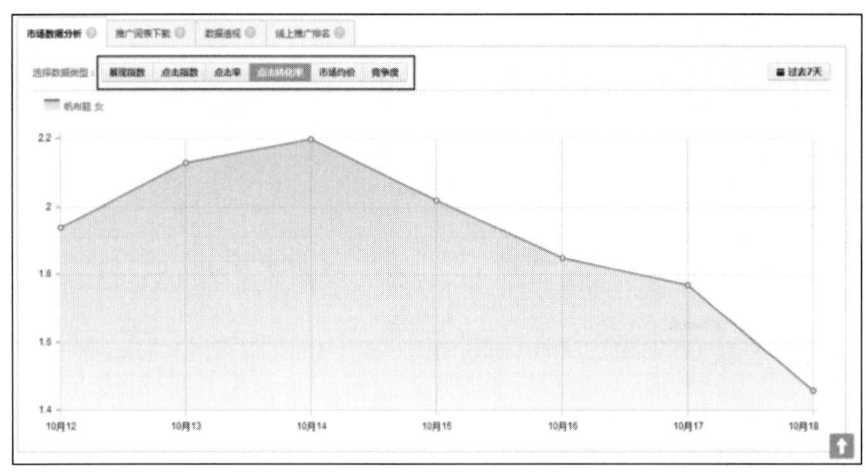


图 3-52

#### （2）推广词表下载

推广词表下载主要用于查询关键词匹配出来的相关词在昨天、前天及上周同期的展现指数等数据。并提供免费下载服务（见图 3-53）。

| | 关键词（相关度） | 展现指数 | 点击指数 | 点击率 | 点击转化率 | 市场均价 | 竞争度 |
|---|---|---|---|---|---|---|---|
| 35 | 帆布 女 | 25,457 | 188 | 0.67% | 0.47% | ¥0.51 | 825 |
| 36 | 女生帆布鞋 | 92,109 | 839 | 0.82% | 1.45% | ¥0.51 | 1391 |
| 37 | 双星帆布鞋 女款 | 3,875 | 23 | 0.54% | 0% | ¥0.37 | 187 |
| 38 | 迷彩帆布鞋女 | 7,330 | 112 | 1.39% | 0.81% | ¥0.33 | 284 |
| 39 | 帆布鞋女n | 364 | 5 | 1.21% | 0% | ¥0.43 | 63 |
| 40 | 帆布松糕鞋 女 | 15,062 | 174 | 1.05% | 2.07% | ¥0.5 | 957 |
| 41 | 手绘帆布鞋 女 | 41,026 | 327 | 0.72% | 0.27% | ¥0.41 | 783 |
| 42 | 高帮帆布鞋 | 639,259 | 6,492 | 0.92% | 1.58% | ¥0.67 | 3186 |
| 43 | 远波帆布鞋女 | 4,816 | 55 | 1.04% | 5% | ¥0.27 | 153 |
| 44 | 帆布鞋女人本 | 2,680 | 10 | 0.31% | 0% | ¥1.41 | 153 |

图 3-53

## （3）数据透视

数据透视主要用于呈现该关键词在各地域、各投放平台及各价格点上的数据表现。数据透视中，主要包含：

① 地域透视（见图 3-54）

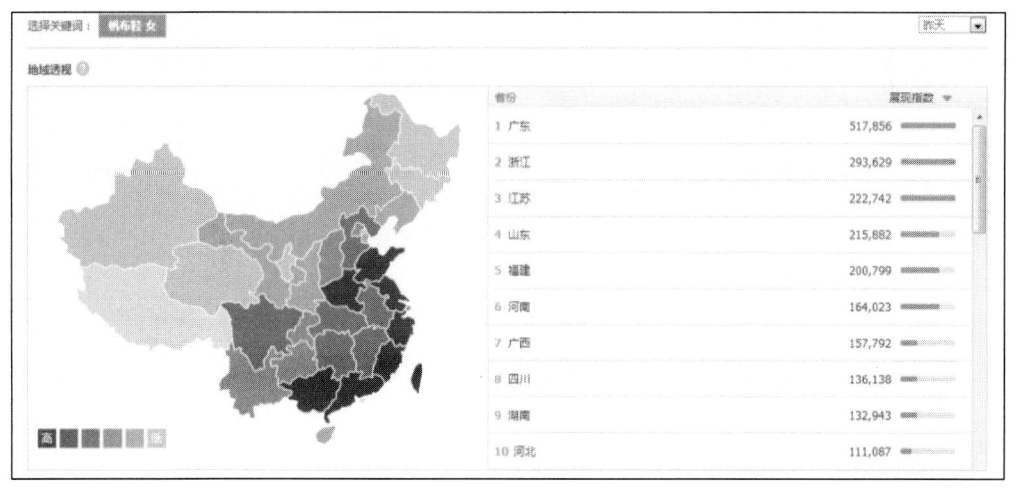


| 省份 | 展现指数 |
|---|---|
| 1 广东 | 517,856 |
| 2 浙江 | 293,629 |
| 3 江苏 | 222,742 |
| 4 山东 | 215,882 |
| 5 福建 | 200,799 |
| 6 河南 | 164,023 |
| 7 广西 | 157,792 |
| 8 四川 | 136,138 |
| 9 湖南 | 132,943 |
| 10 河北 | 111,087 |

图 3-54

② 流量透视（见图 3-55）

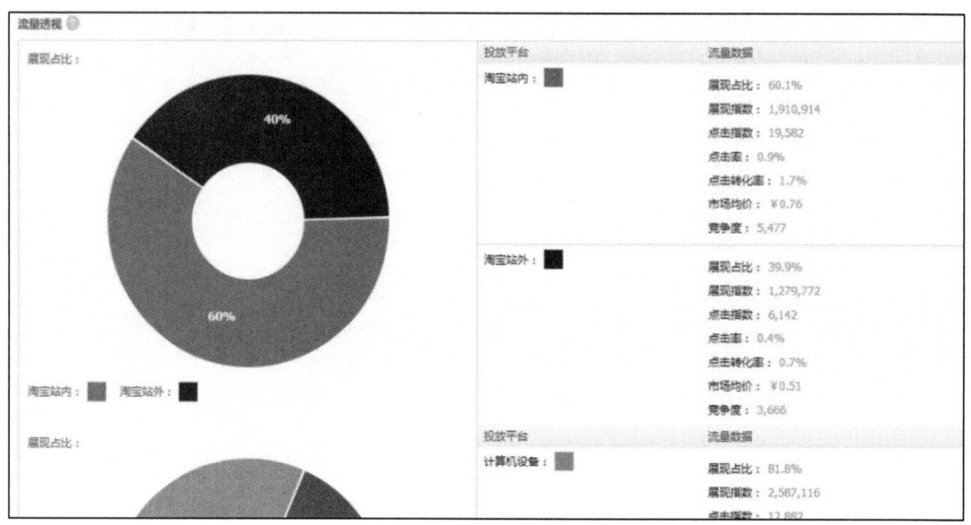


图 3-55

③ 竞争透视（见图 3-56）

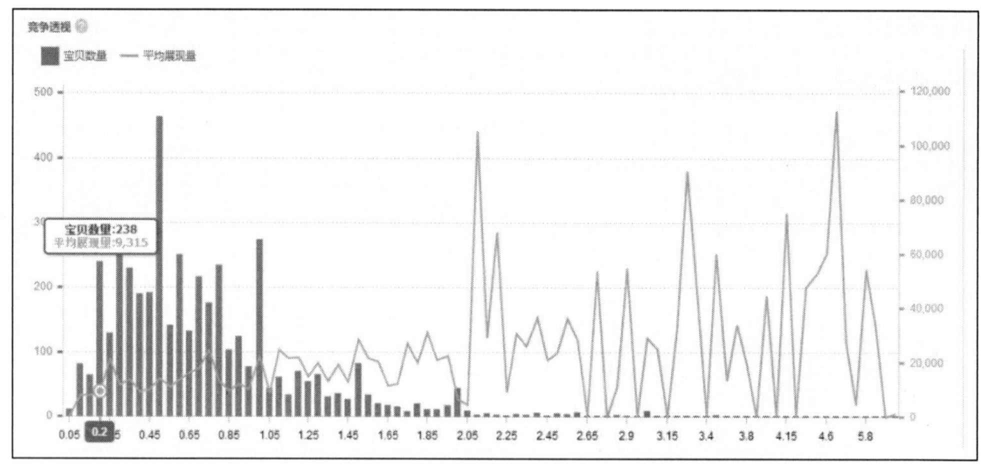


图 3-56

### （4）线上推广排名

线上推广排名主要用于展现关键词在展现环境下的直通车推广内容排名列表，用于查询线上环境下的推广情况（见图 3-57）。

图 3-57

流量解析，还提供了关键词对比功能，通过关键词的对比，来分析不同关键词之间的数据差别，从而为商家提供更直接的数据展示，一次对比的关键词数量不超过三个（见图 3-58）。

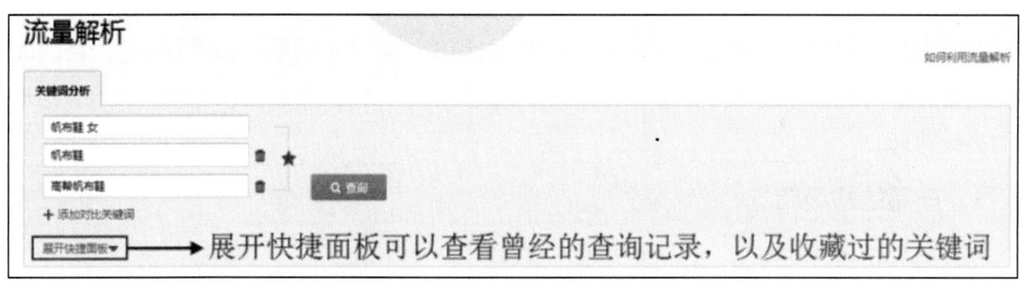


图 3-58

### 4. 行业解析

行业解析，主要用于展现相同行业下，选择的特定商家的直通车推广指标均值，同时也提供相应的对比情况展示。方便商家及时掌握自身的推广水平与行业均值的差距（见图 3-59）。

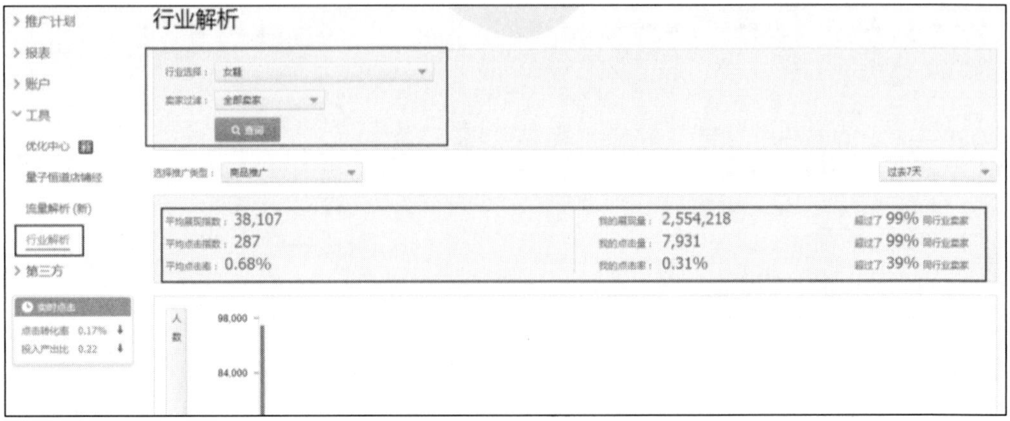

图 3-59

## 3.5　直通车的优化

### 3.5.1　直通车推广的选品

直通车的打造关键并不只在于直通车本身，是否选择得当的产品直接决定着直通车的成败。直通车的选品并不要求所有的产品都要经过严格的筛选，但是备选爆款必须要经过严格的筛选才行。直通车的爆款打造一般要选 2～3 款作为备选。而这 2～3 款产品在主推前必须要经过严格的逐级筛选。

#### 1．产品的初级筛选

想要选择出适合的产品，必须要先思考直通车的一些特点：

① 使用直通车打造爆款需要时间的积累。

这点则要求备选产品需要有较长的生命周期及强大的库存。否则辛辛苦苦把产品培养出来，结果却过季或者没货了，那么前期所有的投入都要被浪费掉了。

② 直通车是按点击计费的。

这点则要求产品的点击转化率要高。想要做到这一点，除了产品的“标题”、“图片”、“描述”要做好外，产品本身也要具备一定的市场优势，即要有较高的性价比。同时，产品需要有一定的利润空间，如果利润空间很低，直通车相关的关键词竞价又很高，那么产品不适合做直通车推广。

③ 直通车推广，竞争越大成本越高。

这点则要求在选款时，尽量选择偏类目产品、冷门产品，因为这样，可以有比较小的竞争力。但前提要注意，偏类目和冷门不代表没有市场，只是市场相对较小而已，如果选择的产品没有市场，即便竞争再小意义也不大。

这些条件是参加直通车产品的基础条件，也就是必备条件，如果备选的爆款产品连这些条件都不符合，主推的意义也就不太大了。

那么，下面总结下初级筛选后，产品需要具备的特点。

- 销售周期长，库存充足。
- 具有一定利润空间。
- 竞争相对小一点的。

### 2. 产品的中级筛选

有了前面的基础筛选之后，就要对产品进行第二轮的筛选。

这轮产品筛选的出发点是客户。一款产品直通车推广的成功与否与产品最终是否被购买有着直接的关系。所以中级筛选的出发点，是客户会点击并购买什么产品?

先来分析下，客户的消费点击模型（见图 3-60）。

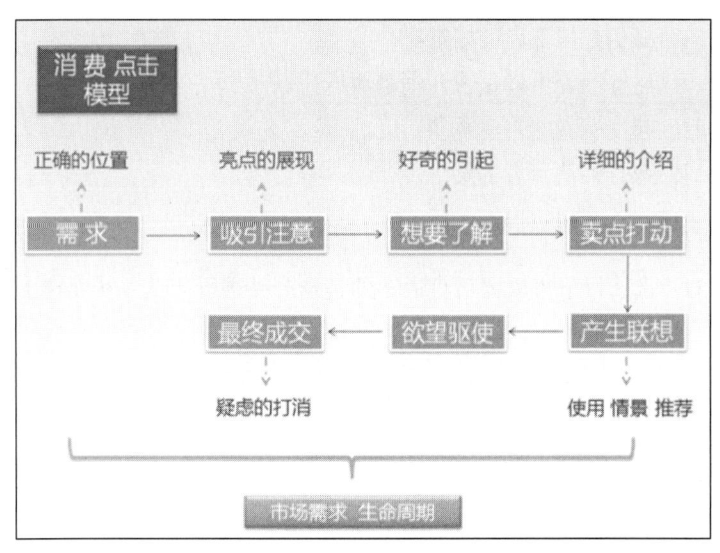


图 3-60

① 客户在什么情况下才会去寻找产品？

有需求的时候。

② 客户会到哪里去寻找产品？

首页、搜索页、类目搜索页、其他广告页。

③ 客户会注意什么产品？

吸引到他的产品。

④ 客户为什么会点击产品？

产生了好奇，想要进一步了解。

⑤ 客户在什么情况下有想要购买的冲动？

对产品产生了好奇，产品的某个特征吸引了客户，客户对产品有了占有的欲望。

⑥ 客户在什么情况下决定购买？

想要占有产品且没有任何疑虑。

综上所述，通过消费点击模型筛选出的产品应具备以下特点。

- 能够很好地满足消费者某一时段的需求。
- 卖点明显，容易引起消费者的好奇心。
- 通过图片、描述等内容可以很快让消费者产生联想。
- 短时间内能激起消费者的占有欲望。
- 容易用店铺快速打消消费者的疑虑。

### 3. 产品的终极筛选

有了前两级的筛选，接下来就要对直通车的备选产品进行测试，从而选出最优质的爆款备选产品进行推广（见图 3-61）。

① 候选爆款。通过初、中级筛选后，选择出几款产品作为备选。这几款产品的选择依据是，店内的点击量、转化率等基础数据排名。

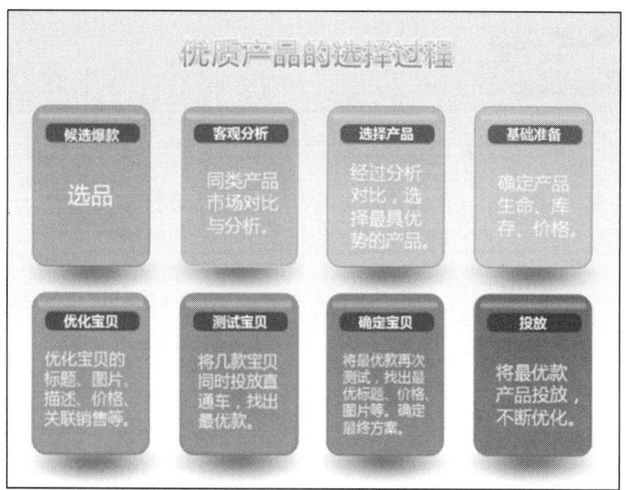


图 3-61

② 客观分析。客观分析淘宝上同类产品的特点，从而用备选产品与其对比（见图 3-62）。

图 3-62

③ 选择产品。通过店内及淘宝市场的对比选择出最具优势的 4 ~ 6 款产品。

④ 基础准备。核实库存、产品生命周期及利润空间等，做好基础准备。

⑤ 优化宝贝。优化宝贝主图、标题和描述及相应的关联销售、联合促销等（见图 3-63）。

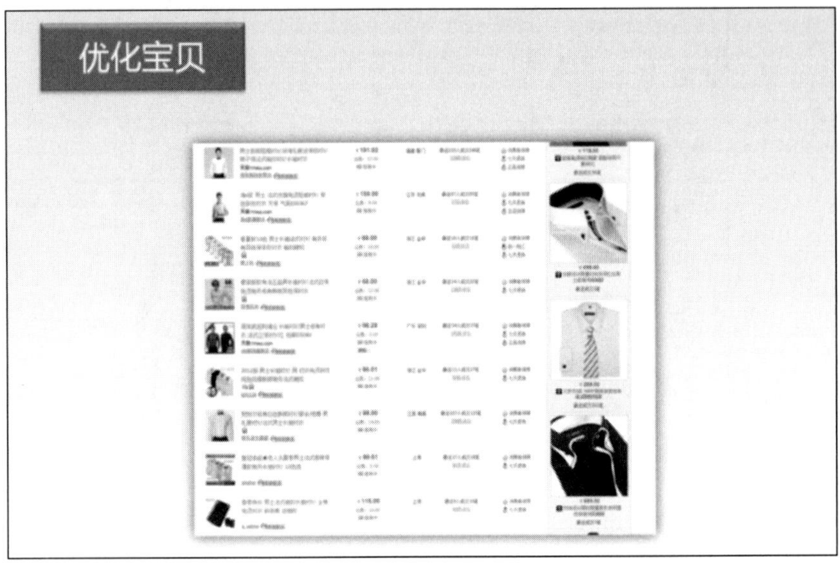


图 3-63

⑥ 测试宝贝。将几款候选宝贝同时放入直通车进行初推。以测试出最佳的 2 ~ 3 款宝贝。

⑦ 确定宝贝。将最佳的 2 ~ 3 款宝贝进行再次优化测试。测试内容主要为图片及推广标题，选择出点击量最高的主图和标题（见图 3-64）。

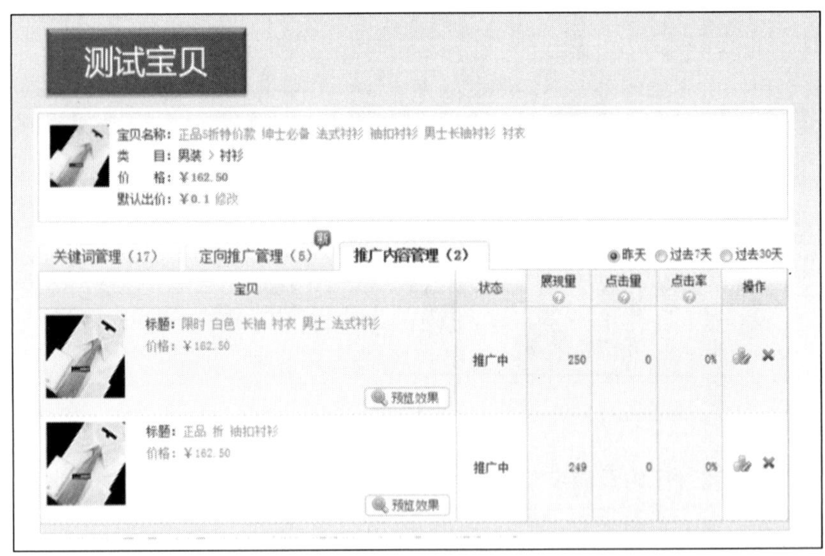


图 3-64

⑧ 长期投放。将选择出的最优质宝贝（包括标题、主图、描述等）放入直通车进行投放（见图 3-65）。

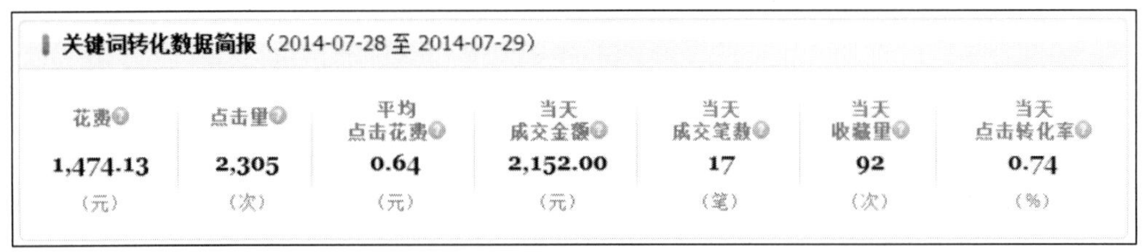

关键词转化数据简报（2014-07-28 至 2014-07-29）

| 花费 | 点击量 | 平均点击花费 | 当天成交金额 | 当天成交笔数 | 当天收藏量 | 当天点击转化率 |
|---|---|---|---|---|---|---|
| 1,474.13 | 2,305 | 0.64 | 2,152.00 | 17 | 92 | 0.74 |
| （元） | （次） | （元） | （元） | （笔） | （次） | （%） |

图 3-65

当宝贝投放后，要不断地对投放宝贝进行优化。要知道市场的变化决定着宝贝的生命力。即便是经过严格筛选出来的宝贝，也难敌市场的变动。所以一定要学会拥抱变化。当发现选择出来的宝贝已经不适合推广时要及时更换其他宝贝进行主推，当然，这个工作应该在宝贝不适合推广的前一个月就要开始准备。而如何预判宝贝是否还适合主推，就要由自己的市场经验和对市场的判断为依据了。所以掌握消费者的购物习惯至关重要。

以上的选品计划，针对的是中小卖家，在没有一定客户积累的情况下的产品选择方案，相对繁琐一些。如果你的店铺目前已经有了一定的客户积累，每次上新都会有大量的客户涌入那么选品就变得更加简单了，你只需要用自己店铺日常的成交来判断哪款产品的潜力就可以了。

## 3.5.2　直通车推广的淘词

选词一直是直通车优化的热门话题。很多“高手”一提到直通车就会谈及选词的各种技巧，然而，直通车的选词真的如他们所说的有那么多神秘的技巧吗？

很多人一直在强调寻找“冷门词”、“长尾词”等高流量低投入的词。然而这种词真的有吗？究竟是大家的技巧不够，还是这种词几乎就不存在？

想想看，如果说前两年的直通车，不会找词技巧而忽略一些优质词的情况会有发生，因为当时使用直通车的人不多，而且大家对直通车的技巧也知之甚少。所以会有很多词不被大家发现。但是想想现在直通车的竞争情况，到处都是直通车优化工具，到处都是直通车经验宣传帖，到处都是直通车外包商家，到处都是直通车车友交流会。试想下，在这种情况下，还有什么词会被漏掉？更别说那些便宜且又流量大的词了。即便使用直通车的人不会找，但只要使用一些工具，依然可以一网打尽。

所以现在直通车的选词并不像很多人所鼓吹的那么神奇。选词要有一颗平常心，不要一味地想找到那些神奇的“长尾词”，所有的优质关键词都是网罗之后而优化出来的。所以直通车真正的选词应该分为两个步骤：

第一、选词

第二、优化词

选词，是找到更多的词；优化词，是优化出适合自己的词。

## 1．选词

选词阶段的目的只有一个，就是利用一切方法，尽可能地搜集跟自己产品相关的全部关键词，在这一阶段属于寻找“备选词”阶段，所以，在这一阶段不需要对词有太多的主观判断，只要是符合产品特征的词就要选择。

目前，选词的方法主要有：

① 淘宝首页搜索选词。主要包括搜索栏下侧的热门关键词，以及输入一个关键词而出现的引导搜索关键词（见图3-66和图3-67）。

图3-66

图 3-67

② 标题拆分选词。拆分同类产品的宝贝标题作为自己的关键词（见图 3-68）。

| 宝贝 | 价格 | 所在地 | 成交 | 服务 |
|---|---|---|---|---|
| 2012新款 麻棉短袖亚麻棉麻衬衫 男士休闲格子衬衣 19.9包邮<br>天猫 TMALL.COM<br>和我联系 | ¥ 99.00<br>运费：0.00<br>信用卡 | 浙江 金华 | 最近5026人成交6161笔<br>2912条评价 | 消费者保障<br>七天退换<br>正品保障 |
| 39.9包邮 mjx2012新品短袖衬衫 男 短袖纯棉格子衬衣 休闲男装<br>天猫 TMALL.COM<br>和我联系 | ¥ 99.20<br>运费：0.00<br>信用卡 | 浙江 金华 | 最近5499人成交6935笔<br>27299条评价 | 消费者保障<br>七天退换<br>正品保障 |
| 包邮！中老年妈妈装短袖衬衫老年女装奶奶装加肥特大码短袖衬衣<br>给我留言 | ¥ 59.00<br>运费：0.00<br>信用卡 | 北京 | 最近50人成交52笔<br>13条评价 | 消费者保障<br>七天退换 |
| 中国移动工作服短袖衬衫+裙子<br>和我联系 | ¥ 100.00<br>运费：5.00<br>信用卡 | 江苏 南京 | 最近12人成交20笔<br>35条评价 | 消费者保障<br>七天退换<br>24小时发货 |
| 包邮 KIOY正品夏装韩版男装纯色修身 | ¥ 59.00 | 浙江 杭州 | 最近91人成交93笔 | 消费者保障 |

图 3-68

③ 搜索属性词。搜索一个关键词，收集在搜索结果页面所罗列出的属性关键词（见图 3-69）。

图 3-69

④ 类目关键词。淘宝首页类目区域所罗列的各种产品类别关键词（见图 3-70）。

图 3-70

⑤ 淘宝购物排行榜关键词，淘宝购物排行频道的各种关键词（网址：http://top.taobao.com）（见图 3-71）。

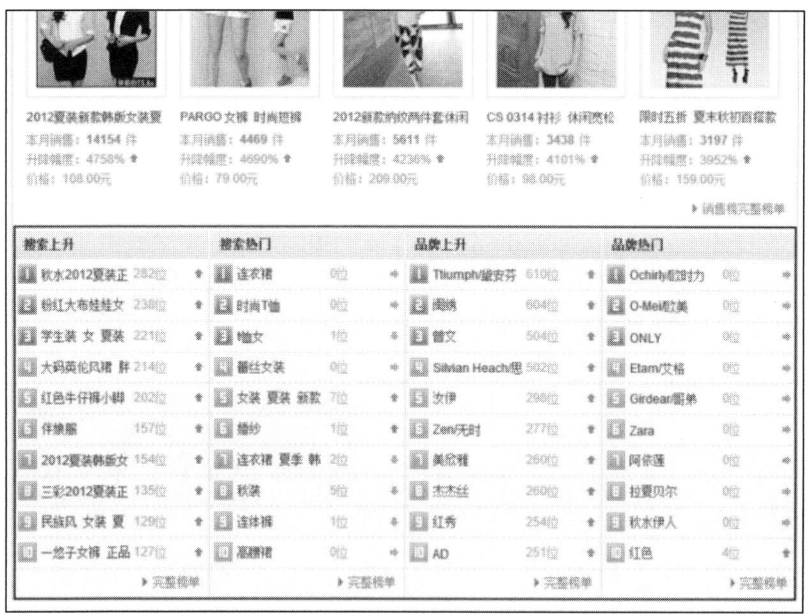


| 搜索上升 | | 搜索热门 | | 品牌上升 | | 品牌热门 | |
|---|---|---|---|---|---|---|---|
| 1 秋水2012夏装正 | 282位 | 1 连衣裙 | 0位 | 1 Tiumph/黛安芬 | 610位 | 1 Ochirly欧时力 | 0位 |
| 2 粉红大布娃娃女 | 238位 | 2 时尚T恤 | 0位 | 2 阁绣 | 604位 | 2 O-Mei欧美 | 0位 |
| 3 学生装 女 夏装 | 221位 | 3 恤女 | 1位 | 3 曾文 | 504位 | 3 ONLY | 0位 |
| 4 大码英伦风裙 胖 | 214位 | 4 蕾丝女装 | 0位 | 4 Silvian Heach/思 | 502位 | 4 Etam/艾格 | 0位 |
| 5 红色牛仔裤小脚 | 202位 | 5 女装 夏装 新款 | 7位 | 5 汝伊 | 298位 | 5 Girdear/哥弟 | 0位 |
| 6 伴娘服 | 157位 | 6 婚纱 | 1位 | 6 Zen/无时 | 277位 | 6 Zara | 0位 |
| 7 2012夏装韩版女 | 154位 | 7 连衣裙 夏季 韩 | 2位 | 7 美欣雅 | 260位 | 7 阿依莲 | 0位 |
| 8 三彩2012夏装正 | 135位 | 8 秋装 | 5位 | 8 杰杰丝 | 260位 | 8 拉夏贝尔 | 0位 |
| 9 民族风 女装 夏 | 129位 | 9 连体裤 | 1位 | 9 红秀 | 254位 | 9 秋水伊人 | 0位 |
| 10 一悠子女裤 正品 | 127位 | 10 蓬蓬裙 | 0位 | 10 AD | 251位 | 10 红色 | 4位 |
| 完整榜单 | | 完整榜单 | | 完整榜单 | | 完整榜单 | |

图 3-71

⑥ 直通车后台推荐关键词。

⑦ 数据魔方淘词推荐的关键词（见图 3-72）。

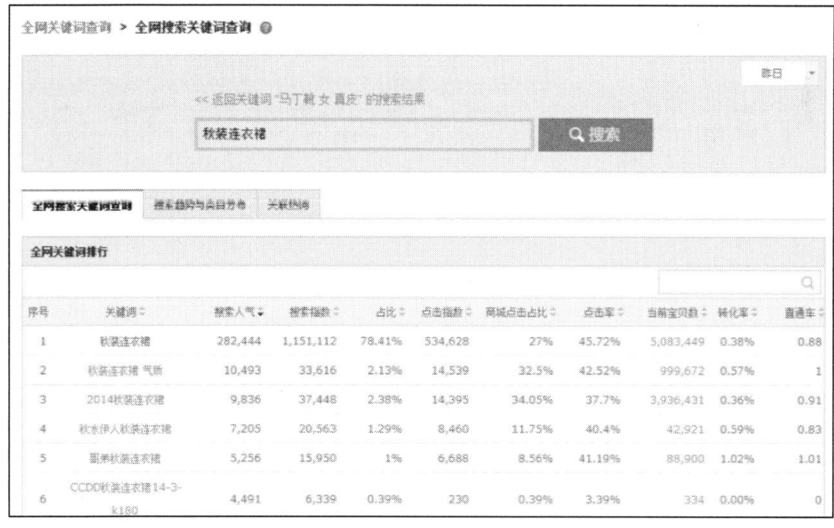


| 序号 | 关键词 | 搜索人气 | 搜索指数 | 占比 | 点击指数 | 商城点击占比 | 点击率 | 当前宝贝数 | 转化率 | 直通车 |
|---|---|---|---|---|---|---|---|---|---|---|
| 1 | 秋装连衣裙 | 282,444 | 1,151,112 | 78.41% | 534,628 | 27% | 45.72% | 5,083,449 | 0.38% | 0.88 |
| 2 | 秋装连衣裙 气质 | 10,493 | 33,616 | 2.13% | 14,539 | 32.5% | 42.52% | 999,672 | 0.57% | 1 |
| 3 | 2014秋装连衣裙 | 9,836 | 37,448 | 2.38% | 14,395 | 34.05% | 37.7% | 3,936,431 | 0.36% | 0.91 |
| 4 | 秋水伊人秋装连衣裙 | 7,205 | 20,563 | 1.29% | 8,460 | 11.75% | 40.4% | 42,921 | 0.59% | 0.83 |
| 5 | 哥弟秋装连衣裙 | 5,256 | 15,950 | 1% | 6,688 | 8.56% | 41.19% | 88,900 | 1.02% | 1.01 |
| 6 | CCDD秋装连衣裙14-3-k180 | 4,491 | 6,339 | 0.39% | 230 | 0.39% | 3.39% | 334 | 0.00% | 0 |

图 3-72

## 2. 关键词优化

### （1）关键词的初级筛选

把所有的关键词集合起来，用 Excel 表格整理好。此时进入关键词筛选的第一个步骤，借助直通车关键词优化工具进行“去重”，去掉相同的关键词。（直通车优化工具，可以到淘宝网去搜索购买，名字不一定就叫“直通车优化工具”，可根据自己的需要选择，价格从几元到几百元不等，初级选择几元的即可。有些通过百度也能搜索到免费版。同时，可以使用工具对关键词做进一步拓展，总体数量不限，原则上，越多越好（见图 3-73）。

图 3-73

将关键词进行“去重”后，进行二次筛选，再将一些与产品没有任何关系的词去掉，整理出一份优质的备选关键词表格。

**（2）关键词分类整理**

将整理好的关键词，进行分类。分类原则没有限制，根据自己的需要进行分类就好。主要目的是为了方便关键词管理和优化。

目前一般的分类方法是：

① 促销词。

② 品牌词。

③ 属性词。

④ 重点词。

**（3）出价测试**

将所有整理好的关键词，添加到直通车后台进行试推广。按照关键词的分类建立相应的推广计划。首先设置关键词的默认出价为关键词的行业平均出价。之后，再手动将一些低于平均价就能排名靠前的关键词进行调低出价。原则是关键词出价要保持在搜索页面的前 10 页以内，一些非热门词，关键词出价竞争相对弱一些的，可以将宝贝排名提到前 3 页。

需要注意的是，直通车推广的关键词在不同时间段的竞价情况不同，所以要及时对关键词的出价进行微调。

在关键词出价测试阶段所有词均可采用“精准匹配”模式。如果发现一些词，在一段时间内没有任何展现量，可进行匹配模式调整，调整为“广泛匹配”或“中心词匹配”模式。在出价测试期间，原则就是尽一切可能地测试各个“关键词”的展现量、点击率及转化率。所有的操作均以方便测试为主。

每一测试周期不少于 7 天，一周期最好为“7”的倍数，最短周期为 7 天。7 天也是淘宝的一个默认周期，如果少于 7 天进行测试则很难测试出准确的结果。

**（4）删减关键词**

一个测试周期结束后，开始对关键词进行适当的删减。

① 对于展现量为 0，质量得分低的关键词，进行删除处理。

② 对于展现量低但质量得分高的关键词进行保留，同时试着提高出价，将排名位置靠前，再观察一到两个周期。

③ 对于展现量高，质量得分高的词归类为重点培养词。

④ 对于展现量高，质量得分低的词，先进行判断，判断下质量得分低的原因是因为宝贝的相关性差还是因为关键词为热词？不同的原因对应不同的处理办法如下。

宝贝相关性差：优化宝贝。

关键词为热词：做重点培养，慢慢优化。

⑤ 根据关键词的转化情况决定关键词的删减。

关键词的转化情况主要由关键词带来的宝贝单件成交的成本来决定。

经过一个周期的测试，关键词会有相应的数据，主要观察数据，即“关键词的平均点击花费”和“点击转化率”。

宝贝的单件成交的成本=关键词的平均点击花费/关键词的点击转化率假设一个关键词的点击花费为 1.16 元，而关键词的点击转化率为 20.8%，那么，此关键词宝贝的单件成交成本=1.16/20.8%=5.58 元（四舍五入）。如果宝贝单件利润超过此数值则关键词可用，如果没超过则待考虑。

需要注意的是任何关键词都是需要一定优化时间的，此项判断标准只作为众多判断标准中的一项，切勿以此为依据，一概而论，不能只要低于成本就立刻删除。

**（5）优化质量得分**

经过一周期的测试，各个关键词的质量得分都会有相应的变化。接下来，就需要根据关键词去优化宝贝。宝贝的优化重点主要是宝贝与关键词的相关性。

之前我们选词的流程是根据宝贝选择相应的关键词，但一款宝贝不可能跟所有的关键词都具备非常好的相关性。所以接下来我们需要反其道而行，根据好的关键词来优化关键词与产品之间的相关性，从而提高关键词的质量得分。

**（6）优化流程**

① 弄清相关性的关键点：宝贝相关性及点击转化。

宝贝的相关性与淘宝 SEO 自然搜索的优化思路相同。

② 做好基础相关性优化（即 SEO 搜索中所提到的基础权重和关键权重）后，优化产品的标题相关性与类目相关性。接下来：

a. 在宝贝标题及推广标题中加入重点关键词。

b. 在宝贝描述中加入类目中的各项属性（注意要输入而不是用图片）。

c. 经过一天，第二天看下关键词质量得分是否有变化，如果没有任何变化，而关键词本身又是热门关键词，那说明接下来关键词质量得分的提高只能依靠点击转化率了。

③ 提高宝贝的点击转化率。点击转化包括点击购买、点击收藏。想要提高宝贝的点击转化率则需要做足店铺和产品的“内功”，多做具有诱惑力的店铺活动，让每个进店的客户都要多浏览，同时在店铺及产品描述中加入鼓励收藏性的文案和活动。

**（7）找到 20%的重点关键词**

直通车关键词的优化同样适用于“80/20”法则，即 20%的关键词带来 80%的成交。而关键词优化的最终目的就是找到那关键的 20%的关键词。

经过几个周期的优化和筛选，找出 20%的优质关键词，而这些词就是直通车决胜的关键。

## 3.5.3　直通车推广的日常优化

### 1．关键词的优化

关键词优化的目的是让宝贝能够占据合理的展示位置，而展示条件优化的目的是让推广更加精准。

关键词优化的内容主要有：

① 根据质量得分考量关键词的精准性。质量得分越高，关键词的精准性就越强。

② 根据关键词的展现量与转化率决定关键词的出价。展现量与转化率高，出价就可以做出相应的提高。

③ 根据位置的调整，调整关键词的出价。

④ 对关键词进行合理的删减。

### 2．展示条件的优化

展示条件优化的内容主要有：

① 展示地域的优化（见图 3-74）。

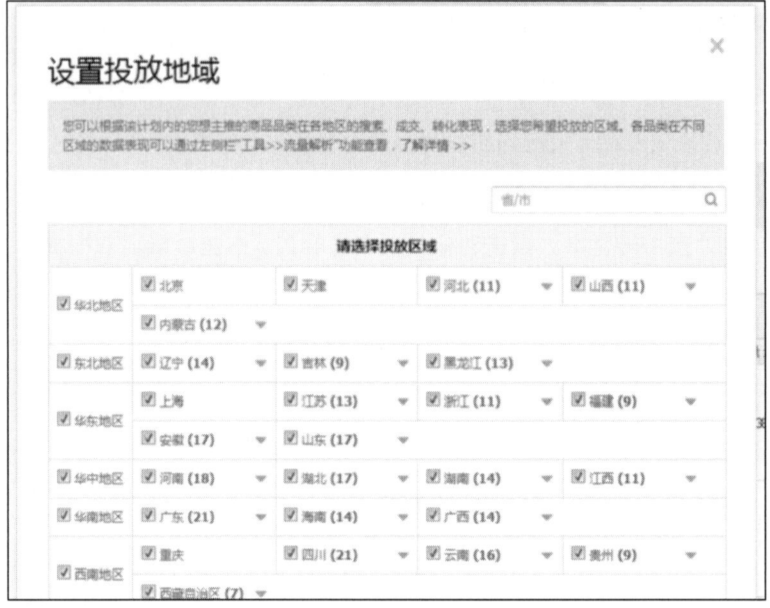


图 3-74

② 展示时间的优化（见图 3-75）。

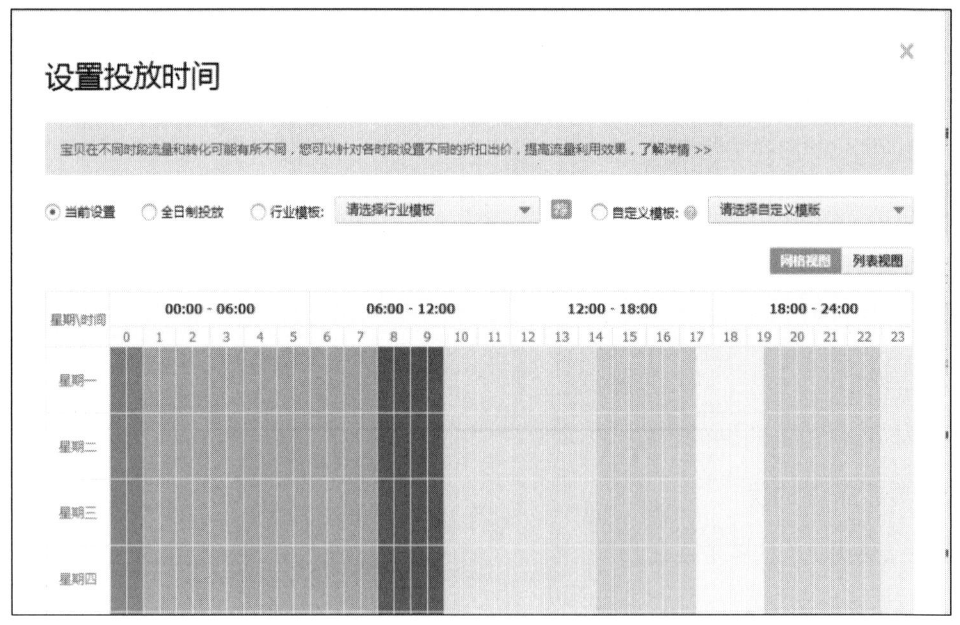


图 3-75

③ 展示人群的优化（见图 3-76）。

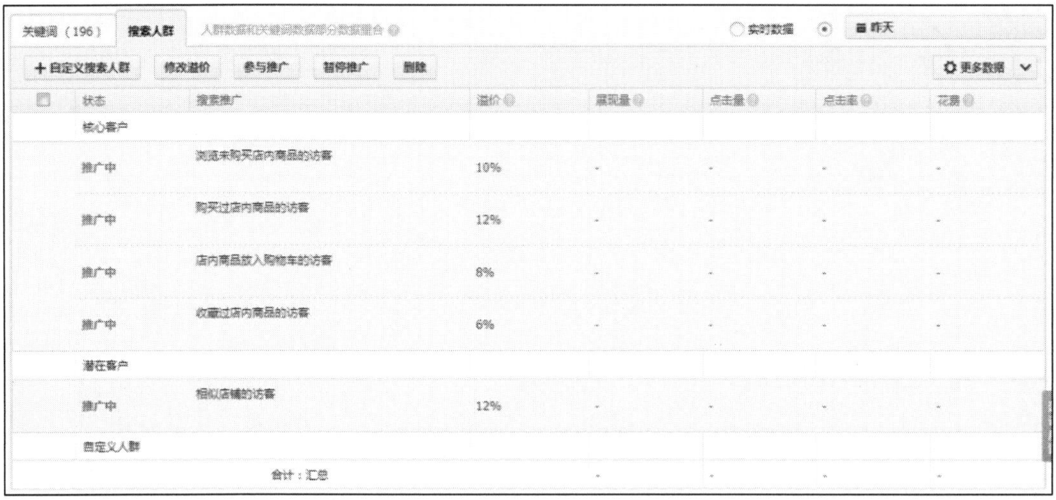

关键词（196）　搜索人群　人群数据和关键词数据部分数据重合　实时数据　昨天

+ 自定义搜索人群　修改溢价　参与推广　暂停推广　删除　更多数据

| 状态 | 搜索推广 | 溢价 | 展现量 | 点击量 | 点击率 | 花费 |
|---|---|---|---|---|---|---|
| 核心客户 | | | | | | |
| 推广中 | 浏览未购买店内商品的访客 | 10% | - | - | - | - |
| 推广中 | 购买过店内商品的访客 | 12% | - | - | - | - |
| 推广中 | 店内商品放入购物车的访客 | 8% | - | - | - | - |
| 推广中 | 收藏过店内商品的访客 | 6% | - | - | - | - |
| 潜在客户 | | | | | | |
| 推广中 | 相似店铺的访客 | 12% | - | - | - | - |
| 自定义人群 | | | | | | |
| | 合计：汇总 | | - | - | - | - |

图 3-76

展示条件优化的目标是增加推广的精准性，从而提高质量得分，以降低产品的出价。举个例子，质量得分的培养，关键在于点击转化率。那么最初，我们产品没有一定的销量和竞争力，所以需要将产品送到成交几率高的人群面前展示。那么，此时就需要对人群进行筛选，首先选择成交量大的地域，其次选择成交量高的时间段加价主推，最后选择购买力高的人群进行限制。自己再做些店铺活动以促进产品的成交。这样就会提升点击转化率，从而降低投入。

直通车的每一步都应该做到量化、数据化，以便更加精准地对直通车变化做出预判。而对于个人运作的直通车运营方式来说，系统化主要集中在表格化，在日常运作过程中，绘制各种表格，记录自己对直通车的每一步维护，方便日后对直通车运营的总结。再出现问题后也可以及时查找表格，找出问题所在。同时建立表格也是对直通车优化的一种约束。

直通车平台本身处在不断地变化调整中，而位置的有限，竞争对手的增多，必然会导致直通车的竞争越来越激烈，从而会不断涌现出更多的直通车高手，这些高手定会间接地影响到直通车的运营策略。直通车自身调整加上运营策略的不断变化导致了直通车问题的不断出现，所以不能盲目地认为哪一种方法是一劳永逸的。常优化就是要求直通车的运营人员去根据变化去优化直通车，以便维持直通车的长久效果。

# 第 4 章 钻石展位

## 4.1 钻石展位概述

### 4.1.1 什么是钻石展位

钻石展位简称“钻展”，是面向全网精准流量实时竞价的展示推广平台，以精准定向为核心，为客户提供精准定向、创意策略、效果监测、数据分析等一站式全网推广投放解决方案，帮助客户实现更高效、更精准的全网数字营销（见图 4-1）。

图 4-1

## 4.1.2　钻石展位 4.5

相对于钻石展位 2.0 版本，钻石展位 4.5 版本有了以下变化（见图 4-2）。

| 新功能 | 升级说明 | 价值点 |
| --- | --- | --- |
| 账户结构升级 | 标准化的 4 层帐户结构（账户、推广计划、推广组、创意） | 归纳大量重复操作，计划承接独立的营销目标便于投放管理理 |
| 流量可观 | 全网流量透明化 | 流量选择更灵活可控，各种流量需求均可满足 |
| 流量进出标准 | 以可视展现为基础，细化到 PV 的流量筛选以基础转化能力为底限流量清出 | 让 CPM 出价更合格更安心 |
| 基础功能升级 | PC/无线可以地域、时段进行精细化投放管理 | 细化投放设置、量大化投放回报 |
| | 报表可视化（透明图），提供各个维度的实时和历史数据 | 直观了解数据，方便即时调整 |
| | 资源列表提供行业、热门、量新等快捷筛选，可查看资源的类目数据，方便广告主选择 | 资源的价值解读和快捷筛选 |
| | 全天后台可操作，取消 21 点～0 点不能建立设计的限制 | |

图 4-2

① 结束流量黑盒化时代，全网投放可视化。

② 计划最低预算调至 300 元（最低 300 元，最高 1000 万元）。

③ 计划功能实现多层级账户管理，计划下有单元，单元下有资源位、创意、定向。一个计划可创建多个单元，更易于推广管理。

④ 计划、单元均可直接复制，更便于投放效果测试对比。

⑤ 新增“物料库”功能。

⑥ 数据报表展现更加直观易懂。

⑦ 一些操作上的变动（稍后会讲解如何设置操作，这里便不再一一展现）。

这次钻展平台的升级，除了给卖家带来很多方便外，也预示着未来推广的走向将会变得更加透明、细化，广告的投放也将不会再是以技巧和资金为制胜关键的推广方式，取而代之的将会是品牌自身实力及对消费群体的精准定位。而这一点，也不仅只是钻展独有的变化，而是所有推广工具的变化，营销大环境的变化。未来的推广，一定是，“千人千面”，谁拥有客户的精准定位，谁就掌握了未来。

### 4.1.3 钻石展位相对直通车的优势

**（1）钻展相对于直通车流量更广泛，没有直通车的流量瓶颈。**

直通车推广主要依靠类目及“关键词”，比如，你想推荐一款女包，你只能在箱包类目竞价关键词，但事实上，女装类目一样有你的潜在客户，而此时，流量就受到约束。当然，大部分时间，直通车推广会更精准一些，因为它所针对的是有更强烈潜在需求可以主动去搜索的客户，但是在定向及激发客户潜在需求上相对于钻展就略逊一筹了。可以说直通车带来的是更精准的点击，而钻展带来的则是更全面的流量。

**（2）广告投放更加自由，没有类目限制。**

直通车只能在你产品所在的类目进行推广，钻展则没有类目限制，你可以利用钻展针对你想要的人群进行合理推广。

**（3）见效更快，直通车需要长期优化才会有效果，钻展可以很快有收效。**

直通车优化的关键在于养词，而养词就必定需要时间的积累。钻展相对于直通车而言就简单得多，只要你成功提交素材，进行竞价，就会有流量的展现。当然，如果运营不好，钻展所付出的代价也要远远大于直通车。

## 4.2 做钻石展位推广前你需要做些什么

很多人都说钻展“烧钱”，其实任何形式的推广做不好都是在“烧钱”。所以，关键点不在于工具本身，而是在于怎么用、如何用。对于淘宝直通车和钻石展位这样的推广工具，切勿以“初生牛犊不怕虎”的精神去尝试，除非你有非常庞大的资金资源，否则，冒失的行动一定会让你追悔莫及。那么，做钻展前，我们需要做哪些工作呢？

### 4.2.1 熟悉钻展的基本操作

#### 1. 钻石展位的开通

**（1）钻石展位的开通条件（2015年2月17日修订规范）**

钻石展位店铺主营类目下特殊类目准入明细（下表未提及主营类目的店铺均准许加入）。

| 店铺主营类目 | 钻展准入条件 |
| --- | --- |
| 国货精品数码 | 不开放 |
| 自用闲置转让 | 不开放 |
| OTC 药品/医疗器械/隐形眼镜/计生用品 | 仅支持天猫客户（计生用品除外） |
| 成人用品/避孕/计生用品 | 不开放 |
| 服务市场 | 不开放 |
| 服务商品 | 不开放 |
| 其他 | 不开放 |
| 床上用品/布艺软饰 | 仅支持符合床品类目要求客户 |
| 运动鞋 new | 仅支持天猫客户 |
| 手机 | 仅支持天猫客户 |
| 手表 | 仅支持天猫客户 |
| 3C 数码配件 | 仅支持天猫客户及符合 3C 数码配件类目推广要求客户 |
| MP3/MP4/iPod/录音笔 | 仅支持天猫客户 |
| 电脑硬件/显示器/电脑周边 | 仅支持天猫客户 |
| 平板电脑/MID | 仅支持天猫客户 |
| 数码相机/单反相机/摄像机 | 仅支持天猫客户 |
| 台式机/一体机/服务器 | 仅支持天猫客户 |
| 闪存卡/U 盘/存储/移动硬盘 | 仅支持天猫客户 |
| 影音电器 | 仅支持天猫客户 |
| 电玩/配件/游戏/攻略 | 仅支持天猫客户 |
| 电子词典/电纸书/文化用品 | 仅支持天猫客户 |
| 音乐/影视/明星/音像 | 仅支持天猫客户 |
| 书籍/杂志/报纸 | 仅支持天猫客户 |
| 网店/网络服务/软件 | 仅支持天猫客户 |
| 网络设备/网络相关 | 仅支持天猫客户 |
| 腾讯 QQ 专区 | 仅支持天猫客户 |
| 网络游戏点卡 | 仅支持天猫客户 |
| 手机号码/套餐/增值业务 | 仅支持天猫客户 |
| 移动/联通/电信充值中心 | 仅支持天猫客户 |
| 网游垂直市场根类目 | 仅支持天猫客户 |
| 网游装备/游戏币/帐号/代练 | 仅支持天猫客户 |
| 外卖/外送/订餐服务 | 仅支持天猫客户 |
| 个性定制/设计服务/DIY | 仅支持天猫客户 |
| 本地化生活服务 | 仅支持天猫客户 |
| 餐饮美食 | 仅支持天猫客户 |

续表

| 店铺主营类目 | 钻展准入条件 |
| --- | --- |
| 休闲娱乐 | 仅支持天猫客户 |
| 景点门票/度假线路/旅游服务 | 仅支持天猫客户 |
| 特价酒店/特色客栈/公寓旅馆 | 仅支持天猫客户 |
| 电影/演出/体育赛事 | 仅支持天猫客户 |
| 电子凭证 | 仅支持天猫客户 |
| 交通票 | 仅支持天猫客户 |
| 特色手工艺 | 仅支持天猫客户 |
| 淘花娱乐 | 仅支持天猫客户 |
| 新车/二手车 | 仅支持天猫客户 |
| 保险 | 仅支持天猫客户 |
| 教育培训 | 仅支持天猫用户 |

**淘宝网卖家钻石展位准入条件：**

① 店铺主营类目在支持投放的主营类目范围内；

② 店铺每项 DSR 在 4.5 以上（特殊类目无 DSR 要求或者可相应放宽，由阿里妈妈根据特殊类目的具体情况另行确定）、店铺好评率在 98%以上、信用等级在三钻以上；

③ 店铺出售中的商品数量在 10 件以上；

④ 店铺未因违反《淘宝规则》中关于出售假冒商品相关规定而被淘宝处罚扣分；

⑤ 店铺未因违反《淘宝规则》中关于严重违规行为（除出售假冒商品之外）相关规定被扣分累计大于等于 6 分，如大于等于 6 分，应符合如下条件：

a. 店铺未处于因前述原因被扣分累计大于等于 6 分且小于 12 分之日起三十天内；

b. 店铺未处于因前述原因被扣分累计等于 12 分之日起九十天内；

c. 店铺未处于因前述原因被扣分累计大于 12 分且小于 48 分之日起三百六十五天内。

⑥ 店铺未因违反《淘宝规则》虚假交易规定被扣分大于 12 分，或未处于因违反《淘宝规则》虚假交易规定被扣分 12 分之日起九十天内的；

⑦ 未因违规被终止过钻石展位服务；

⑧ 在使用阿里妈妈其他营销产品服务时未因违规而被暂停或终止服务。

**天猫卖家钻石展位准入条件：**

① 店铺主营类目在支持投放的主营类目范围内；

② 店铺每项 DSR 在 4.5 以上（特殊类目无 DSR 要求或者可相应放宽，由阿里妈妈根据特殊类目的具体情况另行确定）；

③ 店铺出售中的商品数量在 10 件以上（主营类目为“新车/二手车”的店铺除外）；

④ 店铺未因违反《天猫规则》中关于出售假冒商品相关规定而被天猫处罚扣分；

⑤ 店铺未因违反《天猫规则》中关于严重违规行为（除出售假冒商品之外）相关规定被扣分累计大于等于 6 分，如大于等于 6 分，应符合如下条件：

a. 店铺未处于因前述原因被扣分累计大于等于 6 分且小于 12 分之日起三十天内；

b. 店铺未处于因前述原因被扣分累计等于 12 分之日起九十天内；

c. 店铺未处于因前述原因被扣分累计大于 12 分且小于 48 分之日起三百六十五天内。

⑥ 店铺未因违反《天猫规则》虚假交易规定被扣分大于 12 分，或未处于因违反《天猫规则》虚假交易规定被扣分 12 分之日起九十天内的；

⑦ 店铺未处于违反下述规则被扣分之日起三十天内的：违反《天猫规则》“描述不符”中“商家对商品材质、成分等信息的描述与买家收到的商品严重不符,或导致买家无法正常使用的”。

⑧ 未因违规被终止过钻石展位服务；

⑨ 在使用阿里妈妈其他营销产品服务时未因违规被暂停或终止服务。

**（2）钻石展位的开通流程**

① 进入“卖家中心”，单击“营销中心”中的“我要推广”，进入“营销入口”页面。也可以通过网址：http://zuanshi.taobao.com/web/index.html 直接进入报名页面（见图 4-3）。

② 单击“钻石展位”进入钻石展位首页。

③ 单击首页右侧的“加入钻石展位”按钮，提出加入申请（见图 4-4）。

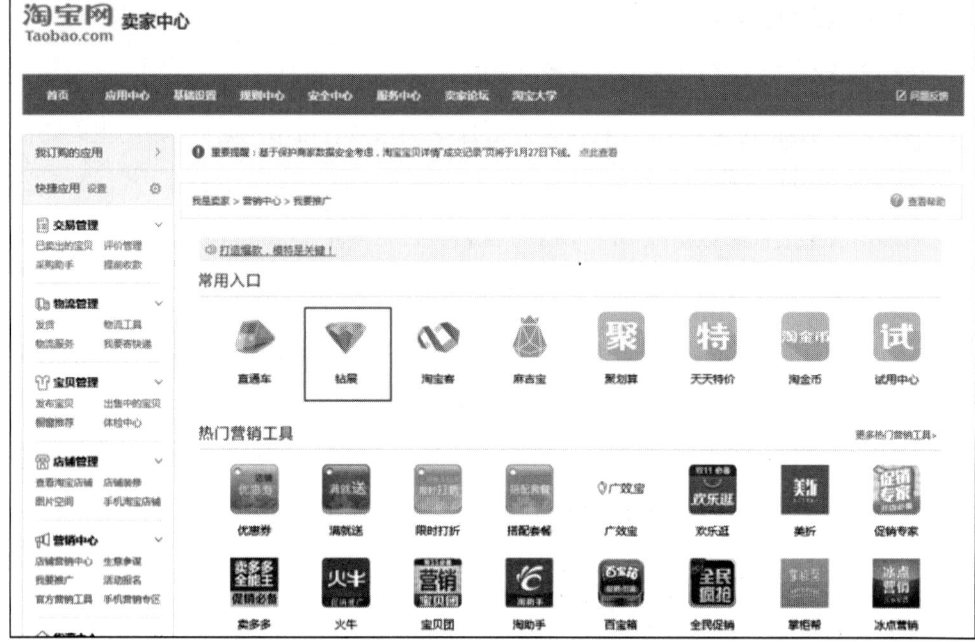


图 4-3

图 4-4

④ 进入下一页面后，单击“钻展新人考试”，进行考试（见图 4-5）。

图 4-5

如果不小心关掉了这个页面，也可以通过网址:http://wtsy.zhongzhihui.com/exam-web/examing/eee3a6b73cb74a6b9ca98154905e8e74?prepare 进入考试。

需要注意的是每期考试截止时间是周五的上午 11 点，超过这个时间考试自动记为 0 分。考试页面见图 4-6 和图 4-7。

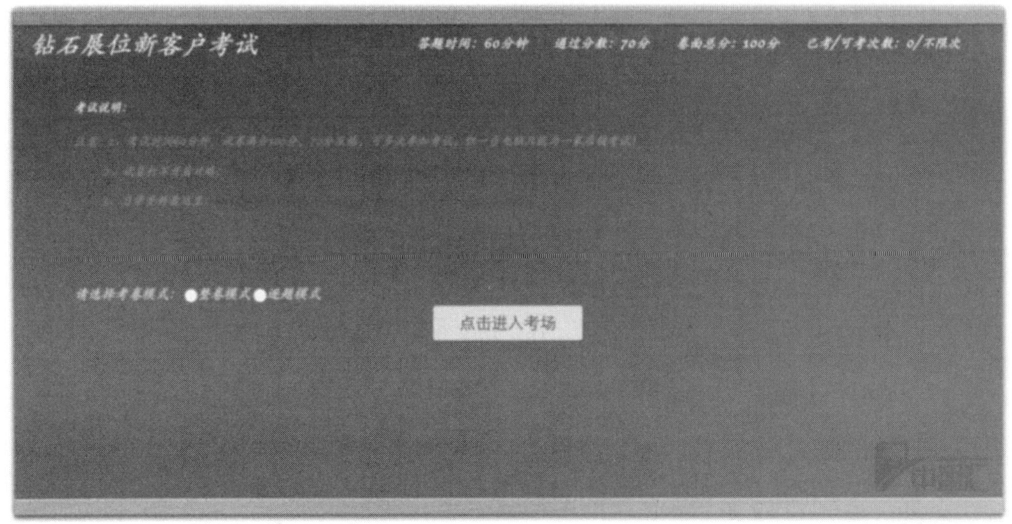


图 4-6

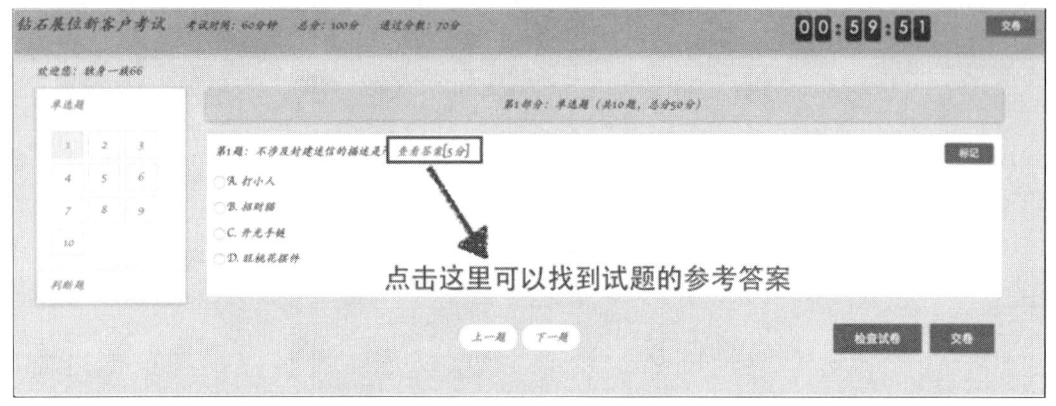


图 4-7

前面的选择题，会有“查看答案”选项，供卖家查阅参考资料。其实考试不是目的，目的是让卖家能够掌握更多的钻展常识。

在这里给大家提供一份钻展考试的试题和正确答案，供大家考试时以备不时之需，但是建议大家不要直接照搬照抄，最好先一边答题一边学习钻展常识，当真的不会的时候再拿本份考卷做参考。

第 1 部分：单选题（共 10 题，总分 50 分）

第 1 题：以下哪一时效性描述是创意图片上可以使用的[5 分]

A. 仅限一天　　B. 错过今天，后悔一年

C. 错过今天，明天别来了　　D. 10 月 1 日当天

正确答案 D

第 2 题：卖家的广告信息中能出现聚划算字样吗？[5 分]

A. 可以随便用　　B. 只要曾经上过聚划算就可以

C. 必须在聚划算排期期间内使用　　D. 只要以后有可能上聚划算都可以用

正确答案 C

第 3 题：钻石展位审核中素材不能出现低俗文案：以下哪个描述不属于低俗[5 分]

A. 纳尼　　B. 尼玛

C. 黑木耳　　D. 紫葡萄

正确答案 B

第 4 题：以下哪些描述在钻石展位推广中可以使用[5 分]

A. 最后一天　　B. 最爱的人

C. 终极秒杀　　D. 极品茶叶

正确答案 B

第 5 题：以下哪些描述不需要提供资质[5 分]

A.《越淘越开心》推荐　　B. 专利技术

C. 中国驰名商标　　D. 缓解色斑

正确答案 D

第 6 题：以下哪些描述不属于绝对化用语[5 分]

A. 性价比之王　　B. 最低价

C. 全球首发　　D. 原创

正确答案 D

第 7 题：以下哪些描述在钻石展位中能使用？[5 分]

A. 纯天然　　B. 无添加

C. 一瓶搞定　　D. 防癌抗癌

正确答案 B

第 8 题：以下关于淘宝数据的描述哪一个是错误的？[5 分]

A. 经审核通过的官方平台数据资质，如数据魔方统计数据，客户可以自由发挥创作广告文案。

B. 关于“销量第一”描述，须完整显示商品所属类目、数据截取时段、统计工具，文字大小不能小于 16 像素，必须清晰可辨，否则无法通过审核

C. 数据截取时段（统计单位至少要一个自然月）

D. 所有数据源必须从官方统计工具中截取（数据魔方或淘数据），如广告图片中体现品牌总数据，必须取得品牌方的数据使用授权。

正确答案 A

第 9 题：关于钻石展位描述，下列不需要提供资质的是？[5 分]

A. 专柜正品　　B. 明星同款

C. 杂志款　　D. 本店明星产品

正确答案 D

第 10 题：不涉及封建迷信的描述是？[5 分]

A. 打小人　　B. 招财猫

C. 开光手链　　D. 旺桃花摆件

正确答案 B

第 2 部分：判断题（共 10 题，总分 50 分）

第 1 题：钻石展位展现顺序是按照出价高进行排序[5 分]

正确答案 Y

第 2 题：钻石展位可以定向到某一店铺的用户吗？[5 分]

正确答案 Y

第 3 题：钻石展位展现收费，点击不收费[5 分]

正确答案 Y

第 4 题：钻石展位的报表可以查看时间段数据[5 分]

正确答案 Y

第 5 题：创意素材被拒绝计划就无法正常投放[5 分]

正确答案 Y

第 6 题：预算会影响钻石展位流量的购买？[5 分]

正确答案 Y

第 7 题：可以通过尺寸大小选择资源位[5 分]

正确答案 Y

第 8 题：钻石展位上允许出现国旗[5 分]

正确答案 N

第 9 题：创意图片不会影响到创意的点击率[5 分]

正确答案 N

第 10 题：CPM 指的是每一千次点击收费[5 分]

正确答案 N

⑤ 考试通过后，隔周的周一会通过审核，此时，便可以用卖家账号登录钻展后台，进行编辑（见图 4-8 和图 4-9）。

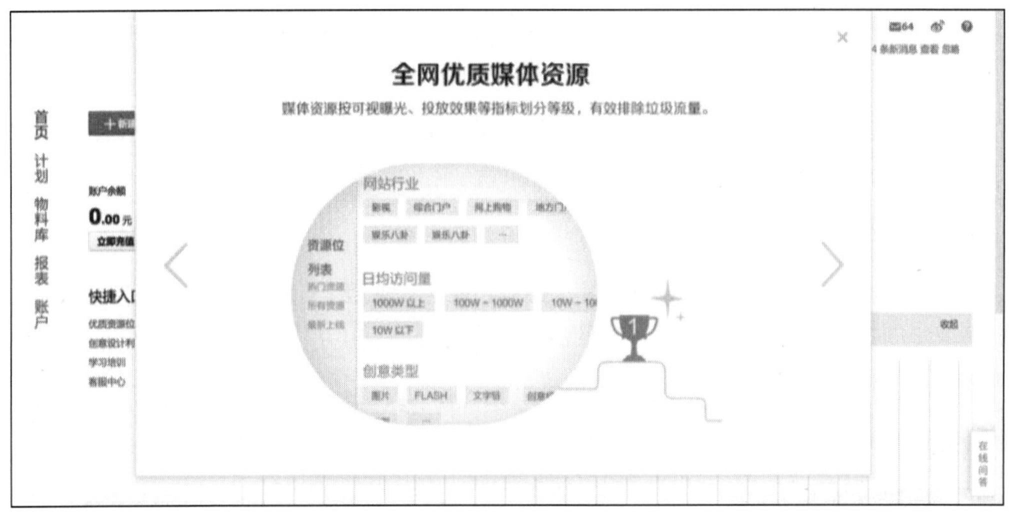


图 4-8

开通时间说明：如果是周四下午 14 点前报名的，开通时间是下周一；如果是周四下午 14 点之后报名的，开通时间要等到下下周的周一；如果想缩短开通所需时间，尽量在周四下午 14 点前报名和考试。

**（3）未能开通权限的原因**

① 未报名/报名不成功；

② 未提交考试问卷；

③ 考试未通过；

④ 店铺不符合钻展要求。

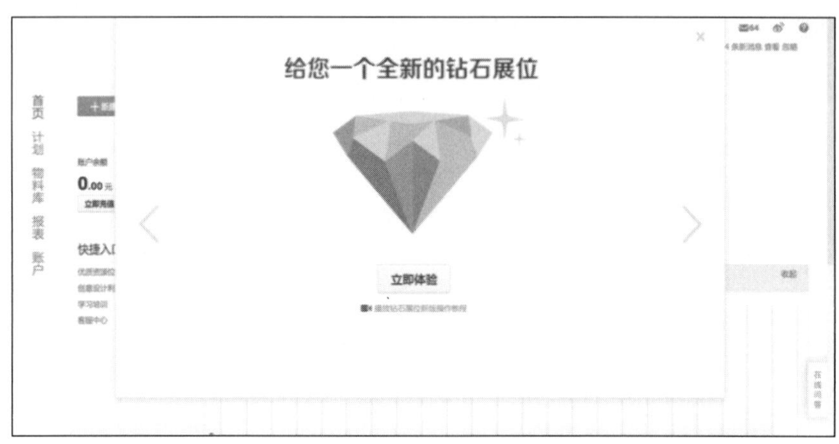


图 4-9

当考完试以后，无论开通与否，一般都会收到旺旺弹出消息反馈，若没有收到，可以自行登录后台检查是否已经开通钻展服务。

## 2．推广计划的建立

（本小节只为大家呈现钻石展位的基本操作，至于如何建立一个好的计划，如何设定好的资源位及定向等策略内容，将会在本章的后半部分呈现。）

① 进入钻石展位后台首页，单击“新建营销计划”按钮，进入“选择新建营销人群方式”页面（见图 4-10）。

图 4-10

② 单击“展示网络”下的“立即创建”按钮，进入计划创建页面（见图 4-11）。

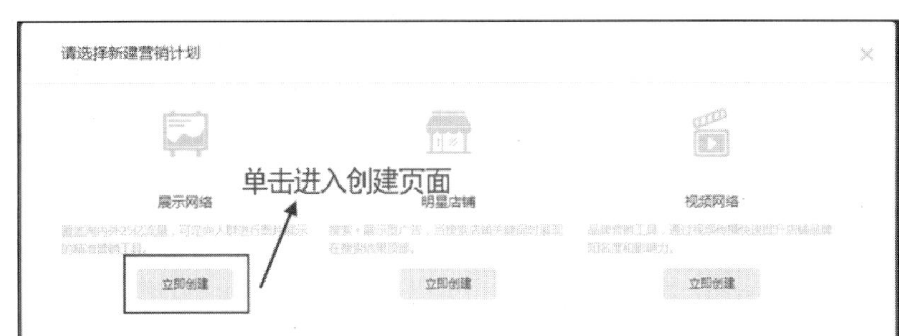


图 4-11

③ 填写计划的基本信息。

需要注意的是，每日投放预算金额，填写完成后，账户会冻结相应数额。如果数额大于账户金额，无法冻结，则计划无法推广。如果要改动预算数额，则需要等到第二天的 0 点后才能生效。

举个例子，比如你目前账户里充值了 1000 元，账户余额 1000 元。你在新建计划时，计划中的每日投放预算设置为 3000 元，当你的计划建立完成后，系统会自动先冻结相同金额的账户余额，也就是要冻结 3000 元。而此时，你的账户只有 1000 元，系统无法冻结，所以会导致计划无法上线推广。如果此时，你不想充值，只想改小每日投放预算到 300 元，当改动后，预算金额需要在第二天的 0 点后才能生效（见图 4-12）。

图 4-12

④ 单击“高级设置”后的“设置”，进入投放地域、投放时段、投放方式的选择，选择完成后，单击“确定”，再单击“下一步，设置推广单元”，进入推广单元设置页面（见图 4-13）。

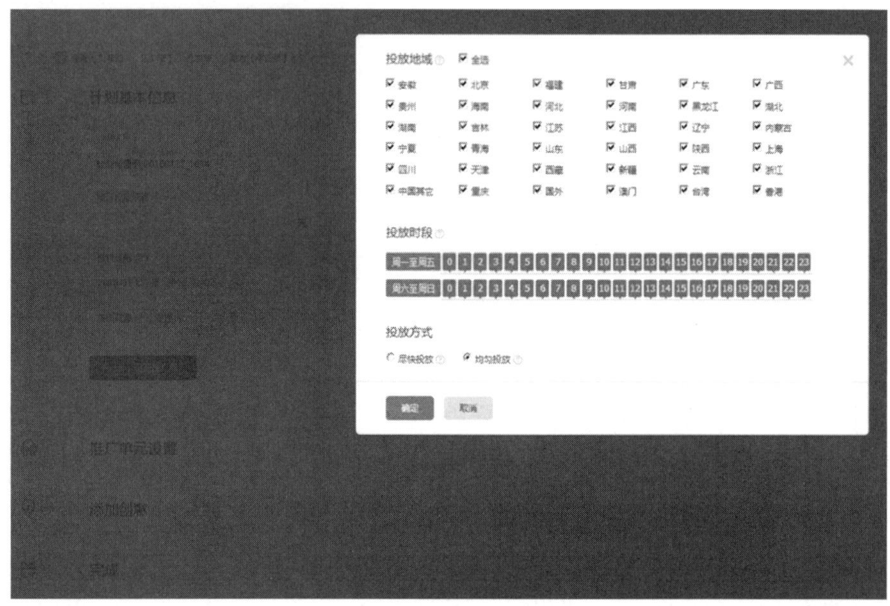


图 4-13

⑤ 填写推广单元名称。单击“增加资源位”来添加你要推广的资源位置，并设置出价（见图 4-14 和图 4-15）。

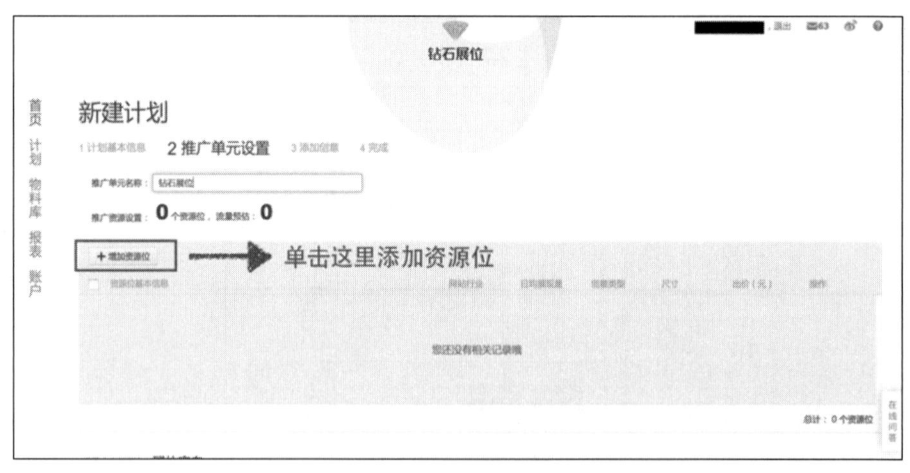


图 4-14

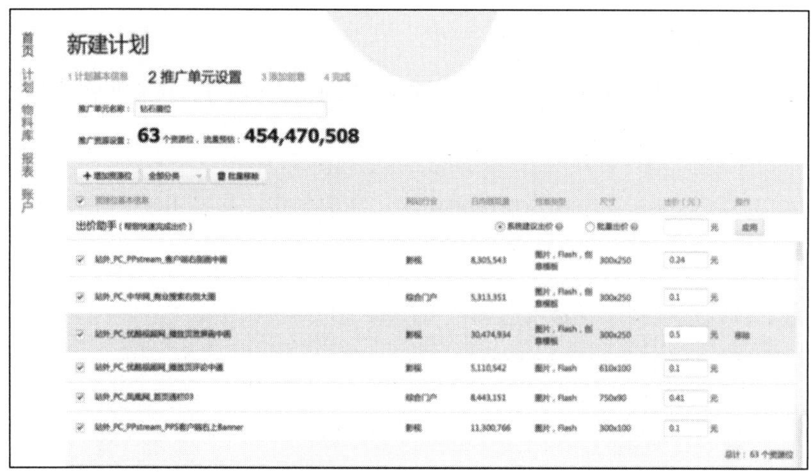


图 4-15

系统会为卖家将资源默认分为如下几项。

a. 精选推荐：系统根据商家所在的行业推荐的资源位。

b. 热门资源：系统竞选的优质资源位。

c. 最新上线：近期上线的资源位。

d. 收藏资源：商家自己收藏的资源位列表。

e. 卖家定向资源：展现给淘宝卖家的资源位（见图 4-16）。

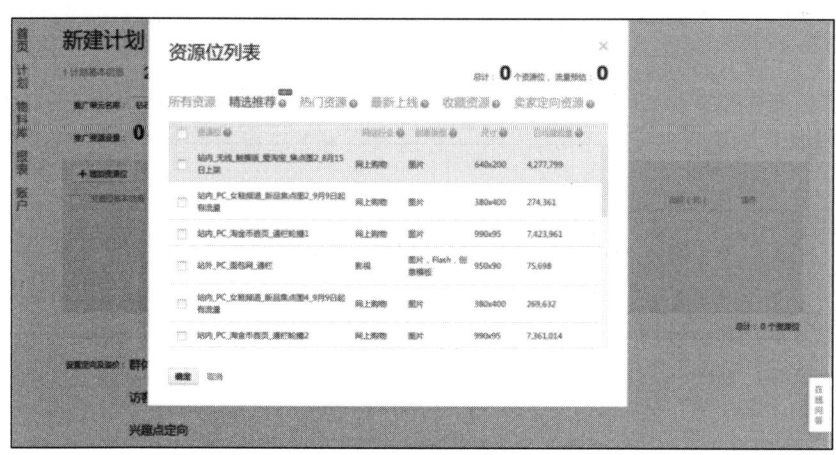


图 4-16

⑥ 设置定向及溢价。

a. 群体定向：单击“群体定向”，在弹出的页面中进行定向设置，最多可设置 5 个群体定向。

系统推荐群体定向：通过添加自己店铺或与自己类似的店铺 ID 来获取定向信息。

新增群体定向：如果在系统推荐群体定向中，获取的定向信息不够充足，可以通过群体定向进行补充。

历史设置：曾经在计划中设置过的定向（见图 4-17）。

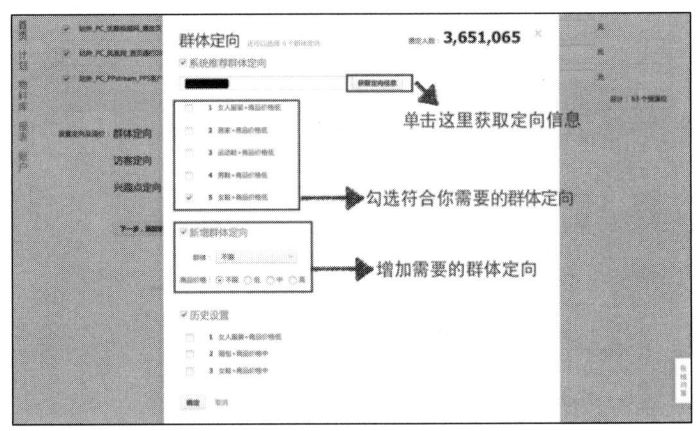


图 4-17

b. 访客定向

添加种子店铺

何谓种子店铺？即系统会根据一个商家提供的店铺，来匹配跟这个店铺类似的 150 个店铺（因为系统是在后台进行匹配，不做前端显示，所以商家无法看到系统匹配了哪 150 家店铺），这个商家提供的店铺就是种子店铺。

那些曾经到过这 150 家店铺的客户则是系统根据种子店铺而定向的访客。

因为系统要围绕这个种子店铺展开匹配，所以力求精准，建议用自己的店铺做种子店铺。种子店铺最多可添加 5 个。

自主添加店铺

种子店铺的匹配是由系统进行自动匹配的，所以会有一定的局限性。如果你对你的竞争对手比较了解，那么这时你可以通过自主添加店铺来进行更精准的访客定向。自主添加店铺最多可以添加 100 个店铺（见图 4-18）。

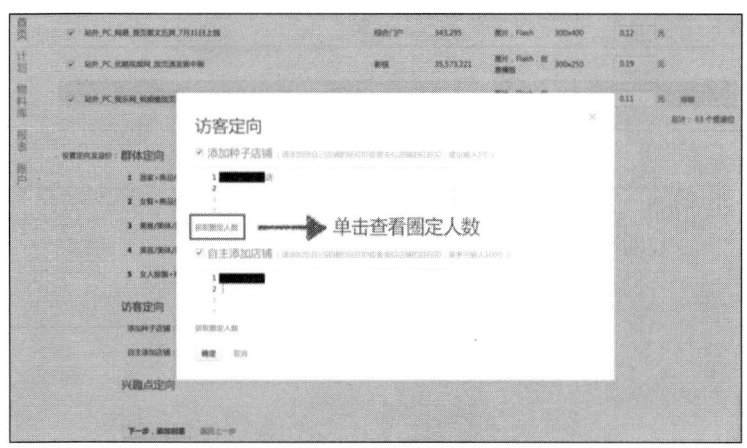


图 4-18

c. 兴趣点定向

兴趣点定向通过自己的店铺定向到客户的兴趣点、喜欢的风格及产品特点，通过这项定向，可以使客户定向更加精细，真正做到“千人千面”。

当然你也可以在这里输入竞争对手的店铺，来获取它的推荐兴趣点，如果你要这么做，前提一定是你们的店铺足够类似，又或者是你已经做好来抢它客户的充分准备了。

除了通过店铺获取兴趣点外，还可以通过输入单品的 ID 来获得单品客户的兴趣点。其实这个功能也可以用在分析对手爆款的客户定位上（见图 4-19 和图 4-20）。

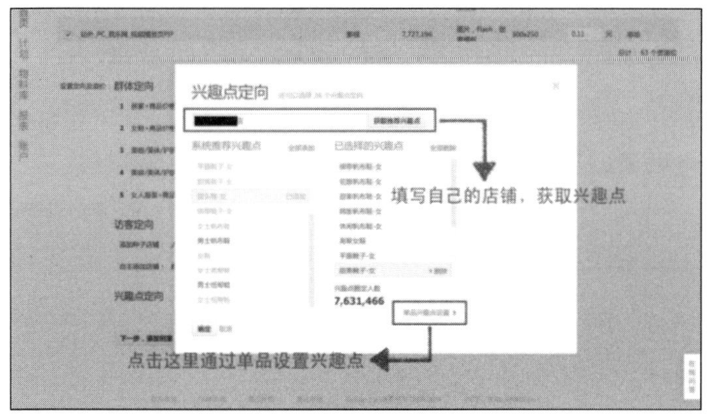


图 4-19

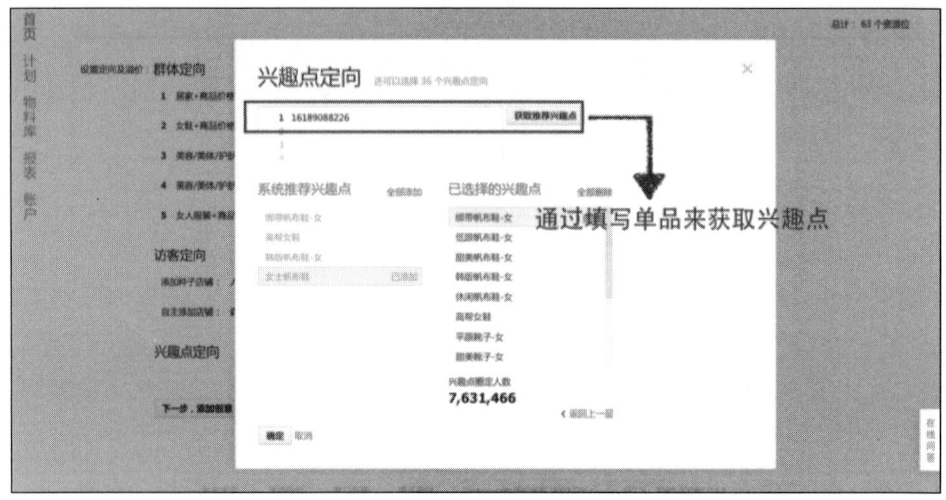


图 4-20

d．溢价

填写溢价。当每次你要填写溢价时，系统会自动弹出一个推荐溢价作为你的参考。当然，你也可以不溢价，把所有定向的溢价填写为“0”（见图 4-21 和图 4-22）。

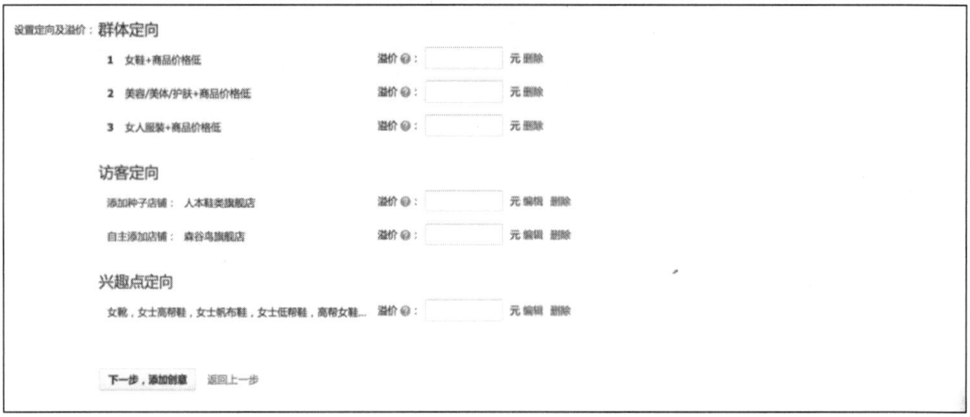

设置定向及溢价：群体定向

1 女鞋+商品价格低　溢价：　元 删除

2 美容/美体/护肤+商品价格低　溢价：　元 删除

3 女人服装+商品价格低　溢价：　元 删除

访客定向

添加种子店铺：人本鞋类旗舰店　溢价：　元 编辑 删除

自主添加店铺：森谷鸟旗舰店　溢价：　元 编辑 删除

兴趣点定向

女靴，女士高帮鞋，女士帆布鞋，女士低帮鞋，高帮女鞋...　溢价：　元 编辑 删除

下一步，添加创意　返回上一步

图 4-21

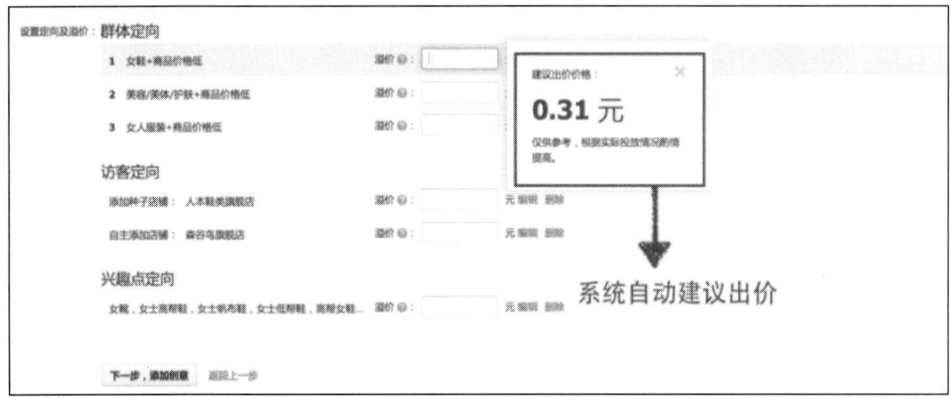


图 4-22

⑦ 根据资源位创意尺寸进行创意素材上传。单击“本地上传”进行上传。第一次开通钻展，创意库一定是空空如也，当你推广一段时间后，就可以通过“从创意库选择”进行素材选择了（见图 4-23 和图 4-24）。

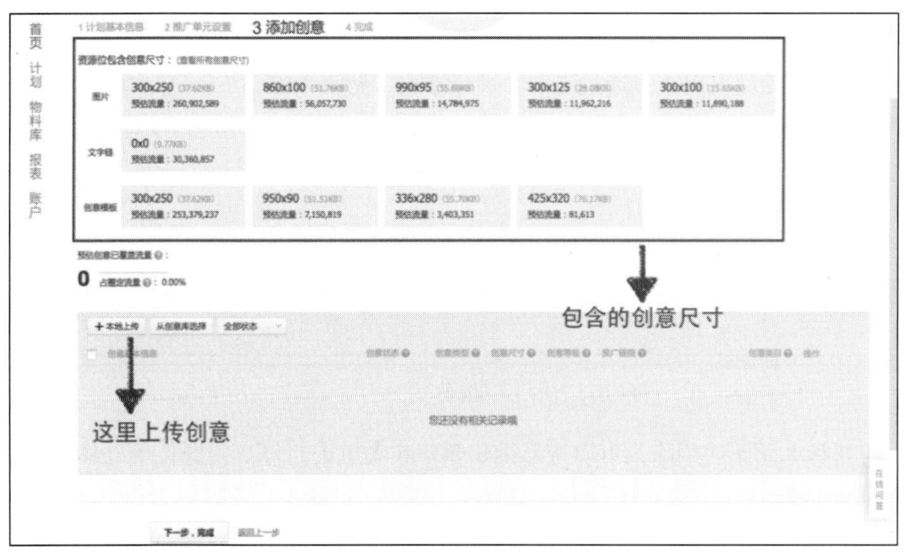


图 4-23

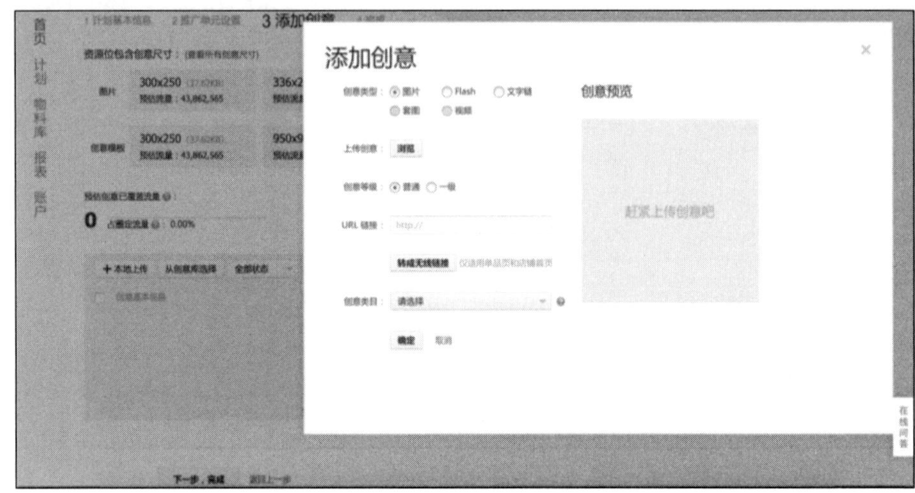


图 4-24

⑧ 创意上传完毕后，单击“下一步，完成”，计划创建成功。

补充：

a. 计划和单元都可以直接通过复制，进行添加（见图 4-25）。

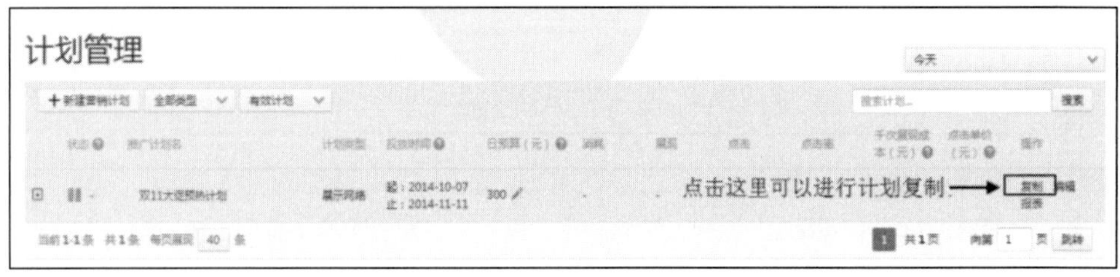


图 4-25

b. 计划和单元无法删除，可以选择批量暂停或者单个暂停。资源位可以移除，单元和计划名称可以做修改。

## 2. 工具

目前工具板块只有收藏夹项（图 4-26）。商家在此可以找到自己收藏的资源位。

## 3. 创意

创意板块让创意变得更加简单，即便你没有优秀的设计师，但是只要你会应用创意板块的功能，你也可以做出可投放的优质素材来（见图 4-27）。

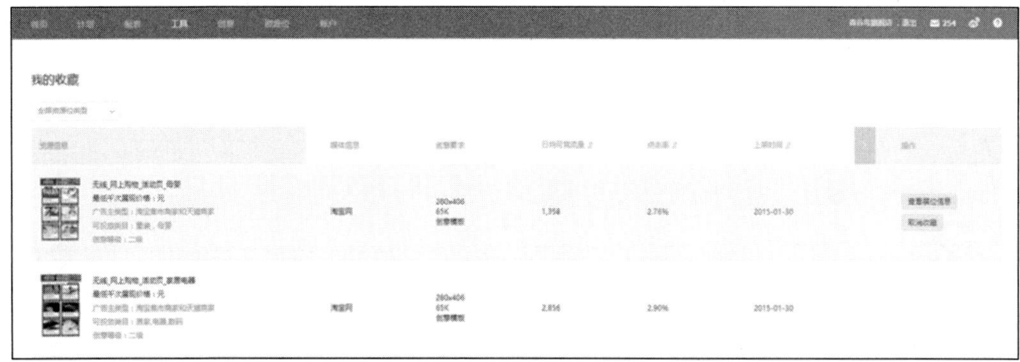

图 4-26

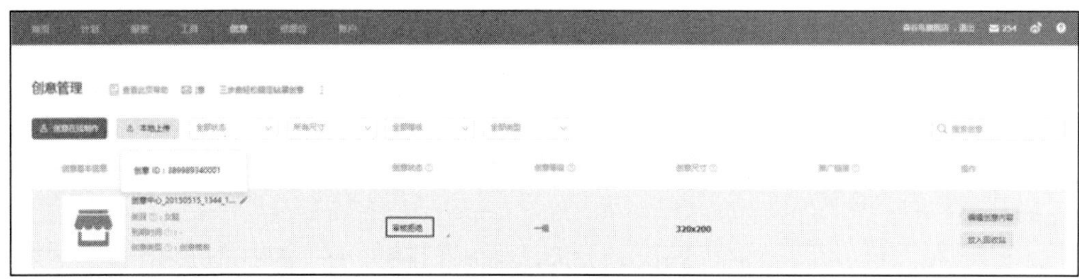

图 4-27

### （1）我的创意

在此板块商家查看自己的创意内容，以及创意审核结果（图 4-28）。

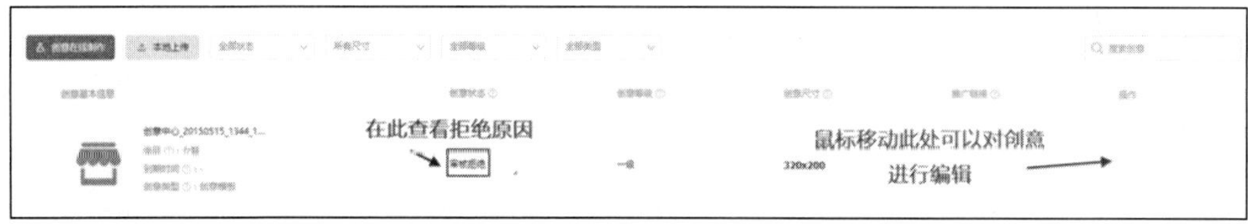


图 4-28

### （2）创意实验室

创意实验室为商家提供了基础的动画模板及范例，让商家的创意制作变得简单容易。

一般来讲，广告的站外投放，Flash 创意的点击率是静态图片的 3 倍。所以对于很多不会制作 Flash 的商家来讲，创意实验室恰恰可以帮助商家来补强这方面的短板。在这里，商家只需要通过简单的图片替换，便可完成创意 Flash 的制作（见图 4-29）。

图 4-29

### （3）创意 COOL

① 什么是创意 COOL?

创意 COOL 是钻石展位为钻展用户搭建的优秀创意分享平台，商家可以通过该平台及时、有效地了解钻展优秀的创意，获得第一手的优质创意信息。

创意 COOL 选出的优秀创意一般是指当月消耗达到对应类目及展位当月消耗的平均值；且当月创意点击率达到类目平均水平及以上；点击率优秀的创意（见图 4-30）。

图 4-30

② 如何开通创意 COOL？

登录钻展后台左侧创意模块进入“创意 COOL”标签下，签署“创意共享协议”即可开通。

一般创意 COOL 可以查看最近 12 个月的优秀作品。

（4）回收站

商家可以在回收站查看曾经放入回收站的创意图片，并执行相应的操作。

### 4．资源位

资源位主要包含“资源位列表”，在“资源位列表”中，我们可以对投放资源进行一一查看，了解资源位的动态，做到知己知彼。同时，可以对优质的资源位进行收藏，以便在使用时方便调用（见图 4-31）。

图 4-31

### 5．报表

报表的作用主要是用于给商家展现：账户整体报表及展示广告报表。同时提供报表数据下载。通过这些报表商家可以更直观地及时掌握推广动态，并做出相应的优化调整（见图 4-32）。报表板块中主要包含账户整体报表、展示网络报表、视频网络报表、明星店铺报表。

报表中数据指标的解释如下：

- 展现：所有创意在钻石展位资源位上被买家看到的次数。
- 点击：所有创意在钻石展位资源位上被买家点击的次数。

- 点击率：点击 / 展现。
- 已消耗：所有创意在钻石展位资源位上被展现后所产生的费用。
- 千次展现成本：消耗 / 展现 / 1000 次（即千次展现后所产生的平均费用）.

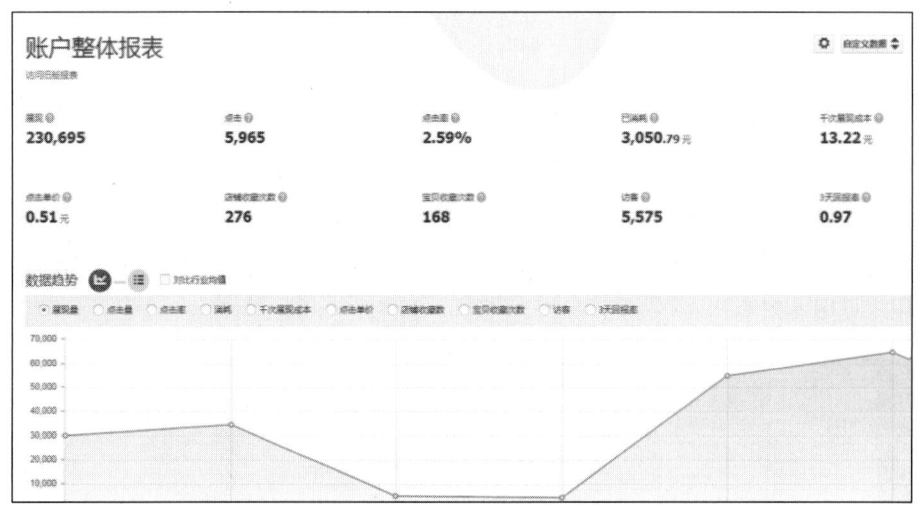


图 4-32

- 点击单价：消耗 / 点击（即创意每获得 1 次点击后所产生的平均费用）。
- 店铺收藏次数：钻石展位投放后在 1 天内带来的店铺收藏总数。
- 宝贝收藏次数：钻石展位投放后在 1 天内带来的宝贝收藏总数。
- 访客：通过点击钻石展位的创意进入店铺的买家数量。
- 3 天顾客订单数：钻石展位投放后在 3 天内带来的顾客订单总数。
- 7 天顾客订单数：钻石展位投放后在 7 天内带来的顾客订单总数。
- 15 天顾客订单数：钻石展位投放后在 15 天内带来的顾客订单总数。

### 6. 账户

① 账户明细：用于查看钻石展位资金的充值与支出数据，数据可下载。

② 资质管理：在这里添加店铺的各项资质。包括：行业资质、品牌商标、媒介资质、数据资质、活动资质、其他资质。

当推广广告涉及特定内容时，则需要提交相应的资质。

**淘宝集市店铺：**

如广告推广所涉及的商品属于品牌商品和(或)进口商品的,需提供下述资质材料进行备案。

| 子　项 | 类　　目 | 您所需要提交的资质 | |
|---|---|---|---|
| 商品资质 | 品牌商品 | 商标注册证（化妆品、保健品、食品、酒类、运动户外仅受理 R 标）、商标持有公司营业执照/商标持有人身份证，品牌持有者给店铺的销售及 logo 使用授权书 | |
| | 进口商品 | 进口化妆品提供进口报关单，进口化妆品备案凭证；进口保健品提供进口报关单，进口保健食品批准证书；进口酒类及进口食品提供进口报关单，出入境检验检疫证明；其他类目提供进口报关单即可 | |

如广告推广所涉及的商品属于下述类目范畴，除需提供商品资质外，还需要提供下述资质材料进行备案。

| 子　项 | 类　　目 | 您所需要提交的资质 | |
|---|---|---|---|
| 类目资质 | 化妆品 | 1. 化妆品《生产许可证》<br>2. 化妆品《卫生许可证》<br>3. 如广告主不能自主生产，须提供委托加工证明<br>4. 如为特殊功效商品（育发、染发、烫发、脱毛、美乳、健美、除臭、祛斑、防晒等），须提供国务院卫生行政部门核发的《特殊用途化妆品卫生许可批件》 | |
| | 保健品 | 1. 广告主食品流通许可证<br>2. 广告主保健品的《广告批准文件》 | |
| | 食品 | 1. 广告主食品流通许可证 | |
| | 农产品 | 蔬果类：企业营业执照<br>螃蟹类：企业营业执照，检验检疫证明，标明产品的品名、产地、生产者、生产日期、保质期、产品质量等级等内容，营业执照公司对店铺的授权书 | |
| | 房地产 | 1. 广告主需提供企业营业执照副本，且经营范围内必须含有房地产开发、房地产销售、房地产代理、房地产中介、房地产经纪中至少一项资质<br>2. 参加推广的楼盘需提供《预售许可证》或《销售许可证》<br>3. 如是预售许可证但广告中提到是现房的话，还需提供两书一表：商品房《质量保证书》、商品房《使用说明书》和《房屋竣工验收备案表》<br>4. 如广告内容涉及优惠购买等活动，广告主须出具《商家活动确认书》<br>5. 如非开发商广告主需出具开发商盖章的《楼盘销售授权书》和《楼盘广告确认书》，确认书内容须与广告内容需相符 | |
| | 其他 | 其他根据法律法规及淘宝规则需要提供证明资质的情况 | |

创意资质指的是创意出现以下情况需要提供对应资质材料备案，审核通过后才能提交创意素材。

| 子　项 | 子子目 | 您所需要提交的资质 | |
|---|---|---|---|
| 媒体类 | 品牌商标/卡通形象 | 适用案例：广告信息出现注册的品牌商标、卡通形象、在线表情等情况<br>需提供资质：<br>1）商标/卡通形象注册证；企业营业执照，如个人须提供身份证<br>2）商标/卡通形象持有者（公司或个人）给店铺的销售及Logo使用授权书<br>（必须提及该商标/动漫形象可以用于网络推广） | |
| | 明星 | 适用案例：创意出现明星图片、明星代言、明星推荐、明星同款等情况<br>需提供资质：<br>1）明星本人/经纪公司与品牌方签订的肖像使用合同或代言合同<br>（合同必须是双方签订的包含两方权益范围的法律文本，且合同中必须含有明星肖像适用于网络等条款）<br>2）品牌方出具《同意该明星肖像在***店铺使用的授权书》 | |
| | 奖项/专利 | 适用案例：创意出现获得奖项、专利、老字号、驰名商标等情况<br>需提供资质：奖项、专利、老字号、驰名商标等证明资质 | |
| | 杂志/电视节目/会议合作 | 适用案例：创意出现杂志推荐、杂志款、节目推荐、会议合作伙伴、会议制订商品等情况<br>需提供资质：合作双方签订的合同/协议 | |
| 数据类 | | 适用案例：创意出现线上销量数据，如月销量、某一时间段累计销量等淘宝平台数据情况<br>需提供资质：通过数据魔方/淘数据等淘宝官方工具提取的数据截图数据<br>数据提取要求：<br>1）明确数据统计工具，如数据魔方/淘数据等<br>2）明确类目，类目深度不能低于三级<br>如：一级类目“数码相机/单反相机/摄像机”-二级类目“胶卷相机”-三级类目“傻瓜相机”<br>3）明确数据截取时段，需大于等于一个自然月<br>4）描述具体排名类型，如热销品牌排名第一等<br>5）文案要求：类目、数据截取时段、统计工具等文案高度不能小于16像素；字色必须清晰可辨<br>数据提取具体方法，详见：http://bbs.taobao.com/catalog/thread/14181510-258851659.htm<br>PS：线下数据因无法佐证，故不采纳 | |
| 活动类 | 联合推广 | 适用案例：多个品牌、多个店铺联合推广活动等情况<br>需提供资质：1）联合推广发起方需提前15个工作日，发起审核需求进行活动报备<br>2）联合推广会签流程和提供审核材料，根据发起方主体形式的不同会有所区别，详见：http://yunpan.taobao.com/share/link/512qgKe8c | |
| | 公益/自发评比类活动 | 适用案例：创意出现公益类或自发的消费者参与评比类活动等情况<br>需提供资质：公证处出具的公证书 | |

续表

| 子　项 | 子子目 | 您所需要提交的资质 | |
|---|---|---|---|
| | 公益/自发评比类活动 | 适用案例：创意出现公益类或自发的消费者参与评比类活动等情况<br>需提供资质：公证处出具的公证书 | |
| 其他 | 集市女包 | 适用案例：页面出现外籍模特图片<br>需提供资质：请提供实拍原始图 | |
| | 其他 | 其他根据法律法规及淘宝规则需要提供证明资质的情况 | |

天猫店铺：

如广告推广所涉及的商品属于下述类目范畴，除需提供商品资质外，还需要提供下述资质材料进行备案。

| 子　项 | 类　目 | 所需要提交的资质 |
|---|---|---|
| 类目资质 | 化妆品 | 如您推广的为特殊功效化妆品（育发、染发、烫发、脱毛、美乳、健美、除臭、祛斑、防晒等）或者化妆品功效描述出现前述文案，须提供国务院卫生行政部门核发的《特殊用途化妆品卫生许可批件》 |
| | 保健品 | 广告主保健品的《广告批准文件》 |
| | 房地产 | 1. 广告主需提供企业营业执照副本，且经营范围内必须含有房地产开发、房地产销售、房地产代理、房地产中介、房地产经纪中至少一项资质<br>2. 参加推广的楼盘需提供《预售许可证》或《销售许可证》<br>3. 如是预售许可证但广告中提到是现房的话，还需提供两书一表：商品房《质量保证书》、商品房《使用说明书》和《房屋竣工验收备案表》<br>4. 如广告内容涉及优惠购买等活动，广告主须出具《商家活动确认书》<br>5. 如非开发商广告主需出具开发商盖章的《楼盘销售授权书》和《楼盘广告确认书》，确认书内容须与广告内容需相符 |
| | 其他 | 其他根据法律法规及淘宝规则需要提供证明资质的情况 |

创意资质指的是创意出现以下情况需要提供对应资质材料备案，审核通过后才能提交创意素材。

| 子　项 | 子 子 项 | 所需要提交的资质 |
|---|---|---|
| 媒体类 | 品牌商标/卡通形象 | 适用案例：广告信息出现注册的品牌商标、卡通形象、在线表情等情况<br>需提供资质：<br>1）商标/卡通形象注册证；企业营业执照，如个人须提供身份证<br>2）商标/卡通形象持有者（公司或个人）给店铺的销售及 Logo 使用授权书<br>（必须提及该商标/动漫形象可以用于网络推广）<br>备注：卡通形象天猫店铺都需要提供全部资质；品牌资质天猫店均无须提供 |

续表

| 子　项 | 子 子 项 | 所需要提交的资质 |
| --- | --- | --- |
|  | 明星 | 适用案例：创意出现明星图片、明星代言、明星推荐、明星同款等情况<br>需提供资质：<br>1）明星本人/经纪公司与品牌方签订的肖像使用合同或代言合同<br>（合同必须是双方签订的包含两方权益范围的法律文本，且合同中必须含有明星肖像适用于网络等条款）<br>2）品牌方出具《同意该明星肖像在***店铺使用的授权书》 |
|  | 奖项/专利 | 适用案例：创意出现获得奖项、专利、老字号、驰名商标等情况<br>需提供资质：奖项、专利、老字号、驰名商标等证明资质 |
|  | 杂志/电视节目/会议合作 | 适用案例：创意出现杂志推荐、杂志款、节目推荐、会议合作伙伴、会议制订商品等情况<br>需提供资质：合作双方签订的合同/协议 |
| 数据类 |  | 适用案例：创意出现线上销量数据，如月销量、某一时间段累计销量等淘宝平台数据情况<br>需提供资质：通过数据魔方/淘数据等淘宝官方工具提取的数据截图数据<br>数据提取要求：<br>1）明确数据统计工具，如数据魔方/淘数据等<br>2）明确类目，类目深度不能低于三级<br>如：一级类目“数码相机/单反相机/摄像机”-二级类目“胶卷相机”-三级类目“傻瓜相机”<br>3）明确数据截取时段，需大于等于一个自然月<br>4）描述具体排名类型，如热销品牌排名第一等<br>5）文案要求：类目、数据截取时段、统计工具等文案高度不能小于16像素；字色必须清晰可辨<br>数据提取具体方法，详见：http://bbs.taobao.com/catalog/thread/14181510-258851659.htm<br>PS：线下数据因无法佐证，故不采纳 |
| 活动类 | 聚划算 | 适用案例：创意出现聚划算文案或logo等情况<br>需提供资质：需提供聚划算终审通过排期图、保证金冻结图 |
|  | 联合推广 | 适用案例：多个品牌、多个店铺联合推广活动等情况<br>需提供资质：1）联合推广发起方需提前15个工作日，发起审核需求进行活动报备<br>2）联合推广会签流程和提供审核材料，根据发起方主体形式的不同会有所区别<br>详见：http://yunpan.taobao.com/share/link/512qgKe8c |
|  | 公益/自发评比类活动 | 适用案例：创意出现公益类或自发的消费者参与评比类活动等情况<br>需提供资质：公证处出具的公证书 |
| 其他 | 集市女包 | 适用案例：页面出现外籍模特图片<br>需提供资质：请提供实拍原始图 |
|  | 其他 | 其他根据法律法规及淘宝规则需要提供证明资质的情况 |

③ 明星店铺申请

a. 明星店铺的定义

2014 年 10 月中旬，明星店铺产品由淘宝直通车迁移至钻石展位。

“明星店铺”（以下简称“明星店铺”）是钻石展位的增值营销服务，按千次展现计费，仅向部分钻石展位用户开放。主要展现位置在 PC 端及无线端特定搜索结果的顶部。

明星店铺服务需要申请开通。目前要求申请的用户店铺至少名称稳定，店铺品牌需要符合一定的“品牌知名度”，即买家在淘宝和天猫上对该店铺的认知和关注度。淘宝方面将参考品牌词是否为自有注册商标、是否涉及他人商标、商标类别与主营类目一致性、品牌词搜索量、搜索进店率、店铺访问量及其他相关因素进行综合判断。

新迁移的钻石展位明星店铺的功能也有所增加。除了开通无线端的资源位外，不同资源位的设置也将由原来的一体化分离开，变为可分别进行个性设置。

b. 明星店铺的优势

- 明星店铺作为搜索展示广告，和钻石展位双剑合璧之后将更好地发挥其品牌溢价和明星效应，位置在搜索结果页最上方，占据黄金的推广位置，投资回报更高；
- 实现明星店铺 PC 端和无线端独立投放和设计创意，便于广告主专门为无线营销场景设计品牌创意，同时明星店铺投放计划支持地域和时段投放；
- 方便广告主完成展示+搜索广告的一站式购买，实现搜索到展现的提升及从展现流量到搜索流量的转化。
- 按照 CPM 计费，更具公平性，增强上架优化明星店铺创意，提升点击率，最大化降低推广成本。
- 开放实时报表数据监控，加强对于推广效果的监控。
- 淘宝官方推荐，凸显品牌价值；

c. 明星店铺的计费方式

竞价 CPM 计费，同时系统会保留 PPC（点击付费）的数据，方便对比产品数据。

计价公式：CPM=CPC×CTR×1000

CPC：每次点击的费用

CTR：点击率

d. 推广流程

申请开通明星店铺（见图 4-33、图 4-34、图 4-35 和图 4-36）。

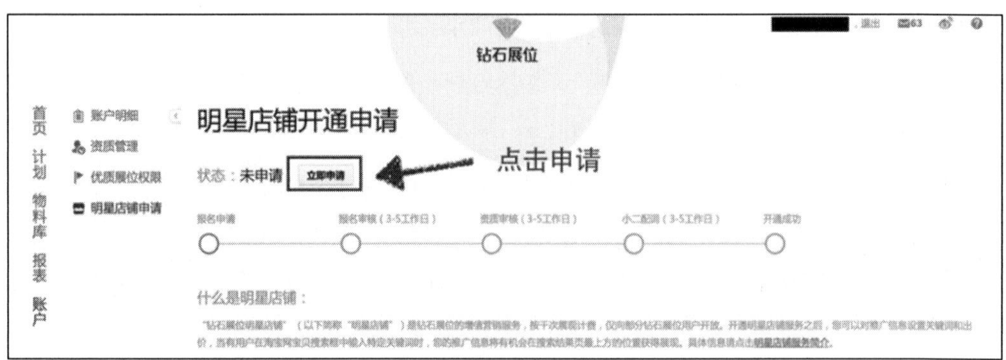


图 4-33

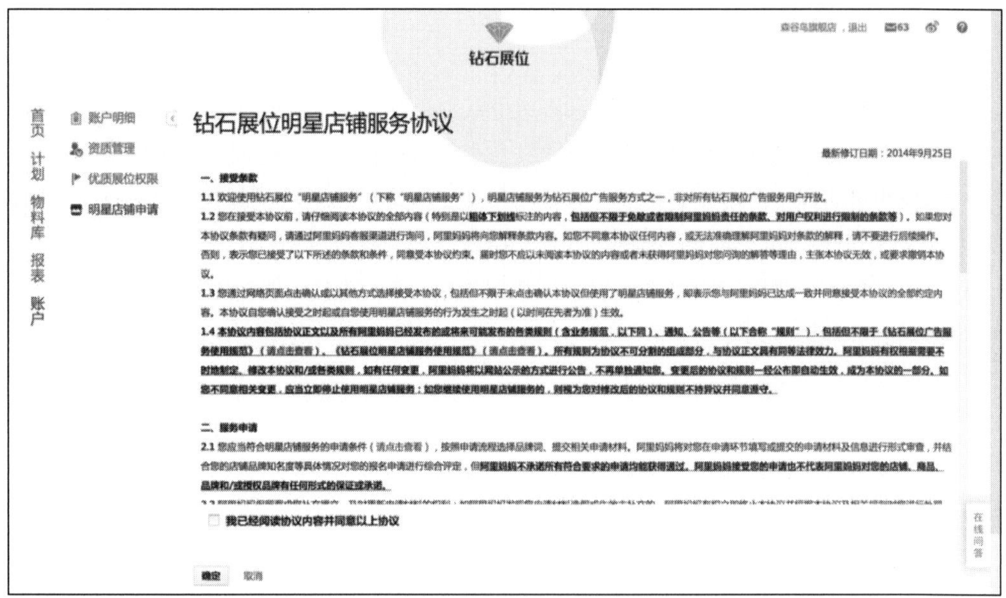


图 4-34

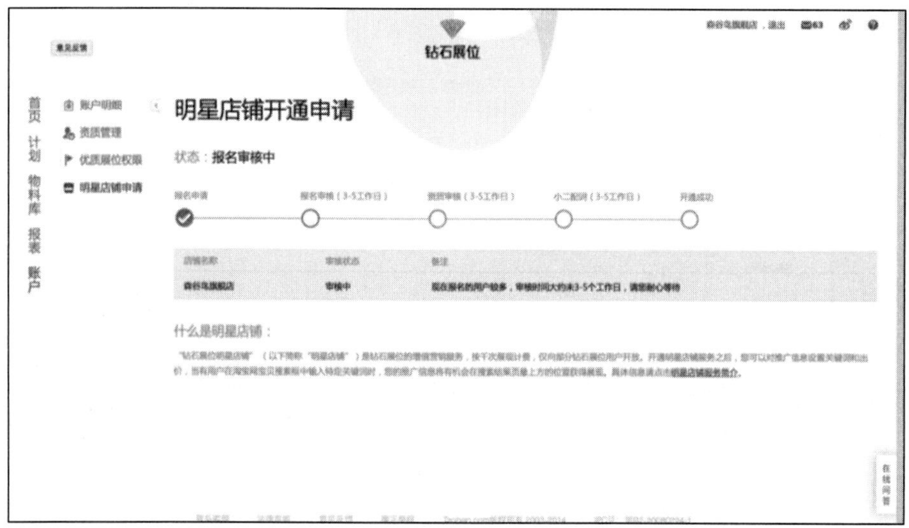


图 4-35

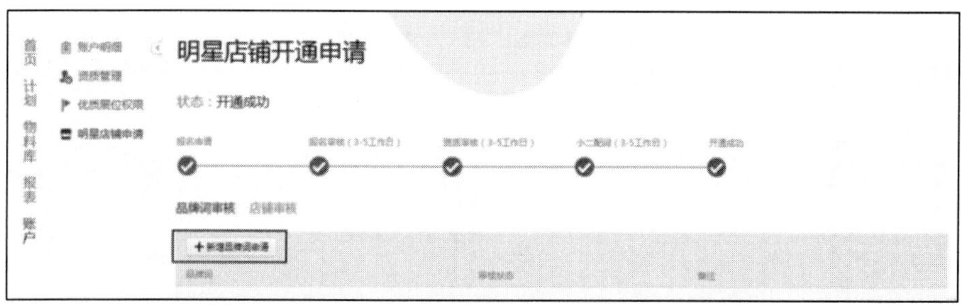


图 4-36

- 创建计划（见图 4-37）。

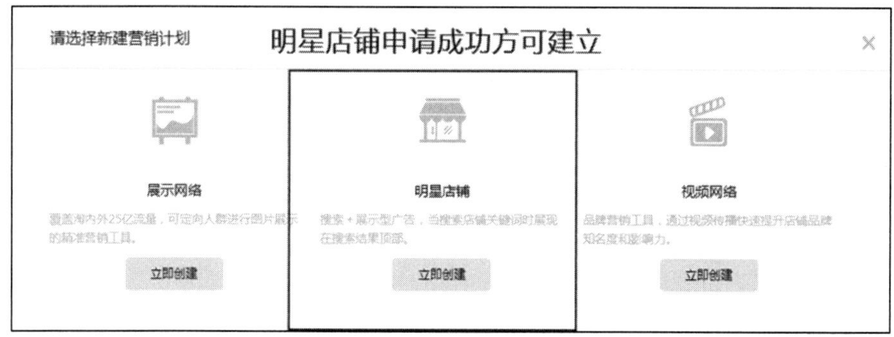


图 4-37

• 添加关键词，并出价，出价必须大于起拍价（见图 4-38）。

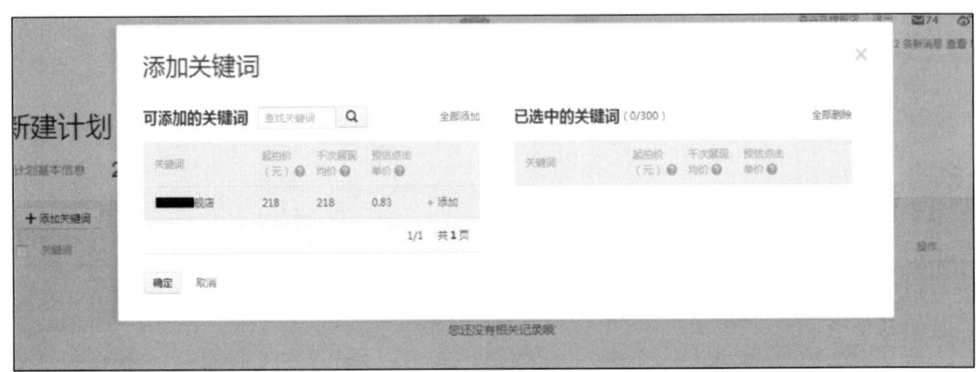


图 4-38

• 上传素材，开始推广。素材的上传，必须先将素材上传到创意库，并通过审核，才可以在这里进行调用（见图 4-39）。

图 4-39

开通明星店铺服务之后，商家可以对推广信息设置关键词和出价，当有用户在淘宝网宝贝搜索框中输入特定关键词时，商家的推广信息将有机会在搜索结果页最上方的位置获得展现。

## 4.2.2 钻展推广的思路

钻石展位的投放计费方式是按千次展现收费，即不管消费者是否有点击，是否有购买行为均要支付相应的费用。所有推广工具优化的关键均为投入产出比。这里所说的投入与产出不仅仅是金钱，还包含很多。比如，投入的时候我们除了付出相应金钱外，我们还付出了很多精力、时间，等等；同样，产出也是一样，一方面我们想要看到的回报是金钱，另外一方面我们是想收获一个好的品牌形象。

不管你的计算方式是什么，它都决定着你对钻展的优化思路。如果你目前关注的是资金的回收，那么你在优化的时候，关键点则在于资金的 ROI，计算每一个计划甚至每一个单元的支出与收入情况，每天都要关注财务动态。如果你目前关注的是品牌知名度，那么你在优化钻展时，关注展现的同时，则需要对创意素材所传达的品牌形象更加关注。

事实上，每个商家都会遇到不同时期的钻展推广需求，因为品牌的发展有着一定过程，不同阶段的需求自然不同。在本书中，将会默认以资金的需求为主要目的进行讲解。之所以选择此目的作为钻展讲解的主要方向，首先是因为以资金回收为目的的钻展优化是 90%以上商家的需求；其次是因为，如果商家掌握了以资金回收为目的的钻展需求，也就基本上掌握了钻展的关键。

既然以资金回收为目的进行优化，那么首先我们就要思考，如何才能收回资金。道理很简单，有成交。成交的前提是点击，点击的前提是展现。钻石展位的扣费原则是展现就有计费。所以，如果想要保证资金的投入低于产出，就要在有限的展现次数内，实现更多的点击，从而带来更多的成交。

客户为什么会点击你的广告？原因一般有两个，一是你触动了客户的需求点；二是你的创意吸引到了客户。而这两点带来转化的概率我不说你也知道，一定是有需求的点击更容易被转化成成交。所以在有需求的客户面前去展现你的广告才能为你带来更多的回报。

那么，优化钻展的思路就很清晰了，倒推回来：我们需要在有需求的客户面前推广我们能够展现他们需求的广告，从而销售出我们优质的产品服务。总结下，优化钻展我们需要做：

① 选择正确的资源位（目标客户基数大的网站）。

② 做好创意广告（广告诉求一定要精准清晰）。

③ 客户定向要精准（通过定向圈定出我们的客户）。

# 4.3 如何做钻展才能不“烧”钱

## 4.3.1 钻展的计划究竟该如何合理规划

### 1．了解钻展的计划结构

一个账户可以创建计划，每个计划也可以创建多个推广单元，每个单元下有多种创意。计划间可以设置不同的投放预算、投放地域、投放时段、投放方式及投放时间。单元间则可以设置不同的投放资源位、人群定向及溢价（见图 4-40）。

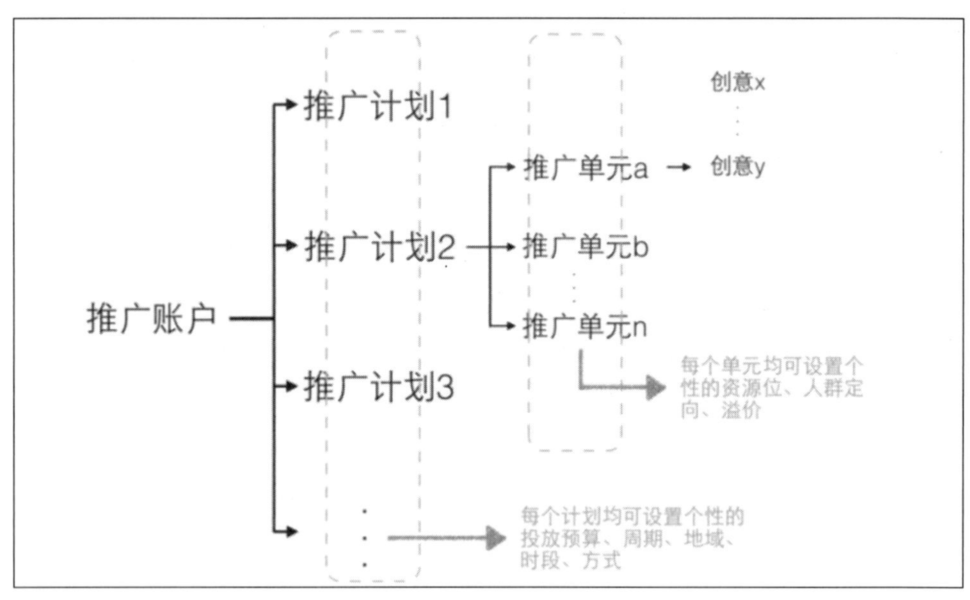


图 4-40

### 2．如何合理制定推广计划

计划的设置没有固定模式，每个商家均可根据自己的需要进行计划的合理规划。但无论采取何种计划设置方式，均应符合在正确的时间里，给正确的消费者展现正确的创意诉求的原则。同时，账户还应目标清晰、便于管理。

本书为大家推荐几种推广计划的规划方式以供大家参考。

① 根据客户的类型来建立推广计划（见图 4-41）。

| 推广计划 | 投放位置 | 创意类型 |
| --- | --- | --- |
| 老客户 | 定向老客户 | 活动优惠 |
| 新客户 | 站外、站内 | 品牌诉求 |
| 流失客户 | 站外、站内 | 强调变化 |

图 4-41

② 根据不同的主题来建立推广计划（见图 4-42）。

| 推广计划 | 投放位置 | 创意类型 |
| --- | --- | --- |
| 上新活动 | 站内焦点 | 产品创意<br>品牌强调 |
| 店铺促销 | 站外、站内 | 促销力度<br>产品诉求 |
| 其他<br>主题活动 | 符合主题的网站，比如奥运会，可以主要投放体育网站 | 围绕主题的产品创意 |

图 4-42

③ 根据不同的用途来建立推广计划（见图 4-43）。

| 推广计划 | 投放位置 | 创意类型 |
| --- | --- | --- |
| 利润计划 | 定向精准 | 感性打动 |
| 测试计划 | 切换测试位 | 切换测试创意 |
| 品牌计划 | 站外、站内 | 品牌诉求 |

图 4-43

## 4.3.2 位置决定成败，如何挑选资源位

如何选择资源位，是很多刚开始做钻展商家的共性问题。其实资源位的选择本身并不难，难的是我们对它的要求，以及自己给自己的时间。如果你总是想一上来就找到一个位置，既可以花很少的钱，又可以获得很多的点击，又可以带来很多成交，又不被很多对手发现，那么，你还是放弃吧。

资源位的选择一定是需要时间积累的，经过测试和筛选才能找到更适合自己的位置。所以，给自己些时间，慢慢培养和收集。

资源位的养成流程如下。

### 1．资源的选择

① 考察待选资源位的展现量、点击转化率如何，以及出价是否能控制在自身预期出价范围内（见图 4-44）。

② 考察展位对素材的要求，自身是否符合，是否能够实现。

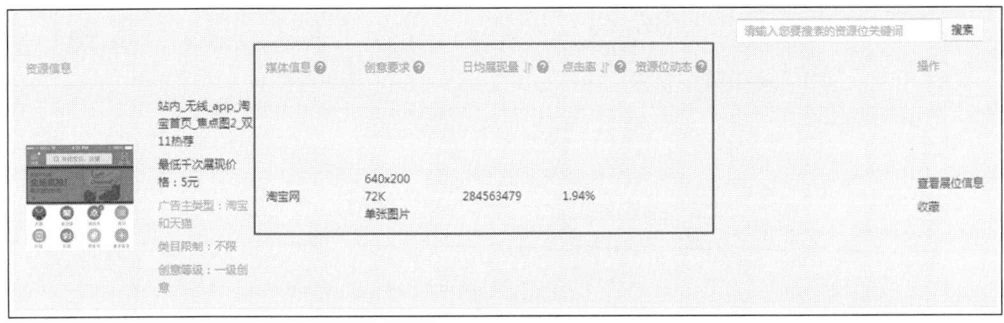


图 4-44

③ 考察展位的性质，访问群体，是否适合自己的产品。如果不知道如何考察，只要用一段时间来查看目前展位投放的广告大多为什么类型，就可以大概判断适合投放到展位的产品。

④ 考察展位的广告位置及周边色调，看看是否适合自身产品所能做出的创意，否则，你投放了一个广告，每天有着千万级的展现，但是大家却都没有留意到你，就不值当了( 见图 4-45 )。

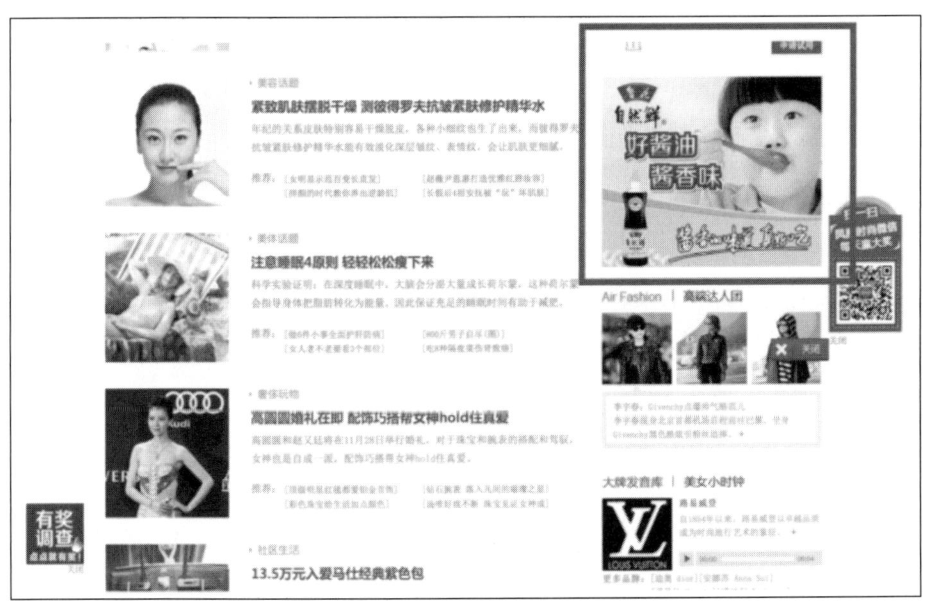


图 4-45

⑤ 从小二的推荐展位中选取适合自己的展位 ( 推荐展位需要到钻展论坛和帮派中去查看 ) ( 见图 4-46 )。

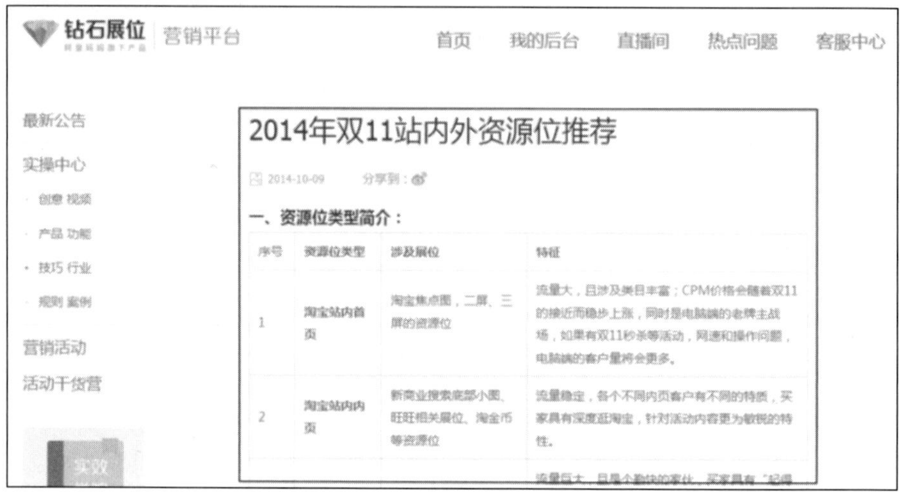


图 4-46

⑥ 通过“物料库”，查看一些展位信息，除了选择那些优质展位外，还可以选择一些不被看好的展位。但并不是所有这些展位都适合自己，而是要挑选那些适合自己的，虽然展现不是非常高，但转化不错的展位。

⑦ 站内资源位转化高，竞争激烈；站外资源位成本略低，但转化低。

### 2．资源位的测试

很多商家一提到测试，就很头疼，一是不愿意经过很长时间去测试；二是不知道究竟该如何测试。这里我想告诉你，其实不管你学多少推广知识，如果你不去测试，你会发现，你依然很难有所收获。因为学习别人的东西，只能用作借鉴，真正能够帮到你的还是在你的环境下进行的测试，属于你的方法才能给你带来最大的收益。

其实测试并不是一个多么难学的技术，你只要把握一个原则就可以学会所有事情的测试方法。这个原则就是，把所有的元素全部固定，唯一留下你要测的元素是变化的。就拿资源的测试来举例。比如我们要测试某个资源位怎么样，那么我们就保证资源位的位置是可变的，而其他的是固定的就可以，也就是我们在多个单元下，保证出价相同、人群定向相同、创意素材等均相同。这样经过一段时间的比对，我们就知道哪个资源位更适合我们了。

### 3．资源位的取舍

通过报表数据，删掉那些不适合自己的资源位。每次的删减数据，要建立在一定周期的基础上，切勿只根据一天的数据就来断定一个资源位的优劣。同时要对特殊事件做相应排除，比如体育类的网站，再遇到特别赛事时就会出现阶段性的展现波动。

要养成将同水平 CPM 资源位打包投放的习惯，并去尝试新的资源位，不要固守陈规，要不断补充新的位置进行优化。避免消耗过大或长期无消耗的位置，也要考虑实时调价。

经过一段时间的取舍，最终留下的资源位大概会划分为以下几类：

① 非常适合某一类产品的定向投放，如果你找到适合你的此类资源位可以将它作为自己长期的投放资源位。

② 展现量不高，但引流成本低，此类资源位可以作为扩张新客户的重要渠道。

③ CPM 价格低，转化率不高，可以用最少的钱买到最多的曝光，此类资源位适合做品牌曝光。

④ 展现、转化均高，那么此类资源位则可以作为你长期预算做重点推广的位置。

⑤ 展现不高、转化不高，这类资源位则可以剔除计划。

#### 4. 官方给出的资源位分类方式

① 流量稳定转化好：钻展耳熟能详的招牌资源位，每日流量上千万至亿，俗称“三高”展位：高 PV、高 CTR、高 ROI。

- 站内资源位：淘宝首页焦点图系列；焦点图右侧 Banner 图；无线 APP 焦点图；旺旺每日弹窗焦点系列；首页二屏右侧大图；
- 站外资源位：网易首页二屏画中画；凤凰网内容页右侧画中画 04；优酷视频播放页首屏画中画；QQlive 播放页画中画；PPstream 客户端右侧画中画；新浪微博底部通栏。

② 高性价比回报优：日均流量丰富稳定，低成本在淘宝首页海量展现曝光，为店铺引流，不费力丰富店铺客户结构。

- 站内资源位：首页二屏右侧大图；会员首页一屏轮播；淘宝首页三屏通栏和小图；收货成功页面通栏；
- 站外资源位：新浪微博我的首页右上画中画；网易图集右下画中画；新浪首页娱乐左侧摩天楼；PPTV 客户端播放页右下画中画。

③ 巨低成本高曝光：中小卖家福利展位、低至 0.5 元的 CPM 价格和 CPC 点击成本、百元预算可收获几十万流量。

- 站内资源位：商业搜索结果底部；收藏夹轮播和大图；交易详情通栏和小图；旺旺每日

弹窗小图；旺旺系列文字链；

- 站外资源位：优酷视频网播放页通发画中画；新浪视频内页 Banner；新浪微博首页右侧推荐。

5．资源位的优化思路

① 定位优化法

直接选择类目资源推荐包上的流量资源位，价位上采取低价通投，溢价投放选择之前被验证过的定向人群，之后，在锁定目标人群集中的资源位上逐渐调价，从而获取更多的优质流量。

② 保守尝试法

选择智能出价中价格较低的流量展位进行试投，挖掘其中 CTR 较高及点击成本较低的资源位进行收藏，之后，整理并进行定向溢价操作，从而找到性价比较高的流量，持续投放。

### 4.3.3 不懂定向，别碰钻展

钻展采取的是 CPM 计费方式，也就是说，你的支出与成交无关。所以此时，点击转化就变得非常重要。而客户的定向直接决定了你的广告转化情况。如果你从来没有对定向有所研究，就盲目地投放钻展，你一定会发现，你的钱在不断流失，而真正进到你店里的客户却是少之又少。

1．店铺定向

这个定向原理比较简单，可见、可操作的店铺定向是直接选择投放的省市和时间；不可见的是店铺自身的相关性。每个店铺都有与其相关的产品和人群定向。

2．群体定向

综合消费者的历史浏览、搜索、收藏、购买行为，确定消费者当前最可能点击的商品类型和价格偏向，提炼出 21 种主流商品类型，每种产品类型有高、中、低 3 种价格倾向。

简单来说，就是根据购买产品来定向出“一级类目+价格倾向”定向客户群体。举个例子：假如作为一个买家，你一直都很喜欢浏览或者购买连衣裙产品，而且喜欢的价位偏高，那么你在被定向时就会被归为“女装+高”的群体定向中。

3．访客定向

综合消费者的历史浏览、搜索、收藏、购买行为，确定消费者与店铺的关联关系。简单点来说，你可以通过通过竞争对手的店铺 ID 来实现让他店铺的客户及浏览过他店铺的顾客成为你的广告投放目标。

自主店铺搜集方法：

① 借助数据魔方搜集。

② 类目搜索，按销量排序，找风格最相近的店铺。

③ 日常竞争对手收集。

### 4．兴趣点定向

综合消费者的历史浏览、搜索、收藏、购买行为，确定消费者当前感兴趣的商品类型，兴趣点定向可以精确到二级及以下类目、商品特性。此定向适合所有类目，类目越精准，流量越精准。

举个例子：假设我现在主推女鞋单品，那么最近搜索过“女鞋”的人就是我的潜在客户。

如果我在兴趣点定向设置中选择了连衣裙，那么最近搜索过“连衣裙”的人就能优先看到我的推广图片。

兴趣点设置小技巧：

① 根据产品周期的不同，选择不同的兴趣点。本项适用于服装类等周期性产品。

② 如果你的商品是小类目商品，可以尝试精准兴趣点投放方法。单个计划、单个创意、单个兴趣点。

③ 如果某一个兴趣点圈定的人数太少，无法获取充足的流量，可以尝试寻找重合度高的兴趣点来设定。例如：高帮棉鞋对应重合度高的是雪地靴。

### 5．总结

新手在设置计划的初期，可以一个计划里三个定向都同时去做，投放成功后，通过看报表中的定向报表，看群体、访客、兴趣点的点击率消耗等数据来逐渐积累经验。

店铺不同、流量的需求自然也不一样，投放的策略就不同。所以，在最初店铺定向时，不要过于纠结究竟该定向哪一个，该定向多少，更不要期待有一个固定模式可以供你套用，一定要学会多投放，多测试，然后总结出一套适合自己的定向方式。

除此之外，钻石展位还有营销场景定向及 DMP 定向，这两种定向需要有一定的客户积累才能实现，目前在钻石展位后台，也是仅开放给 KA 客户及大卖家，所以本书不会讲解此部分内容。如果你是一名大卖家店铺的推广专员，需要这方面知识的探讨，可以联系笔者，进行单独分享。

### 4.3.4 怎么出价才不赔（溢价）

#### 1. 出价前你需要先弄清楚的几个问题

① 排名的计费原则。计费方式不用说了，千次展现收费。扣费原则：下一名的出价 + 0.01 元，也就是说不管第一名出多少钱，他的最终扣费金额为他下一名的出价加 0.01 元。假设你出价 1000 元排在了第一位，而你下一名出价为 1 元，则你最终的扣费为 1.01 元。

② 同一个广告资源位可以建立在多个计划中，但是遵循价高者得原理，所以注意出价不要内耗。

③ 溢价原理。

a. 定向逻辑：通投→群体定向→访客定向→兴趣点定向，逐层细化筛选。

b. 溢价原理：遵循定向逻辑逐层加价（见图 4-47）。

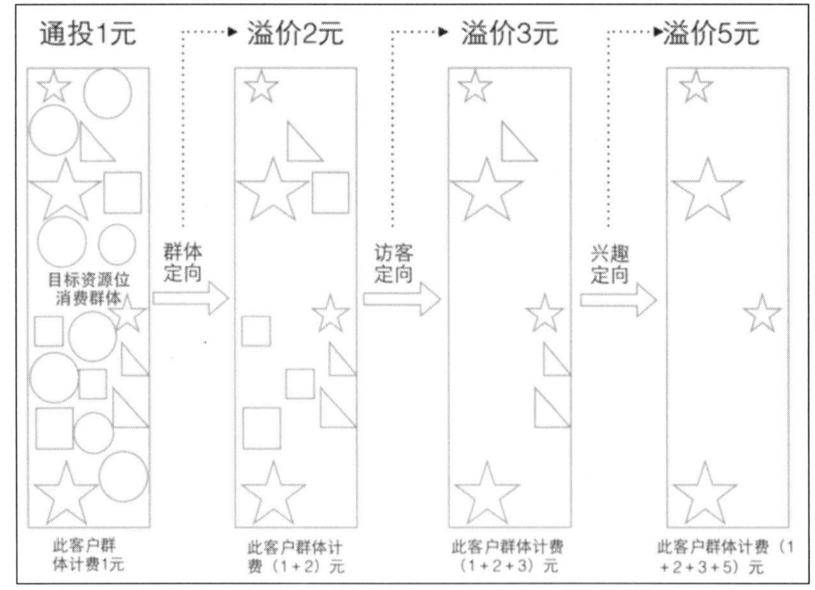


图 4-47

简单点说，如果你不设置溢价，那么你所有的广告投放则按照通投价格来计算。如果你设置了溢价，则在精准客户群群体上再次加价，依此类推。

### 2. 出价策略

① 首次出价建议选择系统推荐出价。当然如果你的首次钻展投放是“双 11”预热期或当天，那么所有的建议出价都低了。

② 在选择好资源位的情况下，建议进行定向溢价。依然采取系统建议溢价金额。

③ 经过测试，观察报表及数据对出价进行加价调整。

④ 在追求合理回报的目标下，出价时，通投的价格应小于定向溢价。这样的出价方式获取的客户流量将更加精准。因为通过层层定向细分更容易找到符合你的客户群体，他们成交购买的几率则越大。而如果相反，你的通投价位很高，则会有很多非目标客户群的展现，这样也就造成了大量的浪费。

⑤ 设置好合理的投放预算（初期建议 500 ~ 1000），以免造成不必要的损失。如果初期资金并不是很充足，建议选择自己类目的成交高峰期进行投放，也可以对一些非经常购买的地域进行去除。

## 4.3.5 创意决定生意（不要忽略网页周边环境）

之所以说创意决定生意，是因为创意诉求决定着客户的点击，而没有点击就没有了更直接的成交可能。所以，如果在你还没有一个很强的创意设计基础时，建议不要盲目投放钻展。那么，如何才能制作出好的创意呢？

### 1. 要有一个好的设计师（这不是废话嘛）

### 2. 收集素材、分析素材

养成收集素材的好习惯，并学会分析素材从而找到制作素材的关键点。除此之外，收集素材还可以让我们对竞争对手做到“知己知彼”，对于投放来讲，如果不了解整体情况，那么必然会有所损失。

#### （1）收集素材的方法

① 日常人工收集，看到好的素材就收集起来。收集素材时要注意一点，就是创意素材的展现是根据你的浏览习惯展现的。所以，你想收集你类目的素材，就要保证你最近最后一次搜

索浏览的是此类目的相关产品。

② 提取创意 Cool 的优秀素材。

**（2）分析素材的方法**

利用表格进行关键点提炼与总结（见图 4-48）。

| 抽取同类优秀素材进行分析 | | |
|---|---|---|
| 素材 | 文案 | 视觉 |
|  妞！该换鞋了 30%SALE TO BE OPENING... | 妞！该换鞋了<br>折扣 | 静态模特 |
|  女人要更爱自己！时尚新品全场包邮 | 女人要更爱自己<br>新品折扣 | 产品平铺 |
|  | | |

图 4-48

### 3. 素材的制作

**（1）了解钻展对素材及文案的要求**

① 钻展创意一般审核两个方面的内容。

a. 创意图片本身是否有违规信息；

b. 链接页面和店铺是否有违规信息。

② 商家容易犯的违规。

a. 钻石展位推广信息中，严禁在素材和链接落地页面出现排他性的唯一存在，常见绝对化用语（包括不仅限于）：

“给他最好的”、“冠军”、“独家”、“唯一”、“第一品牌”、“全网销量第一”、“全球首发”、

"顶级工艺"、最新科学、最新技术、最先进加工工艺、"最时尚"、"最佳"、"最高"、"极品"、"顶级"、"顶尖"、"终极"、"最受欢迎 "、"王牌"、"**之王"、"冠军"、"第一（NO.1\Top1）"、"极致"、"永久"、"王牌"、"掌门人"、"领袖品牌"、"全网首发"、"独一无二"、"独家"、"绝无仅有"、"前无古人"、"史无前例"、"冠军"、"至尊"、"王者" 等（见图 4-49）。

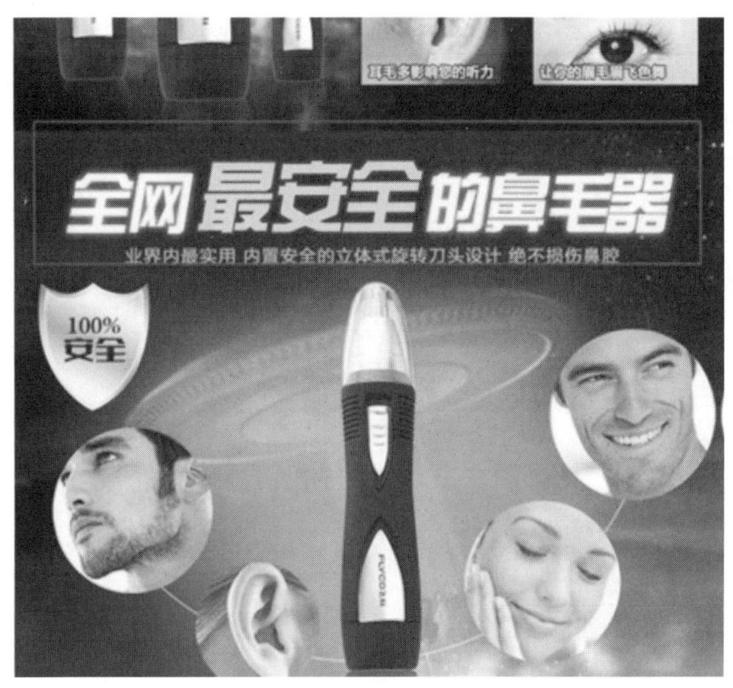


图 4-49

b. 如果想要在创意图片上使用聚划算及 Logo，则需要满足：产品在聚划算排期。使用的聚划算 Logo 必须是官方公布的 9 个，文字只能在一整句话中使用，不能有任何的凸显（包括字体、颜色、大小）的改变。

c. 不可使用官方大促 Logo，比如"年中大促"等。但可以在一句话中使用大促的文案。

d. 素材要求并不完全通用，有些展位会有自己的特殊要求，所以在制作之前，除了了解尺寸外，还要看看要制作的展位是否还有其他特殊说明。

e. 钻展中严禁出现低俗丑陋、色情暴力等内容。更多规则可以通过 http://help.alimama.com/#!/zuanshi/faq/list?id=8307275 进行了解（见图 4-50）。

图 4-50

**（2）素材的制作思路**

① 创意的投放位置

不同网站的客户群体不同，关注的话题也不同。网站的不同位置图片的凸显能力也不同，所以制作之前要先做好充分调研，从而可以更好地展现你的创意广告（见图 4-51 和图 4-52）。

图 4-51

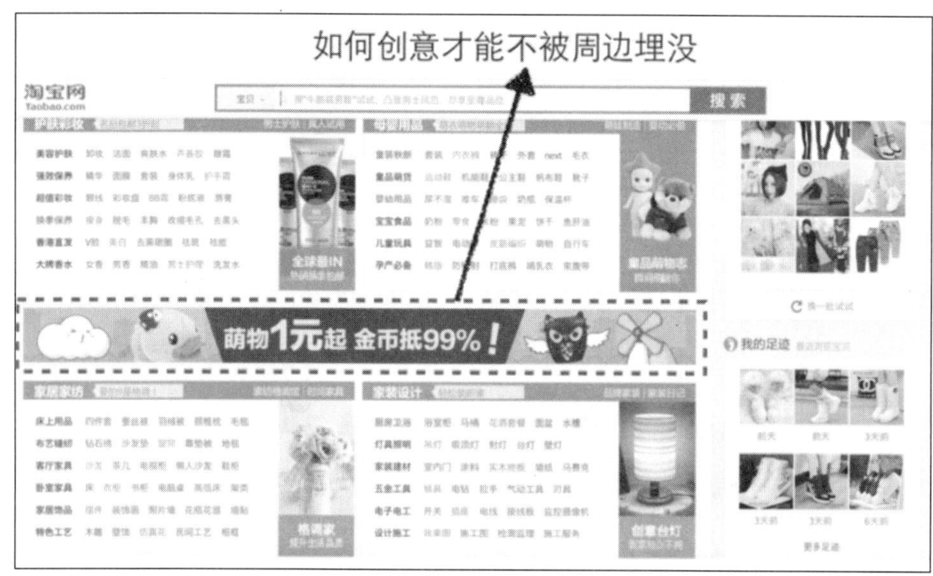


图 4-52

② 创意广告的目的

不同的广告目的，所展现出的素材必然不同。为了打造爆款，素材就要凸显单品的优势。为了扩大品牌知名度，素材就要凸显品牌的核心诉求（见图 4-53 和图 4-54）。

图 4-53

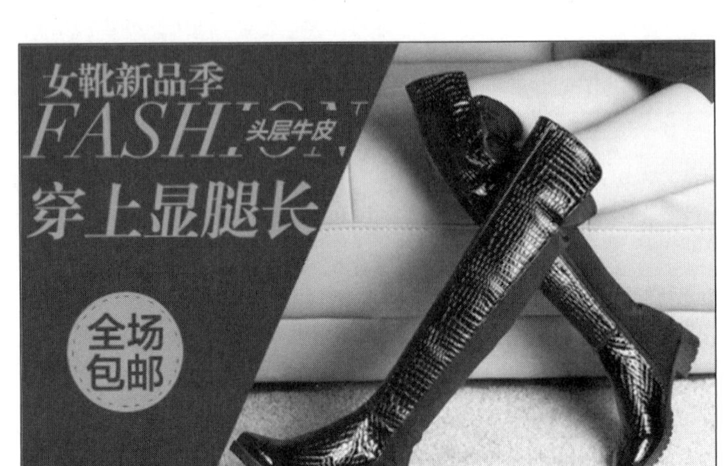


图 4-54

### 4．创意的测试与优化

任何事情都很难一次尽善尽美，所以不要苛求设计人员一次成功。取而代之的应该是推广与设计的通力配合。在设计人员出了创意后，推广人员开始进行测试，测试的方法跟之前讲过的思路一样，其他项不变，只考核创意。最终筛选出最优秀的创意，再反馈给设计人员，给予设计人员创意思路（见图 4-55、图 4-56 和图 4-57）。

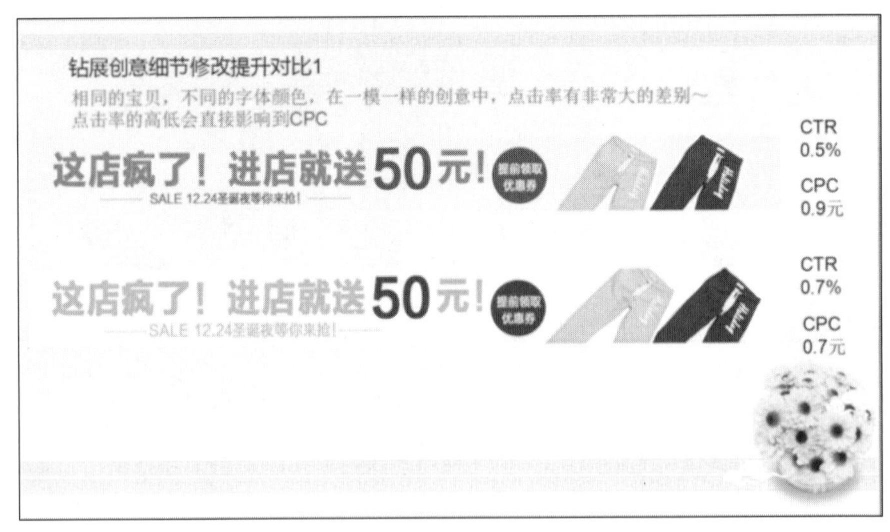


图 4-55 （注：此图片转自于派代论坛：派代钻展小五）

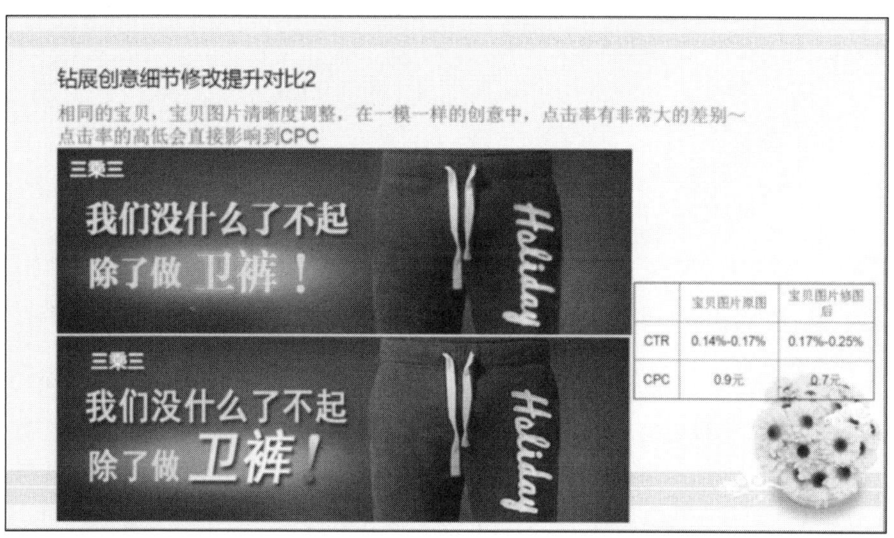


图 4-56　（此图片转自于派代论坛：派代钻展小五）

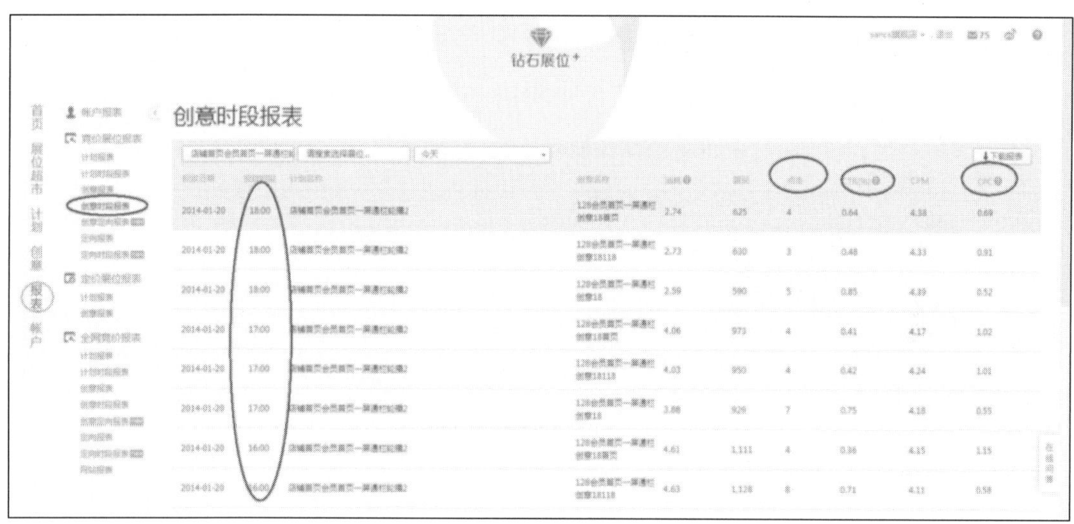


图 4-57　（此图片来源于网络：派代网钻展小五）

# 4.4 抓住趋势——无线钻展

### 1. 了解无线钻展

无线端的推广一直是近两年的热门话题。那么，对于钻展推广工具来说，自然也会不断增加无线端的推广力度。无线钻展，并非是一个单一工具，而是一种推广思路。它包含在整个大的钻展系统中，需要我们有意识地去使用。

### 2. 无线钻展的优势

PC 端的钻展推广，只能展现在 PC 电脑前，既然需要电脑，你会发现，人们的活动时间就会被限制。而现在，平板电脑、手机几乎已经占据了人们的大部分时间。所以，经过一段时间的推广，你会发现，无线端的购物时间段更自由，更随心所欲。2013 年的“双 11”及 2014 年的“三八节”无线端活动恰恰验证了无线端的魅力所在。

### 3. 如何用钻展投放无线广告。

① 建立计划时，选择无线端展位。

② 添加创意链接时，填写无线链接（见图 4-58）。

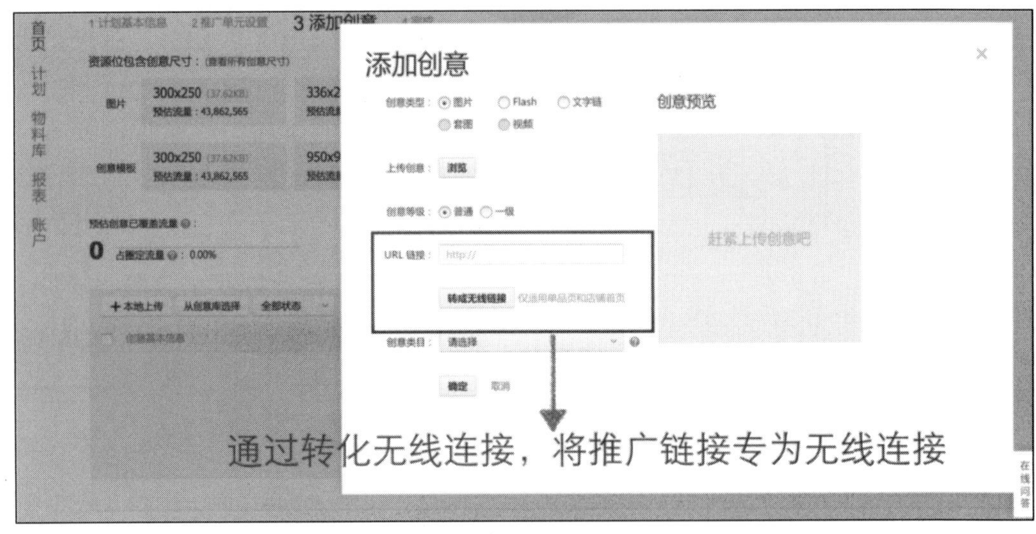


图 4-58

无线钻展的定向与优化与我们正常的PC端的优化原理相同。所以本书就不再做相关讲解。

其实是否要将无线钻展独立为一小节笔者也有所犹豫，因为毕竟此小节涵盖的内容量并非很大，完全可以加入到计划建立小节中去讲解。但最终，笔者还是将其作为一节来独立讲解。其实目的只有一个，就是让你意识到无线端的重要性。不要一味地去跟随，而是要学会先人一步。目前来讲无线端也没有多少先机可供你去抢占了，但是最起码不要被落得太远。所以我建议你此刻就开始无线钻展的推广。当然，前提是你已经为无线店铺做好装修，产品加上了无线描述。

# 第 5 章 淘金币

淘金币活动是淘宝网为集市卖家及天猫国际开放的一种官方营销活动。升级后的淘金币以一种对卖家免费开放的模式，为卖家提供了专业推广平台及更加优质的客户，可以说已成为集市卖家广为应用的推广方式（见图 5-1）。

图 5-1

本章将从淘金币概述及如何设置淘金币营销两部分详细介绍淘金币活动。

# 5.1　淘金币概述

## 5.1.1　淘金币活动

淘金币活动是淘宝网的一种积分营销工具。淘金币具有虚拟的积分特点，用于淘宝网买家与卖家交易时抵扣部分现金。

买家能够通过持有的淘金币，在淘金币频道兑换及抽取免费商品。卖家则可以通过报名淘金币活动，在淘金币的官方推广平台展现自己的商品，获得稳定的流量。

## 5.1.2　淘金币推广的优势

### 1．客观的活动流量

淘金币在淘宝网首页的左侧栏中就有专门入口，单击可直接进入淘金币的官方平台。因此，能够借助淘宝网首页每日的高访问量，为淘金币平台带来可观的流量（见图 5-2）。

图 5-2

流量更稳定。凡是参加淘金币活动的卖家，都有机会进入到淘金币页面的店铺街进行商品展示，淘金币店铺街每日的流量可达 1500 万，因此，能够为卖家提供更加稳定的流量。淘金币是淘宝网最大的营销平台，曾创造过品牌团购破百万，单品一夜破万的记录。因此，当季商品日销量过千，店铺商品当日成交量翻番在淘金币活动中都有实现的可能。

### 2．买家认可度高，为卖家提供更优质的客户

淘金币在淘宝网成功运行的几年中，积累了大量的忠实客户。使用淘金币购买商品进行部分现金抵扣，已经成为成熟的淘宝买家惯用的消费模式。

### 3．淘金币活动能够提高卖家的转化率

据统计，淘宝网有过亿买家拥有淘金币，如卖家参加了淘金币活动，而且全店支持淘金币抵扣，势必会为店铺吸引大量流量，提升店铺的转化率。

### 4．增加与买家的互动性，提高买家黏性

淘宝网每天有 2000 万的买家通过各种渠道进行淘金币的领取。卖家可以通过相关设置，赠送买家淘金币，同时还可以通过设置淘金币抵扣，增加买家黏性，使买家更愿意在卖家店铺消费（见图 5-3）。

图 5-3

## 5.2　如何设置淘金币营销

集市卖家通过进入“卖家中心”，单击左侧的“营销中心”中的“淘金币营销”，随后进入淘金币卖家服务中心（见图 5-4）。

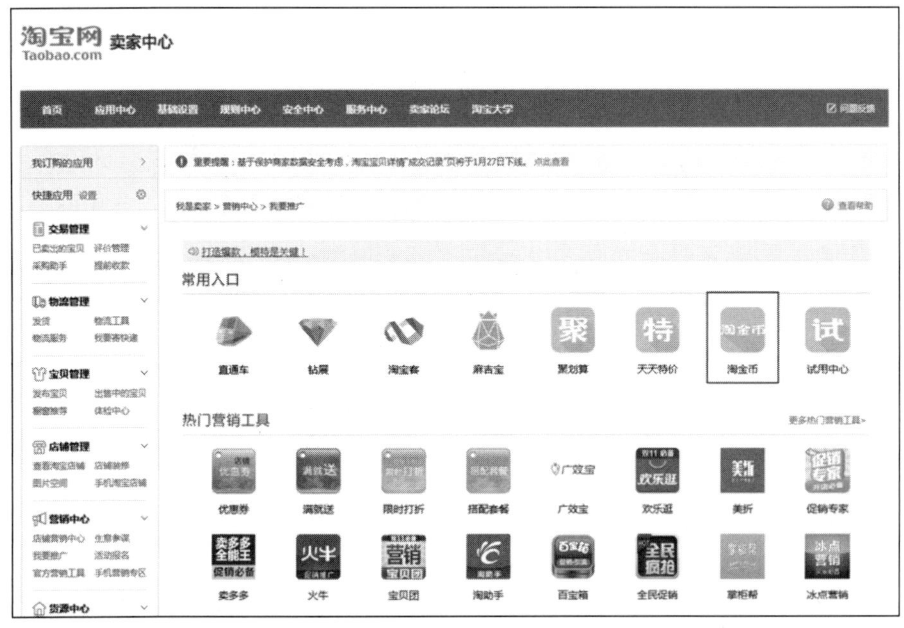


图 5-4

特别提示的是，当卖家首次使用淘金币营销工具时需要先开通淘金币账户（见图 5-5）。

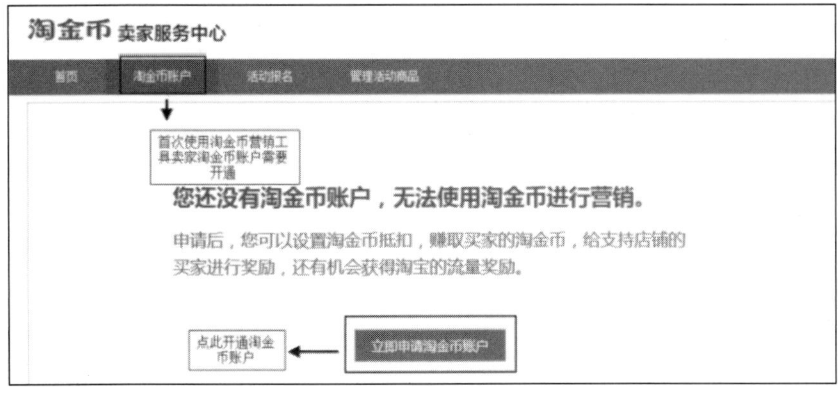


图 5-5

进入到“卖家服务中心”后，卖家可以选择“赚淘金币”或者“花淘金币”，对店铺进行相关的淘金币设置（见图5-6和图5-7）。

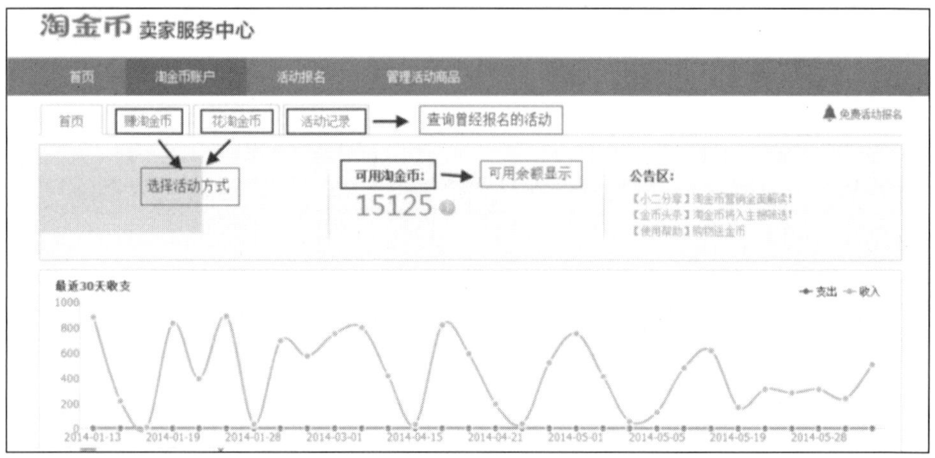


图5-6

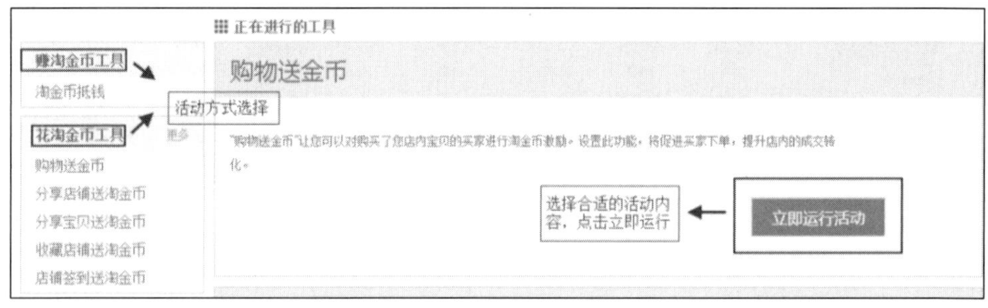


图5-7

## 5.3 “花淘金币”——淘金币的活动形式

### 1. 购物送淘金币

购物送淘金币是指卖家通过对商品的设置，在买家成功购买商品后给予买家淘金币奖励。这种方式能够有效地促使买家下单，提高成交几率。

#### （1）购物送金币活动的操作流程

① 卖家单击“购物送金币”中的“立即运行活动”，进入到“购物送金币”的页面（见图5-8）。

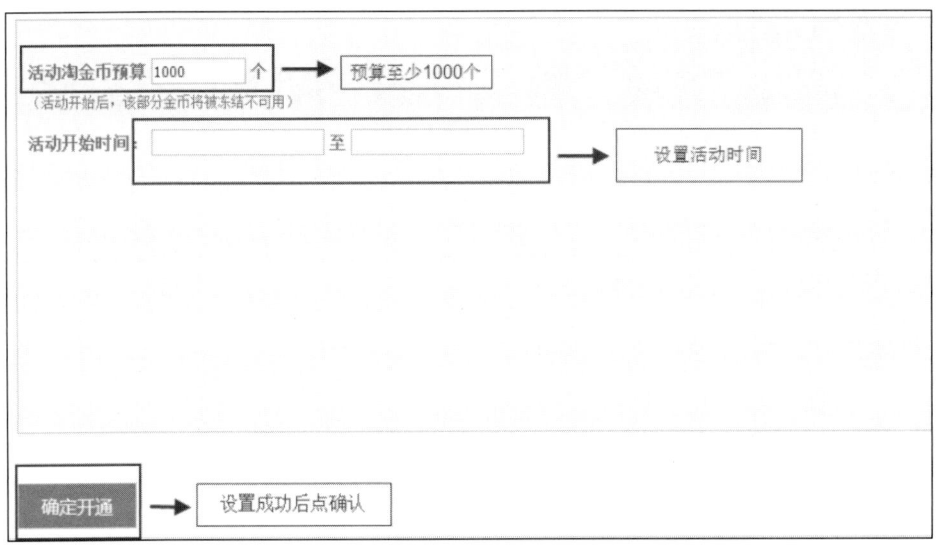


图 5-8

② 填写“购物送金币预算”及“活动时间”，单击“确认开通”按钮（见图 5-9）。

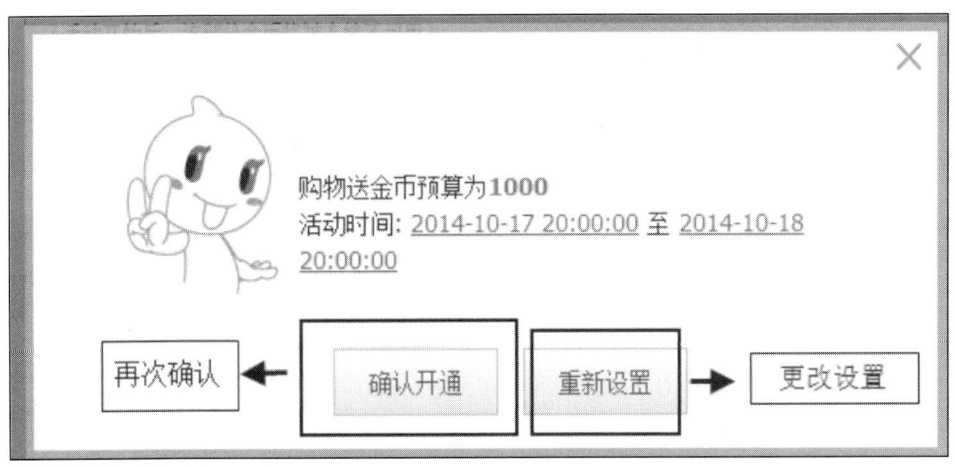


图 5-9

③ 通过单击“确认开通”按钮进行再次确认，活动设置成功。

活动设置成功后，在“卖家服务中心”页面，可查询“活动记录”（见图 5-10）。

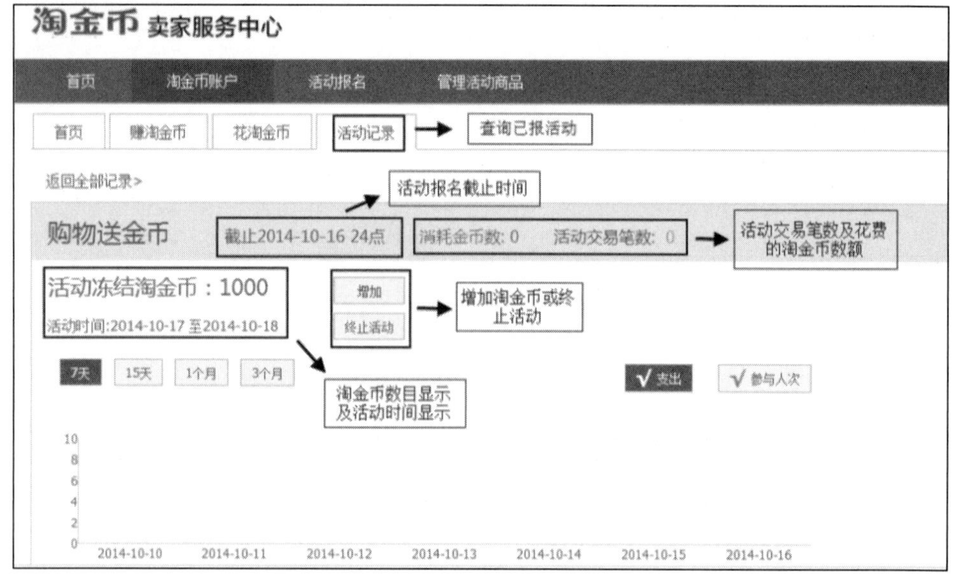


图 5-10

**（2）购物送淘金币活动设置的注意事项**

① 卖家根据买家的成交金额的整数赠送买家金币，1 元钱送 1 个金币，单笔订单最高 100 个金币。

② 卖家在活动期间，需要先计算出所花费的金币总数，并且在活动期间这些数额的金币将被冻结。

③ 每位买家通过该活动，每天最多只能获得 100 个金币。

④ 活动经设置后将无法修改。卖家的金币不足时，可在此活动的报表中增加预算。

⑤ 为保证淘金币不少于 1000 个，当卖家淘金币不足 100 个时，系统将自动终止卖家活动。

## 2．店铺签到送金币

“店铺签到送金币”是卖家对进店签到的买家赠送淘金币的活动。卖家通过此项设置来让买家长期持续地进入卖家店铺，在增加卖家人气的同时提升买家对店铺的黏性，从而有效提升其二次购买率。

**（1）店铺签到送金币的设置流程**

① 卖家单击“店铺签到送淘金币”中的“立即运行活动”，进入活动设置页面（见图 5-11）。

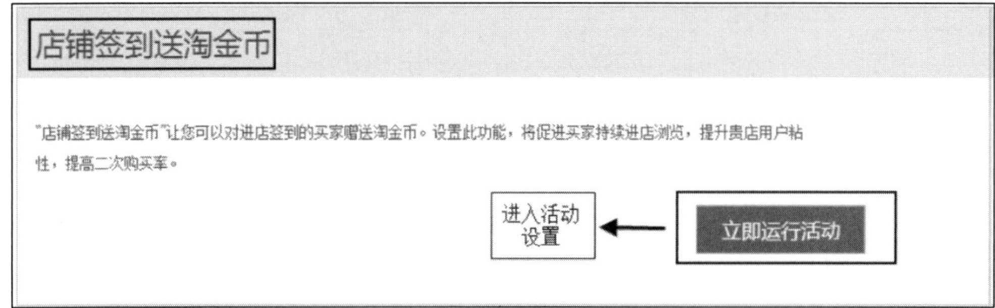


图 5-11

② 进入“店铺签到送淘金币”的设置页，填写相关信息，单击“发布”按钮，活动发布成功（见图 5-12 和图 5-13）。

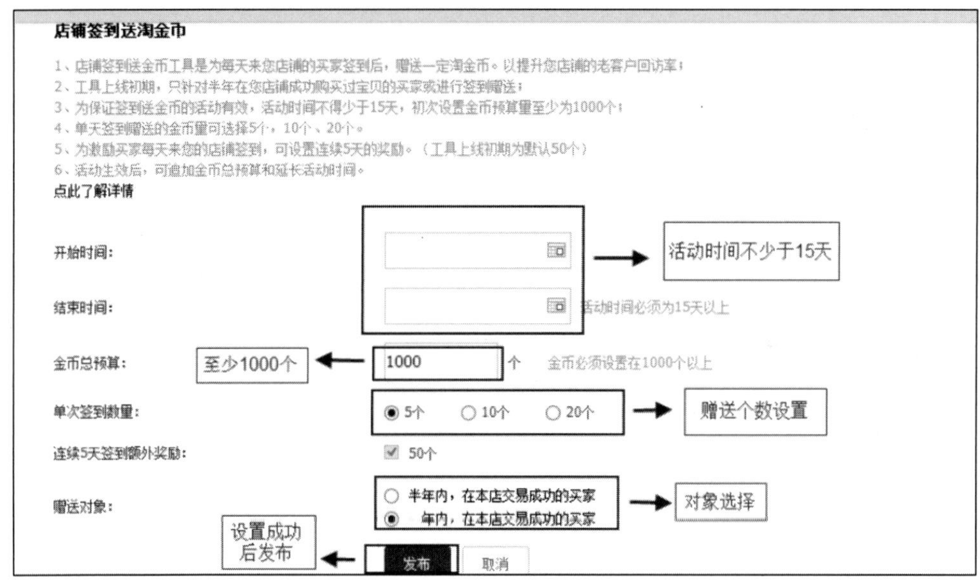


图 5-12

若卖家需要取消活动，则单击右上角的“结束活动”，将出现“确定结束”的提示（见图 5-14）。

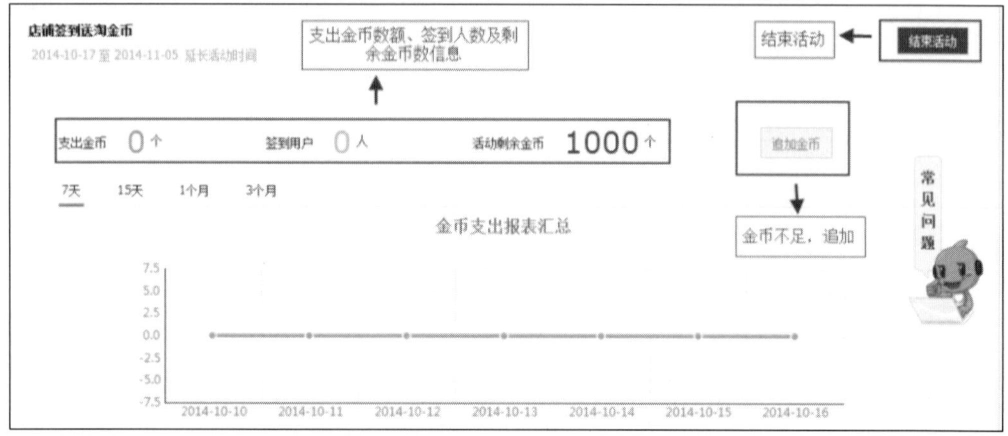


图 5-13

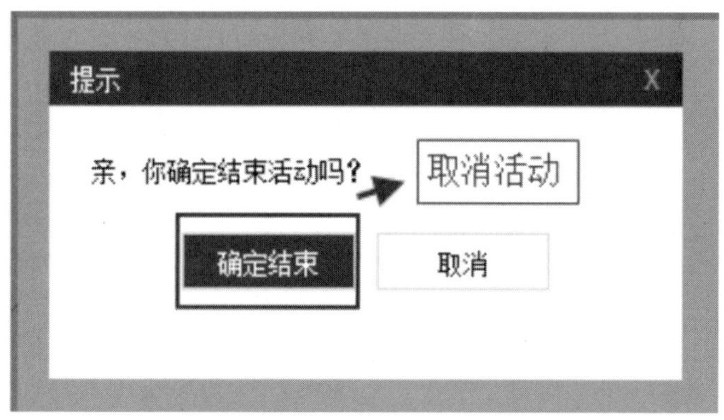


图 5-14

**（2）店铺签到送金币设置的注意事项**

① 初次设置该活动的卖家，活动时间至少为 15 天，淘金币的预算量至少为 1000 个。

② 卖家可以为增加买家黏性，设置连续签到 5 天的买家给予额外淘金币奖励，系统初始设置默认值为 50。

③ 单日签到卖家可设置赠送淘金币的数额为 5、10 或者 20 个，卖家根据实际情况自行选择。

④ 系统一般会针对半年内或者一年内在卖家店铺购买过商品的买家或者签到的顾客赠送淘金币。

### 3．分享店铺送淘金币、分享宝贝送淘金币

“分享店铺送淘金币”及“分享宝贝送淘金币”，都是卖家对分享店铺或者宝贝的买家赠送淘金币的一种活动。买家可以通过此活动将卖家的店铺或者宝贝分享到人人、豆瓣及微博上，而卖家将会被更多的人关注。

因为两种活动的具体设置过程一致，所以为大家合并讲解（见图 5-15）。

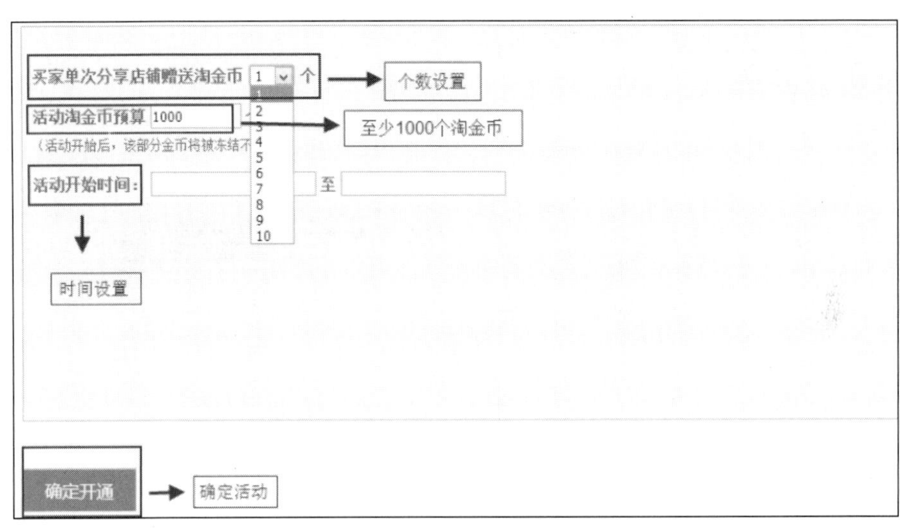


图 5-15

**（1）“分享店铺送金币”设置条件**

① 卖家可以针对在店内购买一年内的买家设置该功能。

② 卖家可设置买家单次分享店铺获得的淘金币数额，为 1 ~ 10 个的整数倍，并设置淘金币预算至少 1000 个。

③ 金币数额成功设置后，活动期间将被冻结。

④ 每位买家一个月内多次分享卖家店铺，只获得一次淘金币。

**（2）“分享宝贝送淘金币”设置条件**

① 与“分享店铺送宝贝”的设置条件的前三条一致。

② 买家若在一个月内多次分享卖家同一款宝贝，则只能获得一次淘金币奖励。且每位买家每天分享卖家宝贝最多只能获得 25 个淘金币。

### 4．收藏店铺送淘金币

“收藏店铺送淘金币”是卖家针对收藏店铺的买家赠送一定数额淘金币的活动。卖家通过该功能的设置，能够增加店铺的人气，收藏量提高更容易使买家进店购买商品。

**（1）收藏店铺送淘金币的操作流程**

① 单击“立即运行活动”按钮，进入活动建立页面（见图 5-16）。

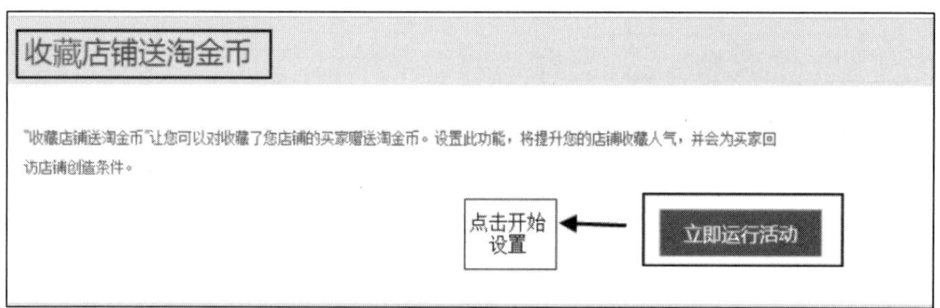


图 5-16

② 填写相关信息，单击“确定开通”按钮，活动设置成功（见图 5-17）。

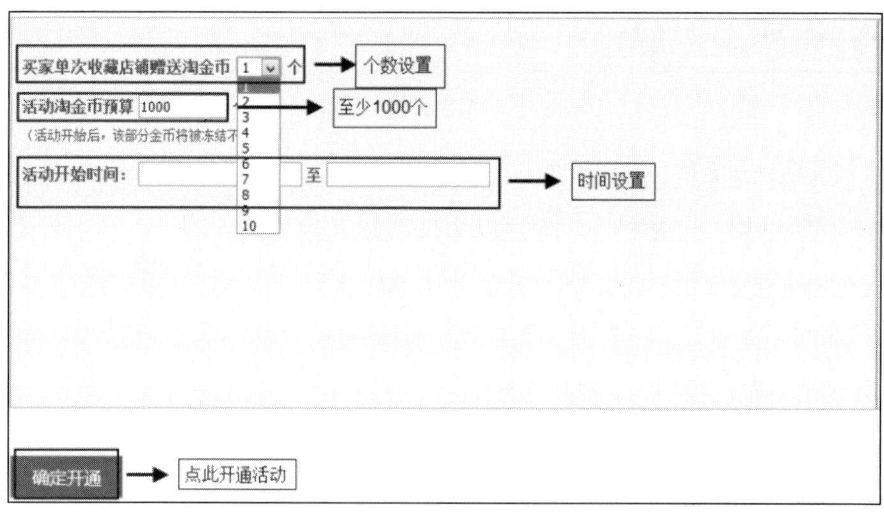


图 5-17

**（2）“收藏店铺送淘金币”设置条件**

① 与“分享店铺送淘金币”的前三条一致。

② 买家一个月收藏卖家店铺多次，只能获得一次淘金币，不可重复获得。

### 5. 评价送金币

评价送金币是卖家针对买家好评而赠送淘金币的促销活动。通过这个活动可以鼓励买家好评，增加店铺好评率。

### 6. 微淘新人送淘金币

微淘新人送淘金币是针对一年内未购买过卖家店铺的潜在用户，赠送指定数量的淘金币的活动。设置此活动可以增加潜在客户的转化率。

### 7. 淘口令送淘金币

淘口令送金币活动是指卖家在设置该活动后，商品会透出在淘口令活动专区，买家可以通过淘口令将卖家设置的商品分享到微信渠道从而获得淘金币的奖励。通过该活动卖家可以有效提高商品的流量和转化。

## 5.4 “赚淘金币”——淘金币抵钱

无论是“赚淘金币”还是“花淘金币”，都是卖家通过对淘金币活动的相应设置，从而获得更多流量。

“赚淘金币”主要是通过卖家运行“淘金币抵钱”及“金币兑换工具”活动来进行。

### 1. 淘金币抵钱

**（1）“淘金币抵钱”设置条件**

① 卖家需要设置全店支持淘金币抵钱的有效时间。活动的时间越长，卖家将获得越多的淘金币，从而活动的流量奖励也越多。

② 开通该活动后，店内的所有产品均将支持买家使用淘金币抵钱。

③ 活动一旦被成功设置将无法更改，除非终止活动重新设置。

④ 卖家设置的单笔订单最低使用淘金币抵扣的比例为1%，最高为99%，该比例必须为整数。

⑤ 卖家全店开通活动后，可以单独对某一产品设置抵扣。

**（2）“淘金币抵钱”的设置流程**

① 在淘金币后台，单击“赚淘金币”，找到“淘金币抵钱”活动，单击“立即运行活动”，

进入活动设置页面（见图 5-18）。

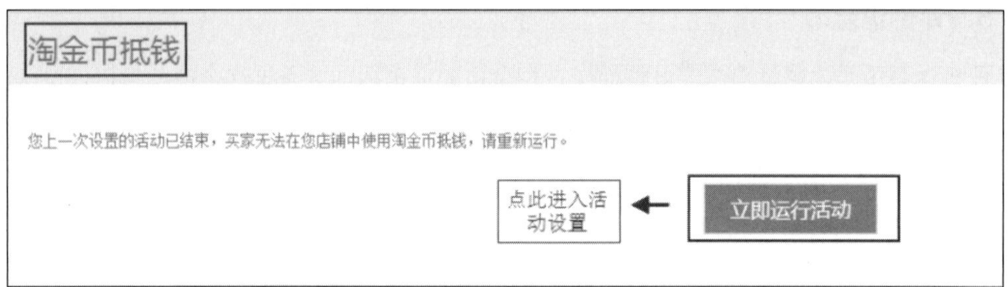


图 5-18

② 填写相关活动内容，设置相应折扣，单击“同意开通”按钮，活动设置成功（见图 5-19）。

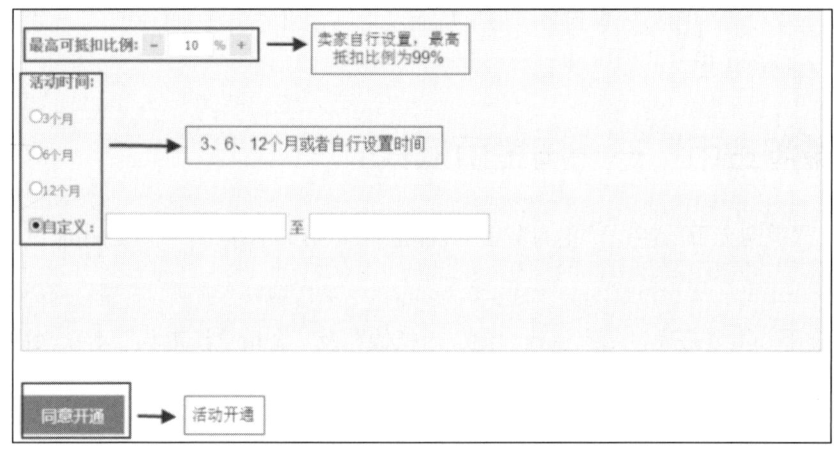


图 5-19

## 2. 金币兑换工具

“淘金币兑换商品”通过对商品设置更灵活的兑换价格，更好地实现对买家的淘金币激励。

### （1）设置流程

进入淘金币卖家中心，单击“赚金币”→“淘金币店铺兑换”→“立即运行活动”，按照活动提示进行设置即可（图 5-20）。

第一次进入该活动，需要先进行活动开通。

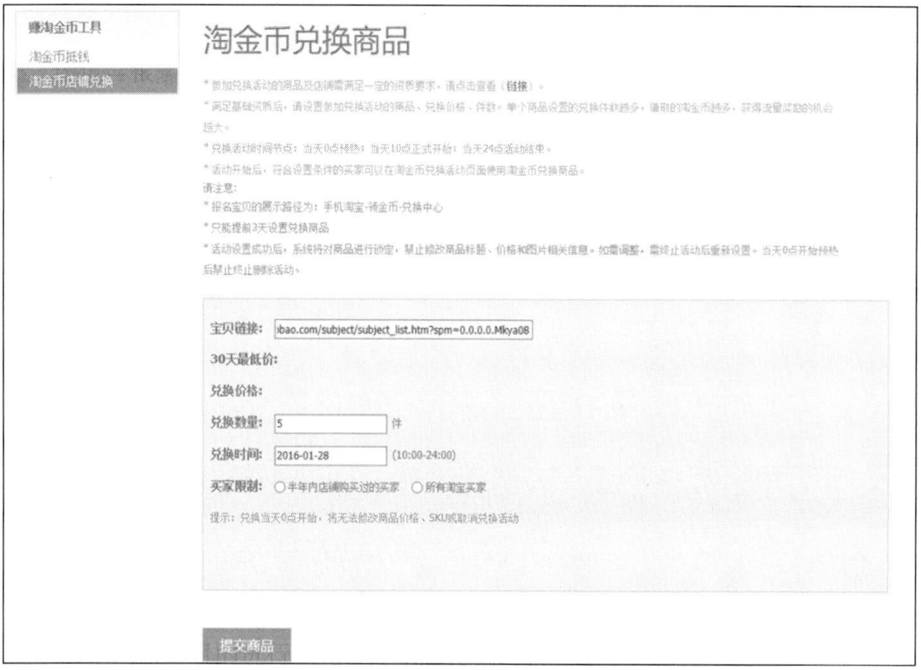

图 5-20

**（2）金币兑换工具的设置条件**

① 设置“金币兑换商品”的商品需满足如下条件：

a. 商品 30 天已售数量≥30 件

b. 商品为全新商品

c. 宝贝一口价在“5 元 ~ 2000 元”之间

d. 商品不含有区间价格

② 设置“金币兑换商品”的店铺需满足如下条件：

a. 店铺评分中“宝贝与描述相符”、“卖家的服务态度”、“卖家发货的速度”三项评分均达 4.6 分及以上

b. 符合《淘宝网营销活动规则》

需要注意的是，在活动设置完成后，系统会对活动商品进行锁定。在此期间，系统禁止修改商品标题、价格和图片等相关信息。

# 第 6 章
# 会员俱乐部（VIP 会员）

VIP 专供会员俱乐部是淘宝网为商家提供的官方活动之一，通过对淘宝 VIP 买家设置购买商品时的优惠价格，为商家引流量，提升成交额。同时，也是淘宝网为商家提供的一种用于回馈有多年网购经历的买家的优惠活动（见图 6-1）。

图 6-1

商家可以通过设置商品的 VIP 价格，吸引优质的新老顾客。本章将从会员俱乐部概述及 VIP 价格设置两个部分进行阐述。

# 6.1　会员俱乐部概述

VIP 专供会员俱乐部是淘宝网为商家提供的一种营销活动。针对淘宝网为淘宝买家设置的 VIP 级别，会员俱乐部为其提供专享折扣及优惠。

商家可以通过自行对店内的商品进行 VIP 价格设置，对于参加活动的商品也是由商家自主选择，并且商家需要根据 VIP 的不同等级，设置阶梯式折扣。这样可以使不同级别的 VIP 用户享有不同折扣。

级别越高的淘宝买家最终获得的折扣就越大，同时还会享受一些尊享特权。买家的 VIP 级别是由其在淘宝网累积购物的消费金额决定，消费越多，级别越高（见图 6-2）。

图 6-2

## 6.1.1　为什么要设置 VIP 阶梯价

淘宝买家数量众多，如果设置的 VIP 价格都一样，那么，对于买家来说就没有太大的乐趣了。

当商家将同一件宝贝设置了不同的 VIP 尊享价，就会明显地区分不同级别的买家，而当买家在购买商家设置 VIP 价格的商品时，也会享受到与别人不同的优惠，级别越高，享受的折扣也越多，这种尊荣足以令买家再次回头购买商家的商品。区分后，级别低的买家也会努力使自己成为级别高的买家，增加了购物的乐趣及积极性，所有级别的买家都会保有兴致地去购买专属于自己优惠的商品。因此，商家一定要设置不同的 VIP 价格，将差距拉开，提高买家的购物热情。

不同级别的 VIP 买家在 VIP 商品的价格上享受的最低折扣差别为 0.2 折（见图 6-3）。

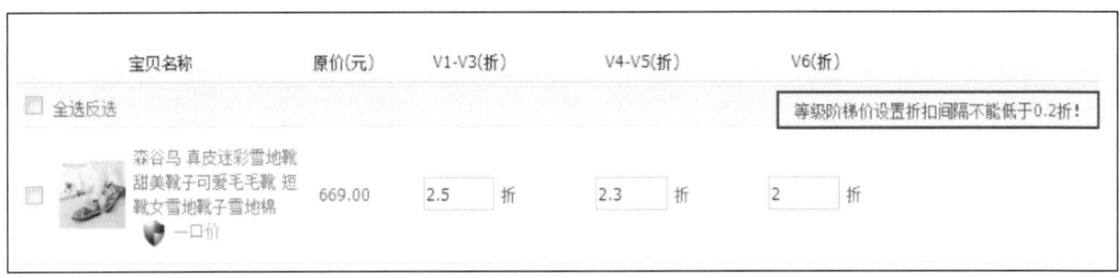


图 6-3

举个例子来说明：如果一款宝贝的售价为 299 元，而其在 30 天内的最低售价为 100 元。在设置 VIP 会员价时，分别设置了：

① V1 ~ V3 会员：2.5 折；

② V4 ~ V5 会员：2.3 折；

③ V6 会员：2 折。

则 V1 ~ V3 会员可以以 100×25%=25 元购买此商品；V4 ~ V5 会员则可享受 23 元的价格；较 V1 ~ V3 会员至少有 0.2%的折扣，即节省 2 元；而 V6 会员则可享受 20 元的价格。

## 6.1.2 会员俱乐部的三大流量入口

### 1. VIP 频道（vip.taobao.com）

商家设置的 VIP 专供商品会根据商品的特性被收录在会员俱乐部集合页面，从而帮助商家进行商品推广（见图 6-4 和图 6-5）。

淘宝会员
vip.taobao.com
首页
特权商品
我的特权
我的成长
卖家中心
潮流女装
品质男装
精美鞋包
美容护肤
时尚家居
性感内衣
亲亲宝贝
我的成长值：647
二月会员日
特权预告
距离开始还剩
15 天
节日特权
节日享优惠，一起狂欢
会员日
每月12日，好礼不见不散
周年纪念
周年礼包连送7天
生日特权
6重惊喜为你庆生
会员升级
7天好礼庆升级
中信淘宝V卡重磅来袭
淘宝会员独享
30元红包
最高10倍积分
我的签到台

图 6-4

淘宝会员
vip.taobao.com
首页
特权商品
我的特权
我的成长
卖家中心
全部
潮流女装
品质男装
精美鞋包
美容护肤
时尚家居
性感内衣
亲亲宝贝
综合
人气
销量
价格
V1 - V6 专享30天最低价
必抢爆款
切坏包赔 · 超值加大号
V1-V3
¥29.44
V1-V3
¥26.00
V1-V3
¥39.78
V1-V3
¥54.40
遇水现花
晴雨两用
丝瓜保湿卸妆水300ml
一杯
两盖

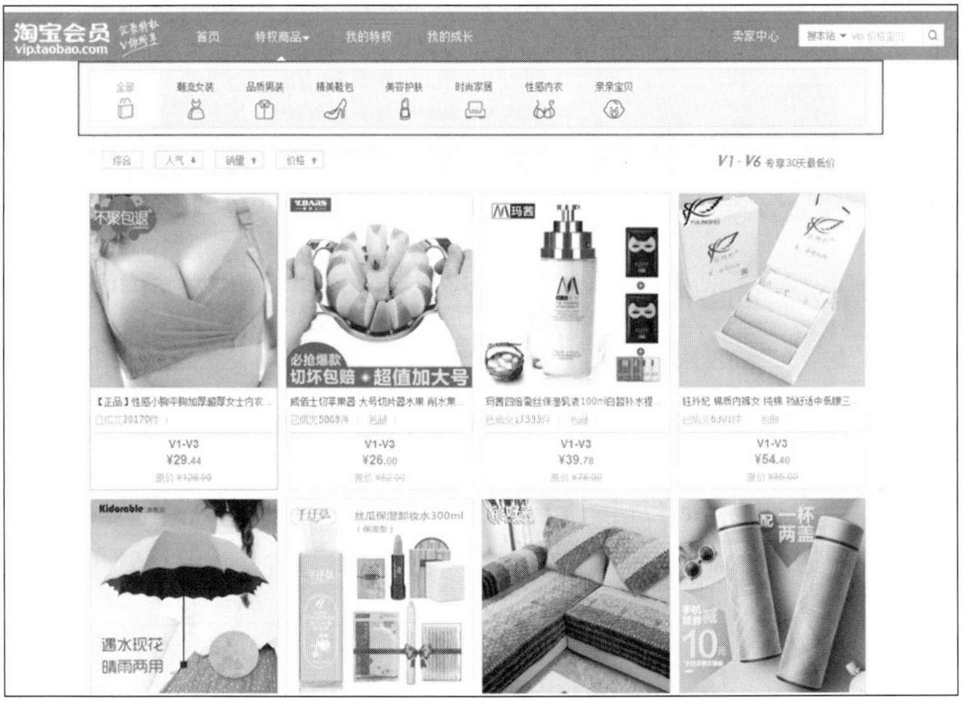

图 6-5

### 2．无线客户端的“我的淘宝”中的“会员专享活动”

“会员专享活动”入口在无线客户端中“我的淘宝”下方（见图 6-6），点击进入后便可查看活动商品（见图 6-7）。需要注意的是，因为淘宝、天猫 APP 客户端会经常升级，所以入口可能会发生变化，但是位置基本不会脱离“我的淘宝”。

图 6-6

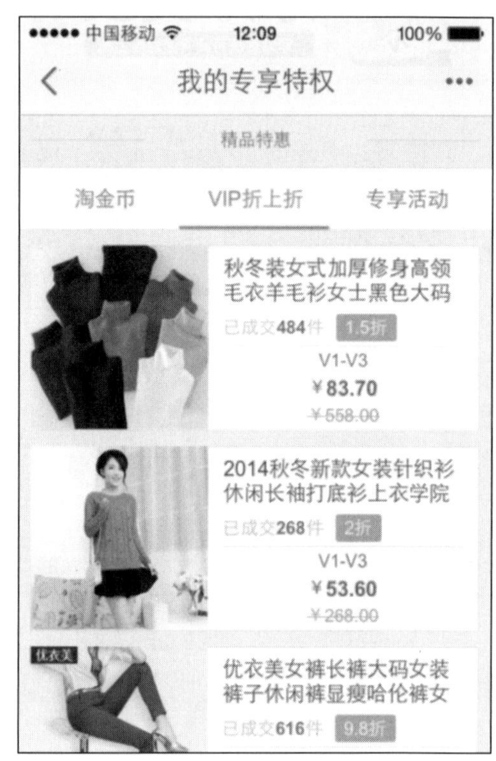


图 6-7

### 3．新手体验卡

针对新人注册成功后，在 15 天内可享新人 V5 体验价。体验价商品会在 V5 体验区曝光（见图 6-8）。

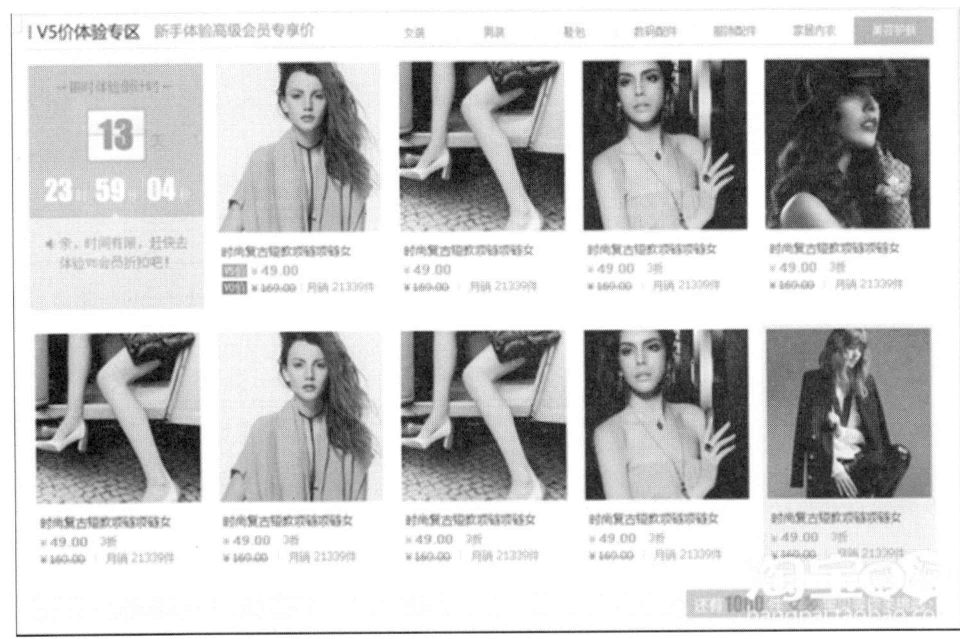


图 6-8

有人说淘宝是“得流量者得天下”，虽然这样说有些夸张，但是流量对于所有的淘宝商家来说都是最最重要的一部分。能够在专门的商家进行商品展示，对于商家来说，不仅提升了品牌价值及品牌认同感，而且能够通过流量的引入，提升店铺的营业额。

VIP 专供商品将会与淘宝会员特权强强联合，进行更强劲的推广运营。更多的推广方式，更有效的客户转化率，将会使得该活动成为商家获得更理想的销售效果。

## 6.1.3　会员的成长等级划分

### 1. VIP 会员的等级划分

会员成长值=累积购物金额（见图 6-9）。

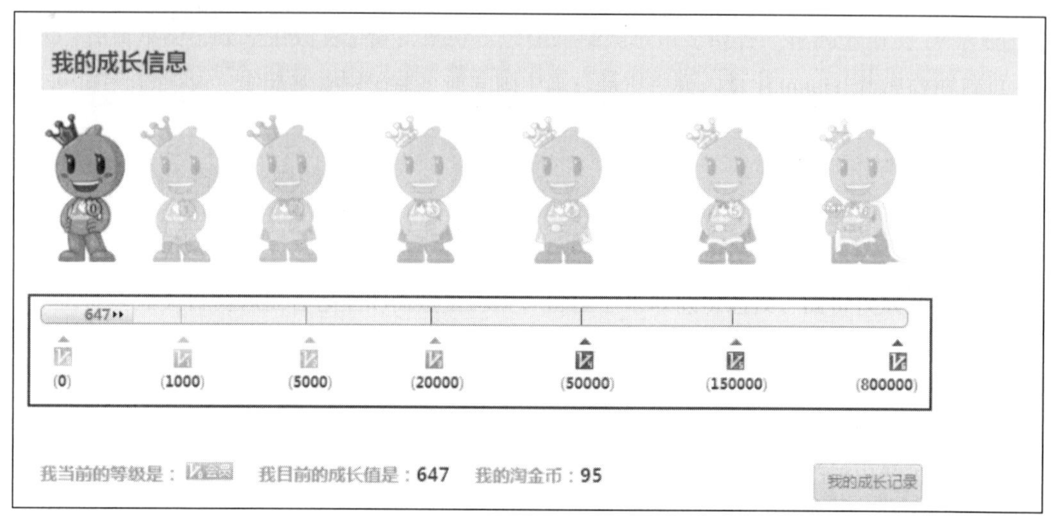


图 6-9

成长值按照交易金额的个位数取整计算。如，购买 88.2 元的商品，则确认收货后可以得到 88 分。成长值分等级每日封顶。

| 等　　级 | 每日封顶值 |
| --- | --- |
| V0 | 2500 |
| V1 | 2500 |
| V2 | 3000 |
| V3 | 5000 |
| V4 | 7500 |
| V5 | 10000 |
| V6 | 12000 |

“每日封顶值”按当天交易创建时间来进行计算。

例如：淘小宝是 V3 会员，3 号当天购买了 7500 元，淘小宝在 7 号进行确认收货获得成长值，因 V3 每日封顶值为 5000，3 号当天已经达到封顶值，则 7 号确认收货时，淘小宝将获得 5000 点成长值。

## 2．VIP 会员的等级及特权

VIP 会员的等级及特权介绍如图 6-10 所示。

| 特权等级 | | V1会员 | V2会员 | V3会员 | V4会员 | V5会员 | V6会员 |
|---|---|---|---|---|---|---|---|
| 购物特权 | VIP 阶梯价 | V1-V3 价 | V1-V3 价 | V1-V3 价 | V4-V5 价 | V4-V5 价 | V6 价 |
| 服务特权 | 生日特权 | ✓ | ✓ | ✓ | ✓ | ✓ | ✓ |
| | 旺旺特权 | ✓ | ✓ | ✓ | ✓ | ✓ | ✓ |
| | 极速退款 | 额度 200 | 额度 200 | 额度 300 | 额度 300 | 额度 300 | 额度 300 |
| | 虾米特权 | 7 天 | 7 天 | 7 天 | 包月 | 包月 | 包年 |
| | 阅读特权 | 10 本 | 10 本 | 10 本 | 20 本 | 20 本 | 20 本 |

图 6-10

# 6.2　如何参加 VIP 专供会员俱乐部

## 6.2.1　VIP 商品的设置

① 商家需要进入“商家中心”，单击左侧栏“宝贝管理”中的“出售中的宝贝”，进入产品页面（见图 6-11）。

② 勾选好要设置 VIP 价格的商品，然后单击上面的“设置淘宝 VIP”，进入设置页面（见图 6-12）。

图 6-11

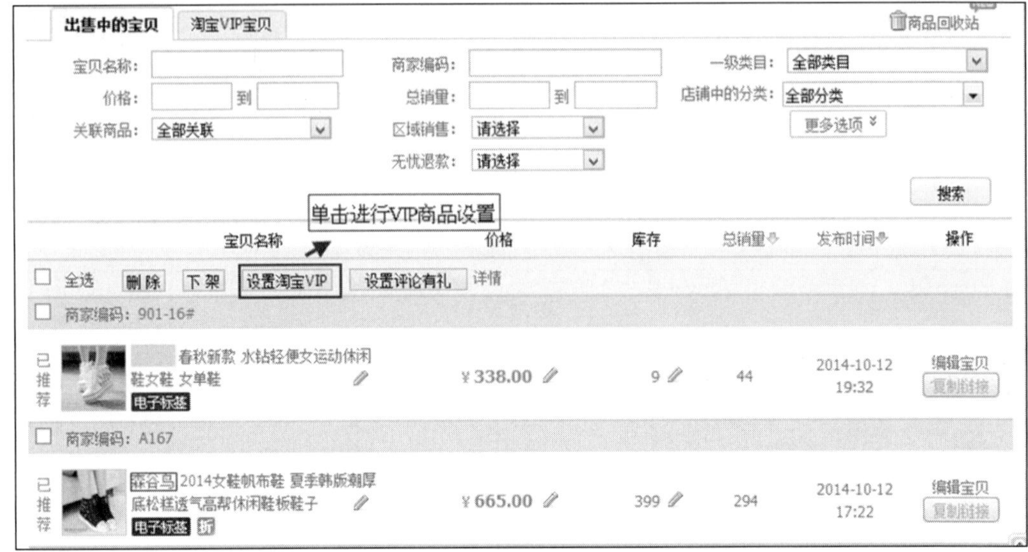


图 6-12

如果上面商品比较多，商家可通过自主选择合适、精准匹配的关键词进行筛选搜索，可以直接批量设置，也可以逐一找到要设置的商品进行设置（见图 6-13）。

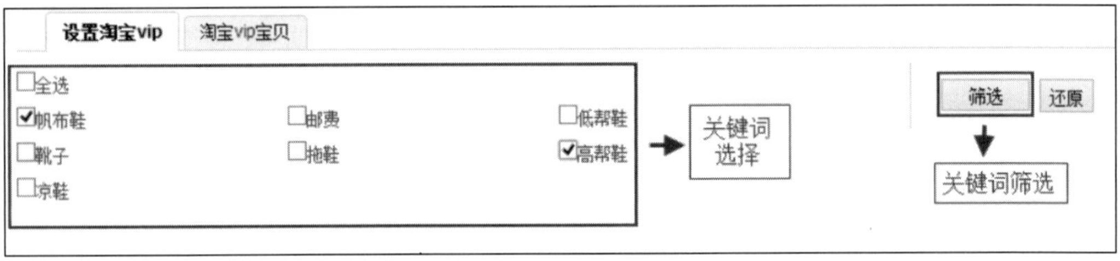

设置淘宝vip
淘宝vip宝贝
全选
帆布鞋
邮费
低帮鞋
靴子
拖鞋
高帮鞋
凉鞋
关键词选择
筛选
还原
关键词筛选

图 6-13

③ 进入设置页面对商品进行 VIP 价格设置（见图 6-14）。

选择好商品后，单击“参加”按钮，即可参加 VIP 专供会员俱乐部活动（见图 6-15）。

会员 VIP 的价格设置分为三等，分别为：V1 ~ V3、V4 ~ V5、V6。

商家设置的 V1 ~ V3 价格必须是 30 天内全网销售的最低价。各个级别之间的折扣差额不能低于 0.2 折。

举个例子，如果商家设置的 V1 ~ V3 的折扣为 9.6 折，则 V4 ~ V5 的折扣必须低于 9.4 折，V6 的折扣必须低于 9.2 折。如果不这样设置，则会出现设置不成功的提示（见图 6-16）。

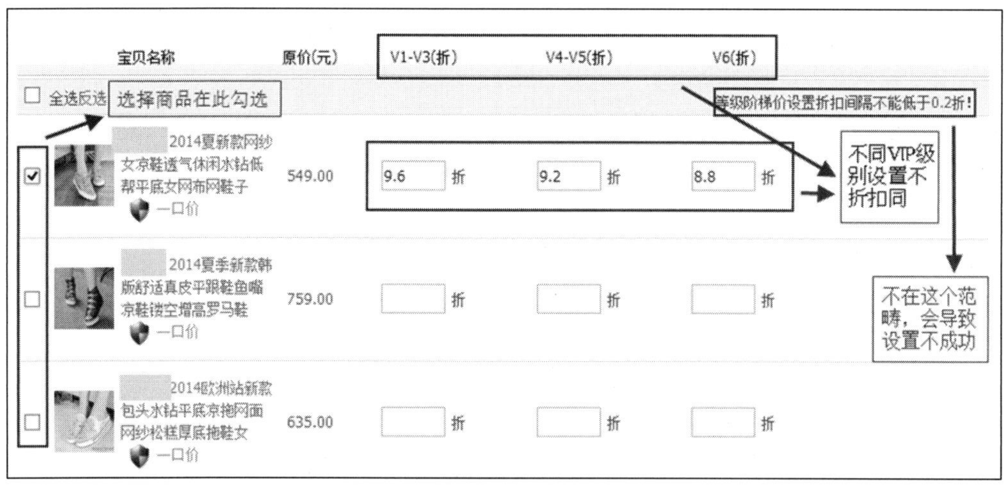


图 6-14

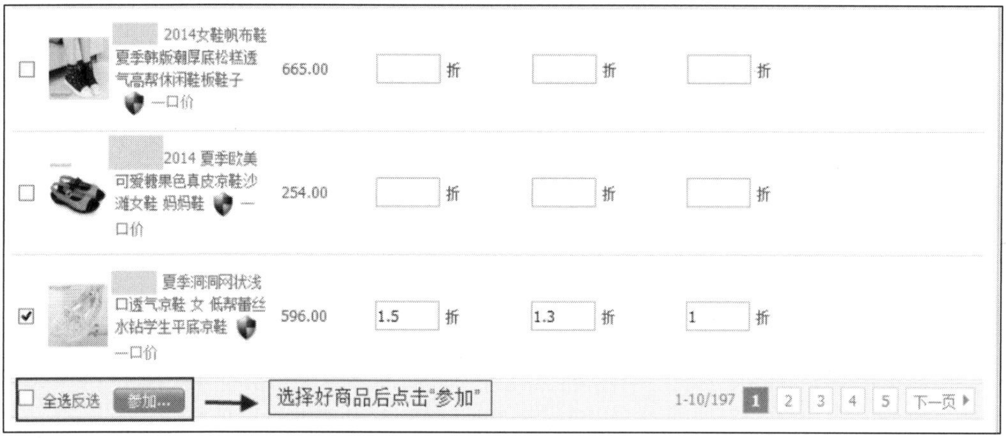

| | 宝贝名称 | 原价(元) | V1-V3(折) | V4-V5(折) | V6(折) |
|---|---|---|---|---|---|
| ☐ | 2014女鞋帆布鞋夏季韩版潮厚底松糕透气高帮休闲鞋板鞋子 一口价 | 665.00 | 折 | 折 | 折 |
| ☐ | 2014 夏季欧美可爱糖果色真皮凉鞋沙滩女鞋 妈妈鞋 一口价 | 254.00 | 折 | 折 | 折 |
| ☑ | 夏季洞洞网状浅口透气凉鞋 女 低帮蕾丝水钻学生平底凉鞋 一口价 | 596.00 | 1.5 折 | 1.3 折 | 1 折 |

全选反选　参加...　→　选择好商品后点击"参加"　　1-10/197　1　2　3　4　5　下一页

图 6-15

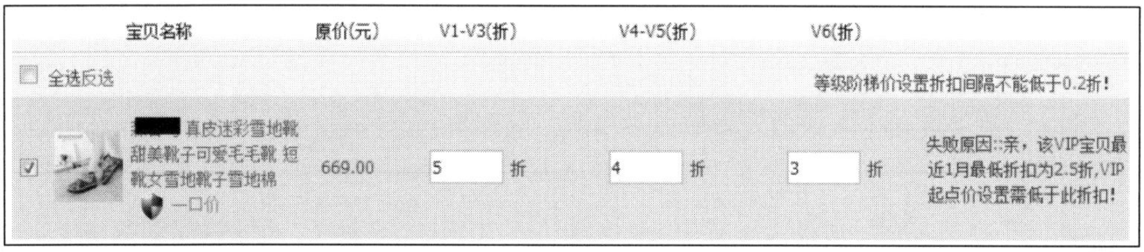

| | 宝贝名称 | 原价(元) | V1-V3(折) | V4-V5(折) | V6(折) | |
|---|---|---|---|---|---|---|
| ☐ 全选反选 | | | | | | 等级阶梯价设置折扣间隔不能低于0.2折! |
| ☑ | 真皮迷彩雪地靴甜美靴子可爱毛毛靴 短靴女雪地靴子雪地棉 一口价 | 669.00 | 5 折 | 4 折 | 3 折 | 失败原因::亲，该VIP宝贝最近1月最低折扣为2.5折,VIP起点价设置需低于此折扣! |

图 6-16

④ 当设置好参加活动的商品折扣后，商家可以在“淘宝 VIP”和“管理设置过的商品”两个地方进行取消或者设置 VIP 商品（见图 6-17）。

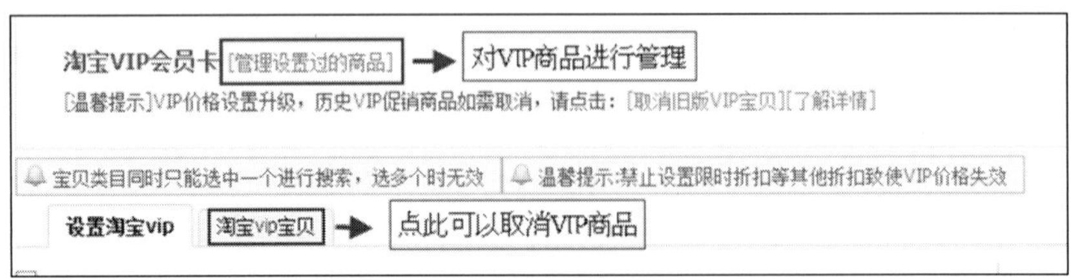


图 6-17

商家在设置折扣时，禁止使用限时折扣。限时折扣会使 VIP 价格失效，导致商家参加活动失败。

## 6.2.2 VIP 商品的取消

取消 VIP 商品，具体操作为单击“淘宝 VIP 宝贝”（见图 6-18）。

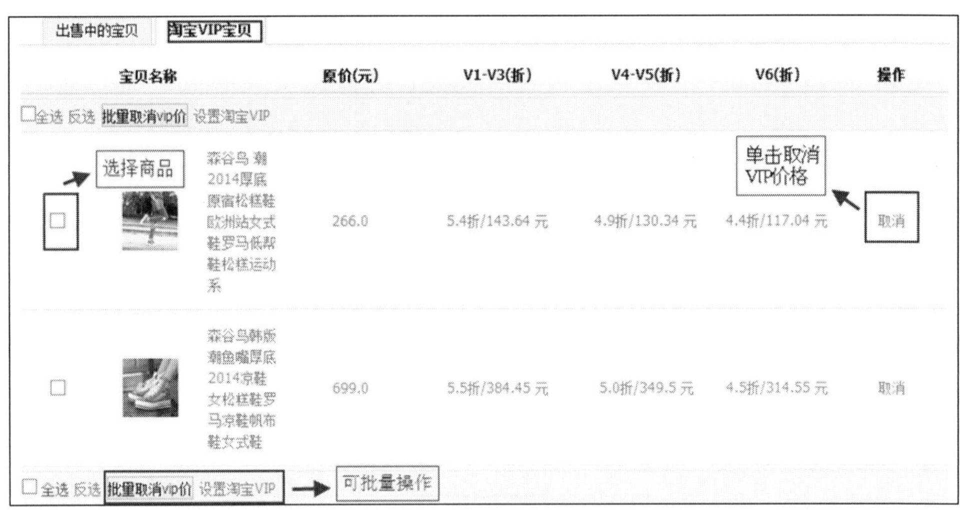


图 6-18

由于 VIP 版本升级，如果商家需要取消旧版本设置的 VIP 商品，则将需要取消的 VIP 商品的链接复制到“取消设置”栏中即可（见图 6-19）。

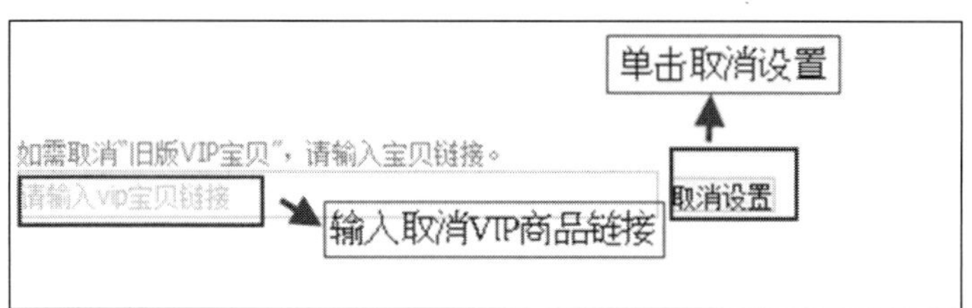


图 6-19

VIP 专供会员俱乐部，作为一款与买家直接利益相关的官方活动，商家在成功设置了 VIP 商品价格后，还需要对店铺、商品、详情页面、店内搜索路径等各方面进行优化，这样才能取得更好的活动效果。

# 第 7 章 试用中心（淘宝试用）

店铺的推广模式种类繁多，除了那些推广费用门槛较高的推广工具外，淘宝后台也为商家准备了其他的推广方式，而试用中心（又名淘宝试用）就是其中的一种推广方式。本章将对试用中心进行详尽的介绍，帮助广大商家了解及使用试用中心。

## 7.1 试用中心概述

试用中心是配备专业试用分享的国内最大的免费试用中心，这里囊括了种类众多的试用产品，并且拥有数以百万计的试用机会。

成功申请免费试用的买家将免费得到试用产品，并对产品进行客观、详尽、全面的评估，通过试用报告为所有买家提供购买决策。

试用中心将用户营销、活动营销、口碑营销、商品营销融为一体，对商家提升品牌价值及影响力起着不可估量的作用。

## 7.2 试用中心的优势

试用中心是很多商家都可以使用的推广活动。无论是天猫商家还是淘宝商家，都可以通过商家中心进入到试用中心后台，并申请参加相应的试用活动。

试用中心具备以下三点优势（见图 7-1）。

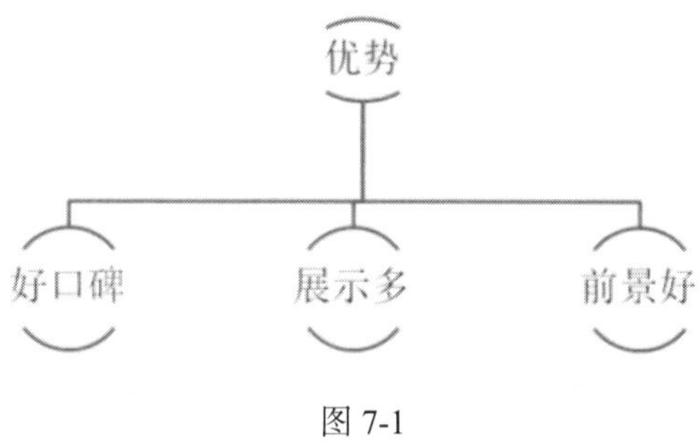


图 7-1

### 1．为商品带来好的口碑

通过试用中心被买家试用的商品，根据规定，买家必须对试用产品做出全面而客观的试用报告，以为其他买家购买该商品时提供参考。而这份试用报告就是商家推广商品品质的最好见证。

大部分试用报告都会对试用的商品做出高满意度的评价介绍。商家在获得了这些客观、专业的试用报告后，也为自己的产品获得了良好的口碑。因此，试用中心也成了商家良好口碑的推广利器。一款商品，如果能够得到大部分消费者的认可，并且拥有众多褒奖之词，那么，这款宝贝还会愁卖吗?

被商家推荐的优秀的试用报告会被推荐到试用中心首页的“试用报告”板块下（见图 7-2）。

### 2．为商品积累一定的人气

当商家参加试用中心的活动后，获得了好口碑及优质商品展示的机会后，试用后的商品更为商家积攒了足够的人气，无论是掌柜说还是店铺及商品收藏量都会大幅上涨。

买家在浏览试用报告中的商品后，也会增加对商品的好感，即使当时没有马上成交，也会将商品收藏或者添加到购物车。

潜在买家，会为商家提供很多后续的连带销售机会。无论是商家在进行下一步的推广活动或是促销活动时，都将为店铺带来众多潜在流量。

### 3．推动品牌、店铺发展前景

商家在获得良好口碑的同时，还能够提升自己的品牌价值，为出售的商品提供更多的展示机会。当买家提供了良好的试用报告后，对于成功被试用的产品，尤其买家反响良好的优质商品，在该商品今后的推广过程中，淘宝会优先展示这种商品，为其提供良好的展示平台。这也必将为商家带来更多的流量与关注度。

因此，好的商品是好口碑的基础，好的口碑更是优质产品的必要条件。更多优质产品的展示机会，为商家带来无限商机。

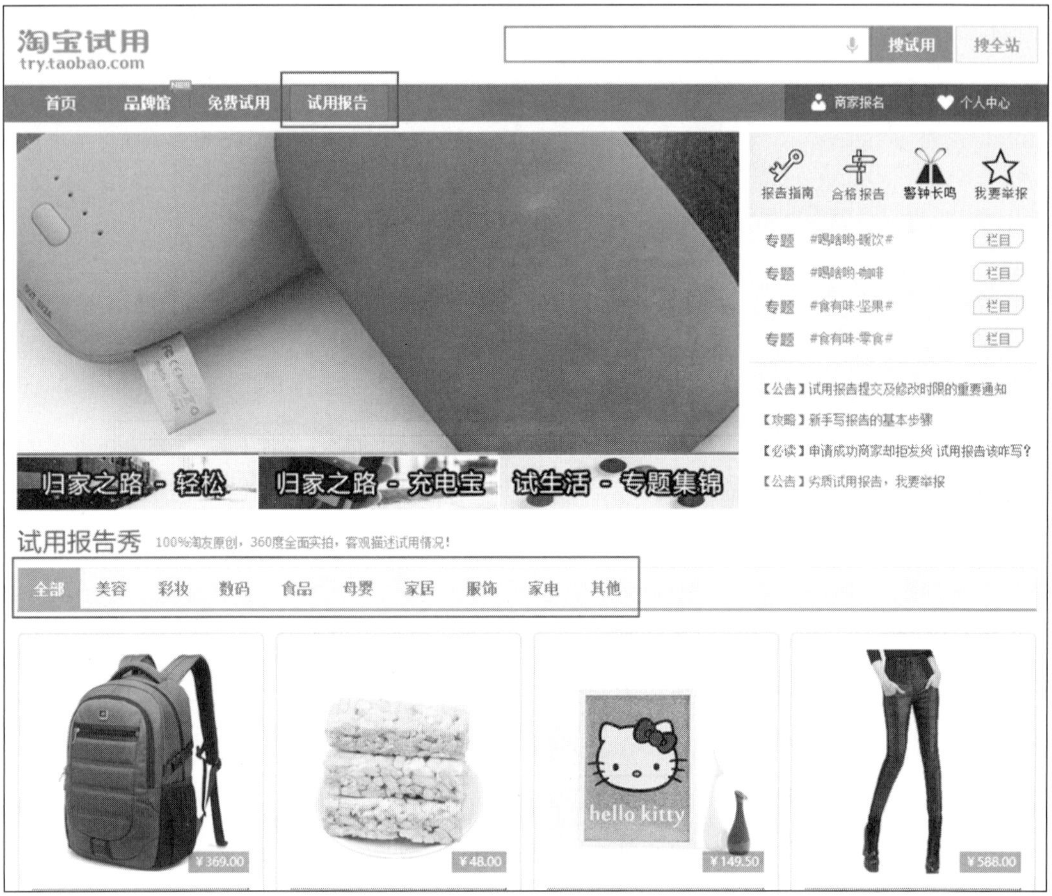

图 7-2

## 7.3 如何参加试用中心活动

目前试用中心的活动有：免费试用、付邮试用。

### 7.3.1 如何进入试用中心

商家通过商家中心进入店铺后台，单击左侧的“我要推广”选项，进入推广工具选择后台，单击“试用中心”图标进入商家试用中心后台（见图 7-3）。

图 7-3

进入到试用中心后台后，商家即可选择符合要求的试用中心活动进行报名（见图 7-4）。

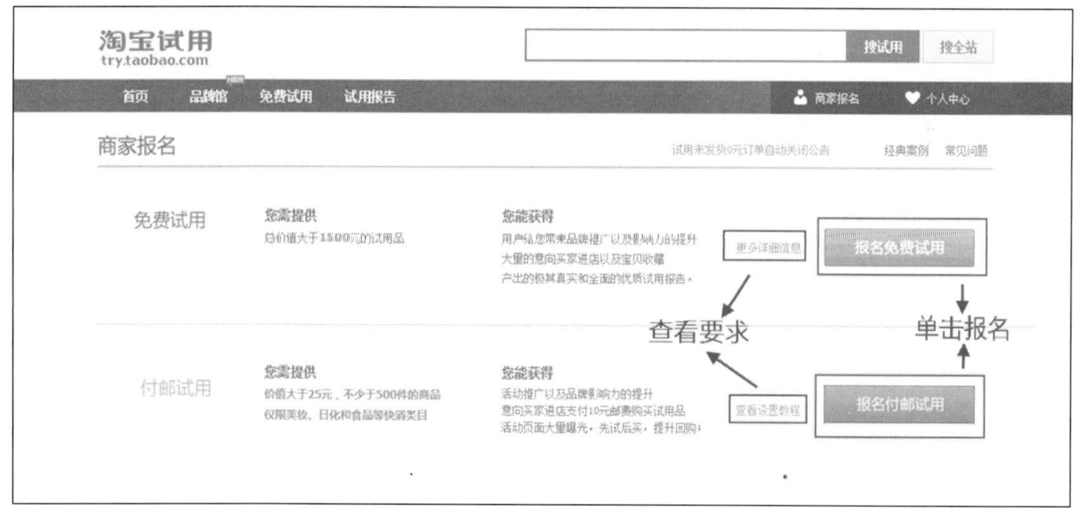


图 7-4

## 7.3.2 试用中心活动报名的准入条件

### 1. 集市店铺

商家级别需要在一钻以上，综合评分不低于 4.6 分，并且加入“消费者保障服务”。

### 2. 商城商家

综合评分不低于 4.6 分即可。

### 3. 报名商品具备的条件

① 试用品必须是原厂生产的合格全新产品，并且商品在其保质期内。

② 试用品总价值不能低于 1500 元，总价值计算公式为报名价×数量，商品价格不能虚高。

③ 对于美容、日化、珠宝配饰及个人护理等类目，必须有假一赔三或分销平台品牌授权。

④ 食品保健类商品必须标有生产日期，并具备 QS 或者进口食品标记。

⑤ 试用品均为免费发给买家，买家对商品做出试用报告后，商品不再返还商家。

## 7.3.3 如何报名免费试用

### 1. 选择要参加的活动

商家从报名入口进入后，首先需要根据活动排期选择活动。

可供选择的活动周期为两周。在可供选择的日期中，均标有已报名的商家总数，商家可根据报名情况及自己店铺的安排合理选择报名日期。需要说明的是，正常情况下，淘宝都会优先安排商家提交申请试用的日期，但偶尔也会遇到特殊情况，可能会对商家申请的日期进行调整，这种情况就要以短信通知为准（见图 7-5）。

### 2. 填写报名商品信息

试用品信息包括：试用品链接、名称、数量及图片（见图 7-6）。

上传的产品图片大小为 430×430Px，白色背景，图片格式为：JPG、PNG，仅支持两种格式。

淘宝试用
try.taobao.com
搜试用
搜全站
首页
免费试用
店铺试用
试用报告
卖家试用
个人中心
1 选择排期
2 填写报名信息
3 等待审核
选择排期
星期日
星期一
星期二
星期三
星期四
星期五
星期六
你选择: 2014年11月02日
10月
今日
19
20
21
22
23
24
25
11月
26
27
28
29
30
31
1
2
3
4
5
6
7
8
9
10
11
12
13
14
15
777 款已报名
我要报名

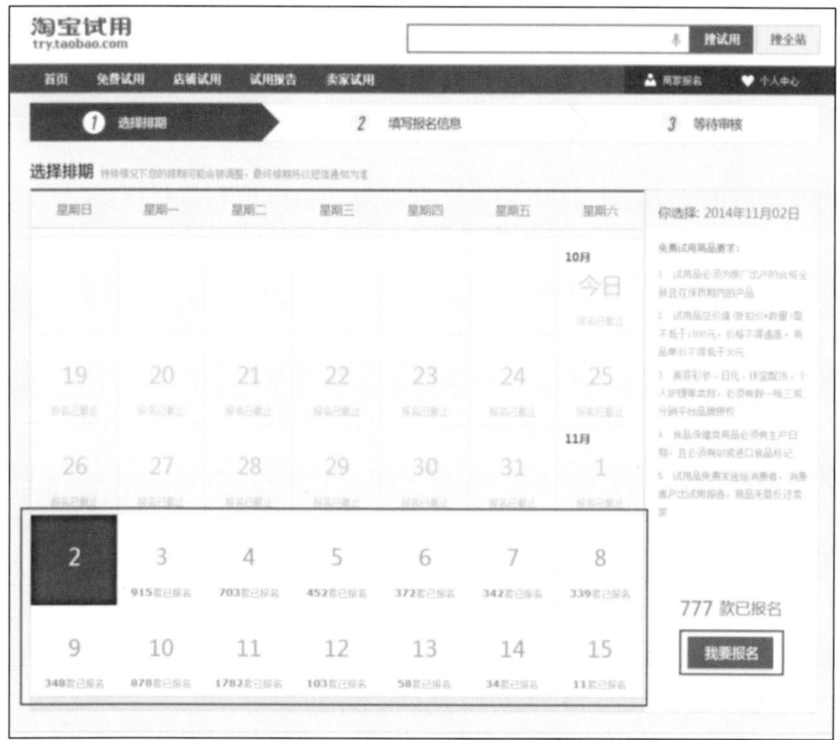

图 7-5

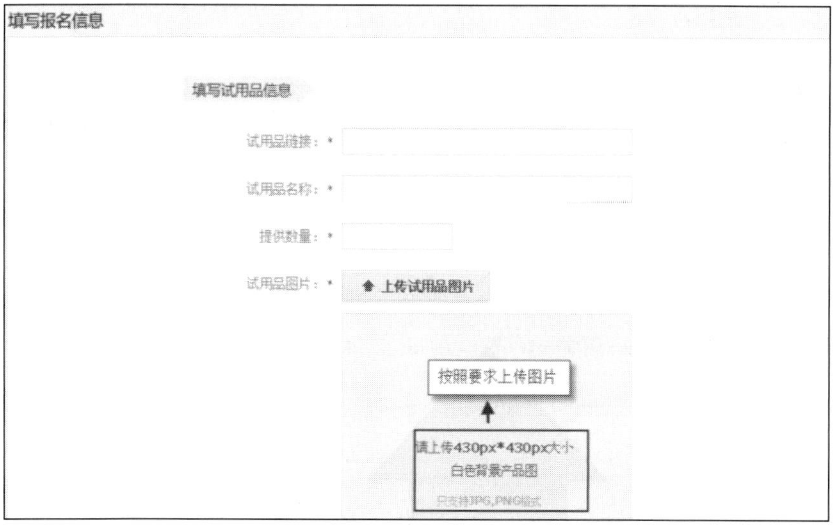

填写报名信息
填写试用品信息
试用品链接：*
试用品名称：*
提供数量：*
试用品图片：*
上传试用品图片
按照要求上传图片
请上传430px*430px大小
白色背景产品图
只支持JPG,PNG格式

图 7-6

商家信息：填写联系旺旺及电话（见图 7-7）。

图 7-7

填写完毕后，单击“提交报名申请”按钮。

### 3．等待审核

试用中心商品报名的审核时间一般是 7 天。商家可以通过商家报名的下拉栏中的“报名中的试用”点击查看审核结果（见图 7-8）。

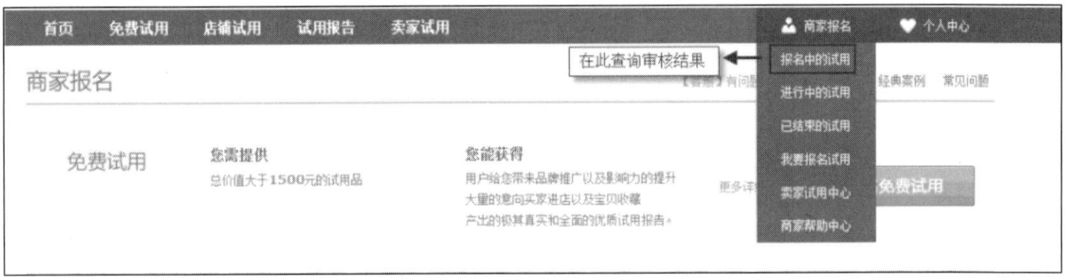

图 7-8

审核通过后，不仅在报名中的试用会有所显示，而且淘宝也会给报名时填写的商家手机发信息，以便商家能够及时了解活动的审核情况。

商家通过报名审核，按照要求上架试用产品，此时将会有大量的用户申请商品试用。系统会根据试用条件自动选取试用买家。

商家在看到确认成功申请的买家订单后，在 7 天内进行发货。当买家收到试用产品后，会做出详细的试用报告，至此，免费试用活动结束。

## 7.3.4 付邮试用的设置

### 1．付邮试用的类目要求

目前试用中心对于付邮试用采取定向邀请制。主要考虑美妆、日化、食品、母婴（快消）百货、3C 配件、保健品、其他优先考虑目标品牌 List 与品牌馆客户。

### 2．付邮试用的报名资质

**（1）店铺资质：**

① 动态评分需在 4.6 分以上并且无处罚扣分情况；

② 同一款商品每周只能参与 1 次活动。

**（2）商品资质：**

① 美容彩妆、日化、个人护理等类目，必须有品牌授权；

② 食品保健类商品必须有生产日期，且必须有 QS 或进口食品标记；

③ 试用品必须为原厂出产的合格全新且在保质期内的产品。

**（3）试用品的报名要求：**

① 试用品的一口价若大于 50 元，试用品数量需要小于 5000 件，大于 500 件；

② 试用品的一口价若大于 25 元，试用品的数量需要小于 3000 件，大于 1000 件；

③ 大于 5000 件商品需要联系小二另行商议。

### 3．付邮试用的报名流程

报名流程与免费试用类似，按要求提示进行即可，这里不再赘述。

### 4．付邮试用的几点注意事项

（1）付邮试用均采取主题日活动报名方式。

（2）报名通过后，在活动开始前一天，商家需按照规定进行商品设置，否则会被取消活动。

（3）报名活动商品在排期确定后，不可随意修改商品上线时间及试用单数。

（4）活动中拍下未付款的宝贝，商家不可随意关闭，只可关闭超 20 分钟未付款的宝贝，同时系统会帮助商家自动关闭宝贝并重新上线。

（5）活动下线后，商家需要自行编辑商品原件，否则定向优惠依然生效。

（6）所有试用商品必须于 7 个工作日内发货完成。

以上几点为付邮试用比较重要的注意事项，其他事项请参照活动说明。所有信息均以官方公布内容为主。

## 7.3.5 活动在试用中心官网展示的条件

店铺免费试用活动开始后，店铺导航将自动出现“店铺活动”页面入口，对店铺试用活动进行展示。官方试用中心系统也会抽取部分优质店铺的免费试用品在官方网页进行展示。

抽取标准如下：

### 1．领取条件要求

发放条件设置的消费金额不超过 100 元，或消费笔数 1 笔，领取门槛越低，试用品价值越高，越容易被抽取（高价值/高品质商品可适当放宽）。

### 2．商品图片要求

无“牛皮癣”、不变形、非拼接、不模糊，图片长宽比例 1:1（如活动宝贝主图不符合要求，请先修改宝贝主图再设置活动，活动发布后再修改成原宝贝主图）。

### 3．活动商品要求

商品价格不得虚高，免费试用的产品至少需要向买家提供两份以上。

### 4．店铺推广要求

商家必须在店铺导航添加免费试用活动入口。

### 5．商家资质要求

符合淘宝网营销活动规则。

完成活动发布后，将不允许修改活动的相关信息，因此，商家需要非常谨慎地点击“完成”按钮。活动完成后，如果商家未发货，或者由于商家对试用的宝贝进行了下架或者删除处理，导致活动不能进行，一旦被查出，店铺将会被扣除 6 分，并且永久禁止使用店铺试用工具及官方的试用活动。

所有设置的店铺活动，都将保存在“活动管理”页面中，单击“查看”即可浏览活动信息，获取活动链接。活动一旦发布将不允许编辑、终止、删除，一个店铺最多可以发布 3 个在线试用活动，包括未开始和进行中的活动，不包括未发布和已结束的活动。

## 7.4　如何做好商品试用

做好一款商品的试用，商品本身的质量、商品的包装、店铺的服务等都是决定活动是否成功的必备条件。

作为报名免费试用的商家，要对试用的商品进行精挑细选，参加活动的商品不但要具有良好的销量，还要与其他同类商品相比具有明显的自身优势，符合大众的消费观念且具有当今时尚的因素。

除此之外，对于试用品的详情页面，也需要商家进行精心准备。虽然，免费试用买家不需要花一分钱，但这并不代表买家就不会对试用产品进行苛刻地评估。因此，商家必须在选品时进行仔细斟酌，而选择一款合适的试用产品，则是成功使用试用中心对商品进行推广的前提。

除此之外，试用商品的包装一定要精致，这样可以在第一时间让买家对商品形成良好的第一印象。试用商品在打包前要经过超过日常的更严格的质检，绝对不可以出现任何问题或者小瑕疵，因为这些都将影响到买家对产品的评价。如果能够在包装上多花一些心思，增加包装的精美程度则会收到更好的活动效果。

当试用商品到达顾客手中之后，如果买家有一些关于产品售后的相关问题，商家必须竭尽全力为其解决，切勿因买家是 0 元试用而区别对待。

当前面的所有过程都顺利完成后，就是买家写试用报告的时间。当买家完成试用报告后，商家可以与买家进行沟通，如果有些买家写的试用报告对试用的产品特别满意，并且试用报告也写得有文采，对试用产品也是褒奖多多，那么，商家可以将这样的试用报告加精，加精的试用报告淘宝会优先展示，变成精华帖，这同样也是“俘获”买家的好途径。

无论是商品免费试用还是店铺免费试用，都是帮助商家推广产品、引入流量的一种方式，任何一种活动都需要商家对推广的产品进行精心的准备，这样才能取得理想的推广效果。

# 第 8 章 淘宝清仓

淘宝清仓是淘宝网营销推广的一种活动方式。商家通过报名淘宝清仓活动，能够在淘宝清仓活动的专属页面对宝贝进行推广宣传。

淘宝清仓针对商城与集市卖家共同开放，只要符合活动报名资质的卖家，都可以通过报名该活动，获得更多地流量。本章将从淘宝清仓的优势、招商准则、报名的具体流程及如何做好淘宝清仓四个方面对淘宝清仓活动做详细介绍。

## 8.1 淘宝清仓概述

淘宝清仓作为淘宝网针对所有卖家推出的一款反季打折促销活动，目的是帮助淘宝网卖家提升商品的品牌价值，用专业的推广平台为淘宝卖家带入更多的精准流量（见图 8-1）。

图 8-1

淘宝清仓活动的优势主要有：

① 所谓清仓，顾名思义就是指清理仓库。因此，淘宝清仓旨在能够为卖家减少货物积压，为卖家及时清理仓库中的商品提供平台。

大部分卖家都会有库存的积压。库存量过多，对卖家来说是一种无形的压力。因为库存过大就会导致资金占用过多，而清理库存，使资金快速回流，则是每位卖家最希望做的事情。

② 淘宝清仓与钻石展位及直通车这种推广工具相比，又具有推广费用低的特点。

③ 淘宝清仓在淘宝网首页还有专门的导购图标，借助首页这个日以百万计的流量优势，能够为报名淘宝清仓的卖家带来大量流量。

④ 清仓活动的商品价格较低，买家可以通过清仓活动平台以低廉的价钱购买到合适的商品。因此，淘宝清仓每天会吸引着大量的买家点击进入，又可以为卖家引入更多的流量。

⑤ 卖家在成功报名淘宝清仓后，可以通过旺旺、短信、微淘、微信、微博等方式为老顾客发送消息，拉动老客户二次消费。

## 8.2　淘宝清仓活动的准入条件

淘宝清仓的招商准则主要分为店铺资质及商品要求两个部分。

### 1. 淘宝网集市卖家的准入条件

① 店铺必须为四钻以上卖家。

② 店铺评分至少为 4.6 分。

③ 店内的非虚拟交易比占 90%以上，包括 90%。

④ 创店时间不少于 90 天。

⑤ 需要加入“七天无理由退换货”或者“退货承诺”服务。

⑥ 半年内，店铺的有效评分数量不低于 300 次，无严重违规扣分且一般违规扣分不满 12 分。

### 2. 天猫商家的店铺准入条件

① 店铺加入“七天无理由退换货”服务。

② 店铺评分不低于 4.6 分。

③ 近 6 个月，店铺的有效评分数量不少于 300 次。

④ 店内的非虚拟交易占比不低于 90%。

⑤ 创店时间不少于 90 天。

⑥ 店铺无严重违规扣分且一般违规扣分不满 12 分。

### 3．淘宝清仓的商品要求

① 淘宝清仓仅针对服装服饰、内衣配饰、鞋包、家居家纺及童装五个类目开展报名活动。

② 报名商家的商品库存需要不少于 50 件。

③ 清仓的价格要不高于淘宝原价一口价的 3 折且低于历史最低价。

④ 符合淘宝活动的基本规则。

⑤ 清仓价格不可以设置区间价格。

报名淘宝清仓的卖家在报名活动前，一定要认真阅读活动的相关要求，查看店铺是否符合。

## 8.3 如何报名淘宝清仓活动

① 通过淘宝网首页左侧宣传栏“淘宝特色服务”下方的“优惠促销”找到“清仓”选项，单击进入“淘宝清仓”主页（见图 8-2）。

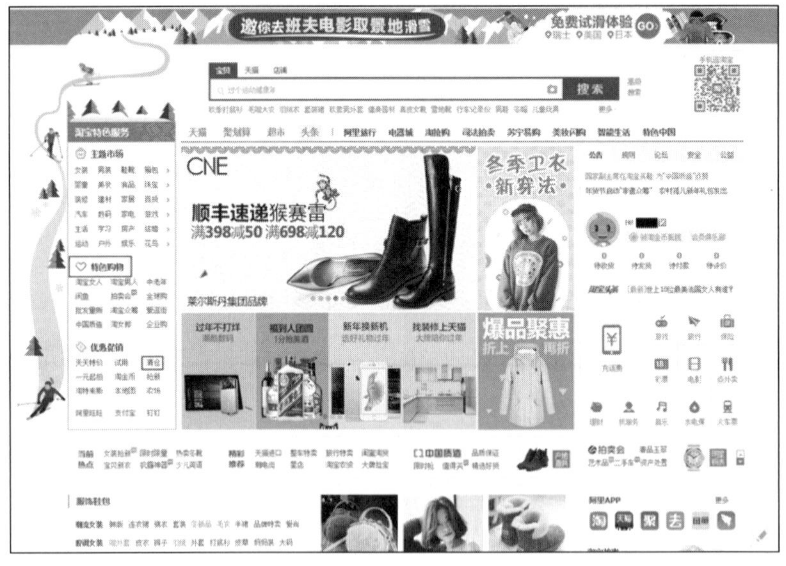


图 8-2

② 进入到“淘宝清仓”主页后，在页面右上方有“商家报名”选项，单击进入活动报名页面（见图 8-3、8-4），单击“活动报名”按钮开始报名。

图 8-3

图 8-4

需要注意的是，初次报名的商家，需要进行清仓活动的入驻，按要求提交相关信息（见图 8-5、图 8.6）。

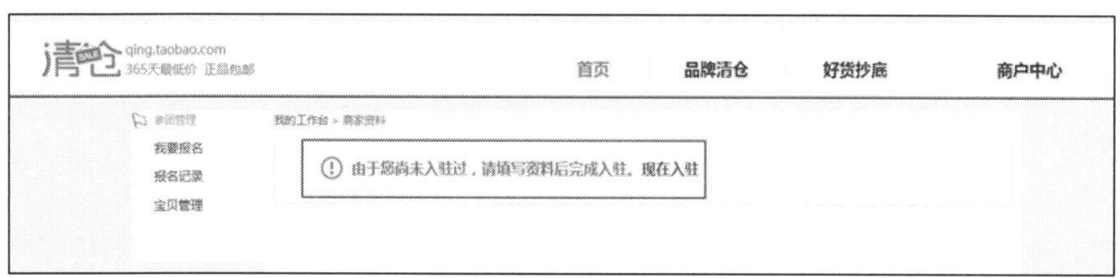


8-5

图 8-6

③ 在活动报名页面，我们可以看到活动排期及活动细则，按需选择，点击“查看详情”按钮，按照提示进行商品报名（如图 8-7）。

图 8-7

④ 在报名页面选择符合条件的商品进行报名（见图 8-8）。

图 8-8

⑤ 选择活动商品的“坑位”（见图 8-9）。

图 8-9

⑥ 填写商品信息进行报名（见图 8-10、8-11）。

图 8-10

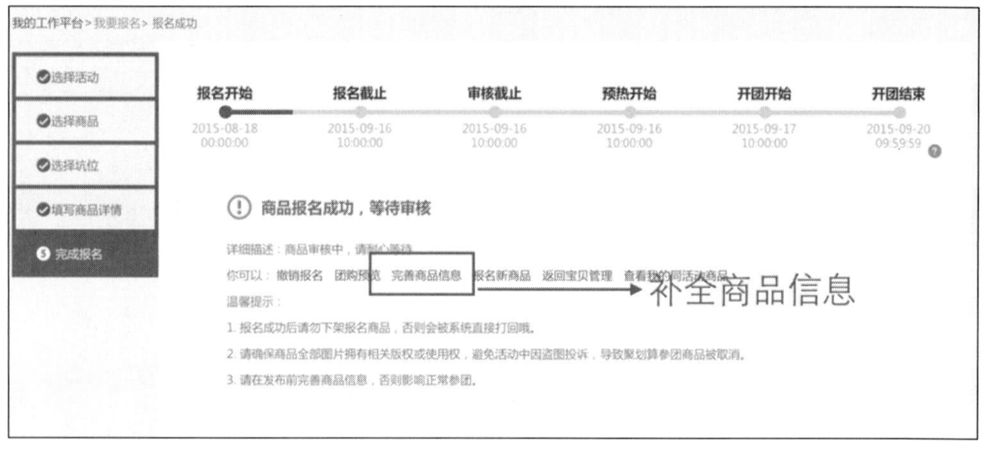


图 8-11

一般活动都会要求商家在标题中不要含有过于夸大的描述词语，如“之最”，“放血”等，或者是容易产生误导的词语，如“特供”，“专供”等。在审核商家报名资质时，如商家没有按照规定填写，将无法通过系统审核。

## 8.4 淘宝清仓活动的种类

淘宝清仓的活动类型主要分为品牌清仓及好货抄底两种(见图 8-12)。开放的类目主要有：女装、男装、内衣、家纺、鞋包、家居收纳、食品、户外、童装、小家电。

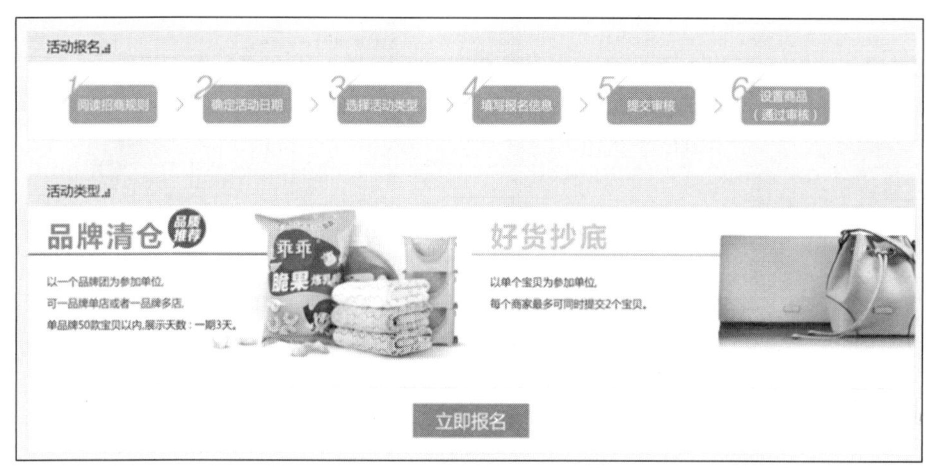


图 8-12

### 1．品牌清仓

品牌清仓主要针对线下一二线品牌及具有一定的知名度，大众熟知程度高的淘品牌。

具体品牌招商详情，需要关注淘宝清仓官方帮派（见图 8-13）公示或者加入各类目的清仓卖家群。

清仓女装卖家群：693670630 或 224234441

清仓内衣卖家群：1443263250

清仓男装卖家群：1445083524 密码：112233

清仓箱包配件卖家群：249703031 或 1107946102

清仓家纺百货布艺卖家群：251339823

清仓男女鞋卖家群：536325473 或 1278799366

清仓母婴卖家群：234193954

清仓小家电卖家群：856661249 密码：123456

图 8-13

品牌清仓以一个品牌团为参加单位，一品牌单店或者一品牌多店,单品牌 30 ~ 50 款宝贝，展示期为 3 天。

当品牌清仓活动总成交≥100 万，品牌可进行自定义时间返场，享平台确定性资源。

品牌清仓主要展现在清仓页面的品牌清仓下（见图 8-14）。

图 8-14

### 2. 好货抄底

好货抄底主要以单个宝贝为活动参加单位，一个店铺的商品报名不可超过 2 款。它主要展现在清仓的首页及活动页面的“好货抄底”下（见图 8-15）。

图 8-15

## 8.5 参加淘宝清仓活动的注意事项

① 申报活动通过后，在活动上线前，系统还会再次对卖家资质进行审查，包括信息设置、信用积分、店铺评分、虚拟交易、炒信、是否在全网的黑名单信息中。因此，报名成功后，一定要继续优化店内商品，做好优质的服务，保证店内的相关信息均在活动要求的资质范畴内，尤其是店铺的动态评分，以免影响活动的正常上线。

② 活动预热期间有关商品的一些信息将被锁定，无法更改，所以一定要提前设置好，如商品价格、库存、包邮状态、上架时间等。

③ 清仓活动将有 1 天的时间进行预告形式的预热。活动时间为 4 天，活动期间的优惠将在活动结束后自动取消。

④ 同一个店铺参加活动的疲劳期为 7 天。假如卖家在 10 月 1 日参加的活动，那么下次最早能参加活动的排期为 10 月 9 日。

⑤ 活动期间，买家在拍下商品 30 分中内没有成功付款的，系统将自动关闭交易。

⑥ 如卖家在活动期间（包括预告期间），自行下架商品，将导致活动无法正常运行。或者卖家商品出现违规或者被投诉，也将被取消活动资格。

⑦ 参加活动的宝贝需要在宝贝详情页面添加清仓 Logo 及链接。

淘宝清仓与其他淘宝活动一样，卖家报名后需要对报名的商品进行优化，优化的方式与之前介绍的活动优化大体一致。唯一需要单独提及的一点是，淘宝清仓在卖家成功通过审核后，在上活动之前，依然需要卖家对店铺的相关信息进行优化，无论是店铺评分还是宝贝的详情页面。因为淘宝清仓活动在活动开始前依然会对卖家的资质进行审核，审核期间如果卖家有不满足的条件，活动依然会被终止。其他方面的相关优化，在此不加赘述.

# 第 9 章
# 天天特价

天天特价即当季打折促销，是淘宝的官方活动之一，并且以帮助集市卖家快速成长为目的的一种营销活动。本章将从天天特价概述、展位、如何申报天天特价活动及怎样做好天天特价四个部分，对天天特价做详尽介绍（见图 9-1）。

图 9-1

# 9.1 天天特价概述

## 9.1.1 什么是天天特价

天天特价是淘宝网为了扶持中小卖家，使其快速成长，专门开设的营销平台。淘宝网通过提供专门的平台，为集市卖家的打折商品进行展示。卖家需要提供优质的应季商品，并以较低的折扣价卖给买家。

天天特价为买家提供一种超值购物体验，让消费既省时又省力，从而增加消费者的购物黏性。

卖家可以通过参加天天特价这个活动，使店铺的流量有所提升。可以说，天天特价是推广店铺、提升店铺品牌价值、增长营销能力的一种有效方式。

在天天特价平台中，买家能够以满意的价格购买到心仪的商品，卖家则能获得一定的曝光及积累一些新的客户。

## 9.1.2 天天特价的准入条件

### 1. 集市卖家店铺要求

① 符合平台活动要求的类目。

② 卖家信用积分：三星到五钻。

③ 开店时间≥90 天。

④ 加入“消费者保障服务”，并加入七天无理由退换货或退货承诺。

⑤ 描述相符≥4.6、服务态度≥4.6、发货速度≥4.6。

⑥ 实物宝贝交易≥90%。

⑦ B 类侵权（发布违禁信息、出售假冒商品、盗用他人账户、泄露他人信息、骗取他人财物）扣分为 0 分。

⑧ A 类扣分满 12 分或 12 分的倍数，自最近处罚起，六个月内不能报名。

⑨ 因炒信被处罚的卖家永久禁止参与活动。

⑩ 因为各种违规，店铺被搜索屏蔽的卖家，暂时禁止参与活动。

⑪ 同一店铺 15 天内限参加一次天天特价。

⑫ 淘宝网魔豆妈妈店铺（以阿里巴巴集团社会责任部公布为准）：

- 卖家信用积分：1 心 ~ 5 钻。
- 加入“消费者保障服务”。
- 实物宝贝交易不限制比例。

### 2．商品要求

① 报名宝贝原价不高于全网均价，禁止先提价再打折。

② 50 件≤报名的宝贝数量≤300 件。

③ 报名宝贝近 30 天内交易≥10 件（严禁炒作销量，一经发现，立刻取消活动资格并拉黑处理）。

④ 报名宝贝折扣价格必须低于近 60 天历史最低价（包括手动修改价格、套餐搭配、限时折扣等），建议价格为历史最低价的 3 折及以下。

⑤ 报名宝贝必须包邮（注：除港澳台地区外，全国包邮。卖家指定快递不能到达的地区，请用 EMS 或者其他快递包邮送达，不得让买家贴补邮费）。

⑥ 报名宝贝应具有应季、优质、需求较大、热卖、价格优势明显等特性。

⑦ 涉及售卖品牌商品需要上传品牌授权图片。

⑧ 自上线日算起的 1 个月内，不准以低于天天特价的折扣价上其他活动或在店铺里促销。

⑨ “美容&户外”类目商品需要参加假 赔三或拥有“授”字标签。

⑩ 食品类目商品需要 QS 认证或者“中”字标认证或者参加假一赔三或拥有“授”字标签。

以上内容以报名时官方公布的活动要求为准。

## 9.1.3　天天特价的活动类型

天天特价活动分为两个部分：“类目活动”和“主题活动”。

卖家在报名天天特价活动时，可以自行选择申报的活动方式。

## 1．类目活动

“类目活动”是天天特价的日常活动，卖家只要根据天天特价的日常活动规则进行申报即可（见图 9-2）。

图 9-2

## 2．主题活动

“主题活动”会不定期进行，在天天特价日常活动要求的基础上，还会根据主题的不同而设置其他规则。对于天天特价中的“主题活动”，商家在活动报名时会在日历中出现具体的活动名称及活动日期，商家可以根据自己的实际情况选择申报（见图 9-3）。

“主题活动”根据当下的流行元素而改变，或者是特别的节日、特别的时期而设立“主题活动”，为的是配合当下的氛围，为买家营造更好的购物环境，为卖家提供更优质的精准流量。

天天特价的固定主题活动为“10 元包邮”，在天天特价活动主页会有专门的导航栏，方便买家快速地找到主题活动。当然，卖家可以同时申报两个活动，如果两个活动都通过，营销效果会更好（见图 9-4）。

图 9-3

图 9-4

## 9.2　天天特价的展现位置

天天特价分为“类目活动”与“主题活动”两类，卖家申报不同的活动，商品展示的位置也不同。

“类目活动”主要展示在天天特价互动的首页及各类目的子页面（见图 9-5 和图 9-6）。

图 9-5

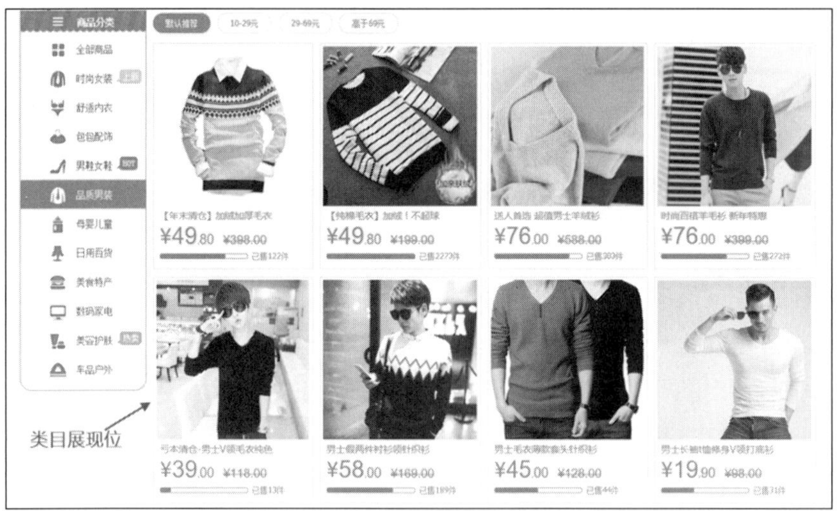


图 9-6

对于“主题活动”的展位，除了与“类目活动”中展示位置相同外，还会增加一个展位，即主题活动的页面里的展位（见图 9-7）。

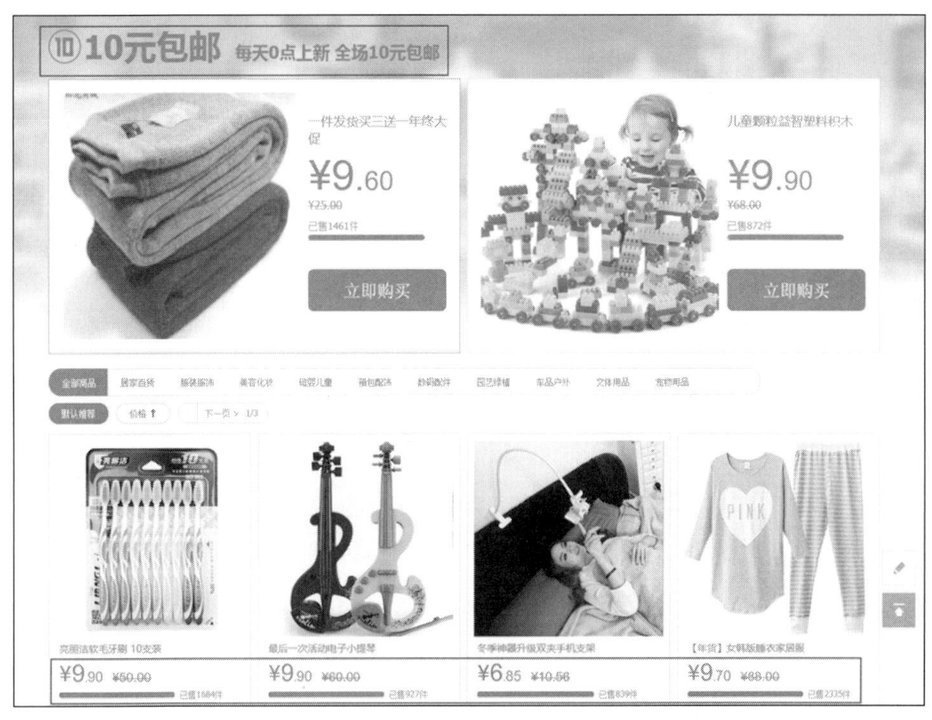


图 9-7

无论是“类目活动”还是“主题活动”，都是为卖家提供更加个性化的推广方式。为卖家提供更多的选择，这样卖家可以根据实际情况进行活动方式的选择。

对于两种活动来说，淘宝都为卖家提供了相应的展示位置，天天特价每日的流量过百万。当买家进入到天天特价活动区域，就会看到相应的活动商品。

## 9.3 如何申报天天特价活动

### 9.3.1 类目活动的报名

① 卖家申报“类目活动”，可以通过登录“卖家中心”，找到左侧栏中的“我要推广”，单击“官方活动”中的“当季打折促销”，进入“天天特价”活动页面（见图 9-8）。

② 卖家将鼠标光标放在天天特价主页右上方的“商家中心”，即会出现下拉栏，选择“商家报名”点击进入。

图 9-8

③ 进入到“商家报名”页面，将会进入天天特价报名排期日历。日历上面的红色字体日期为活动可选择的日期。卖家可以任意点开一个日期，查看类目商品的报名情况，而此时的报名原则是选择相对报名商品数目少的日期申报，这样成功申报的概率则会大些（见图 9-9）。

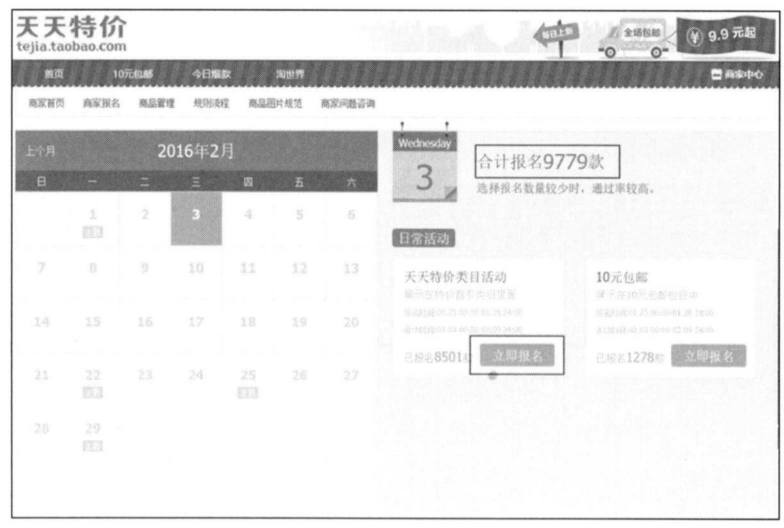


图 9-9

④ 卖家选择好准备报名的日期后，如果不同时申报“主题活动”，即直接单击“不参加主题活动，直接报名”，进入到“类目活动”报名页面（见图 9-10）。

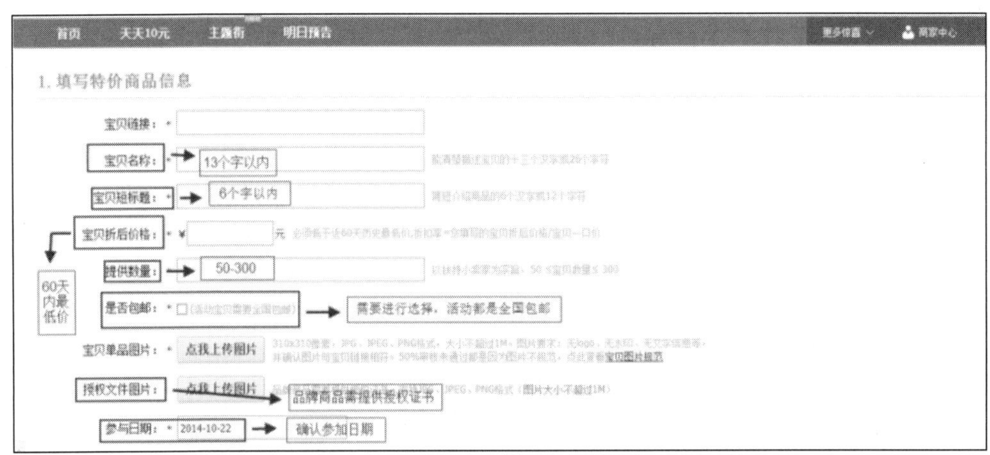


图 9-10

⑤ 卖家需要填写商品信息，复制宝贝链接，单击“提交报名申请”完成活动报名。

● 宝贝名称、标题

宝贝名称需要在 13 个汉字 26 个字符内；宝贝标题需要在 6 个汉字 12 个字符内。标题主要用于介绍卖家的商品。

● 宝贝的折扣价

宝贝的折扣价填写时，需要折扣后的价格为卖家 60 天内的最低价。卖家需要报名的商品数量在 50 ~ 300 之间，所有参加活动的商品需要卖家包邮。

● 宝贝图片

活动上传的图片为 310×310Px，格式为：JPG、JPEG、PNG，大小不超过 1MB。上传的图片中不可以出现商品 Logo、文字、水印。

卖家需要确认上传的图片与报名活动的商品一致。因为有一半以上没有通过审核的卖家，都是因为其上传的图片不合格。

如果卖家经营的是独立品牌的商品，那么参加活动前还需要提交“商品授权证书”，图片的格式及大小要求与上传的活动图片一致。

- 填写商家信息

随后卖家可以填写商家信息，包括姓名、电话、邮箱三个部分。卖家要认真填写相关信息，以确保能够正常接收到活动信息。全部填写完毕后，单击提交“报名申请”，报名完成（见图 9-11）。

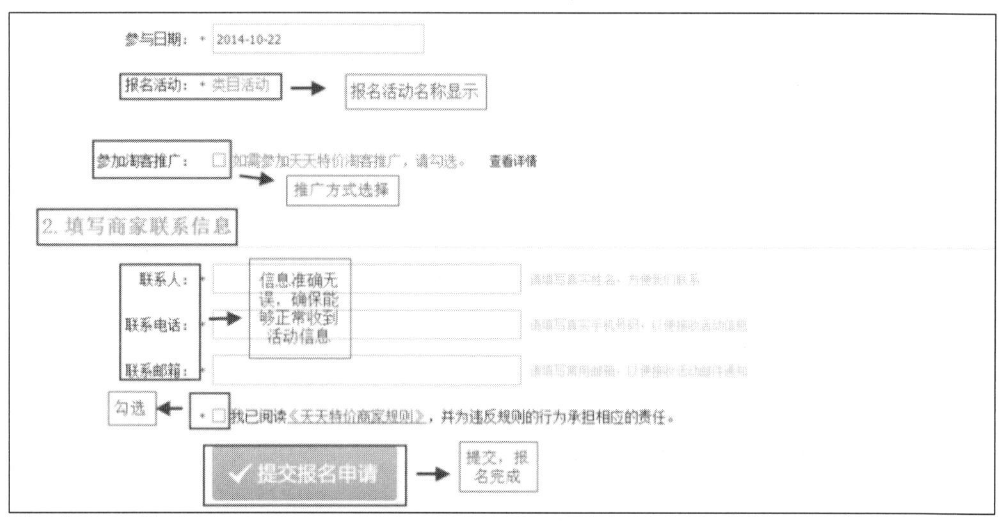


图 9-11

卖家成功报名后，系统将会在活动开始前 2～4 天内告知卖家审核结果。如果没收到系统发来的信息，则卖家可以通过商品管理页面自行查看结果（见图 9-12）。

图 9-12

审核未通过的卖家，系统会在报名的 3～5 天内进行通知。卖家可以根据通知的要求，更改相关信息或者重新选择宝贝再次报名。

## 9.3.2　类目活动报名通过后应该做些什么

### 1．修改库存

卖家确认审核通过后，在活动开始的前两天晚上 10:00 点前，需要对商品进行相关设置。库存需要修改为报名时提供的库存。

分销商需要取消报名商品跟经销商的关联，让经销商发布一个与该商品相同的商品库存设定为报名的值，分销商再重新关联这个商品。但与这个商品关联的商家依然被经销商控制。

### 2．取消商品促销价格，设置商品上架时间

报名的商品需要取消其促销的价格，恢复报名时的原价，并设定好上架时间，每天上午 10:00 开始，设置商品库存属性为拍下减库存，以免活动流量大，导致超卖。

### 3．设置商品标题

商品标题前要加上“天天特价”。

### 4．设置商品包邮

参加活动的商品全部包邮，商品描述页面不可以出现任何与邮费相关的信息。

当卖家将其设定好后，一口价、库存、标题等内容就不可以再被编辑了，所以，卖家要认真设置相关信息。

### 5．悬挂活动 Banner

店内商品详情页面需要悬挂活动 Banner。

活动开始前一天，卖家商品将会出现在“明日预告”中，商品状态为立即开始。当活动开始后，商品被拍下 30 分钟后，未被付款，则交易自动关闭，库存恢复。每个买家的 ID 地址只能购买折扣价的 3 件商品，超过 3 件，买家则需要按照原价购买。

## 9.3.3　主题活动报名

### 1．主题活动报名的准入条件

“主题报名”需要集市卖家具有一定的资质。报名的集市卖家对其店铺的要求如下：

① 卖家信誉度需要是 3 心以上，开店时间不少于 90 天，并且加入了“消费者保障服务”、“七天无理由退换货”。对于魔豆妈妈卖家来说，只要加入“消费者保障服务”即可。

② 集市卖家的综合评分均需要在 4.6 分以上，实物宝贝交易不低于 90%，对此魔豆妈妈卖家将不受限。

③ 店内无 B 类（发布违禁信息、出售假冒商品、盗用他人账户、泄露他人信息、骗取他人财物）扣分，A 类扣分满 12 分自处罚之日起六个月内不得报名。

④ 卖家由于炒信用扣分，则会受到永久禁止参加活动的处罚。有违规行为的卖家，导致店铺被搜索屏蔽，则暂时不能参加活动。

⑤ 商品要求：

- 折扣价必须不高于 10 元，而且包邮。
- 库存需要在 50 ~ 1000 件之间，30 天内店铺报名的商品交易大于 10 件，并且商品折扣价为 60 天内最低价。
- 商品需要为应季商品，食品类目需要 QS（Quality Safety，质量安全）资质或“中”字标货品牌授权或假一赔三。美容类目及户外类目也需要有假一赔三或者品牌授权。

### 2. 主题活动报名的操作流程

① 卖家在清楚“主题活动”的报名条件后，可以查看卖家经营的商品类目是否在活动类目范畴，查询结束后，单击“我要报名”按钮（见图 9-13）。

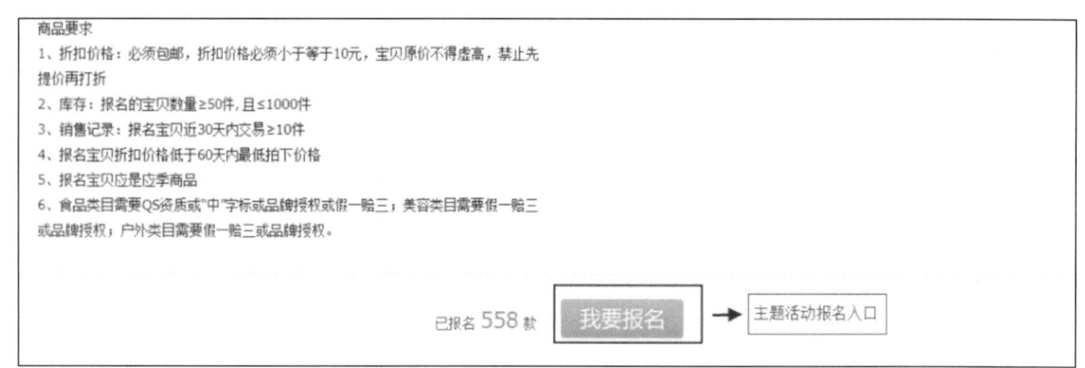


图 9-13

② 进入卖家“主题活动”报名页面后，填写“特价商品信息”和“商家联系信息”（见图 9-14）。

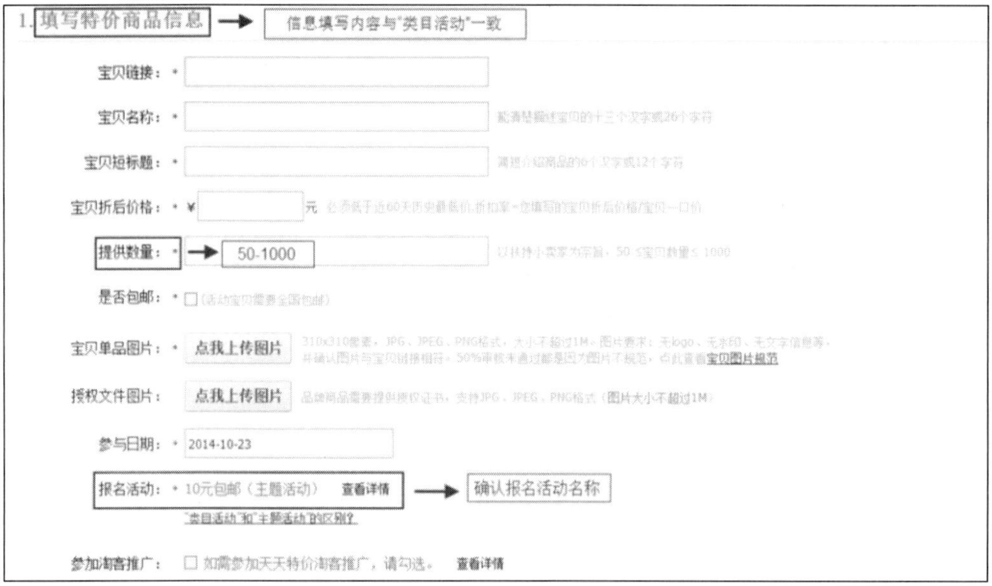

图 9-14

③ “特价商品信息”大部分填写内容与“类目活动”填写的内容相同，但对于参加活动的数量，需要填写 50 ~ 1000，填写完毕后单击“提交报名申请”完成报名，等待活动审核（见图 9-15）。

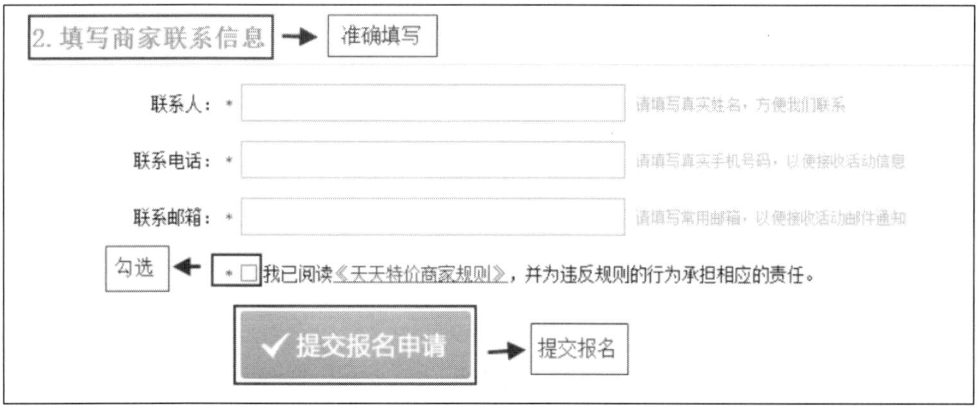

图 9-15

## 9.4 做好天天特价的要点

任何一个活动都需要卖家经过精心的准备，才能赢得良好的营销效果，天天特价也是如此。那么，如何才能做好天天特价活动呢？

### 1. 选品

卖家首先需要选择店内的热销品，因为热销品已经积累了一些人气，而且既然是热销品就证明是符合大众的购物习性，具有吸引买家的特点。

在选品时，卖家还应了解同类目下的热搜宝贝有哪些，及时掌握最新的类目销售信息。这样能够帮助卖家更好地选择参加活动的商品。而且，卖家选择的商品需要较同类目的商品具有优势，商品本身具有鲜明的特征，能够令买家一见倾心。

### 2. 价格

既然参加的是天天特价活动，可想而知，能够到这个页面浏览商品的买家，一定都是奔着“特价”去的。因此，卖家的商品价格一定要相对较低，与其他同类目商品相比，具有明显的价格优势，这样才能刺激买家快速掏腰包。也只有这样才能通过天天特价的审核。

### 3. 图片

商品的主图是买家接触商品并决定购买的关键因素。商品的主图要清晰，突出商品特点，能够衬托出商品的品质，并能够令买家非常直观地看出商品所属类目。总之，在保证商品主图片美观的同时还要提升商品的品牌感。

### 4. 产品描述详尽

当买家被商品的主图吸引并点击商品后，就将进入到商品详情页面。商品的属性介绍要详尽。商品的细节图也要全面，要注重每一个细节，图片精美。

### 5. 关联销售

卖家在报名参加一个活动后，不应该只对报名的产品进行优化。如果一个买家通过活动页面进入到卖家店铺时，在浏览活动商品时，对该款商品并不是特别心仪，就可能会放弃购买。所以，卖家应该在店铺内做好关联销售。这样即便买家不喜欢正在浏览的商品时，他还有其他选择。

### 6．注重老顾客的维护

一个活动的成功，与新引进的流量密不可分，但是，对于卖家来说，成功申报一个活动后，也能够通过活动对老顾客进行维护，激活老顾客则会使活动收到意想不到的效果。

因此，卖家可以借助旺旺、短信、微博、微信、微淘，为自己店铺即将参加的活动进行宣传。在宣传活动的同时，别忘送上温暖的祝福语。

# 第 10 章 夜抢购（夜淘宝）

夜抢购又称夜淘宝，是淘宝针对喜爱在晚上购物的买家专门开设的营销活动。本章将对夜淘宝活动做详尽介绍（见图 10-1）。

图 10-1

## 10.1 夜淘宝概述

2012 年，淘宝网发布了网购族群调查报告，报告中显示每日 23：00 至次日凌晨 5：00，淘宝网有一个庞大的通宵购物群体，专门喜好选择这个时间段在淘宝网购买商品。

经数据显示，这个群体人数超过 2200 万人。在淘宝网购物的各个族群中，人数最多。因此，淘宝网为了可以更好地挖掘这部分买家的购物需求，并有效利用夜晚购物高峰，为买家提供更优质的服务与商品，开设了夜淘宝这一活动。

夜淘宝在原有基础上，于 2014 年 9 月 1 日正式改版，推出了“夜闪购”及“特卖街”两种活动形式。活动面向集市及商城卖家共同开放，从而为卖家更有效地吸引夜淘族提供优质的平台。

除了以上两种活动形式外，夜淘宝还包括“20 元疯抢”活动，并开通了“手机淘宝抢购中心”，为卖家无线端流量引进提供支持。

夜淘宝活动每晚 19：00 准时开始，并且开始后在淘宝网首页搜索栏左侧有明显图标引导买家进入“夜淘宝”（见图 10-2）。

图 10-2

## 10.2　夜淘宝的活动展示位

### 1. 夜闪购

夜闪购分为“1 元闪购”与“普通闪购”两种形式。卖家报名时可以选择报名任何一种形式的活动，其展位在“夜抢购”首页的最上端。

夜闪购从 19：00 ~ 23：59，每半小时一场，每场 3 个展位。

“1 元闪购”活动仅在 19：00 ~ 20：59 四个场有展位，其他时间段“1 元闪购”的展位都将展示在“普通闪购”的商品中。

普通闪购除了原有的两个展位外，从 21：00 开始，还将增设一个“1 元闪购”的展位（见图 10-3）。

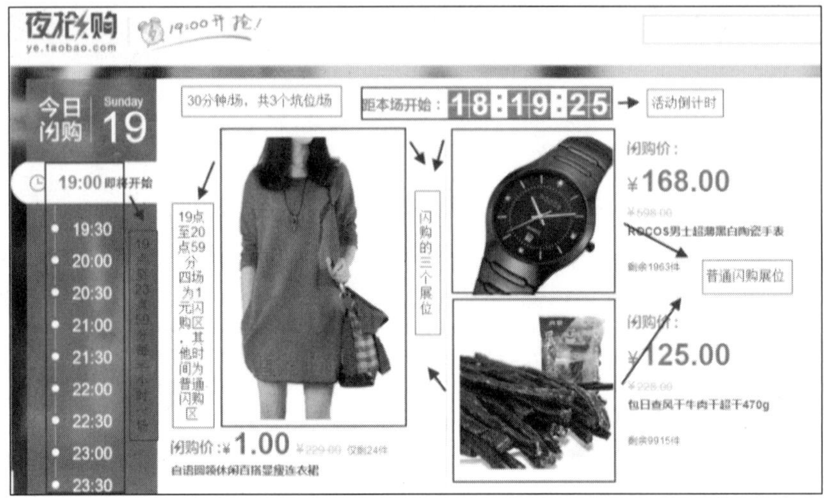


图 10-3

21：00 后，图 10-3 中左侧大图将换成“普通闪购”商品。

## 2．特卖街

“特卖街”展位介绍：特卖街每晚 19：00 至次日 7：00 限量抢购。共 21 个展示位置，集中在“夜闪购”下方（见图 10-4）。

图 10-4

## 3．20 元疯抢

“20 元疯抢”每天一场活动，卖家可以选择对应的日期进行活动报名。该活动面向淘宝网全类目开放，全场商品包邮且 20 元封顶。展位在“特卖街”下方（见图 10-5）。

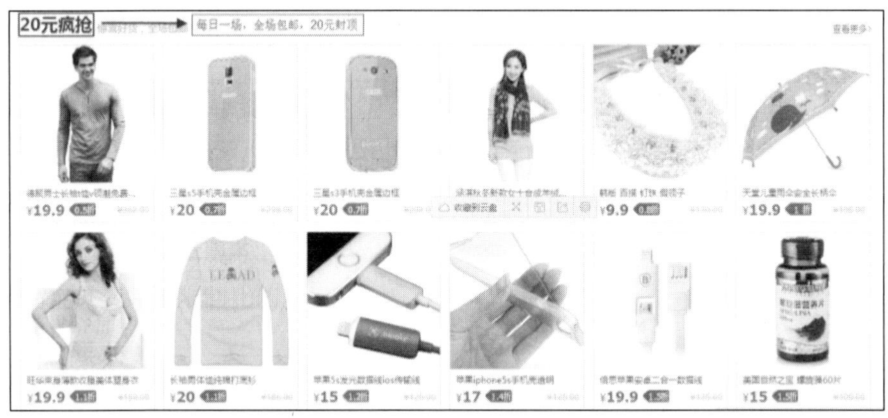


图 10-5

## 10.3　如何报名参加夜淘宝活动

夜淘宝活动的报名流程：

① 进入“卖家中心”，单击左侧的“官方活动报名”超链接，进入淘宝活动主题页面（见图 10-6）。

图 10-6

② 进入“官方活动报名”页面后，单击右上方“淘营销”进入到淘营销页面（见图 10-7）。

图 10-7

③ 进入到“淘营销”页面后，在搜索栏中输入“夜淘宝”，单击“搜索”键，即出现“夜淘宝”的相关活动（见图 10-8 和图 10-9）。

图 10-8

④ 除了上图中的三个“夜淘宝”活动，还有无线端的抢购活动报名（见图 10-10）。

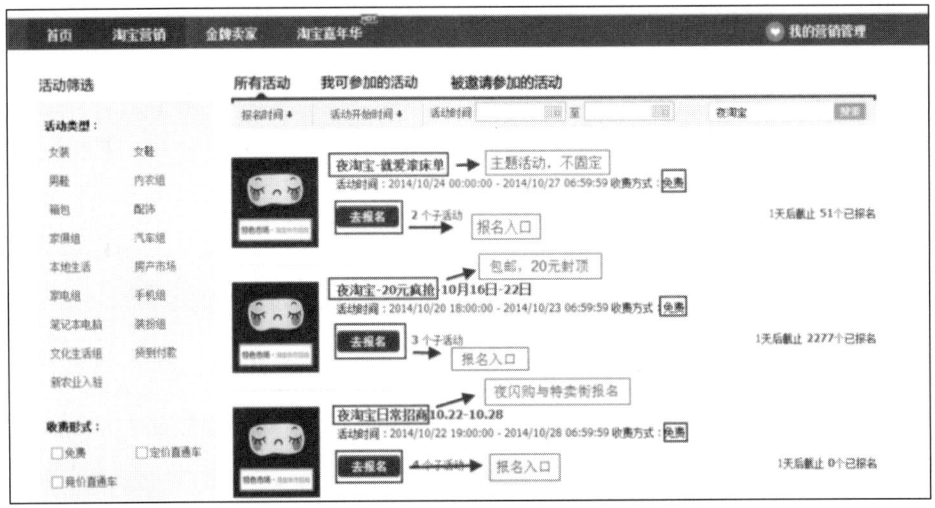


图 10-9

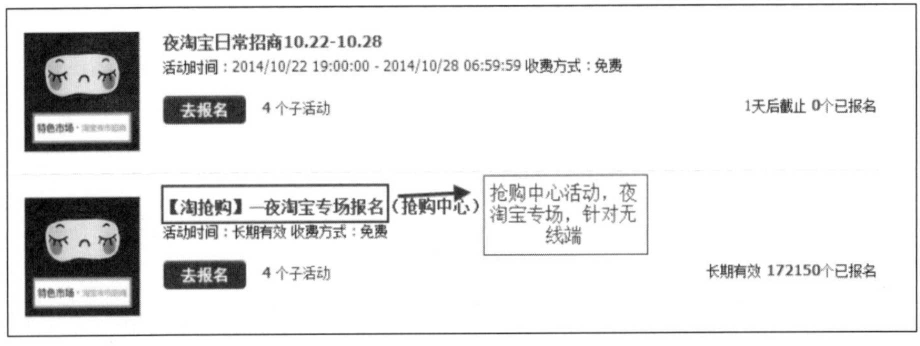


图 10-10

⑤ 找到你想要报名的活动，单击“去报名”按钮，按提示及要求进行商品报名（具体报名流程请参照下一小节）。

## 10.3.1　夜闪购的报名细则

### 1. 夜闪购商家准入条件

（1）集市卖家

① 报名商家必须满足开店时间不少于 90 天，一钻及以上卖家。

② 卖家好评率需要在97%以上，半年内累积动态有效评分至少50个。

③ 店铺出售商品不少于10件，且不出售假冒商品，未受到违规处罚。

④ 卖家还需符合《淘宝网营销活动规则》标准，并且上述条件符合外，类目若有特殊情况，可提出书面说明，特殊处理。

（2）天猫商家

① 天猫卖家未出现违规被列为抢购商家黑名单的情况。

② 开店时间不少于90天，店铺半年内历史评价累积不少于50个。

③ 店铺综合评分不能低于4.6分，且店铺无任何违规行为，无出卖假冒伪劣商品及虚假交易的相关规定的处罚记录。

④ 以上准入条件，类目若有特殊情况，可根据书面说明，另行处理。

### 2. 有关“闪购”的“1拖2”规则

凡是报名“1元闪购”的商品，系统均会奖励两个“特卖街”坑位。当报名的闪购商品未通过时，则不会赠送“特卖街”坑位。

“1拖2”规则的进一步说明如下。

① 该原则不是指只有报名“1元闪购”才能上活动，卖家可以通过报名“普通闪购”或者“热卖街”参加活动。

② “特卖街”的两个坑位是赠送的，因此对于卖家“特卖街”报名款数不做限制，最多报名2个商品，卖家也可以选择只报一个或者不报名。

③ 奖励的“特卖街”坑位，卖家如果参加该活动，那么参加活动的商品需要符合“特卖街商品”的各项要求，如果报了2款，但1款没有通过，那么卖家就只能1款参加“特卖街”活动，即“1+1”形式，以此类推。

④ 拖带的商品不可以与参加“1元闪购”的商品同款。

⑤ 3款商品同时报名，根据报名入口所开的子活动，卖家应选取相同活动时间进行报名。即如果报名的“1元闪购”为10月27日，那么拖带的商品在“特卖街”也需要选择10月27日进行报名。

### 3．夜闪购商品设置说明

① 参加活动的商品不可以有区间价，但可以有不影响价格的 SKU 项，即一个商品可以有同价位的不同颜色、尺寸。

② 不要将“夜闪购”活动与其他官方活动共同报名，如：聚划算、手机专享、天猫活动等。一旦活动相撞，设置的价格将无法生成，商品会被删除。

③ 参加活动的商品需要保持现售价，即高于抢购价的 110%，原价和淘宝价格保持一致，活动预热开始不做任何改动，库存大于报名时的数量就可以了。

### 4．活动周期说明

一个卖家 3 天内只能参与 1 次活动。同款商品只能在一个场内出现一次。

## 10.3.2　普通闪购的具体报名流程

### 1．普通闪购的报名流程

① 单击“夜淘宝日常活动招商”的“立即报名”，进入到报名页面（见图 10-11）。

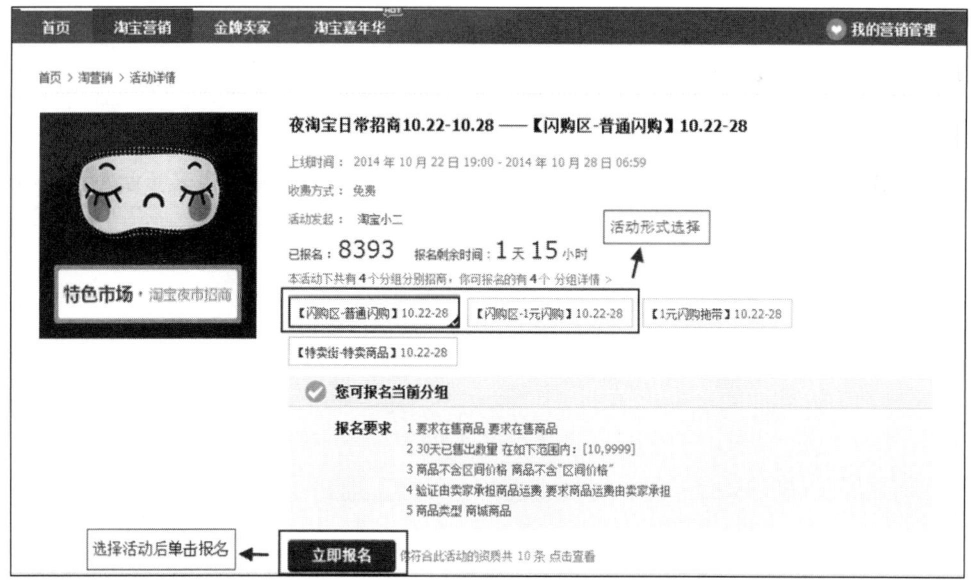


图 10-11

② 进入报名页面后，选择报名的商品，最多可选择 3 款（见图 10-12）。

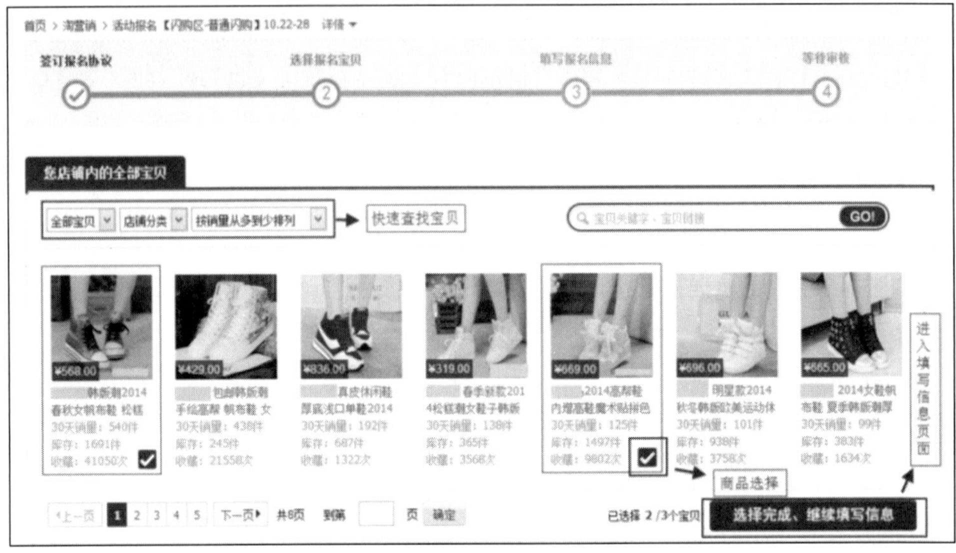


图 10-12

③ 卖家进入“报名信息填写”页面后，按照要求填写相关信息，单击“完成报名”（见图 10-13、图 10-14 和图 10-15）。

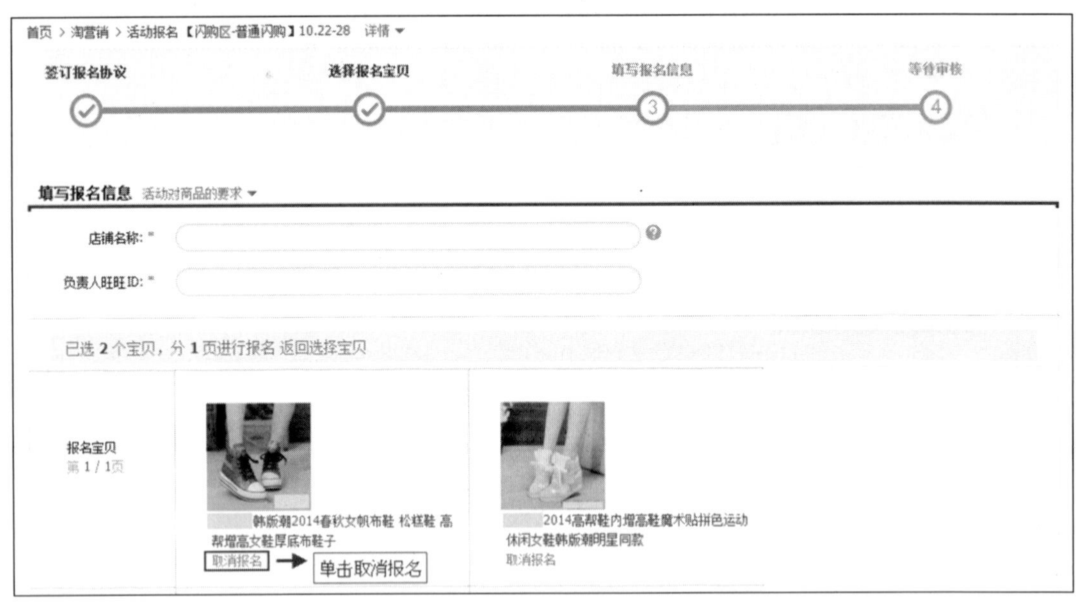


图 10-13

图 10-14

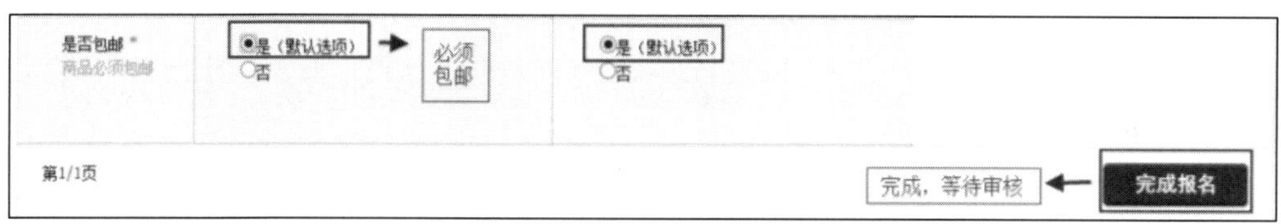


图 10-15

## 2. 普通闪购的商品报名要求

① 报名品牌需为热门大众品牌，耳熟能详的品牌具有优先参加活动的权利。

② 报名的商品图片纯白底，640×640Px，大小 100KB 以内，要求主题明确，图片清晰美观，不拉伸变形、不拼接，无水印及 Logo，无任何文字信息。格式为：JPG、JPEG、PNG。并且一个图片仅能展示一个商品或者单个模特。

③ 标题需要在 15 个汉字以内，描述准确清晰，严禁堆砌关键词。

④ 全包商品必须为“卖家承担运费”，不要用“买家承担运费，运费=0”的形式。

⑤ 价格不可以有区间价。

⑥ 同等条件下“金牌卖家”优先；数码家电、美妆类商品必须有“品牌授权证”资质；店铺没有销售假冒伪劣产品的记录或相关处罚。

3．普通闪购报名活动的商品价格说明

① 商品报名表中的“淘宝价”是指商品的“一口价”或者“价格”，报名后，系统会对价格进行校验，若发现与报名时填写的原价不一致，商品会被删除。

② 商品报名表中的“促销价”是指抢购价，即价格需要是 30 天内最低价的 9 折及以下，且最低价在 100 元以上。系统在活动预热期间进行校验，一旦发现价格不是 30 天最低价的 9 折及以下，商品将被删除。

“1 元闪购”与“普通闪购”的报名方法一样，所以，对于“一元闪购”的报名流程，此处将不再赘述。

## 10.3.3 特卖街的报名介绍

特卖街活动为每晚 19：00 至次日 7：00 进行的限量抢购活动。共 21 个坑位，其中 8 个为报名“1 元闪购”奖励的坑位，其余 13 个为普通特卖坑位。

拖带奖励报名与“1 元闪购”一同报名，普通特卖坑位商品独立报名，但两者的库存要求均为不少于 100 件。

“特卖街”的具体报名细则及操作与“夜闪购”一致。

## 10.3.4 “20 元疯抢”报名细则及操作

“20 元疯抢”每天一场活动，卖家可以根据实际情况选择参加活动的日期。全场 20 元封顶且包邮，并向全类目开放该活动。

商家准入条件请参照“夜闪购”。

1．“20 元疯抢”报名的具体操作流程

① 卖家进入“淘营销”后台，搜索“夜淘宝”，选择“20 元疯抢”进行报名（见图 10-16）。

图 10-16

② 进入到“20 元疯抢”页面后，选择报名日期，单击“立即报名”按钮（见图 10-17）。

图 10-17

③ 卖家开始选择参加活动的商品，最多选择 2 件（见图 10-18）。

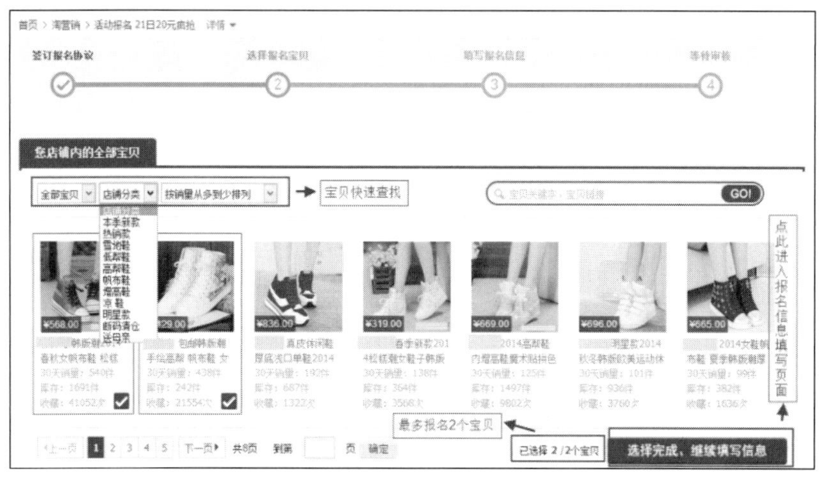


图 10-18

④ 卖家按照要求填写报名信息，全部填写无误后单击“完成报名”，等待审核( 见图 10-19、图 10-20 和图 10-21 )。

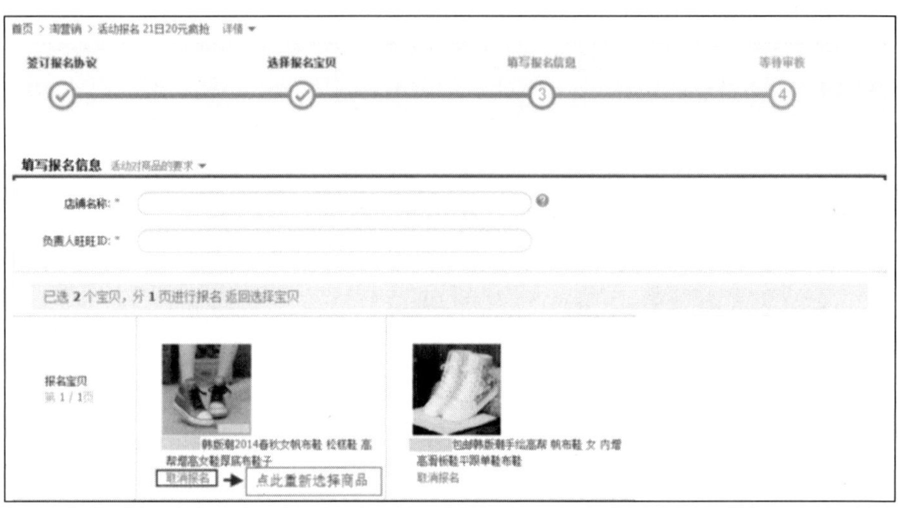


图 10-19

| 宝贝链接 * 提供具有吸引力的宝贝，必须为当季热卖商品 | http://item.taobao.com/item.htm? | http://item.taobao.com/item.htm? |
|---|---|---|
| 宝贝标题 * 15个汉字或者30个字符，建议品牌+商品名称 | 宝贝标题 | 宝贝标题 |
| 宝贝促销图片 * 纯白底，无logo、水印和牛皮癣，无拼接，注：一图一个商品或单 | 选择图片 | 选择图片 |
| 品牌名称 * 品牌名 | 品牌名称 复制到本行 | 品牌名称 |
| 品牌LOGO * 200*100，PNG，透明底(200*100) | 选择图片 | 选择图片 |

图 10-20

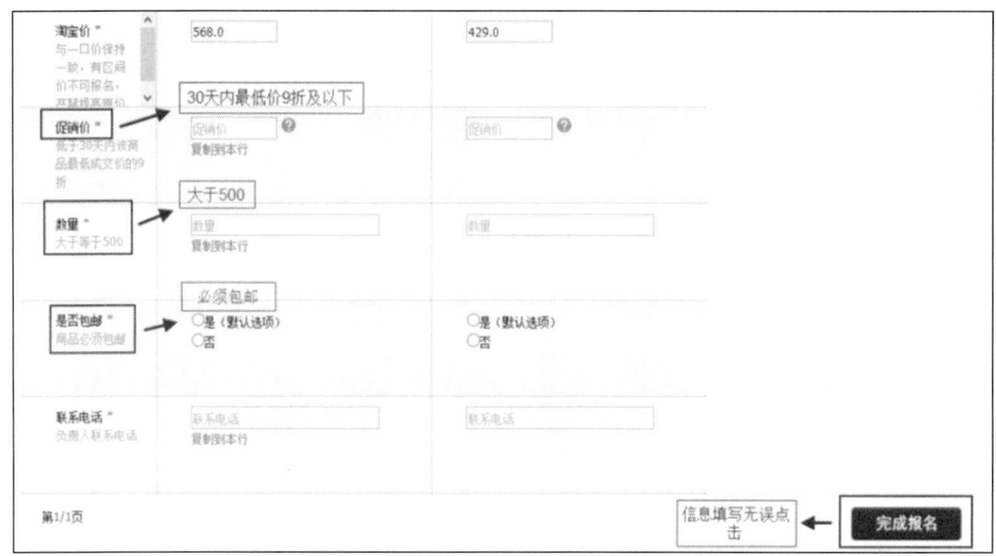


图 10-21

### 2. 20 元疯抢商品报名要求

① 报名商品必须为一口价，所有价格不可以出现区间价。

② 报名商品原价不能高于全网均价，卖家不允许先提价再打折。

③ 所有报名商品必须在 20 元以内，包括 20 元，且包邮，并且改价钱不高于 30 天内该商品最低价的 9 折。若卖家报名的商品是新品，上架不足 30 日，则从上架日期开始计算。

④ 报名“20 元疯抢”活动的商品不可以同时参加其他活动。

⑤ 库存必须不少于 500 件，且报名商品 30 天内成交量不少于 10 件。

⑥ 商品图片为 640×640Px，纯白底，大小在 100KB 以内，图片清晰美观，主题明确。无文字、无水印、无 Logo，图片不拼接及拉伸。格式为 JPG、JPEG、PNG。每张商品图片只能展示一件商品或者一个模特。

⑦ 标题 15 个汉字内，描述清晰且不得堆砌关键词。

⑧ 品牌 Logo 为 200×100Px，格式为 PNG，透明底。

# 第 11 章 聚划算

## 11.1 聚划算概述

### 11.1.1 商家眼中的聚划算

通俗点来讲，聚划算其实就是隶属于阿里巴巴的一个团购网站（见图 11-1），因为它起源于淘宝，所以赢得了众多淘宝、天猫商家们的关注。它也是商家们谈论最多并且最想参与的官方活动之一。聚划算创造了很多单品销量奇迹，至今仍是商家眼中打造爆款产品的一个非常快速的途径。

不过近几年，随着网络销售竞争的白热化，聚划算策略的改版，加入聚划算的门槛在提高，成本也越来越高，所以，现在的聚划算已经不再是一个简单的活动平台，而是一个需要商家具备一定综合实力才能有所收获的营销平台。只要加入聚划算就一定会有销量、会赚钱的思想已经不可取。

曾经的聚划算难在报名，如今的聚划算难在筹备和优化。花了 10 多万拍个坑位，最终只卖出几十件宝贝的例子比比皆是。所以，如今对聚划算的正确认识应该是将它归结为品牌营销策略的一部分，切勿盲目乐观，品牌的综合实力才是获取一切的根本。

聚划算未来将会从简单的销售平台转变为以品牌基于限时特惠模式的体验式营销平台。品牌自身的实力将会被更加看重。

图 11-1

## 11.1.2　聚划算平台操作介绍

### 1. 聚划算首页

淘宝网首页点击“聚划算”或者直接输入网址：http://ju.taobao.com/进入聚划算首页。聚划算首页一共分为以下几个区域。

#### （1）导航区

顶部导航主要展现的是聚划算的几大活动页面导航；左侧是按商品分类进行的商品集合页面导航（见图 11-2）。

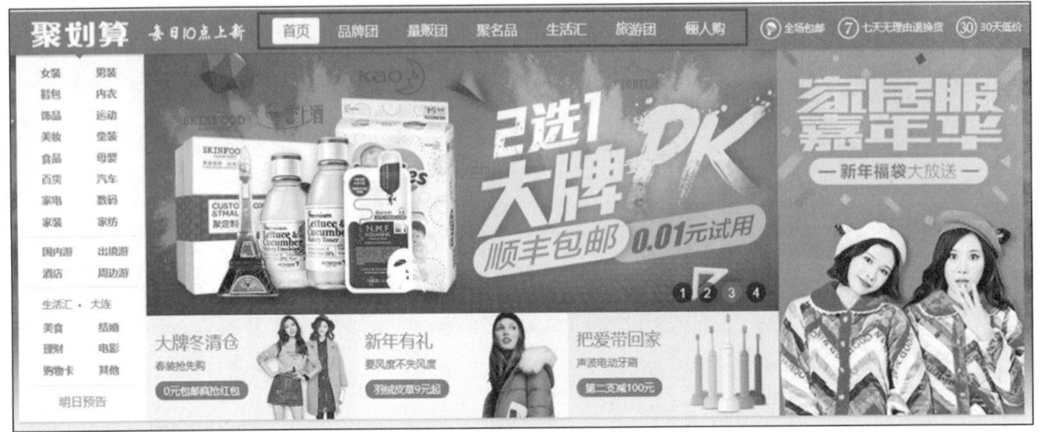


图 11-2

（2）广告区

首焦为广告区（见图 11-3）。

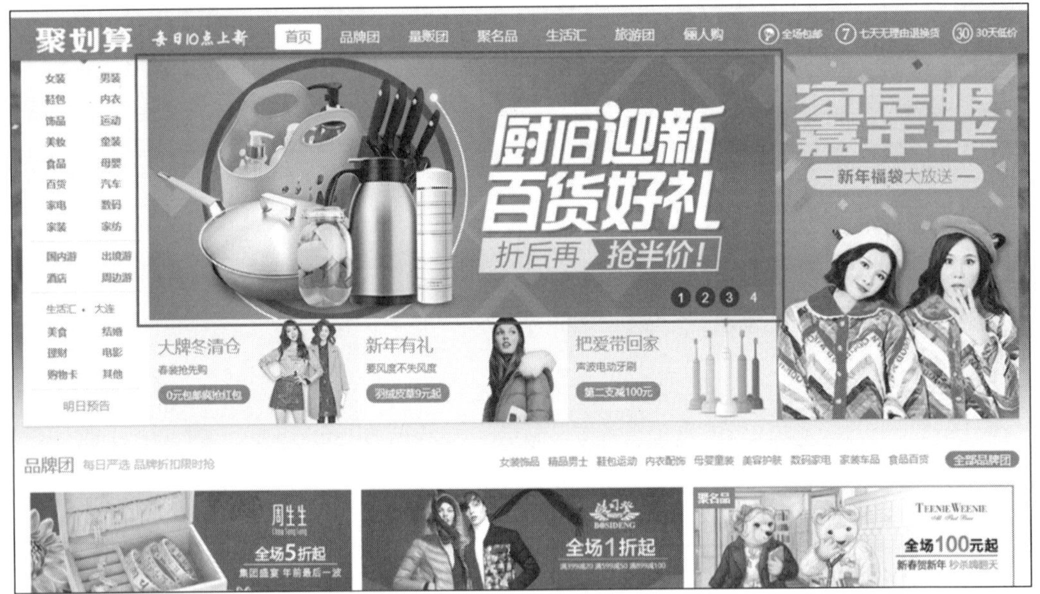


图 11-3

（3）精选品牌团陈列区

主要用于展现推荐品牌团，包含聚名品等（见图 11-4）。

图 11-4

（4）聚品陈列区

主要用于展现商品团、量贩团及品牌团的团购商品及入口（如图 11-5）。

图 11-5

### （5）生活汇

主要用于展现生活汇的团购商品（见图 11-6）。

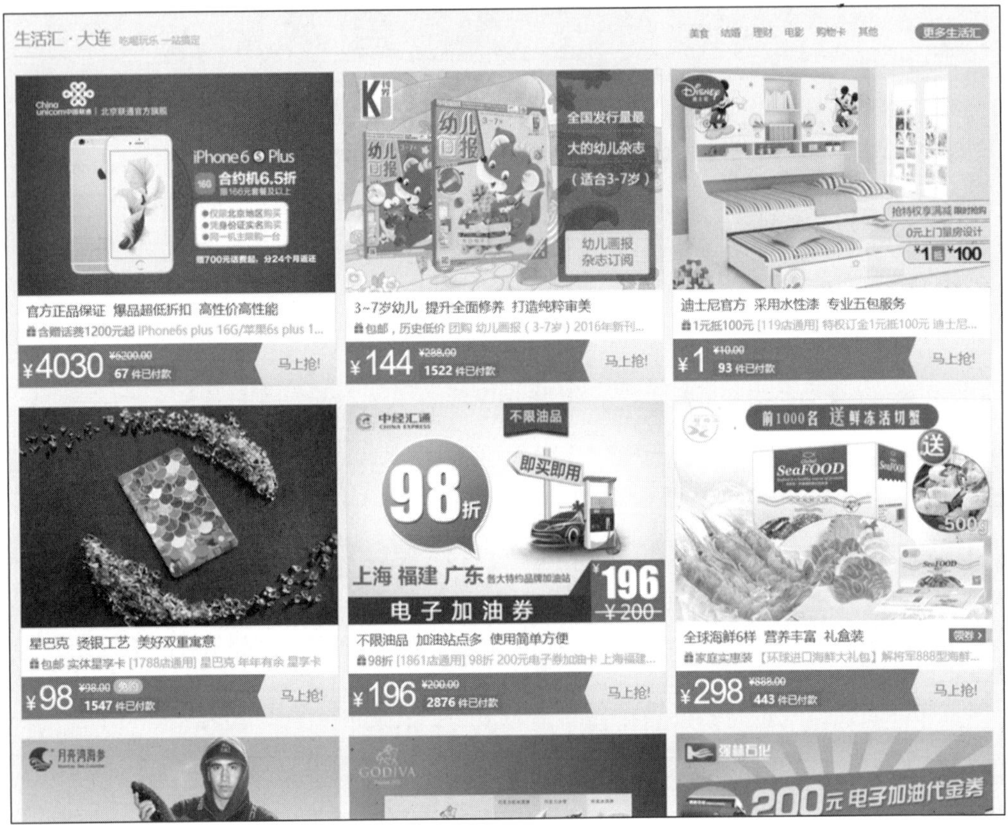

图 11-6

## 2．聚划算卖家后台

在聚划算首页单击“商户中心”进入商户中心页面，单击“我的工作台”进入聚划算的卖家后台（见图 11-9）。

后台左侧为各项服务的快捷入口，操作跟卖家中心后台类似（见图 11-10）。

聚划算 商户中心
首页
规则中心
聚赢家
招商公告
商户帮助中心
我的工作台
最新公告
2016年春节发货时间调整公告 2016-01-20
2016-01-13
2015-11-02
2015-12-14
商家参聚新选择
聚划算竞拍
我要报名
参聚类型介绍
商品团
品牌团
生活团
聚名品
聚新品
竞拍团

图 11-9

聚划算 商户中心
首页
规则中心
聚赢家
招商公告
商户帮助中心
我的工作台
推荐活动
全部活动
竞拍活动
2月非标聚风返场周末购佣金两天单品团报名入口
2月非标聚风返场周末购主题团报名入口
2月非标聚风返场周末购非常大牌国际品牌品牌...
2016年天猫魔盒报名入口
2月非标聚风返场周末购品牌团报名入口
2月非标聚风返场周末购非常大牌-品牌团报名...

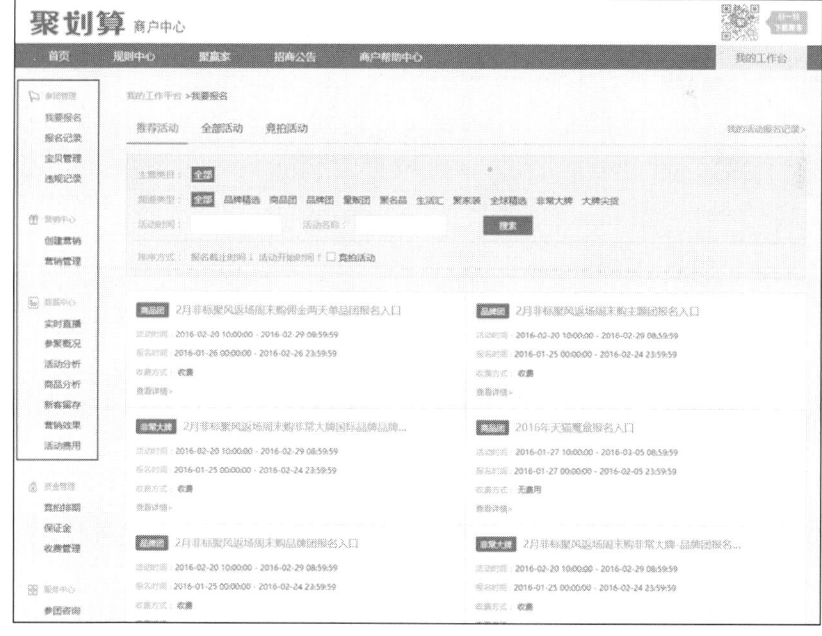

图 11-10

### 11.1.3 聚划算中的常见术语解读

#### 1．坑位

坑位即商品在聚划算展现的广告位置，一般一款商品一个坑位。品牌团的一个品牌 Logo 页面为一个坑位。

#### 2．商家保证金

① 商家保证金指商家按年度一次性冻结固定金额到卖家绑定的支付宝账户作为保证金。当商家冻结保证金后，一年内商家正常参加商品团的商品不需要在多次冻结“贷款冻结保证金”。

② 商家保证金冻结的金额：50 万元。

③ 冻结时效：冻结时间自选。周期为冻结之日起 1 年。

④ 解冻条件：

a. 自冻结保证之日起一年之后方可解冻。如果到解冻日期前 1 个月内仍有参加聚划算的商品，则解冻日期顺延 30 天。

b. 若聚划算与卖家终止合同，则立即解冻并返还商家剩下的保证金。若终止协议时，商家仍有投诉或退款纠纷，聚划算有权将退还保证金日期顺延到投诉或退款纠纷结束之日。

⑤ 参加聚划算预售的商家必须冻结商家保证金。

⑥ 如果在商家冻结保证金期间，因商家问题导致保证金被扣除低于原冻结金额的 80%时，商家应及时补足保证金额。若未能及时补足的，聚划算有权限制或解除卖家继续参加聚划算活动的权利。

⑦ 商家保证金冻结入口：登录聚划算“我的工作台”，单击“资金管理”下的“保证金”，进入保证金页面，单击“商家保证金”，签署“商家保证金协议”，按提示进入支付宝，冻结保证金。

#### 3．贷款冻结保证金

① 通俗点讲，贷款冻结保证金就是聚划算为保证参团买家的利益而让商家在每次参团时必须要冻结的一定金额的保证金。已经冻结商家保证金的商家不需要冻结此保证金。

② 冻结方式：商品排期之后开团之前都可以选择保证金方式、冻结保证金；如果开团之后还没有选择保证金方式或没有冻结保证金，系统自动默认走货款冻结的方式。即在商品开团

后，从买家确认收款的第一笔款项开始，聚划算开始冻结相应订单款项，直到与保证金金额相同（见图 11-11）。

图 11-11

③ 解冻时间：

a. 参团结束的 30 天后解冻。如果在解冻时间时商家有交易纠纷或退款，聚划算有权顺延解冻时间到纠纷或退款处理结束。若同一报名记录下，商品存在不同的开团时间，以最后一个商品结束时间开始进行计算。

b. 生活团电子凭证类商品冻结至电子凭证有效期截止之日起的 7 天，若商品存在不同的电子凭证有效期时间，以最后一个商品的电子凭证有效期时间开始进行计算，为期冻结 7 天。如电子凭证有效期延期，则保证金解冻时间重新计算。

④ 冻结金额：按报名商品货值区间进行计算保证金冻结金额。

商品货值计算公式：

包邮商品冻结金额 = 货值×数量

不包邮商品冻结金额 =（单价×10）×数量

区间规定如下：

a. 货值大于等于0元小于10万元的，冻结金额等于全额保证金，即按货值冻结。

b. 货值大于等于10万元小于30万元的，冻结10万元保证金。

c. 货值大于等于30万元小于100万元的，冻结30万元保证金。

d. 货值大于等于100万元的，冻结50万元保证金。

⑤ 销售的货值未达到需缴纳的保证金金额的，以实际货值进行冻结。

⑥ 销售的货值超出需缴纳的保证金金额的，只冻结对应保证金金额，超出部分不作冻结。

⑦ 卖家单次参团最终应缴纳的保证金，按同一报名记录下第一个商品正式开团时所有已获得排期的商品的实际货予以结算；卖家同一报名记录下开团时未获得排期的商品需重新冻结货款保证金。

### 4. 参聚险

① 参聚险是指根据参团货值缴纳一定金额的保费到保险公司，由保险公司就商家提供的商品或服务向消费者及平台等提供权益保障。

② 保费金额：按照商家货值对应的保证金金额乘以0.3%，即为应缴纳的实际保费。并在开团前，统一冻结预结最高金额的保费1500元，并截至开团时按照实际应缴纳的保费进行结算，多出的保费解冻退回至商家的支付宝里。

③ 若商家开团前选择的是按“参聚险”缴纳保证金，但逾期未缴纳的，聚划算有权将保证金模式改为“贷款保证金”模式。

### 5. 排期

即聚划算为参加团购的商品安排的开团日期。

### 6. 竞拍

参加某些聚划算活动时，坑位需要通过在限定时间内，各个商家对坑位佣金出价，出价高者得坑位的方式。

### 7. 竞拍保证金

参加坑位竞拍前需在支付宝内冻结的保证金。

### 8．手机

（无线）聚划算：即聚划算的手机版本。

### 9．入仓

入仓是指良无限/物流宝为参加聚划算等大型营销活动商家提供的物流供应链解决方案；此方案需商家配合将活动商品统一送到指定仓库，仓库在接到订单 24 小时内完成发货。

### 10．聚划算“网站联盟”

聚划算网站联盟，又名聚淘客，是聚划算旗下的官方联盟，只要拥有网站，即可加入，通过投放广告，以 CPS 形式获得收益，是国内推广团购产品最好的联盟。

### 11．拼团

是指几个品牌联合共同参加聚划算品牌团。拼团由聚划算发起。

### 12．聚划算佣金

是指聚划算收取商家开团的佣金。收取方式有提点、竞拍坑位佣金、固定佣金等。

### 13．聚划算 QC

QC 是指从消费者的立场出发，会对商品的外观、功能性、使用性进行检测。如果检测结果不合格，则无法上线参加聚划算活动。

### 14．KA 商家（KA 即 KeyAccount，重要客户）

指跟聚划算深度合作的商家。

① KA 商家的入驻准入门槛

a. 商家店铺第一主营品牌为国际、国内知名品牌，或知名淘品牌。

b. 纠纷退款率低于 0.1%（店铺主营一级类目近 30 天纠纷退款率）。

c. 天猫店铺开店 90 天以上；淘宝网开店 1 年以上且店铺星级需要 1 皇冠及以上。

d. 所有店铺还要符合聚划算的机审标准（除不考核商品历史销售记录外）。

e. 最近 12 个月（如 2012 年 7 月 1 日 ~ 2013 年 6 月 30 日）店铺成交额满足天猫、淘宝各一级类目成交排名要求：男女装 TOP 前 200，内衣 TOP 前 100，鞋包 TOP 前 50，其他类目 TOP 前 30。

f. 有效签署相关准入协议

② 聚名品 KA 准入条件请参照官方帮派最新修订版：http://bangpai.taobao.com/group/thread/613552-286377280.htm?spm=0.0.0.0.xr2jtB。

### 15. 聚划算商品团的高级商家

需要通过聚划算一系列高级认证的商家，简单来说，就是聚划算的合作伙伴或者 KA 商家。

### 16. 明日聚透

（1）明日聚透展现在聚划算首页导航栏的上方。主要用于展现第 2 天聚划算即将参团的商品（见图 11-12）。

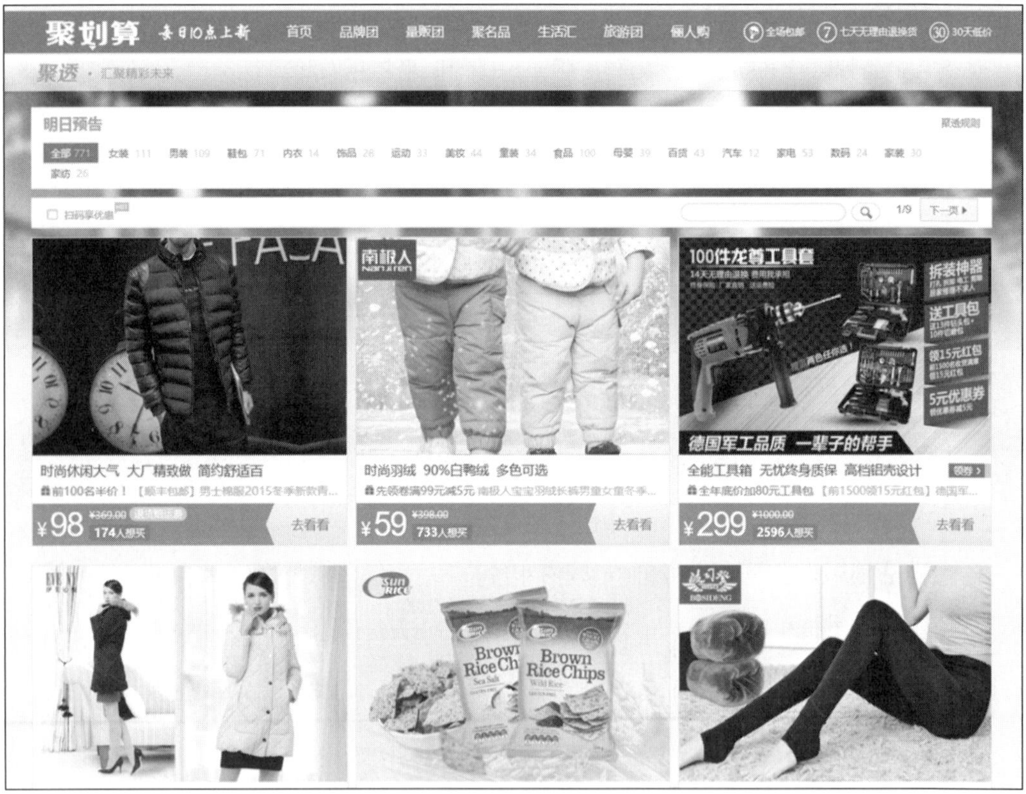

图 11-12

什么样的商品可以进入到明日聚透？

① 聚划算商品团，聚名品需要满足以下条件方可进入明日聚透：

a. 商品后台状态为“已发布”

b. 商品是还没有正式开团的

c. 商品团的开团时间在第 2 天早上 8：00 至第三天早上 8：00

必须同时符合以上三个条件，商品将会进入到明日聚透里。

② 聚家装、量贩团、聚定制和聚美妆的商品需要满足以下条件方可进入明日聚透：

a. 商品后台状态为“已发布”

b. 商品是还没有正式开团的

c. 商品团已到展示时间

③ 品牌团，整点聚的商品需要满足以下条件方可进入明日聚透：

a. 商品后台状态为“已发布”

b. 商品是还没有正式开团的

c. 商品团的开团时间在第 2 天早上 8：00 至第 3 天早上 8：00

商品只有到了展示时间的，才会进入到今日团购进行预热。明日聚透的排序规则是随机排序。

# 11.2　聚划算的活动类型及报名条件

## 11.2.1　聚划算的报名流程

### 1．2015 新版聚划算商品的报名流程

① 登录聚划算后台（ju.taobao.com），单击右上角的“商户中心”，跳转到商户中心首页，单击“我要报名”（见图 11-13）。

图 11-13

② 单击你要报名产品的类目，选择你要报名的活动。通过单击“查看活动详情”来查看活动的具体要求（见图 11-14）。

图 11-14

在活动详情中你可以点击活动介绍、收费方案、保证金规则、报名要求、坑位规划、运费险规则，细了解此活动的相关规则、费用、要求（见图 11-15 和图 11-16）。

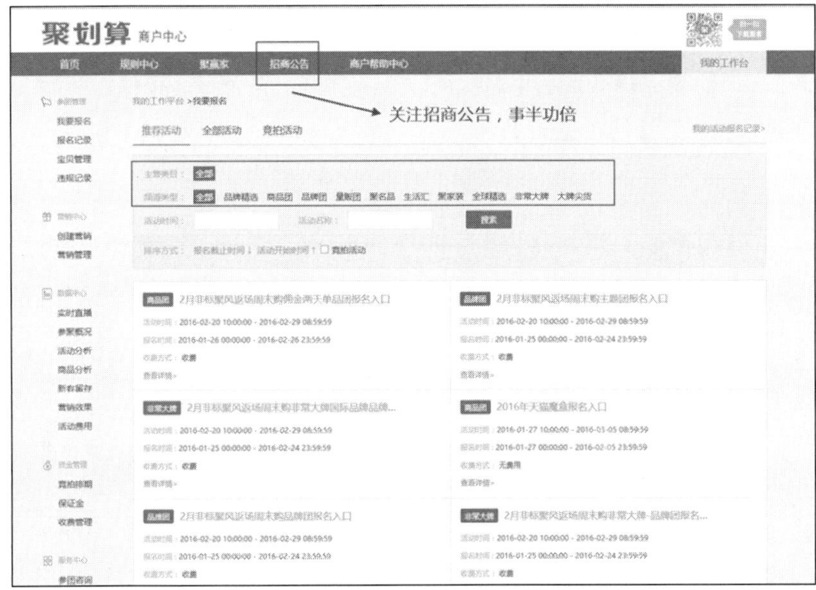


图 11-15

活动基本信息

活动名称：
2月非标聚风返场周末购佣金两天单品团报名入口

活动时间：
2016-02-20 10:00:00至2016-02-29 08:59:59

是否竞拍：
不需要

报名时间：
2016-01-26 00:00:00 至 2016-02-26 23:59:59

活动描述：
2月非标聚风返场周末购佣金两天单品团报名入口

收费介绍

佣金模式介绍：
参团订单在确认收货后，根据对应的类目佣金率扣取相应的实时划扣佣金至聚划算。

基础费用+佣金+封顶介绍:
1、在商品获得审核通过后，需要提前止付一笔基础技术服务费(可简称"基础费用",其他同)至卖家绑定的支付宝内，在所有商品正式参团时，止付的基础费用将划扣至聚划算帐户，不予退回。
2、当开团后累计确认收货交易订单金额根据对应佣金费率计算出的佣金等于或低于开团时已扣除的基础费用前，系统将不会执行实时划扣佣金的操作。
3、当累计确认收货交易订单金额根据对应佣金费率计算的佣金高于开团时已扣除的基础费用后，系统将对超出免佣成交额（免佣成交额=基础费用/对应佣金率）部分按照对应佣金费率收取实时划扣佣金至聚划算账户，直至扣除的基础费用及实时划扣佣金合计达到封顶技术服务费（简称"封顶费用"，其他同）时，系统停止扣费。
4、订单的确认无时间的限制，每笔确认收货及退货时均重新计算逻辑。

图 11-16

在活动列表中，如果你曾经报名过某个活动会有相应提示。

③ 按提示签署协议，进入商品报名页面，系统会给出符合报名条件的商品，找到你要报名的商品，单击“提交”按钮（见图 11-17）。

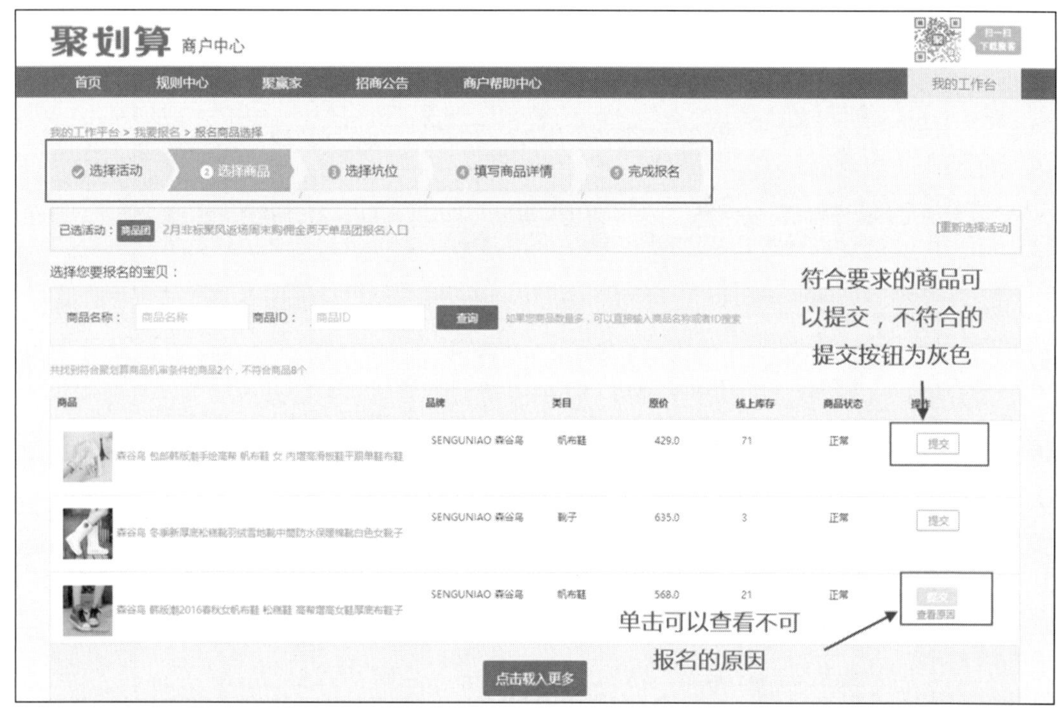


图 11-17

聚划算报名系统会区分可提交和不可提交商品。如“提交”按钮显示灰色，则代表商品不符合聚划算商品报名条件，可以单击“查看原因”，查看商品不符合报名条件的原因。

④ 选择商品的报名坑位

当你的商品提交成功后，系统会给出 6 周内的坑位供你选择。

a. 若你的商品符合所有坑位的条件，系统将展示 6 周内所有坑位。单击“我要报名”即可（见图 11-18）。

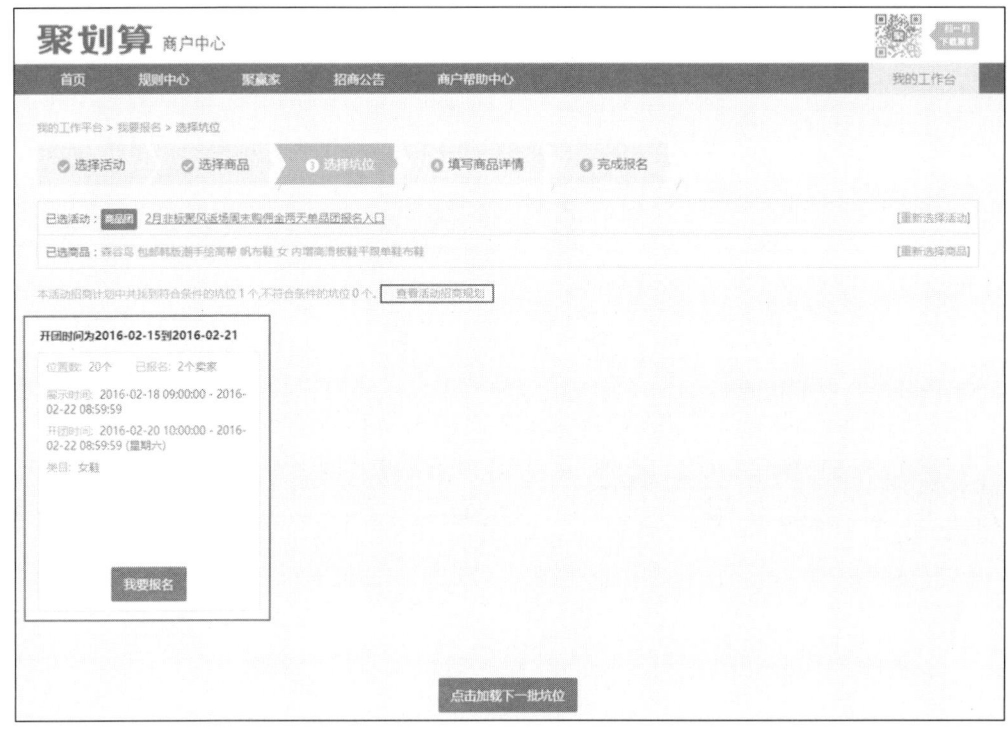


图 11-18

b. 若你的商品不符合某些坑位的条件，系统会默认不展示这些坑位。此时若想查看不符合条件的坑位,单击“显示不可报坑位”,即可看到具体不可报的坑位内容( 见图 11-19 和图 11-20 )。

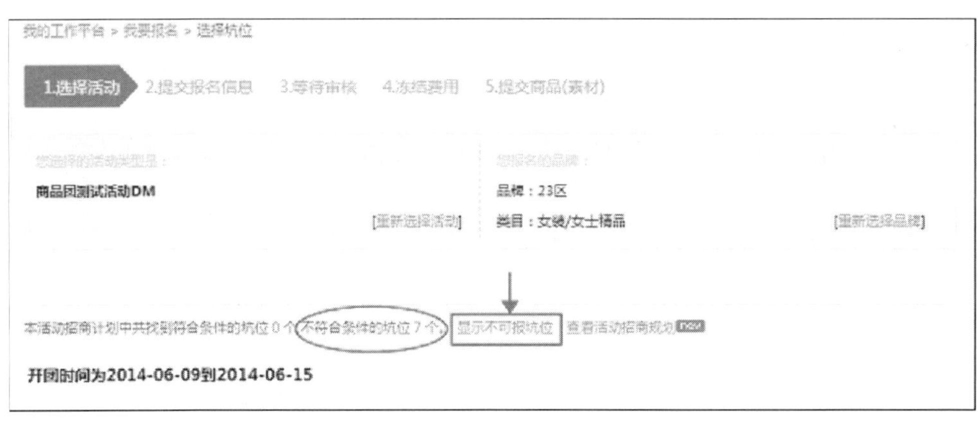


图 11-19

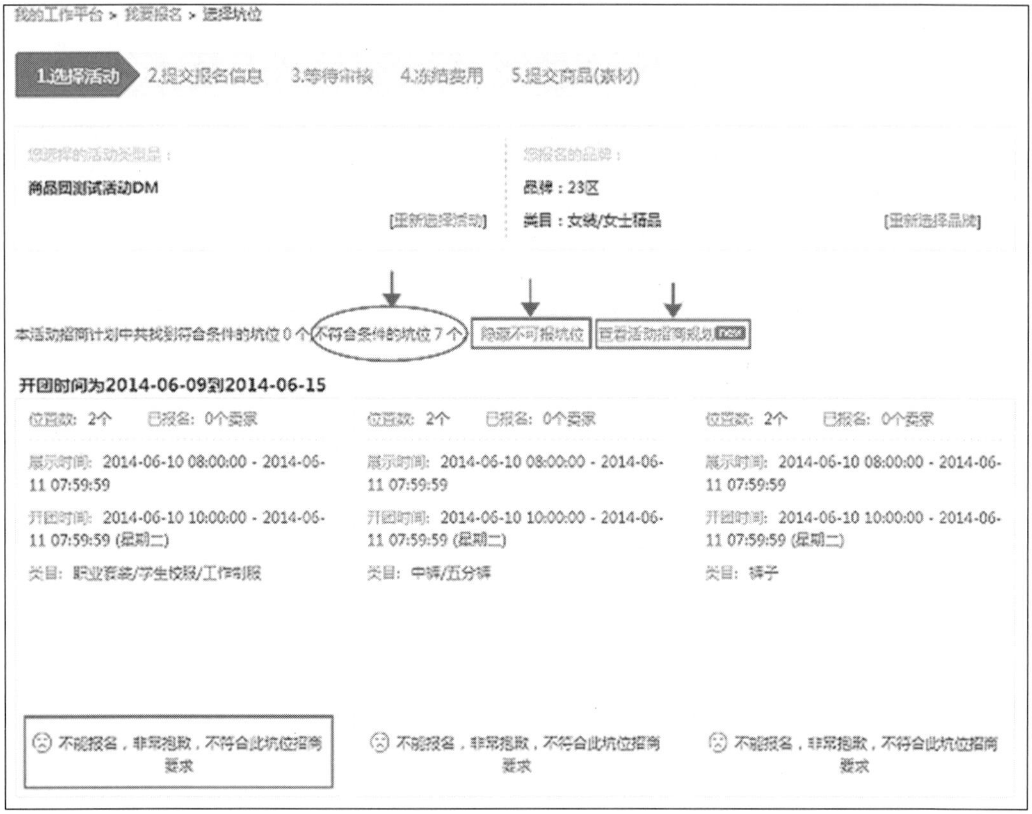

我的工作平台 > 我要报名 > 选择坑位

1.选择活动 2.提交报名信息 3.等待审核 4.冻结费用 5.提交商品(素材)

您选择的活动类型是：

商品团测试活动DM

[重新选择活动]

您报名的品牌：

品牌：23区

类目：女装/女士精品

[重新选择品牌]

本活动招商计划中共找到符合条件的坑位 0 个 不符合条件的坑位 7 个 隐藏不可报坑位 查看活动招商规划 new

开团时间为2014-06-09到2014-06-15

位置数：2个 已报名：0个卖家

展示时间：2014-06-10 08:00:00 - 2014-06-11 07:59:59

开团时间：2014-06-10 10:00:00 - 2014-06-11 07:59:59 (星期二)

类目：职业套装/学生校服/工作制服

不能报名，非常抱歉，不符合此坑位招商要求

位置数：2个 已报名：0个卖家

展示时间：2014-06-10 08:00:00 - 2014-06-11 07:59:59

开团时间：2014-06-10 10:00:00 - 2014-06-11 07:59:59 (星期二)

类目：中裤/五分裤

不能报名，非常抱歉，不符合此坑位招商要求

位置数：2个 已报名：0个卖家

展示时间：2014-06-10 08:00:00 - 2014-06-11 07:59:59

开团时间：2014-06-10 10:00:00 - 2014-06-11 07:59:59 (星期二)

类目：裤子

不能报名，非常抱歉，不符合此坑位招商要求

图 11-20

c. 若你的商品没有符合任何坑位的条件，系统则会提示你重新选择商品（见图 11-21）。

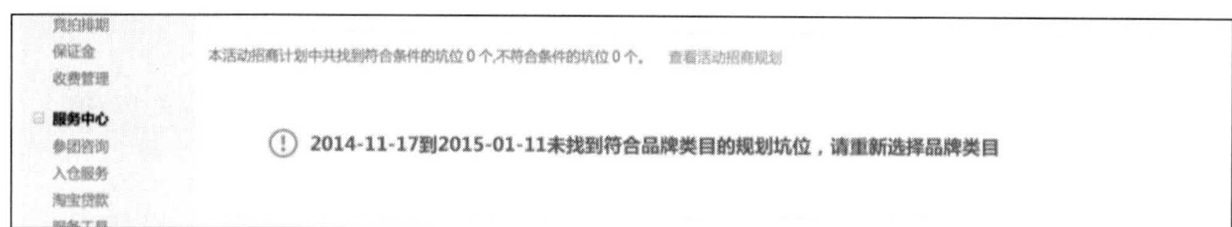


图 11-21

⑤ 按照提示填写报名商品信息

商品报名页面需要填写的内容如下。

基本信息：宝贝标题、卖点、团购价格、描述等。

服务信息：质检报告、是否参加直通车外投、是否参见店内优惠活动（见图 11-22、图 11-23 和图 11-24）。

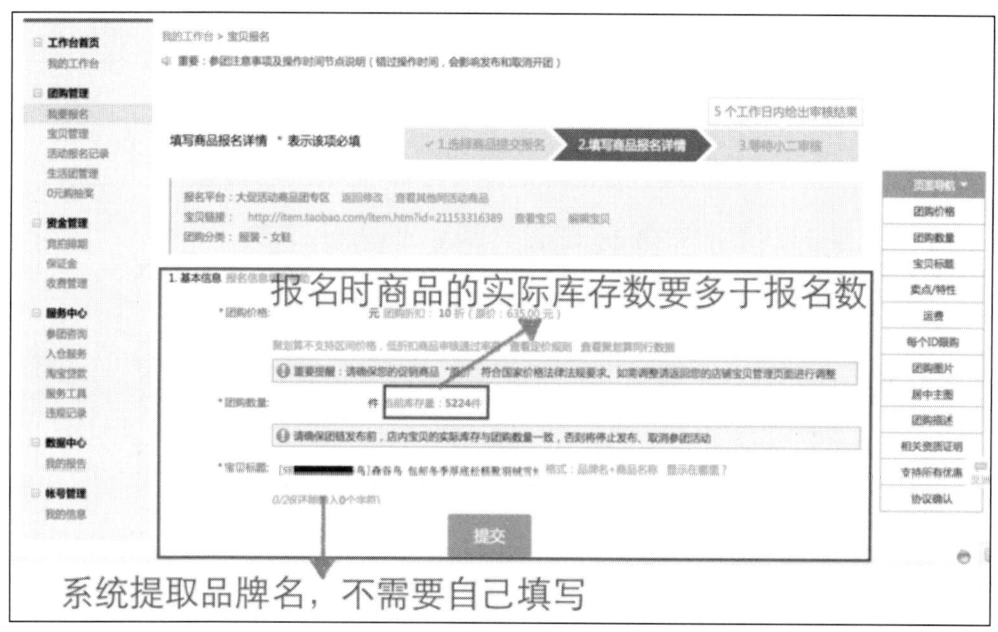


图 11-22

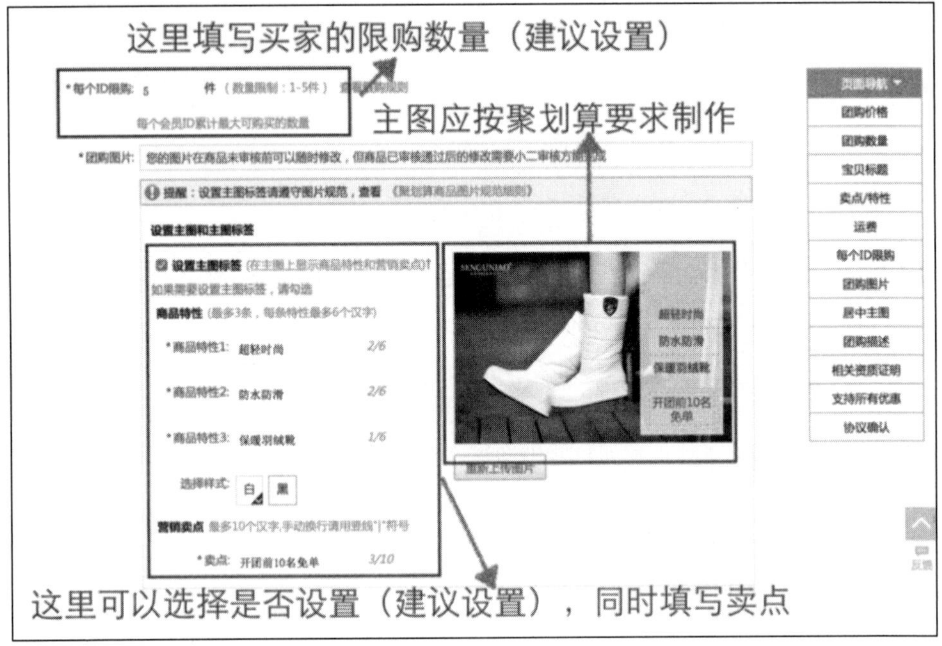
这里填写买家的限购数量（建议设置）
主图应按聚划算要求制作
这里可以选择是否设置（建议设置），同时填写卖点

图 11-23

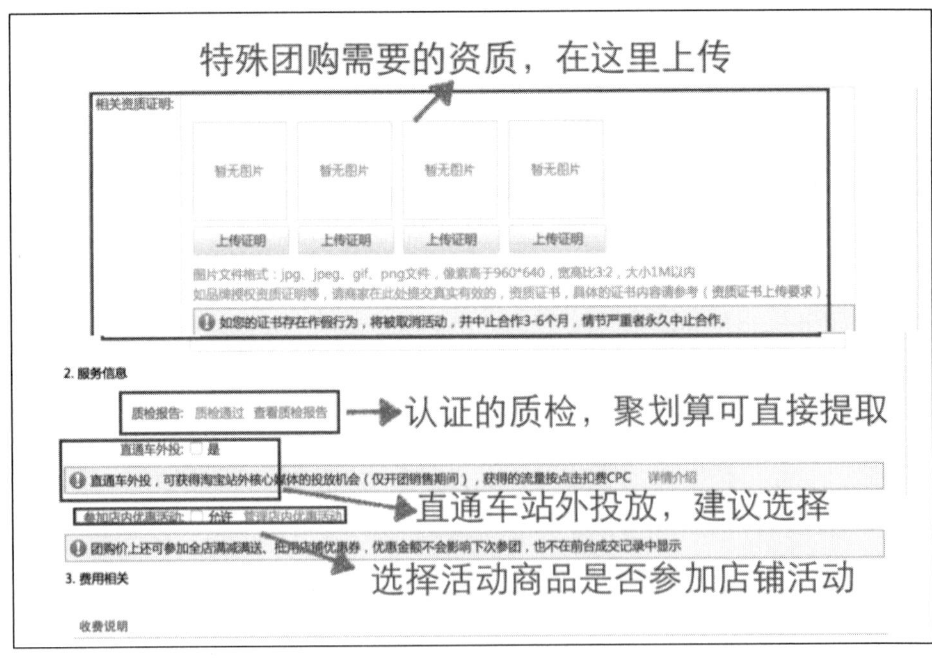
特殊团购需要的资质，在这里上传
认证的质检，聚划算可直接提取
直通车站外投放，建议选择
选择活动商品是否参加店铺活动

图 11-24

⑥ 填写完宝贝信息后，单击“提交”按钮，等待小二审核。在此期间，你可以对报名商品进行撤销报名、团购预览、修改商品信息等操作（见图 11-25）。

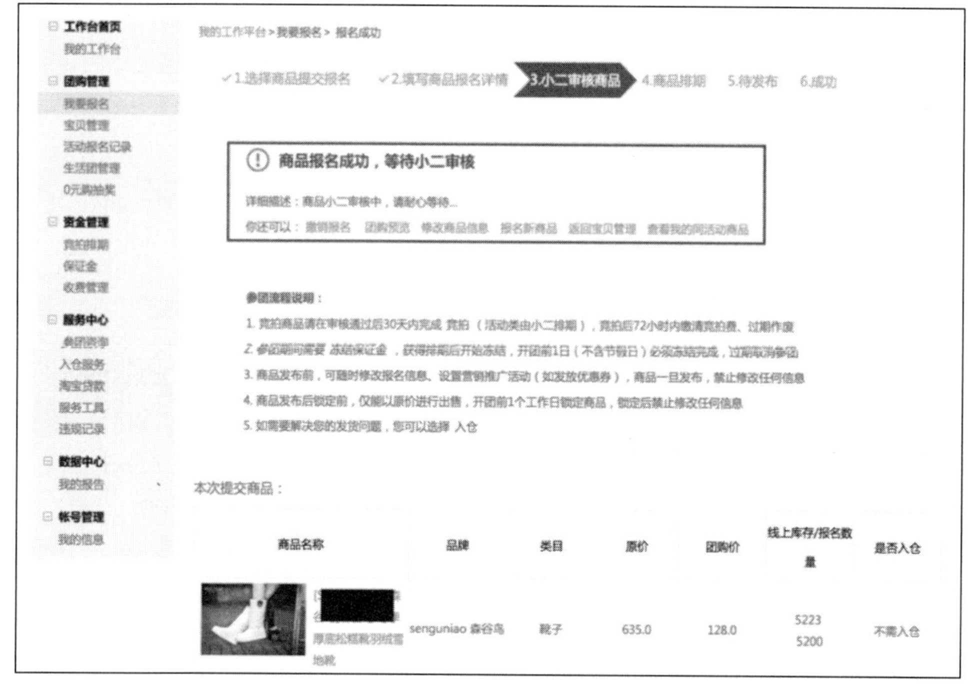


图 11-25

可以说新版的报名流程，给所有想报名聚划算的商家都带来了好处。因为新版的报名流程可以让商家更直观地了解到自己可以报名哪些活动及不能报名哪些活动。同时，因为每个招商报名都有相应的准入条件、活动费用等信息，免去了商家们查询活动要求的繁琐过程。

同时，商家可以通过“招商公告”了解到自己类目每个月的活动规划情况。

### 2. 一般报名聚划算审核不通过的原因

① 报名的团购价高于店铺售价。

② 报名货值不达标。即产品的货值为达到活动的最低要求。

③ 商品描述混乱，区间价不统一，商品描述，主图不符合要求。

④ 客单价低于 20 元的商品未设置好合理组合及满减。

⑤ 商品 DSR 评分低于 4.6 分或差评数高。

⑥ 非店铺主营商品。

⑦ 店铺退款率高。

⑧ 店铺差评率高，运营分值低于平均。

⑨ 通过审核后无法保障正常备货及发货要求取消活动。

⑩ 不符合聚划算商品规划。报名前一定要看聚划算的活动招商公告，看看当季什么商品更适合申报。

## 11.2.2 聚划算玩法介绍

聚划算，现在已经成为一个真正意义上的营销平台，早已不再只是一个团购网站了。在聚划算平台，有很多种营销活动，每种营销活动都有自己的玩法。不同类型的活动有着不同的活动侧重点及优势。活动的多样性，不但为商家提供了更多的推广机会，还为商家提供了丰富的营销玩法。目前，聚划算的主要玩法有以下几种。

### 1. 商品团

商品团，是聚划算最初的团购模式，简单来说，即单一产品通过打折参加聚划算团购，展现位置在聚划算首页的商品陈列区（见图 11-26）。

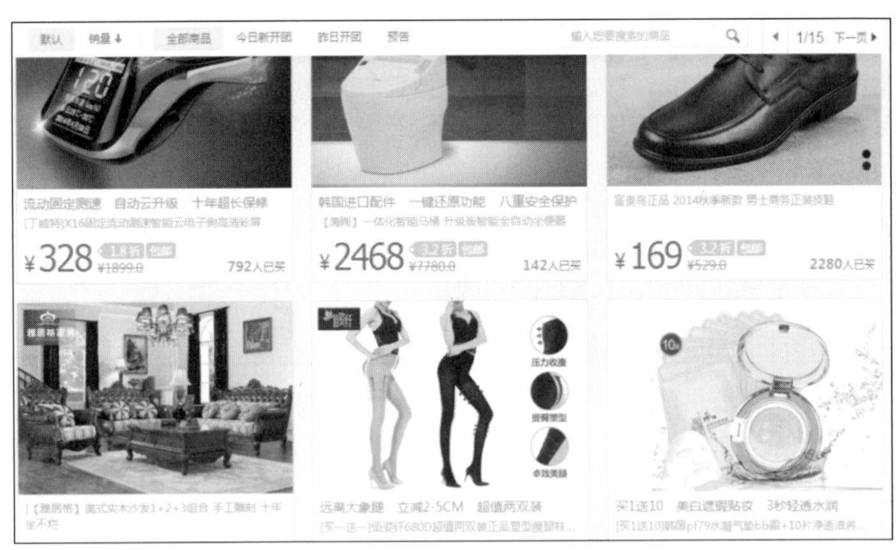


图 11-26

商品团的玩法，最简单也最直接，就是单品打折。

商品团目前也是大部分想参加聚划算活动商家的最先选择玩法。很多商家都在拿商品团来练习参团。

其实，目前商品团的活动效果已经大不如从前了，对于聚划算平台来说，商品团带来的销售额比例已经越来越低了；对于商家来说，商品团坑位竞争最为激烈，展现的商品比较多，所以曝光率相对降低，再去掉佣金（大部分类目还有竞拍坑费）等成本，可以说大部分参加商品团的商家从单次活动来看都是亏损得比较厉害的；从消费者角度来看，商品团已经越来越不划算了，因为高昂的费用，导致参加商品团的大部分商家的商品性价比极低，经常出现聚划算的价格比平时几乎没有低多少，更有甚者比平时的真正售价还要高。

当然，任何玩法都有其优劣势，商品团并非完全不可取，商品团是聚划算为中小卖家打开的一道门，通过这道门我们才可以更好地对聚划算一探究竟。而且，如果你的商品足够优秀，再加上前期充足的准备，商品团是打造单品爆款的不二选择。

### 2. 品牌团（普通）

品牌团，可以说是未来聚划算重点发展的模式之一。目前品牌团要求报名的品牌应为国际、国内知名品牌（含知名淘品牌）（见图 11-27）。

图 11-27

同时，品牌团报名时一个商家至少有 6 款商品参团，最多不能报名超过 30 款。在品牌团频道下展示，收取固定坑位费，商家自行选择排期，开团时间 2 天，备货量建议在 100 万及以上。

可以说目前品牌团的报名是有一定的门槛的，中小卖家很难有报名的机会。

**（1）品牌团的详细报名条件**

| 标　准 | 淘宝卖家 | 天猫卖家 |
| --- | --- | --- |
| 开店时间 | 90 天及以上 | 90 天及以上 |
| 店铺要求 | 仅限于护肤、彩妆一级类目的集市商家 | 天猫商家 |
| 消费者保障计划 | 七天无理由退换货服务 | 七天无理由退换货服务 |
| 品牌要求 | 各类国际、国内知名品牌（含知名淘品牌） | 各类国际、国内知名品牌（含知名淘品牌） |
| 实物交易占比 | 95%及以上 | 80%及以上 |
| 宝贝描述 DSR | 4.8 分及以上 | 4.6 分及以上 |
| 卖家服务态度 DSR | 4.8 分及以上 | 4.6 分及以上 |
| 卖家发货速度 DSR | 4.8 分及以上 | 4.5 分及以上 |
| 有效动态评分（近半年） | 店铺有效评价次数 5000 个及以上 | 店铺有效评价次数 300 个及以上 |
| 店铺 A 类扣分 | 扣分达 12 分时 7 天内无法报名 | 扣分达 12 分时 7 天内无法报名 |
| 店铺 B 类扣分 | 无 B 类扣分 | 无 B 类扣分 |
| 出售假冒商品扣分 | 无出售假冒商品扣分 | 无出售假冒商品扣分 |
| 聚划算处罚 | 无聚划算中止合作处罚 | 无聚划算中止合作处罚 |

**（2）品牌团的展现位置**

① 聚划算首页的“精选品牌”板块。

② 聚划算首页商品团陈列区下方。

③ 品牌团页面。

**（3）目前大部分商家的品牌团玩法**

① 利用品牌团上新。抢在产品换季（换代）节点，提前做品牌团，打造爆款群，抢占市场先机。市场先机掌握了，也就基本掌握了同类商品淘宝、天猫的大部分搜索资源。

② 清仓。快速清货回笼资金。

③ 加大品牌占有率。

聚划算最近一次的改变，预示着平台未来发展将会更加依赖品牌。品牌自身的综合实力将会决定着一个店铺的生存。作为聚划算的品牌团活动，必然会在接下来的时间内占据更加重要的地位。

### 3．聚名品

聚名品，主要展现位在聚名品页面，报名此类活动的商品，必须为聚名品品牌库内的品牌。目前聚名品只接受天猫商家及全球购商家报名（见图 11-28）。

图 11-28

品牌库查询可以在聚划算帮助中心里的招商公告中寻找。也可直接输入聚名品招商公告网址（每月更新 1 次）：http://o.ju.taobao.com/tg/hpcenter/index.htm?spm=608.1000993.0.0.7yRsGx&reqType =knowledge&kId=5692825&menuld=8217682（见图 11-29）。

招商公告
生活团卖家
› 商家报名
› 商家规范
手机聚划算
消费者保障
淘宝曝光台
交易安全
淘宝规则
云客服
聚划算规则

聚名品/聚潮牌招商品牌【20140625更新版】

品牌分名品和潮牌，其中名品进入聚名品频道展示，潮牌进入聚潮牌频道展示。

名品品牌名

| | | | |
|---|---|---|---|
| 2（X）ist | Elysee/爱丽舍 | MAC/魅可 | Sigg |
| 3.1 Phillip Lim | EmerginC/依美姬丝 | MadPax | Silhouette/诗乐 |
| 5cm | ENC | Magisso | silk' n |
| 7 For All Mankind | episencial | Make up for ever/浮生若梦 | SilverCross |
| a.b.art/爱彼雅 | ESCADA | mambino | SISLEY |
| Aape | essey | manebi | Sisley/希思黎 |
| ABERCROMBIE&FITCH | EsteeLauder/雅诗兰黛 | Mane ' n Tail | Siwy |
| Absolut Vodka/绝对 | ETTIKA | Marc Jacobs | SKAP |
| achette/雅氏 | EVA SOLO | Mark McNairy | SK-II |
| AERONAUTICA MILIT | Eve Lom | Marmot/土拨鼠 | Soft cotton |

图 11-29

聚名品的招商规则请参照：http://bangpai.taobao.com/group/thread/613552-286969324.htm

聚名品的具体准入条件，可以在活动报名页面中查询。如果你手中拥有大品牌资源，建议你直接去与官方小二接触，你定会有意想不到的收获。

至于聚名品的玩法，只要你有大品牌资源，可以说怎么玩都会有收效。目前，还有一些大牌，为了得到聚名品的资源，又不影响原有客户群定位，便针对网络市场推广一些非本品牌主打的廉价商品。比如阿玛尼，就会在聚名品中频繁的推广阿玛尼牌手表。

### 4．生活汇

生活汇主要是本地化生活参加聚划算的本地团购活动（见图 11-30）。

图 11-30

聚划算生活汇仅对特定类目开放，线下运营商、品牌商采取邀约入驻形式，淘宝/天猫卖家采取卖家自主申请形式。

**（1）聚划算生活汇开放类目**

① 餐饮美食（蛋糕甜品、地方菜系、火锅烧烤、咖啡茶吧、日韩亚系、西餐、自助餐）;

② 旅游酒店（景点门票、境内游、境外游、周边游、酒店住宿）;

③ 生活服务（婚庆定制、家政服务、教育培训、配镜、、汽车服务摄影写真、体检保健、杂志订阅）;

④ 粮油生鲜（果蔬、酒类、调味品、粮油、特产干货、花卉、乳饮品、水产、禽蛋肉、熟食）;

⑤ 休闲娱乐（电影演出、酒吧 KTV、游乐游艺、运动健身、足浴理疗、儿童亲子、瑜伽、美容 SPA、美甲、美发）;

⑥ 其他（通信话费、汽车、保险理财、提货券、购物卡）。

**（2）加入聚划算城市团所涉及的费用**

① 开通商城店铺会涉及技术服务费 3 万元/年，商城保证金 1 万元，以及天猫千分之五的扣点佣金;

② 聚划算风险保证金一线城市（北上广深）为 50 万元，其他城市均为 30 万元，封顶为 200 万元;

③ 二维码信息发送及验证费目前约为 0.5 元/条，该费用为二维码提供商收取，具体价格由运营商自己直接跟二维码提供商对接洽谈。

**（3）负责小二**

生活汇的申请加入与退出等事宜，建议直接与负责小二取得联系，联系方式如下:

| 类目 | 区域或行业范围 | 具体工作职责 | 负责小二旺旺 | 分机/直拨号 | 邮　　箱 |
|---|---|---|---|---|---|
| 生活团 | 全国 | 城市业务运营&运营商管理&招商退出 | 入驻：雨仇（38731）<br>退出：羽倩（10743） | 同左边 | 羽倩：danny.chend@taobao.com<br>雨仇：yuchou@taobao.com |
| | 餐饮、休闲娱乐 | 团购运营 | 清谣 | 12558 | qingyao@alibaba-inc.com |
| | 中西北、东北、江苏、西部、江西 | 商品管理 | 生活团编辑 7 | | wb-chenshiting@alibaba-inc.com |
| | 华南、华中、上海、福建、安徽 | 商品管理 | 生活团编辑 6 | | wb-tongbotb@alibaba-inc.com |
| | 浙江 | 商品管理 | 豁然境 | 73570 | wb-liuhuali@taobao.com |
| 摄影、婚庆服务 | 东北、华南 | 商家管理及合作、团购审核 | 晨飞 | 12538 | chenfei@taobao.com |
| | 华东 | 商家管理及合作、团购审核 | 楚云 | 12013 | chuyun.wxl@taobao.com |

续表

| 类目 | 区域或行业范围 | 具体工作职责 | 负责小二旺旺 | 分机/直拨号 | 邮　箱 |
| --- | --- | --- | --- | --- | --- |
|  | 西部、中西北、华中 | 商家管理及合作、团购审核 | 御剑 | 13113 | jerry.zhujq@taobao.com |
| 汽车服务 | 全国 | 运营商管理/商品信息维护 | 远致 | 36831 | Ziyu.jiang@alibaba-inc.com |
| 金融保险 | 全国 | 保险商户的运营 | 疏影 | 77476 | qiyun.zhouqy@taobao.com |
| 卡券 | 全国 | 运营 | 金州 | 10097 | xiaoqiang.zhouxq@taobao.com |
| 电影 | 全国 | 运营 | 元舞 | 14466 | Yuanwu.hyw@taobao.com |
| 旅游团 | 全国 | 旅游团购业务运营接口&规划管理 | 处机 | 36550 | chuji@taobao.com |
|  | 全国 | 旅游团境内游类目运营 | 陵轹 | 14919 | yanping.zyp@alibaba-inc.com |
|  | 全国 | 旅游团境外游类目运营 | 温柔 | 13233 | yx1997@alibaba-inc.com |
|  | 全国 | 旅游团类目运营 | 叶上 | 77901 | zhe.lz@alipay.com |
|  | 全国 | 旅游团类目运营 | 飘财 | 39695 | yinlun.zhuyl@alibaba-inc.com |
| 教育培训 | 全国 | 商品信息管理维护，商家管理 | 原一 | 10739 | qiyun.zhouqy@taobao.com |
|  | 全国 | 商品信息管理 | 灵菡 | 13512 | linghan@taobao.com |
|  | 全国 | 商品信息管理，商家管理 | 禅寂 | 14702 | ligang.lg@alibaba-inc.com |
| KTV | 上海 | KTV 行业运营 | 若灵 | 81137369 | ruoling.fsm@alibaba-inc.com |
|  | 杭州、南京 | KTV 行业运营 | 甘翠 | 36906 | jing.cheng@alibaba-inc.com |
|  | 成都、武汉、广州、深圳 | KTV 行业运营 | 灵玄 | 19330 | lingxuan.xdd@alibaba-inc.com |
|  | 北京 | KTV 行业运营 | 惊天 | 31676 | shijie.xiesj@alibaba-inc.com |
| 无线端 | 无线端 | 无线端问题反馈及活动 | 襟怀 | 81989610 | kevin.lwh@alibaba-inc.com |
| 规则 | 规则 | 规则及风控 | 夏灵 | 19352 | xialing.zxj@alibaba-inc.com |

### 5．旅游团

针对旅游而进行的团购，因为属于特定商家团购类型，与小二直接沟通比较容易，所以本书便不在此讲解了（见图 11-31）。

图 11-31

## 6. 量贩团

量贩团主要针对的是消费者日常生活中用到的生活必需品而进行的团购（见图 11-32）。

图 11-32

量贩团生活快消品，包含了洗化、食品、母婴、清洁、居家日用等各个品类，量贩的特征就是极具价格优势的多件组合购买。能被快速消费，且有多件购买需求的商品，知名品牌优先。

备货库存（聚价×报名数量）大于 30 万，或报名数量超过 10000 单。

**（1）量贩团目前开通的类目**

| 一级类目 | 二级类目 |
|---|---|
| 女士内衣\男士内衣\家居服 | |
| 奶粉\辅食\营养品\零售 | |
| 尿片\洗护\喂哺\推车床 | 纸尿裤 |
| 尿片\洗护\喂哺\推车床 | |
| 清洁\卫浴\收纳\整理用具 | |
| 童装\童鞋\亲子装 | |
| 玩具\模型\动漫\早教\益智 | |
| 洗护清洁剂\卫生巾\纸\香薰 | |
| 洗护清洁剂\卫生巾\纸\香薰 | 洗发沐浴\个人清洁 |
| 床上用品/布艺软饰 | |
| 美容护肤\美体\精油\ | |
| 茶\咖啡\冲饮 | |
| 酒类 | |
| 酒类 | 白酒 |
| 零食\坚果\特产 | |
| 厨房\餐饮用具 | |
| 居家日用\婚庆\创意礼品 | |
| 粮油米面\南北干货\调味品 | |
| 粮油米面\南北干货\调味品 | 油\牛奶 |
| 孕妇装\孕产妇用品\营养 | |
| 彩妆\香水\美妆工具<br>电子词典\电纸书\文化用品 | |
| 美发护发\假发 | |
| OTC 药品\医疗器械\隐形眼镜\计生用品 | |
| 传统滋补营养品 | |
| 保健品\膳食纤维补充剂 | |
| 家装主材 | |
| 服饰配件\皮带\裙子\围巾 | |

（2）量贩团的商家准入条件

① 量贩团商家，首先必须需符合聚划算商品团高级商家的准入标准；

② 符合高级商家条件外，还将选择天猫店铺、淘宝店铺的类目各 TOP30 商家且品牌特性为国内线下区域性知名品牌、TOP 淘品牌、国内线下知名品牌、国际二线、国内一线品牌和国际一线品牌，将优先选择品牌旗舰店、专卖店或品牌方运营的集市店铺。

（3）量贩团上团节奏

① 每月月末出下一个月的品类规划，选品人员从报名商家池里，根据品牌分值、运营能力、备货深度等多个维度考核后挑选出上团商品。

② 同一个品牌 2 次上团之间至少隔一期（按照自然日计算）。

③ 商家参与量贩团的次数计入日常参团疲劳期，每次活动开团间隔时间不低于 1 天。

④ 每个商家可参与当次活动的商品数量仅限 1 个。

（4）商品报名条件

① 以报名时的活动要求为准。

② 活动商品商品审核均等同于日常标准外，还需要遵守以下要求：

<table>
<tr><td>截至聚划算审核之日，符合聚划算违规记录审核的要求</td><td>1. 违规计分周期内店铺无《淘宝规则》严重违规行为扣分<br>2. 因各种违规行为而被搜索全店屏蔽的卖家，屏蔽期已届满<br>3. 因虚假交易被违规扣分达 48 分及以上的，永久不得加入商品团；其他因虚假交易被违规处理的卖家及商品，自被违规处理之日起已超过 90 天<br>4. 淘宝网卖家因其《淘宝规则》一般违规行为扣分满 12 分或 12 分的倍数之日起已超过 7 天，天猫商家因其《淘宝规则》一般违规扣分每满 12 分之日起已超过 7 天<br>5. 未存在《淘宝规则》中限制参加营销活动的其他情形</td></tr>
<tr><td>营销及服务的要求</td><td>需要支持全国包邮</td></tr>
<tr><td rowspan="3">商品相关规则</td><td>1. 报名商品货值（报名商品团购价 × 报名数量）需要达到 30 万及以上，或报名数量在 10000 单及以上</td></tr>
<tr><td>2. 品牌知名度要符合基础条件</td></tr>
<tr><td>3. 报名的商品不考核销售记录指标</td></tr>
</table>

（5）佣金标准

以报名活动时的“收费方案”为准。

### 8．特卖汇

俪人购特卖会。是聚划算推出的团购平台，主要是针对品牌商家尾货及库存的团购活动。所以，目前的报名模式是阿里巴巴商家后台报名申请合作（见图 11-33）。

图 11-33

聚划算“俪人购”初期会以服饰类为主，尤其是时尚休闲加体用类。

**（1）特卖会目前允许加入的品类**

女装、男装、女鞋 / 男鞋、运动户外、箱包、内衣

**（2）特卖会的合作流程**

① 登录阿里巴巴俪人购招商页面，阅读招商标准及合作流程。

② 发邮件提交合作申请。

- 邮件地址：ladygo.bd@service.alibaba.com
- 合作申请表格下载链接：http://download.taobaocdn.com/freedom/28658/xls/tpl.xlsx?spm=5680.1307125.0.0.c5VNSZ&file=tpl.xlsx

③ 等待工作人员审核结果。

④ 签订合作合同。10 个工作日提交第一笔合作清单。

（3）特卖会招商标准（提交资料）

- 企业营业执照正副本（副本中要有最近一次的年检章）
- 组织机构代码证正副本
- 税务登记证（地税和国税）正副本
- 开户许可证
- 增值税一般纳税人资格证
- 法定代表人身份证
- 签约代表的身份证复印件及法人给签约代表的签约授权（若非法人亲自签约）
- 商标注册证

若是国内分公司或代理商，要有品牌方给该公司的商标使用授权证明，要求授权公司与商标注册证上注册人相一致，否则应再出具盖章证明，证明其关系；采购渠道发票

- 进口产品需要进口报关单（报关单上需能体现品牌名称）
- 特殊产品资质证明文件

补充：因为本书的出版时间，正好赶上聚划算改版中期，笔者虽已通过各种渠道寻找到了最新的资料编写在本书中，但因为有很多招商规范及制度，聚划算平台本身也在摸索试运营中，所以建议读者，在阅读完本书后，如若要报名某些活动，一定要按照本书给出的链接或聚划算公告，查看最新的招商规范要求等内容，以免给您带来不必要的损失。

## 11.3　聚划算的优化

### 11.3.1　聚划算的选品

#### 1．如何挑选出一款适合参加聚划算的产品

**（1）确保要参加聚划算的产品符合聚划算的参团条件**

如果记不清，可以直接通过报名去查看（参照报名流程小节）。一般选品参团时商家比较容易忽略的几点：

① 如果你参加的类目产品需要经过质检，首先要确定你的产品已经通过了相关质检。在开团结束前，质检文件不能过期。

② “住宅家具”，“商业/办公家具”两个类目的商品，报名聚划算必须支持“配送安装服

务”。

③ 报名商品可以报多个 SKU，但只能是一口价不能存在区间价（不支持拼款）。

④ 报名商品的团购价，理论上应低于最近 30 天成交最低价的 9 折。

**（2）如何选择一款既容易报名又能够保证利润的款**

① 关注自己类目聚划算的品类规划，找到适合自己产品的时机去报名。聚划算每个月都会提前做下个月的品类规划，所以有意识地去留意招商公告，不是为了报名而报名，而是有目的地去报平台需要的产品。如果商品需要质检，一定要提前做好质检准备。

关于质检：质检可以通过第三方平台对产品进行质量检测，不同的产品需要不同的质检报告。如果你完全不明白该质检些什么，可以通过聚划算帮助中心，搜索“质检”，在弹出页面找到“各类质检标准是什么”，点击进去，下载各类目质检标准即可（见图 11-34）。

图 11-34

还可以直接选择淘宝卖家服务中的聚划算认证的质检机构进行质检，他们会告诉你需要质检的内容，帮你做详细的聚划算质检工作，同时还有一个好处，就是经由他们做完质检的商品，在报名活动时，聚划算可以直接调取，不需要再一一进行质检报告上传（见图 11-35 和图 11-36）。

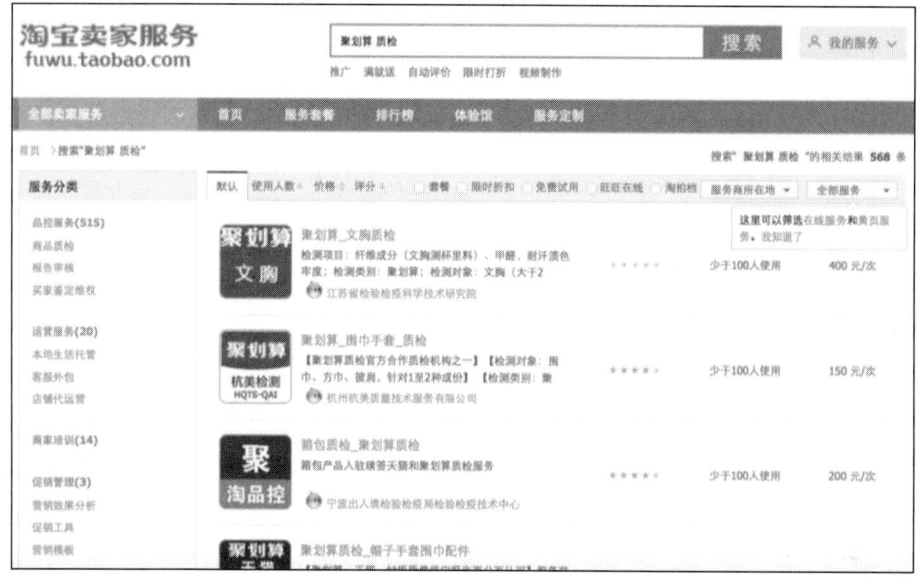


图 11-35

图 11-36

② 查看要报名的商品数据，找到商品生命周期的最佳节点进行报名。可通过查询淘宝指数（http://shu.taobao.com/），进行查看与对比。也可以根据自己店铺历年来的数据经验总结来确定投放的最佳时间。

如果，你要报名商品的时间是一个新季度（周期）的开始阶段，一般聚划算从准备到报名排期半个月时间就可以完成，此时，你的产品正属于当季商品，那么数据魔方的“行业分析”及“自有店铺分析”的“飙升宝贝排行”数据也可以为你的选品提供有利的参考（见图 11-37 和图 11-38）。

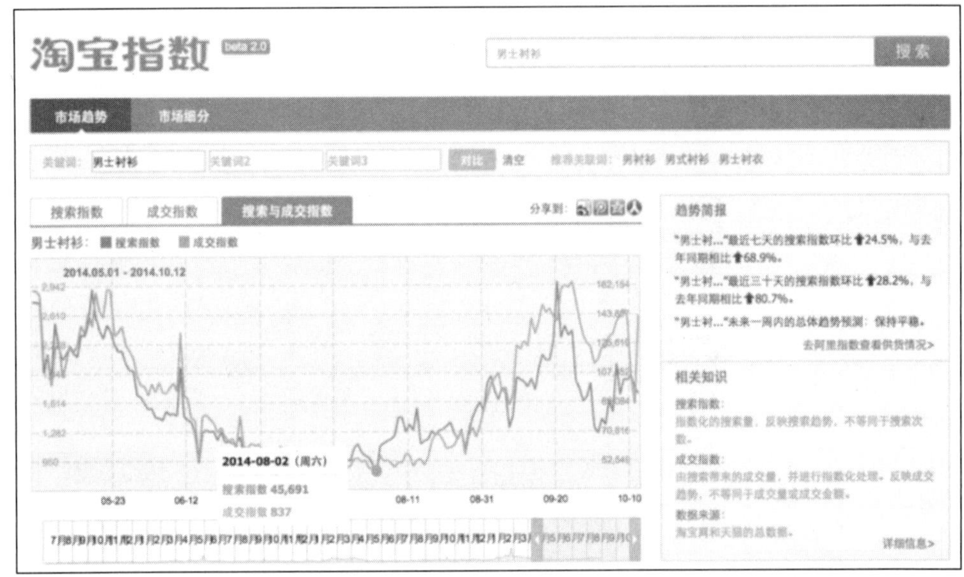


图 11-37

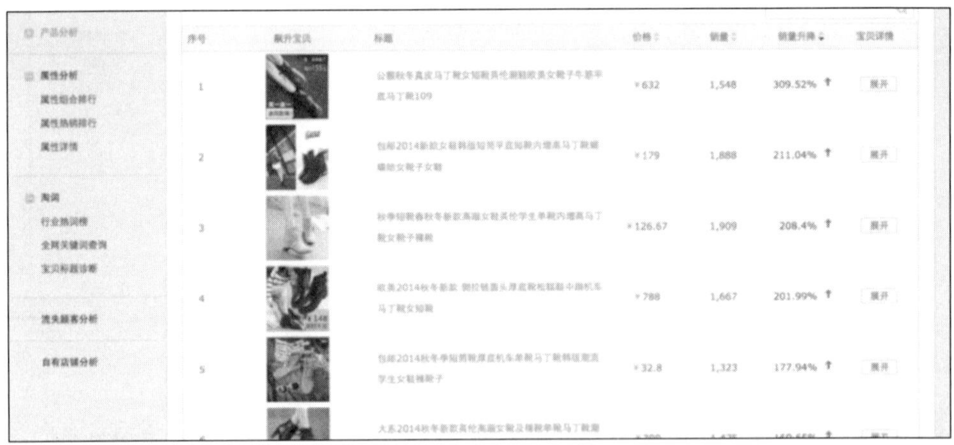


图 11-38

③ 找到报名时段商品子类目及属性的最热销组合商品。寻找方法，可通过数据魔方的属

性分析来实现。具体操作请参照数据魔方章节（见图 11-39）。

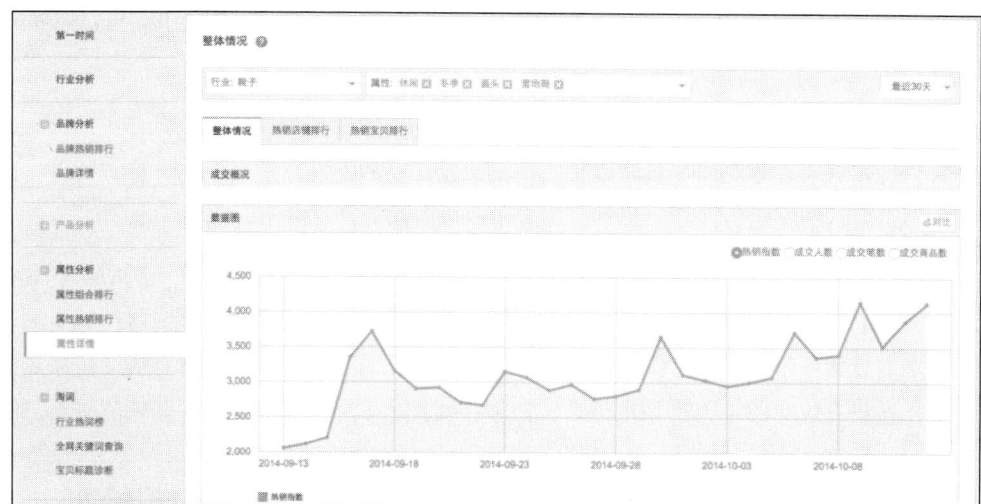


图 11-39

④ 了解同行业已经参加聚划算的竞争对手的类似商品的价格及销售情况，为自己做成本核算参考。了解办法，一方面是通过自己平时的积累和记录，另一方面可以通过第三方软件“聚数据”去查看往期聚划算的数据（见图 11-40）。

| 图片 | 参团标题 | 参团时间 ↑ | 结束时间 | 类目 | 原价 | 参团价 | 成交金额 ↑ | 成交件数 ↑ | 基本操作 |
|---|---|---|---|---|---|---|---|---|---|
|  | 包邮 [厂家直供] 青花羊春夏新品针织开衫外套空调衫 披肩（每个... | 2014-04-01 | 2014-04-04 | 女装/女士精品>毛针织衫 | 288.00 | 57.00 | 2,719,869 | 47,717 | 查看详情 |
|  | 包邮【热款推荐】伊蔓思2014夏新款 100%纯棉休闲短裤（每个ID限... | 2014-04-16 | 2014-04-17 | 女装/女士精品>裤子>休闲裤 | 199.00 | 28.90 | 1,315,412 | 45,516 | 查看详情 |
|  | 包邮 春游季[厂家直供]艾斯仙娜夏装新款韩版短袖T恤（每个ID限购... | 2014-04-14 | 2014-04-17 | 女装/女士精品>T恤 | 138.00 | 49.00 | 1,819,860 | 37,140 | 查看详情 |
|  | 包邮【锦黛】2014性感钉珠翻花短袖蕾丝衫时尚网纱打底衫（每个I... | 2014-04-09 | 2014-04-10 | 女装/女士精品>T恤 | 129.00 | 48.00 | 1,345,728 | 28,036 | 查看详情 |
|  | 包邮 [美依熙]夏季新款 高端钩花 弹力蕾丝修身显瘦长裤（每个I... | 2014-04-16 | 2014-04-18 | 女装/女士精品>裤子>休闲裤 | 289.00 | 39.80 | 1,105,684 | 27,781 | 查看详情 |
|  | 包邮 2014春装新款韩版上衣 长袖打底衫（每个ID限购5件）2014春装... | 2014-04-08 | 2014-04-09 | 女装/女士精品>T恤 | 368.00 | 49.50 | 1,335,064 | 26,971 | 查看详情 |
|  | [包邮]2014夏装新品首发1、精选新疆面级棉 | [illegible] | [illegible] | 女装/女士精品 | [illegible] | [illegible] | [illegible] | [illegible] | [illegible] |

图 11-40

⑤ 对销量有个参照预估，核算成本，确定价位。

一般情况下的商品团聚划算成本=货品成本+坑位费+聚划算佣金+商城扣点+包邮+推广成本。

通过成本预算，再匹配预估销量，确定参团宝贝的不亏价位点。此种核算办法，没有连带关联销售，所以属于保守算法。关联销售的情况根据产品的不同，效果也不一样，所以，这里你需要根据自身的情况进行预判。当然，你也可以采取保守计算办法，假设关联销售为0。

在是否亏损的问题上，建议你除了考虑单个宝贝的销量，还要考虑下，一次活动本身带来的流量收获和品牌知名度收获，切勿以盲目计算一次产品得失来衡量活动是否可行。举个例子，如果一次聚划算给你带来了2万次点击，有1万次成交，而另外1万次，没有成交，那么你可以核算下，这没有成交的1万次精准流量，如果放到直通车中，你需要多少钱才能买到，而这笔推广费用，就算是你赚到的。

**（3）被选款自身应具备的要点**

① 性价比要高：便宜未必就是好，那些价格敏感度越高的产品越能吸引人。比如iPhone 6，大家都对该商品有价格预估，此刻你打起折来，事半功倍，不需要说太多，大家自然明白。如果很不幸，你的产品恰恰是那种价格敏感度非常低的商品，那么你就需要在商品图片、文案等描述中下足功夫了。

② 商品受众面越广越好：受众面越广，潜在客户群体越大，越容易带来高销量。如果你的商品受众只有1千人，那么，不管你多么努力，你的销量也就1千多。

③ 口碑好：消费者相信自己比相信你要多，如果你的商品动态评分或评价非常的差，那么你别指望凭借你的口才来说服更多的人购买你的商品，他们更愿意相信跟自己一样的人。

④ 质量一定要好：这条没什么可说的，如果你的质量不过关，那么聚划算结束以后，你的麻烦时刻也就到来了。

⑤ 商品外包装一定要过硬，往往决定消费者评价好坏的关键因素，不是商品本身，而是他是否认为你的商品好。包装作为第一印象非常重要。

有了以上这些准备，确定好款式以后，那么接下来，你可以进入商品的视觉文案的优化阶段了。

## 11.3.2　成交的关键——商品优化

① 报名时，聚划算会要求报名商品的主图按统一格式制作。这个没什么说的，必须要按照你所在目录的官方模板要求制作。否则报名不会通过审核（见图 11-41）。

图 11-41

可以说主图是聚划算中买家看到的第一张图片，主图的重要性，相信不需要我多说，你也很清楚。所以，主图的制作一定要认真，在展现宝贝的同时，一定要有足够的视觉冲击力，这样才能让买家有接下来的操作。

主图测试：商品主图，是否能够达到我们想要的视觉冲击力，我们可以通过测试来进行甄选。主图的甄选一共有三种测试办法，分别是：

a. 把备选的商品主图，并列的放在首页或者某个商品的描述页面中，通过量子恒道统计里的装修热力图，便可以知道，买家更喜欢点击哪一个商品主图。

b. 通过直通车测试主图的办法，来测试哪个主图更具优势。

c. 通过钻石展位测试创意的办法进行测试。

② 在报名时，填写的商品标题、商品卖点及主标签，是整款商品的第一次文案展现。标题优化不多说，商品卖点及主标签一定要简单扼要且直击主题，在有限的文字内说出商品最吸引人的特点。主标签还可以加入店铺的活动如“前 50 名免单”、“前 50 名送礼物”等吸引客户的卖点文案（见图 11-42）。

图 11-42

③ 全店视觉营造紧迫感。让消费者时刻觉得，再不买就没有了（见图 11-43）。

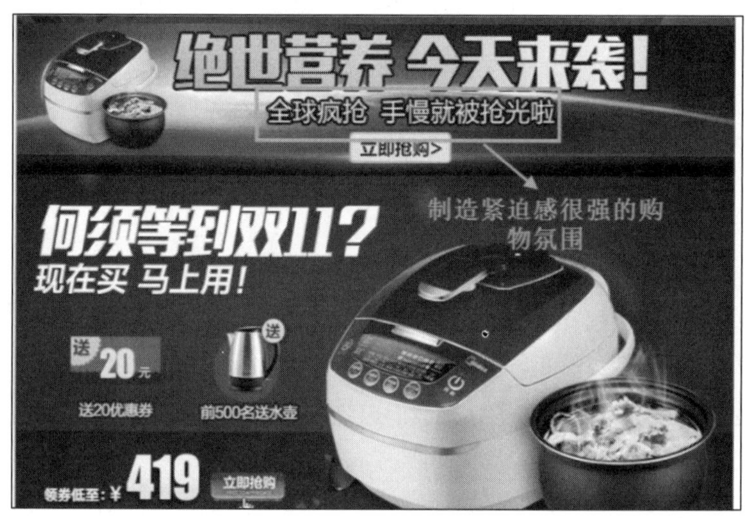


图 11-43

a. 利用页面侧栏，在侧栏加入其他关联的主推商品及商品即将售罄元素。在侧栏加入几款已经售罄的商品图，做上售罄标志，以展现店铺商品脱销情况，制造紧迫感。

b. 商品描述一屏可以加入“已紧急补货 × × ×，售完不再追加”的字样，造成商品很快脱销的假象。

c. 价格波动图。因为是聚划算，所以买家第一反应就是低于日常售价，此时再来个价格波动图体现打折力度，会让买家更加确信此时是购买的最佳时机（见图 11-44）。

图 11-44

④ 加入关联宝贝。一定要做推荐，同时要展现出，关联宝贝也有大幅度降价。关联宝贝与聚划算商品一起购买还有更多优惠政策，关联销售的效果会更加明显。除此之外，可以在聚划算商品页面加入店铺优惠券，以鼓励买家购买其他商品（见图 11-45）。

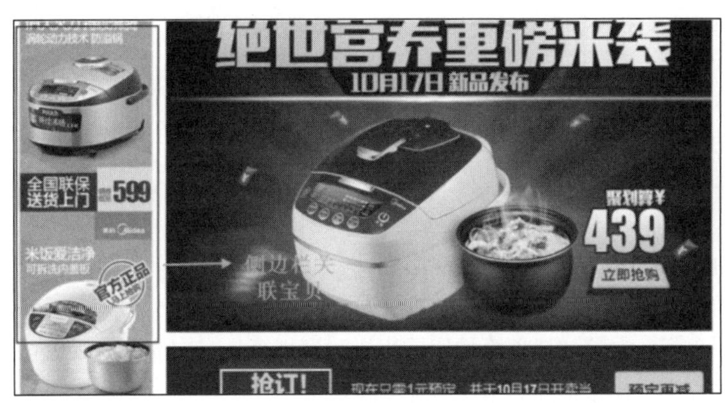


图 11-45

⑤ 如果聚划算当天正值店庆等店铺大型活动进行时，关联销售更明显。所以在商品参加聚划算时，一定要做自己的店铺活动。其实，目前聚划算的大部分销量还是由品牌自身的老客户带来的，所以对于老客户来说，自己喜欢的品牌的店铺活动对于他们来说，是再好不过的活动了。

⑥ 如果你的描述页能够把买家带到店铺首页，那么你的关联销售也就成功一半了。

### 11.3.3 聚划算开团前的预热

聚划算销量多少的关键往往在于开团的前 60 分钟，可以说，如果这个时间段的销量基础基本决定了本次团购的成败。一般来讲，这 1 个小时的销量会占到全天销量的 40%。所以，聚划算真正的销量并非都是来自于，上线当天新引进的流量，而是来自于，之前聚划算前期的预热。

预热决定了开团的前 30 分钟，也决定了聚划算商品的销量。

聚划算常见的预热方式。

① 优惠券。提前发放聚划算当天的商品优惠券。

② 老客户营销。通过短信、旺旺、群、微信、微淘等一切可使用的方式尽可能地让店铺的所有客户都知道聚划算的消息。

③ 通过钻石展位、淘宝客、直通车等推广方式进行推广。

④ 如果有可能，可以在聚划算之前，提前上些如试用中心、淘宝清仓等商品活动，来最大限度地增加客户访问量。

⑤ 每一种聚划算团购都有相应的预热时间，在聚划算的预热期间，应将所有推广力度加到最大。

⑥ 为了刺激买家可以提前收藏团购商品，并可以在第一个小时成交，可以采取，前多少名免单，或者送礼物的方式，鼓励大家早早过来购买。

### 11.3.4 聚划算开团前还应准备些什么

一般对于一个第一次参加聚划算的店铺来讲，聚划算是一次非常好的团队磨炼机会。准备聚划算，可以为团队应对大促带来非常好的经验积累。

准备聚划算我们到底应该做些什么？

① 团队培训。针对此次聚划算活动的详细情况，给所有成员进行讲解并合理分工。让全员参与进来。

② 库存备货。提前与供应商做好相关沟通，切勿出现排期通过却无货可卖的情况。

③ 准备好当天购物的礼物及包装中的各种配件。

④ 对商品进行预打包或半打包。

⑤ 所有设备检修。尤其是快递单打印设备。

⑥ 提前与快递做好当天发货量增加的沟通。

⑦ 客服部门提前制定好快捷短语等服务信息，并进行相关培训。

⑧ 如果有 KPI（Key Performanee Indicators，关键绩效指标）考核，提前考虑当天 KPI 是否需要相应的变动或另行处理。

⑨ 一般聚划算开团前半个小时的咨询量会剧增，所以，在安排客服值班时，切勿只增加开团后的客服人员，开团前 2 个小时就要开始增加人手。

⑩ 做好好评返现的宣传。一般一场聚划算下来，如果不做好鼓励客户好评的行为，必然会导致店铺评分的急剧下滑。所以提前做好返现宣传，至关重要。

## 11.3.5 开团后的维护

因为聚划算带来销量突然的剧增，必然会导致售后问题的增加。处理聚划算售后时要严格按照商家规定去处理，并且要更加小心地去避免聚划算的纠纷与投诉。有时要做好为了解决一个售后而亏一笔的准备。

一般聚划算结束的第 2 天，还会有客户过来，要求以聚划算价格成交，此时切勿直接改价或通过优惠券交易。要跟客户沟通好，以好评返差价的形式进行。还有一定不要客户一提出以聚划算价格交易就立刻同意，要知道，凡事来得太过容易客户是不会珍惜的。

至于该如何处理售后，本章就介绍到这里了。下面列出几个商家容易忽略的聚划算规则：

① 商品团需在买家订单付款的 72 小时内完成发货。定制、预售类等特殊商品除外，此类商品除与买家特殊约定外，则按系统的默认发货规则发货，即在买家付款的 15 天后发货。

② 聚划算用图，不可盗用他人图片。

③ 聚划算商品不可聚后再折。

聚后再折是指商家在参加聚划算活动期间和活动结束后 30 日内，商家店铺内的参聚商品的实际成交价格（指“一口价”）低于或等于其参加聚划算时的活动价格的行为。

# 第 12 章 限时打折

限时打折是淘宝网官方的营销工具之一，卖家通过对商品的相关设置，实现商品在某一时间段内以低于正常销售价格的价钱出售，以此为卖家带来更多流量，提升店铺的购买转化率。本章将对限时打折进行详细介绍。

## 12.1 限时打折概述

### 1. 什么是限时打折

限时打折是淘宝网为卖家提供的一款官方促销工具，通过订购限时打折这款工具，卖家就可以在自己的店铺中进行促销商品的活动。

卖家可以根据店铺的实际情况，选择一定数量的商品，并选择在一段时间内进行折扣销售。当卖家设置限时打折后，买家便能够在商品搜索页面根据这个“限时打折”的筛选条件，找到商家设置的折扣商品。

限时打折对于商城卖家来说，是可以免费使用的，对于集市卖家来说，则需要另花钱订购。

### 2. 限时打折的优势

#### （1）限时折扣具有“更自由”的优点

自由的时间、自由地掌控、自由地设置、自由的折扣幅度。以上这些都可以由卖家进行合理设置。给卖家更多的控制空间。

#### （2）更简单，更便捷

限时打折只要卖家进行简单的设置，即可完成店铺的促销打折。省时省力，简单快捷。可以为卖家节省很多时间，无论在人力还是物力上，都具有相当大的优势。

### （3）增加流量

卖家对店铺商品进行限时打折的设置后，卖家在参加淘宝促销活动时就可以上促销频道推荐及店铺街推荐。可以为卖家引入大量的精准流量，提高店铺品牌知名度及成交率。从而，提升了店铺的整体营业额（见如图 12-1）。

图 12-1

### （4）提高转化率

限时打折一旦被设定后，买家进店就有可能会被限时打折所吸引，因为买到既便宜又质量好的商品是每个买家的最简单需求。限时打折则会制造销售的紧迫感，提醒买家抓住这次打折的机会，从而提升顾客转化率（见图 12-2）。

图 12-2

## 12.2 如何订购限时打折

一种方法是直接在“卖家中心”的“营销中心”下，单击“促销管理”，找到“限时打折”，点击下面的“马上订购”，进入到订购页面，完成付款，即可完成订购（见图12-3）。

图12-3

另一种方法是集市卖家通过“卖家中心”进入到店铺后台，单击左侧的“软件服务”，单击“我要订购”，即可订制“限时打折”这一营销工具。

① 进入“卖家中心”页面（见图12-4）。

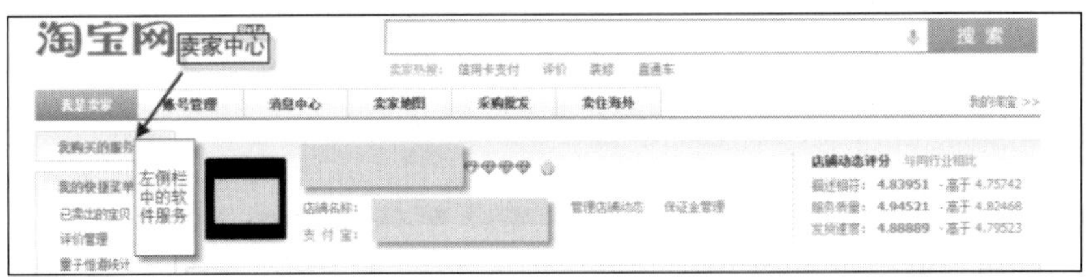


图12-4

② 找到“软件服务”，单击“我要订购”按钮（见图12-5）。

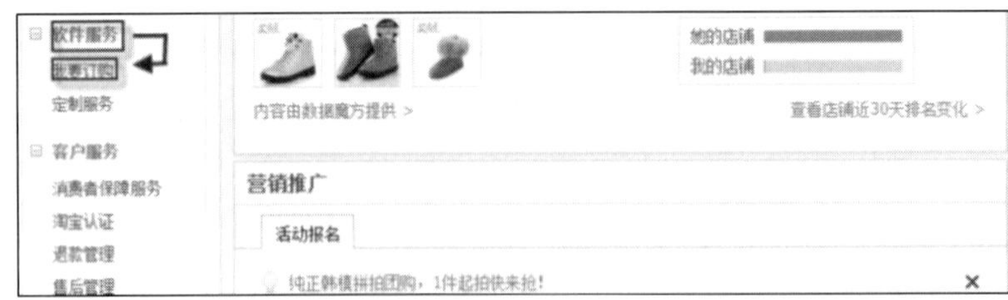


图12-5

③ 进入到“淘宝卖家服务”页面，搜索“限时打折”（见图 12-6）。

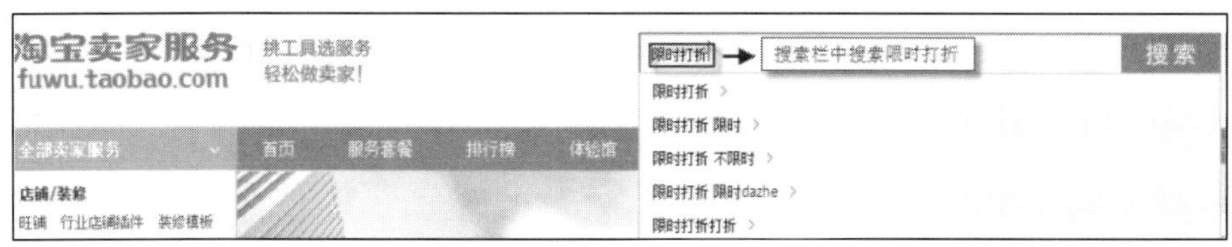


图 12-6

⑤ 找到软件，单击打开（见图 12-7）。

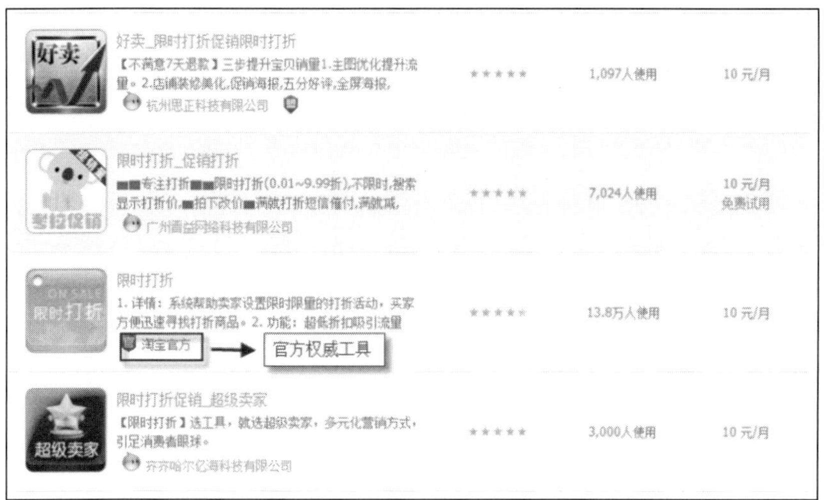


图 12-7

⑥ 选择订购周期，单击“立即订购”按钮，完成付款，软件订购成功（见图 12-8）。

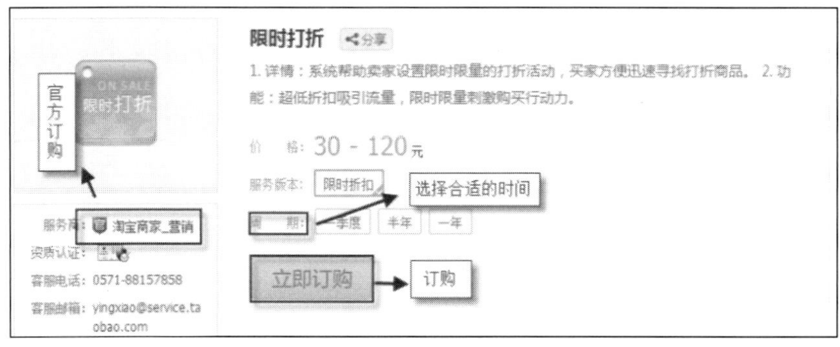


图 12-8

# 12.3 设置限时打折的具体操作

成功购买限时打折的集市卖家需要通过“卖家中心”进入到“营销中心”的“促销管理”，选择“限时打折”，从而开始限时打折活动设置。

① 设置活动名称和促销时段（见图 12-9）。

图 12-9

② 选择要设置限时打折的宝贝（见图 12-10）。

图 12-10

③ 设置限时打折活动折扣，完成设置（见图 12-11）。

第三步 设置限时打折(2)

批量设置：限时折扣 [ ] 折 每人限购数 1 确定 → 填写折扣及限购数

| 宝贝描述 | 一口价 | 淘宝VIP V3折扣 | 限时折扣 | 折后价 | 每人限购数 | 操作 |
|---|---|---|---|---|---|---|
| 2014秋新款个性红唇帆布鞋女韩版学生鞋布鞋滑板鞋板鞋(500件) | 609.00 | - | 折 | 0.00 | 1 | 删除 |
| 2014 春季新款 圆头 色拼接 厚底 女 高帮松糕鞋(12件) | 286.00 | - | 折 | 0.00 | 1 | 删除 |

完成创建 → 设置完成

图 12-11

## 12.4 限制打折的应用技巧

① 限时打折促销时间和促销力度是呈反比关系的，你设置的打折力度越大，时间越少，而效果则越明显。所以，在设置显示打折时，一定要让二者的反比明显，越明显，对消费者的刺激越大，促成交易的可能则越大（见图 12-12）。

② 限时打折要选择热销宝贝，如果你选择滞销宝贝来参加活动，买家也会意识到，所以并不会买账。

③ 连带销售不可少。越是吸引客户的活动，越应有更多的其他宝贝推荐，从而为更多的交易创造机会（见图 12-13）。

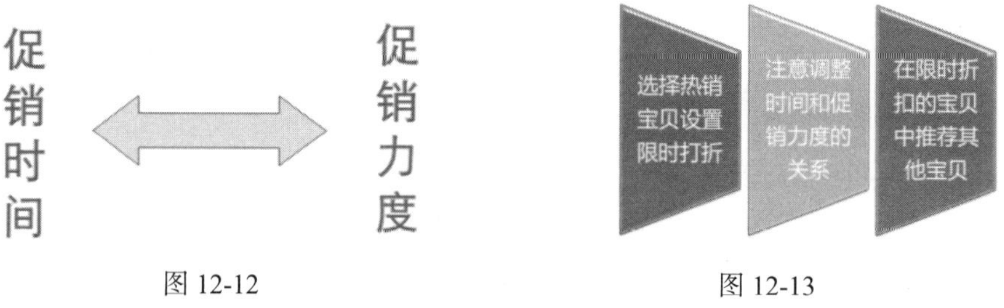


图 12-12　　图 12-13

# 第 13 章
# 满就送

满就送为淘宝网官方的营销产品，专门为卖家提供满就送形式的活动创建。满就送的形式多样，卖家可根据需要选择。接下来，本章将对满就送的活动进行详细介绍。

## 13.1　满就送概述

满就送可创建的活动主要包括：满就减，满就包邮，满就送彩票、优惠券、电子书，满就送礼，满就换购。卖家可根据实际情况进行活动设置。

## 13.2　满就送的优势

### 1．满就送能够提高客单价

卖家在对商品进行满就送的活动设置后，这种活动的促销广告会出现在每个宝贝的详情页面上。当买家浏览店内宝贝时，就会看到这种促销广告，刺激消费，从而创造提高客单价，达成连带促销的可能。

### 2．提升商品曝光率

当卖家对商品设置满就送的活动后，买家在商品搜索过程中，可以选择只看“满就送”商品，如果买家仅搜索促销活动的商品，那么，“满就送”的商品就会提高曝光率。

曝光率的提升，就会为商品带来更多的展示机会，从而带来巨大的潜在流量，使卖家达到良好的营销效果。

### 3．满就送活动形式多样化

让卖家能够自由设置活动的玩法卖家可以根据当下流行的元素，设置“送”的礼品。这种紧跟潮流的设置方式，能够为卖家带来更多的流量及意向顾客。

### 4．刺激消费

满就送的活动，能够明显提升买家的购买动机，增加买家的购物乐趣。如满就送彩票，是最近淘宝非常流行的一种方式，虽然送的彩票仅仅 2 元，但是送的是一份幸运，送的是一份期待，大大增加了买家的购物热情。

“满就送”的订购与“限时打折”的购买方式一样。商城卖家可以免费使用这款营销工具。集市卖家需要通过订购才能为店铺设置这样的活动。开通方式与其他的促销活动中的工具方式相同，这里不加赘述。

## 13.3　满就送活动的具体操作流程

① 集市卖家在成功订购“满就送”促销工具后，进入“卖家中心”，单击“营销中心”，选择“促销管理”中的“满就送”（见图 13-1）。

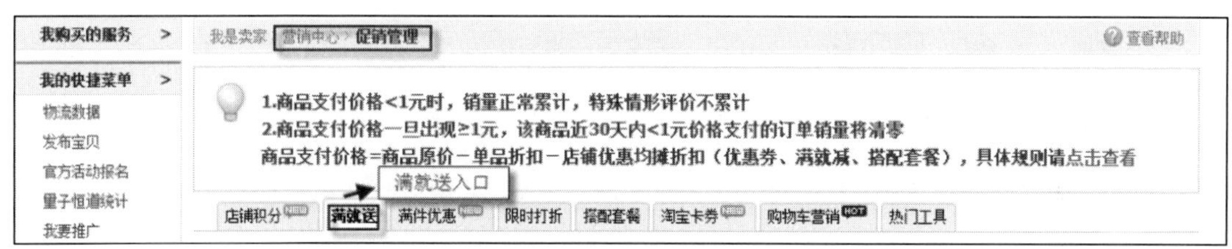


图 13-1

② 填写活动的基本信息，包括活动名称、时间、优惠方式、优惠条件及内容，填写无误后，完成活动设置（见图 13-2）。

如果卖家想设置成“满 N 件”就送，则可以通过订购“满件优惠”达成（见图 13-3）。

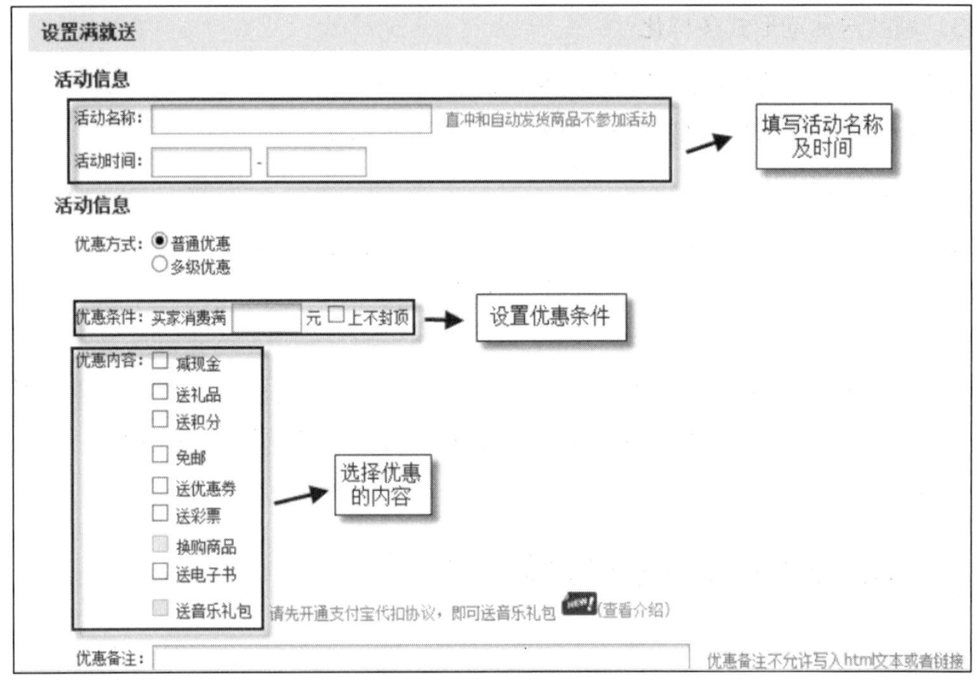


图 13-2

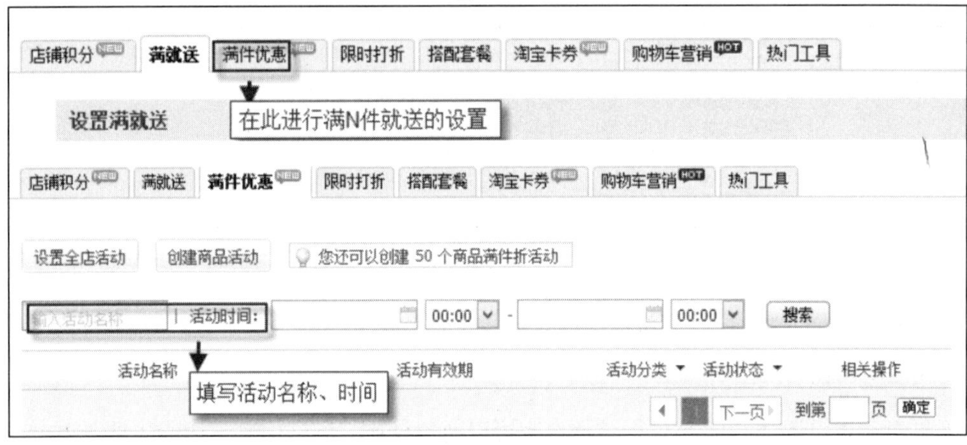


图 13-3

满就送活动中的“多级优惠”，是指可以最多建立 5 个层级的主题活动，令活动方式更加灵活多样（见图 13-4）。

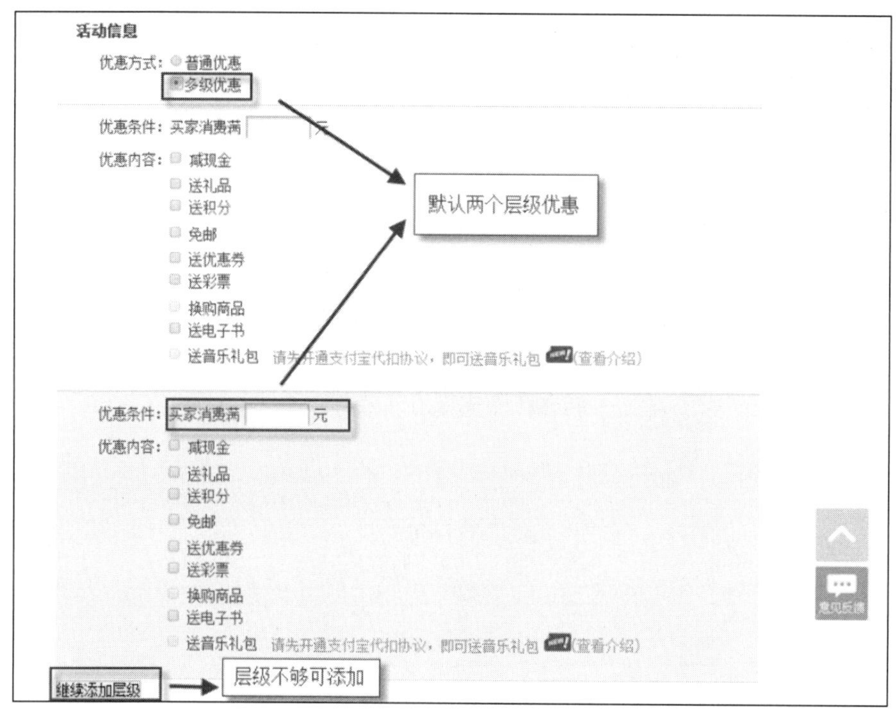


图 13-4

完成设置后，对于设置好的活动，卖家可将其更改或者取消，权限归卖家所有，当然，这一切都不能建立在损害买家利益的基础上。这点可以使卖家活动的自主性更强。当活动结束后，卖家还可以根据具体情况，延长活动时间。

## 13.4　满就送活动的应用技巧

① 满就送活动的门槛条件，不可过高或过低。过高，顾客很难达到，不会起到吸引作用；过低，达成条件过于容易，起不到增加客单价的作用。所以在设置时，价格最好是 1 件商品再加上某一金额，这样客户只要再购买另外一件商品就可以达到。

当然，在真正实践时，不同的情况要不同分析。你要根据你的商品特点和活动力度酌情设置。

② 满就送活动一定要添加必要的备注。比如什么情况下，不符合满就送，什么地区不包邮等。要对特殊情况做出说明，以免带来不必要的麻烦和误会。

③ 优惠方式要清晰，切勿过于复杂。任何过于复杂的营销方式，都不会很好地起到吸引客户的作用（见图 13-5）。

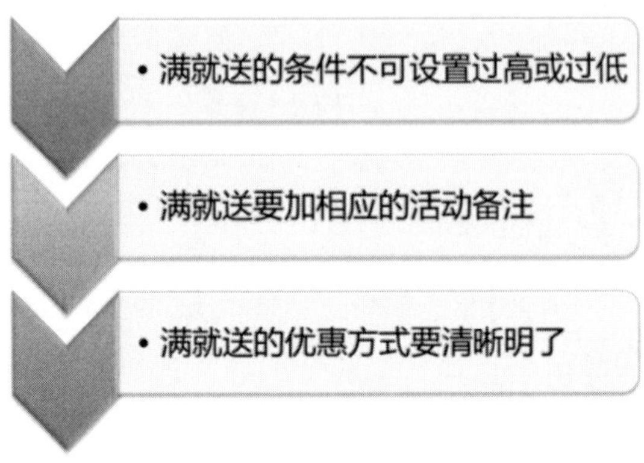


图 13-5

# 第 14 章 淘宝卡券

淘宝卡券即优惠券，分为店铺优惠券及商品优惠券两种。

优惠券是一种虚拟电子券，是淘宝官方营销工具中的一种，通过设置虚拟电子券，达到促销优惠的目的。同时，也是卖家引入流量，提升营业额及顾客转化率的主要手段之一。本章将对店铺优惠券进行详细介绍。

## 14.1 淘宝卡券概述

淘宝卡券是淘宝网为卖家提供的一种电子虚拟券，卖家通过对店铺进行优惠券设置，可以使卖家在不提前存储现金的前提下，为店铺不同等级的会员及店内的顾客提供一种优惠形式。

现在的优惠券形式多样，有针对全店通用的店铺优惠券，还有针对部分商品的商品优惠券，还有卖家的特色服务包邮券，即买家购买店内任何商品都可以凭借优惠券享受包邮服务。

优惠券能够为买家提供抵扣现金的服务，也可以为卖家吸引更多的买家及回头客进店购买商品。优惠券的功能还体现在“满就送”、“会员关系管理”、老顾客维护等多种营销活动中。

## 14.2 淘宝卡券的优势

### 1. 形式多样性、设置更灵活、更多推广渠道、新老顾客关系的管理与维护

淘宝卡券不仅能够设置店铺优惠券，还能够设置商品优惠券及包邮券。这种多形式的设置方式，可以令卖家因地制宜，对店铺进行精准判断及个性设置，为卖家赢得高流量、高转化率、高营业额做了必要的铺垫。

### 2. 优惠券的设置更加灵活

优惠券的推广渠道较广，能够通过手机专享及电视专享为卖家提供推广服务。这种推广方式在某种程度上增大了买家对卖家店铺的关注度，能够增加更多的意向顾客。

通过优惠券的设置，老顾客能够通过领取相应条件的优惠券，再次促使其回头购买商品。新顾客通过优惠券的发放，激发其购买热情，非常实用。

店铺优惠券的订购方式与促销管理中的其他工具方式相同。依然是集市卖家需要订购，商城卖家可以直接免费使用。

## 14.3 淘宝卡券的设置流程

① 成功订购了淘宝卡券的集市卖家，首先进入“卖家中心”，在左侧栏的“营销中心”中单击“促销管理”，进入“淘宝卡券”即店铺优惠券的设置页面（见图14-1）。

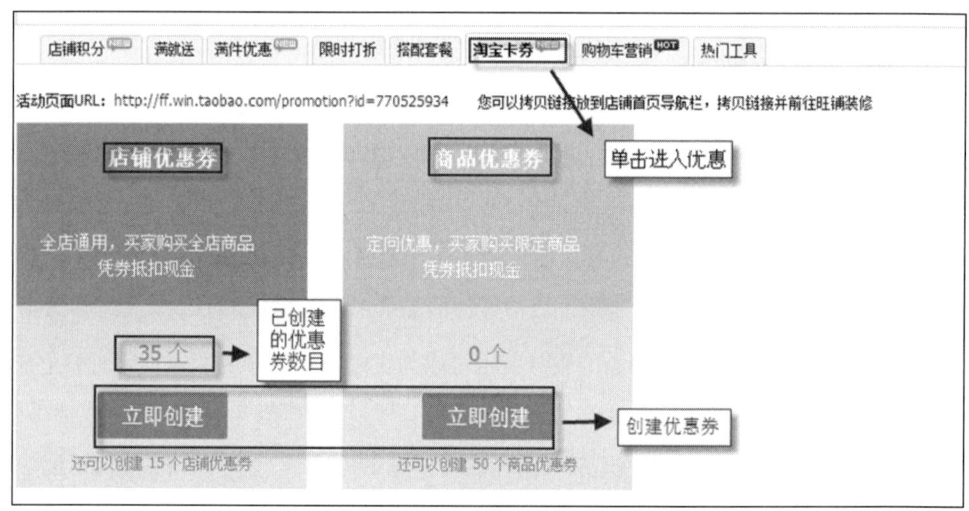


图14-1

店铺优惠券及商品优惠券最多可设置50个。

② 以店铺优惠券为例，单击“立即创建”，进入店铺优惠券创建页面（见图14-2）。

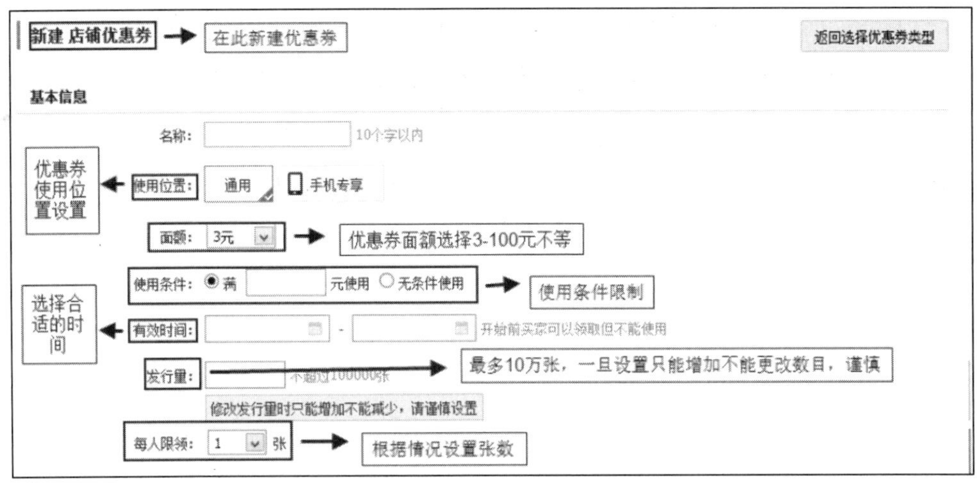


图 14-2

在店铺优惠券设置中，使用位置可设为“通用”，也可以设置为“手机专享”，这样可以配合卖家的手机店铺的其他活动。面额最低为 3 元，最高为 100 元。使用条件为可以满一定金额使用，也可以设为无门槛。

优惠券的发行量最多可设为 10 万张，具体张数需要卖家根据店铺情况而设定，但不建议设置过多。设置数目不足可以增加数目，但是过多就不可以更改了。每人限领的张数最少 1 张，上不设限，卖家自己设定。

优惠券的设置时间可以定为先提前领券，活动期间使用，也可以直接领取并使用。

③ 填写推广信息（见图 14-3）。

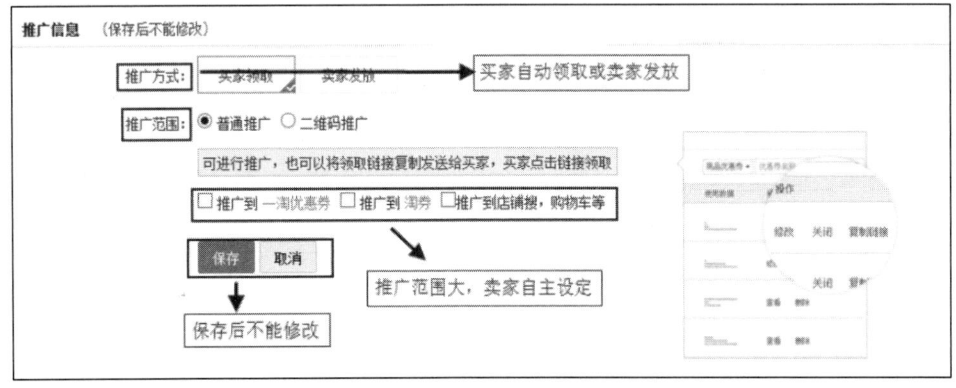


图 14-3

推广方式可以自主选择，大部分卖家的选择是买家自动领取，即卖家将优惠券设置成功后，通过推广，买家自动领取。也有部分卖家会设置为卖家发放优惠券给买家。

④ 当设置成功后，检查无误，即可保存，保存后信息将不能再次修改，所以，提醒卖家需要认真填写推广信息。除了以上的推广方式外，卖家还可以用优惠券代码进行店铺、论坛推广。

# 第 15 章 搭配套餐

搭配套餐是淘宝网营销工具中的一种。本章将从搭配套餐的概念、优势、订购方法及具体操作四个方面对搭配套餐进行详细讲解。

## 15.1 搭配套餐概述

搭配套餐是指将几种商品组合在一起做成套餐进行搭配销售，是捆绑销售方式中的一种。通过这种方式的销售，能够让买家一次性购买更多的商品，提升客单价。而且通过捆绑减价的打折形式，刺激买家消费，提升卖家的购买转化率。

## 15.2 搭配套餐的优势

搭配套餐具有以下几点优势。

① 刺激消费，提升客单价。

② 搭配减价，拉动除主推商品外的其他商品销售。

搭配套餐的订购方法与“限时打折”相同。

## 15.3 搭配套餐的设置流程

① 在成功订购搭配套餐后，卖家可以在“卖家中心”查找到左侧工具栏中的“营销中心”，单击“促销管理”，进入页面后选择“搭配套餐”（见图 15-1 和图 15-2）。

② 单击“创建搭配套餐”，进入套餐信息填写页面。

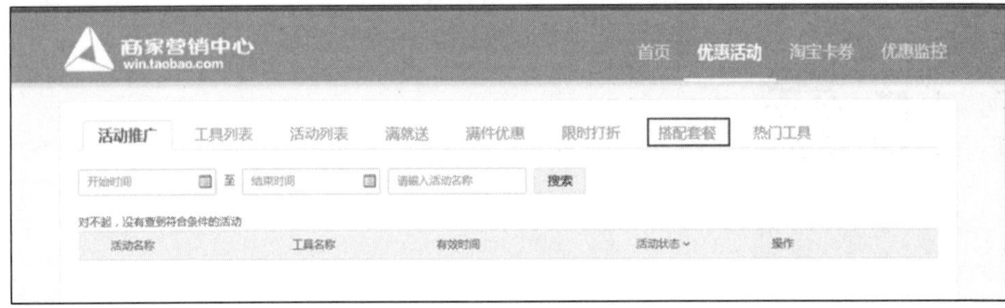


图 15-1

图 15-2

③ 填写要创建的搭配套餐的相关内容。

a. 卖家需要填写商品的基本信息，套餐标题在30个汉字内，并对搭配的宝贝进行选择，最多可以选择5款宝贝进行搭配套餐销售，填写套餐一口价，一口价不能高于单个宝贝原价总和。由于搭配套餐并不限制用户的限购数量，因此，卖家在填写一口价时需谨慎。具体操作步骤如图15-3所示。

b. 选择搭配商品（见图15-4）。

图 15-3

1、设置基本信息
套餐标题：
新年大礼包
限定在30个汉字内（60个字符）
搭配宝贝：
添加套餐商品
全部宝贝
宝贝名称
商家编码
搜索
宝贝名称
商家编码
价格
库存
操作
8726
639.00
492
添加
6901
588.00
29
8283
385.00
7
236-1
188.00
79
FE8282
289.00
34
1823
146.00
48
已添加的宝贝
保存
取消

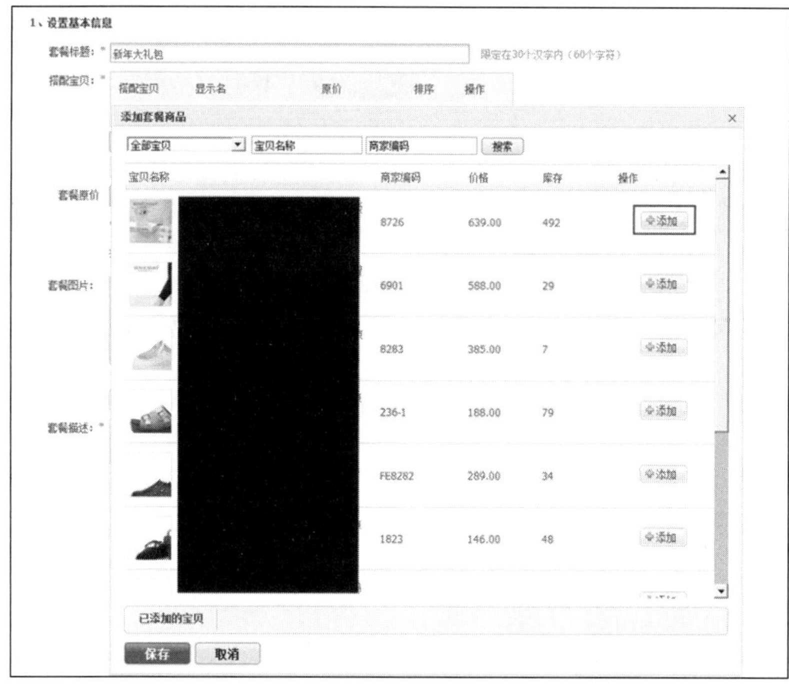

图 15-4

c. 选择好搭配的产品后，单击“保存”按钮（见图 15-5）。

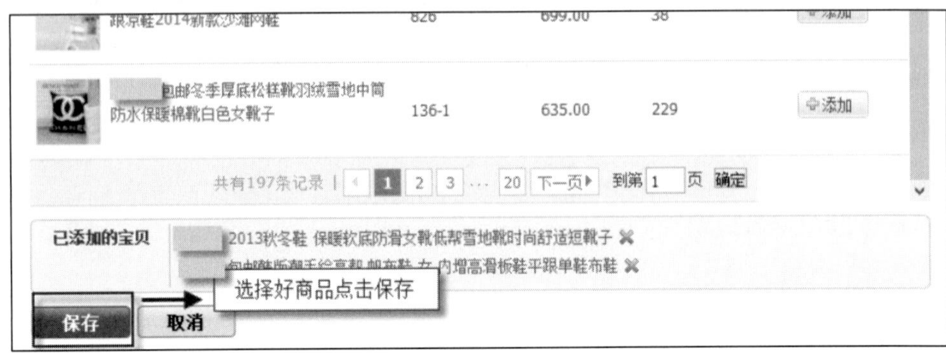


图 15-5

④ 随后设置物流信息，设置后单击“发布”按钮，搭配套餐发布完毕（见图 15-6、图 15-7 和图 15-8）。

图 15-6

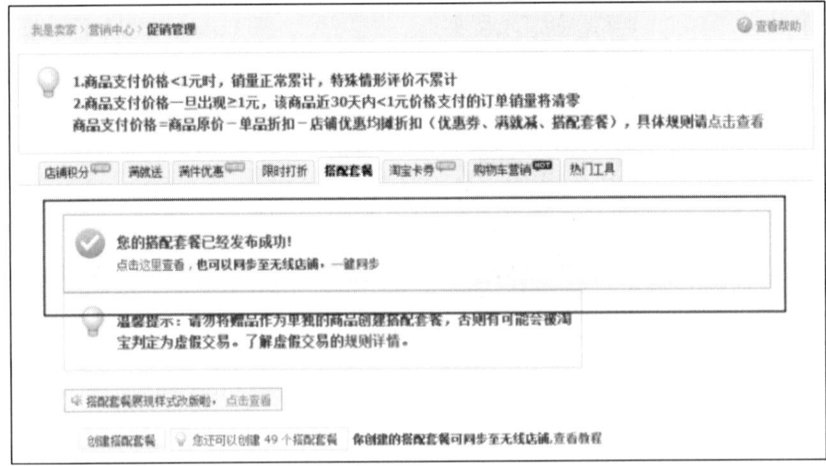


图 15-7

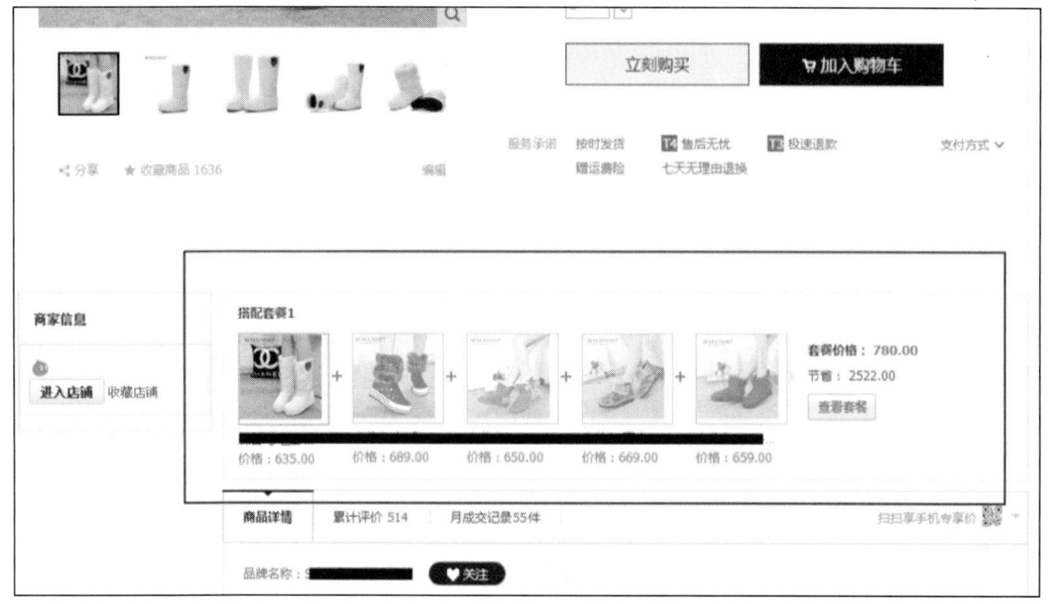


图 15-8

卖家可以进入单个搭配宝贝页面中查看搭配信息，也可以到详情页面中查看搭配套餐的信息。

搭配套餐的注意事项：

搭配套餐最多可以设置 50 个，每个套餐中的商品被拍下都会减库存，每个套餐中的宝贝以套餐形式出售后，买家可以分别对每个宝贝进行评价。

## 15.4　搭配套餐的产品搭配形式

各种促销产品的搭配形式主要有如下几种（见图 15-9）。

**（1）按客户需求进行搭配商品**

即站在客户的角度去思考，当客户购买主推商品时，还会对其他商品有潜在需求。

**（2）按产品属性进行搭配**

有些产品本身就具备一定的搭配销售需求，比如手机与耳机、充电宝、数据线等，这类商品就应该按照产品自身的属性进行搭配。

（3）热销与滞销商品搭配

一般店铺中都会有一些滞销商品。而这些滞销商品滞销的原因未必都是因为自身的吸引力不够，很多时候也是因为商品的曝光不足造成的，所以，将爆款商品与滞销商品相搭配，也会起到对滞销商品的拉动作用。

（4）应季与反季

搭配思路和热销与滞销相同。

（5）主推商品与引流商品相搭配

用新的主推商品与爆款商品相搭配，对于新的主推商品会起到流量拉动，增加曝光的效果。

（6）特价与利润商品相搭配

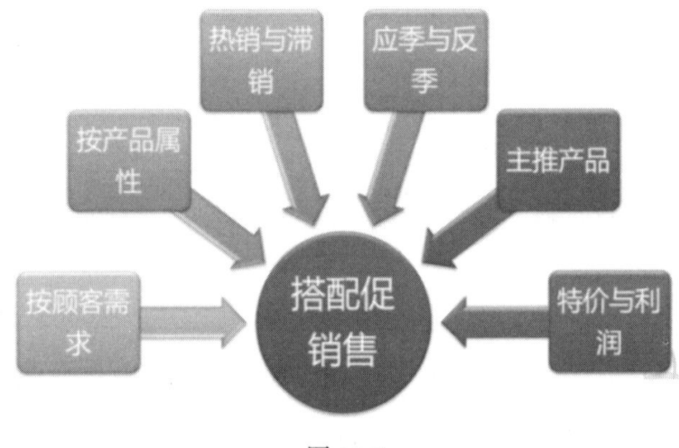


图 15-9

# 第 16 章
# 店铺活动体系的建立

店铺活动是所有推广转化的关键。很多卖家推广失败的原因并非是推广工具技术的问题，而是输在了最终的“临门一脚”，在这种情况下，你的引流再多，但没有成交，都是徒劳的，所以，想做好推广，就先学会做好店铺活动吧。

真正优质的店铺活动，并非随便在店铺里做个活动就可以了，而是要建立长期稳定持续的活动，从而打造属于自己品牌店铺的活动体系。

如何建立自身店铺的活动体系

① 想要做好一次店铺活动，首先必须要明白本次店铺活动的目的是什么，做好店铺活动的前期布局计划。不同的目的，将会导致整个店铺活动的方向不同，不同的方向又需要不同的准备和实施计划。

② 在确定好店铺活动的目的后，需要找出店铺活动的目标客户群，有了明确的目标客户群，才能进入“发生关系”、“欲望打动”的阶段，才能更好地设置活动文案及内容。

③ 确立活动目的及目标客户群后，将进入店铺活动的策划阶段，对这个活动的实施进行预判，提前对各个环节进行设计。

④ 对活动的效果进行评估，并且制定相应的活动指导指标。同时利用这些指标对活动的整体实施过程进行监控。

⑤ 活动的实施阶段，按照计划及指标对活动进行实施。

⑥ 活动结束后要对活动的效果进行评估，找出不足，总结优点，为下次活动的实施做好经验积累（见图 16-1）。

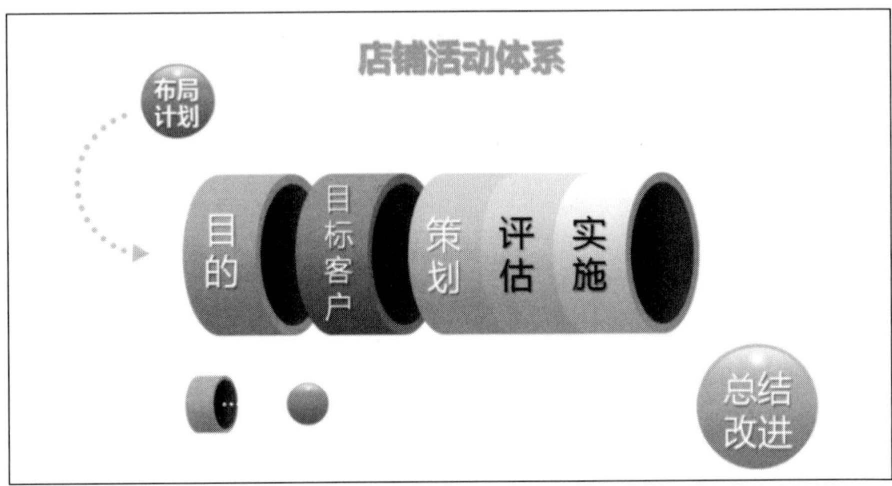


图 16-1

## 16.1 活动布局

根据活动目的、活动的预期收益，可以将活动分为以下几类（见图 16-2）。

图 16-2

### 1. 主题活动

即根据既定主题而设计的活动。

活动要点：符合节日气息，抓住消费心理，设计与节日相关的促销活动。与活动发生关系并非只与产品本身有关，有的时候好的创意可以弥补产品的不足，利用创意让产品与活动发生关系（见图 16-3）。

图 16-3

比如“三八”妇女节，众所周知这是女人的节日，但并不是说，在女人的节日，男士的产品就用不打折做活动了，当然，如果仅仅从节日来看，男士产品本身的确与女人节日相关性不大，但是别忘了，在“三八”妇女节当天，还有很多男士在陪着女人逛街，所以在节日当天，男士产品依然要做促销，而且仍然可以不逊色于女士产品，只不过活动需要相应的创意包装而已。

曾经有个男装品牌请我为他的全年活动做策划，在妇女节当天，我为他们设计了一次活动，活动的主题为“让他也来粘粘你的光!”。活动内容为：活动当天，只要是女士来购物，即可享受“满 38 元包快递”，“满百元立减 38 元”的优惠活动。

大部分女性喜欢获得优惠，同时喜欢被别人称赞，永远也不会缺之小小的虚荣心。这个主题恰恰满足了女人的这些购物心理。不管是不是节日她们都喜欢选购有优惠的产品，如果可以让她们将她们的战利品拿来炫耀一翻，还能再获得些许的称赞（哪怕是带点奉承意味的），又何乐而不为呢?

通过这个活动主题，利用目标客户群的心理，巧妙的让男装与“女人节”发生了关系。也正是利用这层“关系”，让这个表面看似与女人的节日无关的男装品牌，在“三八”妇女节当天也创下了非常可观的销量。

不同的节日，产品的促销力度自然也会有所不同。每类产品都不能保证在所有的节日中都能大卖，所以一定要抓住适合自己产品的那些节日。需要清楚的是，活动是需要提前策划的，不要总是临时抱佛脚，活动逼近时才想起去策划、去准备。每一年的活动要提前做好安排，为相应的活动备好充足的“粮饷”。

在这里给出一份活动规划表格，以方便你提前为自己的活动做好规划。

| 主题活动策划表 | | | |
|---|---|---|---|
| 日期 | 节日 | 关键词 | 主要促销类目（产品） |
| 01月01日 | 元旦 | 新年 | 几乎涵盖全部类目，对礼包、服饰类产品格外青睐，手机等时尚电子产品需求量也很大 |
| (农)十二月初八 | 腊八 | 腊八粥 | “粥”边类目的所有产品，小到粗粮等配料大到熬粥类用具 |
| (农)大年三十 | 除夕 | 年货 | 礼包类产品、服饰类产品、手机类产品、餐饮服务、旅行服务等 |
| (农)正月十五 | 元宵节 | 元宵、灯 | 元宵类等相关食品，灯饰产品、激光类、荧光类产品、儿童灯类玩具等 |
| 02月14日 | 情人节 | 情侣 | 巧克力、鲜花、礼品类产品，情趣用品等与情侣有关的所有产品 |
| 03月08日 | 妇女节 | 女人 | 女性护肤品，厨具，珠宝，香水，饰品，女装等女性用品 |
| 04月01日 | 愚人节 | 恶搞 | 恶搞类创意产品、卡片等 |
| 04月05日 | 清明节 | 思念 | 孔明灯、殡葬类产品、宗教用品、茶叶 |
| 05月01日 | 劳动节 | 游玩 | 旅行、景点门票、机票等旅游周边产品，防晒霜、服饰、车品等户外出行用品 |
| 05月第二个周日 | 母亲节 | 母爱 | 中老年女性用品、大码女装、保健品、保健器材、鲜花礼品等 |
| 06月01日 | 儿童节 | 儿童 | 文具、玩具类、儿童服饰、儿童书包等儿童类产品 |
| (农)五月初五 | 端午节 | 粽子 | 粽子周边食品，龙舟周边产品，屈原周边产品，蛋类产品 |
| 06月第三个周日 | 父亲节 | 父爱 | 皮带、领带、衬衫、皮鞋等中老年男性用品，保健品及保健器材，小家电 |
| (农)七月初七 | 七夕 | 情侣 | 依然是鲜花、礼品、巧克力、情侣装、情趣用品等跟所有跟情侣相关的产品 |
| 09月10日 | 教师节 | 恩师 | 鲜花、礼品、摆件类产品、文具类、卡片类，以及保健类产品 |
| (农)八月十五 | 中秋节 | 团圆 | 礼品、月饼（包括各种创意类“月饼”）、大闸蟹等相关食品类 |
| 10月01日 | 国庆节 | 出行 | 旅游周边产品、服饰类产品、娱乐类优惠券、团购等产品；户外出行用品、车品等 |
| 九月初九 | 重阳节 | 老人 | 老年用品、保健品、保健器材、户外产品 |
| 11月11日 | 天猫双11 | 5折 | 所有类目 |
| 12月12日 | 淘宝双12 | 购物 | 所有类目，以欢乐购物为主 |
| 12月24、25日 | 平安、圣诞 | 欢乐 | 圣诞礼品、女装、围巾、鞋帽、玩偶、巧克力等诸多类目均可推广 |
| 备注：<br>1. 本表格中涵盖大部分重要的促销节日，但并未包含所有节日。<br>2. 节日中罗列的主推产品仅供参考。<br>3. 主推产品并非一成不变，随着消费行为的转变，主推产品也会相应改变。 | | | |

### 2．品牌活动

品牌宣传类活动，为宣传自己品牌或者店铺的促销活动。

活动要点：让更多的目标群体知道。活动的主旨在于增加品牌知名度或者市场占有率，所以在利润方面就要有所取舍。活动要有创意并且做到真正的实惠才能吸引到更多的人关注。需要注意的是活动整体策划要根据目标客户群的特点来决定，打折并不是唯一有效的途径（见图 16-4）。

图 16-4

一些品牌推广的常见活动类型如下。

① 打折活动。产品打折，用相应的折扣来吸引目标客户。

② 免费包邮。

③ 赠送活动。购买一款产品，赠送其他产品或者小样等赠送活动。

④ 会员活动。通过赠送超值会员卡，大量招募会员的活动。

⑤ 产品试用。试吃、试喝、试穿、试用等，根据产品不同的属性来让目标客户群体验产品的活动。

⑥ 创意活动。创意类活动，抽奖类，答题类，微博或帖子盖楼类等能能够吸引大量目标客户群关注的活动。

以上活动类型可以相互组合使用。不管选择哪一种或者哪几种促销活动类型，都要根据产品特点及顾客消费心理来选择。同时要知道，以上的活动类型并不是唯一的促销方式，不要被原有的活动类型所局限，只要能够吸引到目标客户群，不违背道德、诚信、法律等底线，就可以设计任何创意类活动，包括赞助品牌，提出倡议，社会公益等活动。

### 3．清仓活动

清仓活动，为了倾销“过气”产品而设计的促销活动。

活动要点：清仓。活动的主旨在于清除库存，将产品全部销售出去以便资金回收。这类活动往往需要有所取舍。当然并非所有的清仓活动都是亏本的，但是绝大部分的清仓活动还是会伴随着亏本的。而这种亏本只是相对的，在产品销售的初期就应规划出后期的清仓活动，因为大部分产品销售都很难做到最终的零库存（见图 16-5）。

图 16-5

清仓活动的形式选择也比较广泛，但是超低折扣几乎永远是最佳的选择。既然是超低折扣，那么在价位设置上，就要与平时有所区别，如果平时的单款产品价位为 100 元左右，那么清仓活动的最终的价位设置在 50 元以下才比较合理，也最能刺激消费者。

### 4．辅助活动

辅助活动，是指辅助某一项推广策略而制定的促销活动。

活动要点：助推推广效果。根据推广活动的特点来制定促销活动。

比如近期有一款产品要上聚划算，那么就可以临时做一个有关聚划算的店铺活动，如搭配减价、限时包邮、买一赠一等，主旨在于增加客单价，让其他产品与推广单品产生关联，增加整个推广活动的效果，做到事半功倍（见图 16-6）。

图 16-6

### 5. 市场活动

为了迎合市场或者平台而做的促销活动。

活动要点：紧扣市场主题。市场活动往往是为了配合市场或者平台的活动，所以得到平台资源是活动的关键所在。传统线下，我们常见的是某商城周年庆，为了迎合这点，所有的商家都会跟着做活动（主动或者被动），力图为活动推波助澜。而对于线上，我们需要跟随类目活动，如电器城的“带着 TA 去旅行”活动如图；平台活动，如淘宝网的双 11、双 12、梦想 2012（见图 16-7）。

图 16-7

## 16.2 店铺活动的目标客户

目标客户群确定的基础是产品，活动的目的是方向。

目标客户群这个概念对于很多人来说并不陌生，然而并不是每个商家都清晰地知道自己的目标客户群是谁。大部分商家是认为自己知道了，而实际并非如此。很多活动的策划人员都有过类似的困惑，每当设计一个活动，活动效果却跟预期大相径庭，四处寻找原因而不得其解。其实原因就在根本处，即目标客户群并未清晰（见图 16-8）。

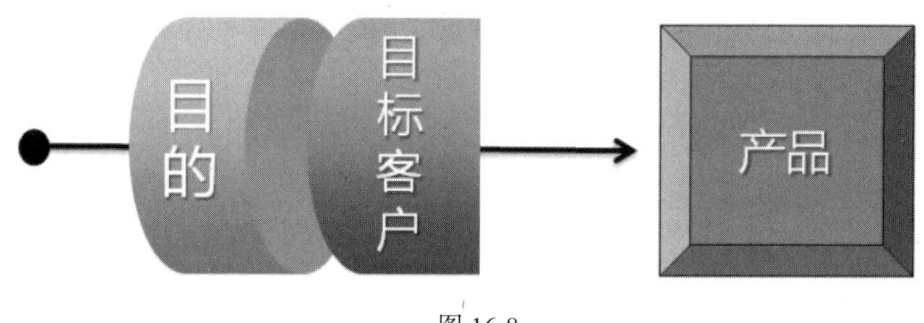


图 16-8

很多企业找过我做咨询，然而真正清晰知道自己目标客户群的确实寥寥无几。曾经有个做家具的商家向我咨询，我问他是否知道自己的目标客户群，他说知道，我说是哪类人群？他很有信心地告诉我说是 80 后。我说还不够详细，他说那就是想要买家具的 80 后。我说还不够，他说，那就是刚结婚要买家具的 80 后。

在这个对话过程中，不知道你是否有所感悟。很多人的目标客户群都是自己想出来的，就像刚才那个经理在跟我讲他的目标客户群体时一样，一边回答一边想。当然我不否认，自己思考目标客户群也是确立目标客户群的一步，然而，如果直接把想出来的客户群作为目标客户群来进行活动推广计划，是绝对不合理的。也许你会很幸运地有些许收获，但是这种没有经过验证的目标客户群体并不会成为你的主流客户群。你也很难保证让你的每次活动都能达到预期效果。

正所谓有的放矢，有了目标客户群以后你才会得到相应的收益，你才会知道自己的运营方向。虽然寻找目标客户群的概念放在了活动的章节里来讲，但是你要清晰地知道，目标客户群的寻找是你整个生意的关键。所以，在对待目标客户群的寻找上，你要多下功夫。当然，你不可能成为所有领域的专家，当你无法应对这份工作时，可以去寻求相关方面的专业人士。

这里为了便于大家的理解，使用一种最简单的目标客户划分方式，将目标客户按地区、性别、年龄、品牌认知、职业、消费水平来划分，根据这种划分对目标客户进行定位，从而设计适合的店铺活动（见图 16-9）。

图 16-9

举个例子，假定，我们的某一次活动的目标客户群体是具有某一共同特征的女性，他们共同的消费心理特点是：感性购买、喜欢赠品、有从众心理。那么这时我们在设置活动的形式上就要根据客户的这类心理进行设计。

感性购买——限时特价打折（减少客户的思考时间）、情感刺激（伤心和过度兴奋都可以让客户失去理性）、图片刺激（比如美女图像可以减少男性客户的理性面）等。

喜欢赠品——在一定条件下可获限量赠品（送赠品是增加客户感情的一种有效方式，需要注意的是，不要认为客户不会在乎赠品的质量，在客户心里即便是赠品也是他应得的，也是他消费的产品，所以质量同等重要）等。

有从众心理——有这类心理的客户往往是更相信其他客户的说法，那么面对这类客户做活动，就要让更多客户的购买体验展现在他眼前，第三方推荐将会是非常不错的选择（见图 16-10）。

不管是面对哪一类目标客户群体，在活动形式的设置上大多不会离开营销的两大支柱，价格价值及大众心理（见图 16-11）。

要想理解，还得看活动案例（见图 16-12）。

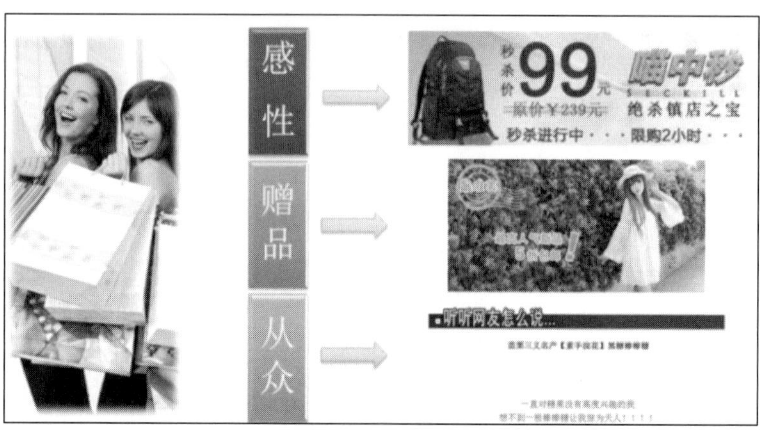


图 16-10

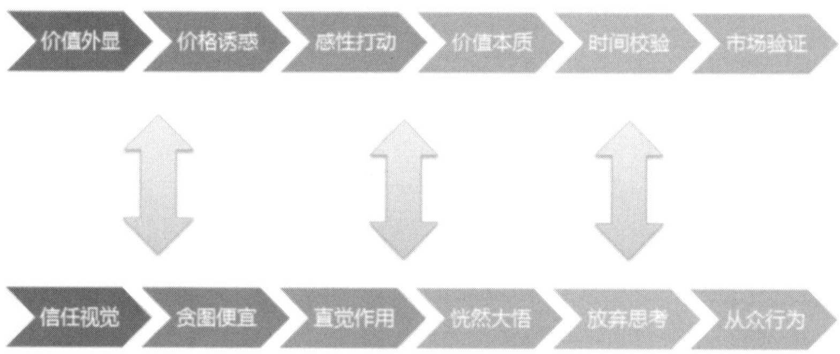


图 16-11

图 16-12

图 16-12 是一个店铺活动的促销页面，分析下，在这个活动中，商家共运用了哪几项策略：

- “专柜直降 43%，特惠价 139 元”——“价格优惠”，利用了大众的“贪图便宜”心理。
- “今日买 1 送 5”——“感性打动”，力图缩短客户的思考时间，让客户利用“直觉作用”。
- “快速美白嫩肤”——“价值外显”，披露产品真正的价值，再配合产品页面的视觉形象，来赢得客户的信任，利用客户的“信任视觉”心理。
- “淘宝每卖出 3 瓶精油，就有 2 瓶是阿芙；精油用法”——“价值本质”利用差异点刺激客户，利用客户的“恍然大悟”心理（还有种方式是放大需求，常见的是教育营销，如佳洁士广告等）；同时这里还可以将“时间检验”和“市场验证”融合进去，销量和客户的好评就是最好的验证，从一定程度上更好地迎合了客户的“放弃思考”、“从众行为”的心理特点。

## 16.3　店铺活动的策划评估

确定好目标客户后，接下来需要多个活动进行整体的规划，需要说明的是，大部分优秀的活动都不是突发奇想而来的，都需要前期的准备和计划，所以想做好店铺活动就要对活动进行提前规划，在规划活动的同时对活动的效果进行预期评估，以便应对出现的各种问题。策划内容见图 16-13。

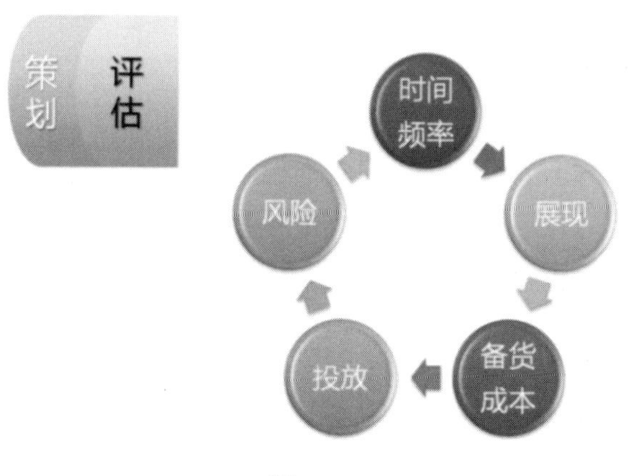


图 16-13

### 1. 时间频率

即活动的展现时间周期。

活动按时间频率主要划分如下（见图 16-14）。

图 16-14

① 长期类：长期类活动主要指有些活动是长期在店铺中存在的。这类活动常见于为了配合某类促销活动而设计的单品促销活动，比如为了直通车活动而设计的单品打折活动。以及新品推荐活动，虽然推荐的产品不同，但是活动却长期存在（见图 16-15）。

图 16-15

② 节日类：根据节日的特点设计的活动，前面已经详细讲过，这里便不再赘述。

③ 主题类：各类主题活动，包括自身的店庆活动及回馈活动，以及平台的“双 11”等各类主题活动。

④ 季节性：不同季节根据产品情况或者库存情况设计的各类活动（见图 16-16）。

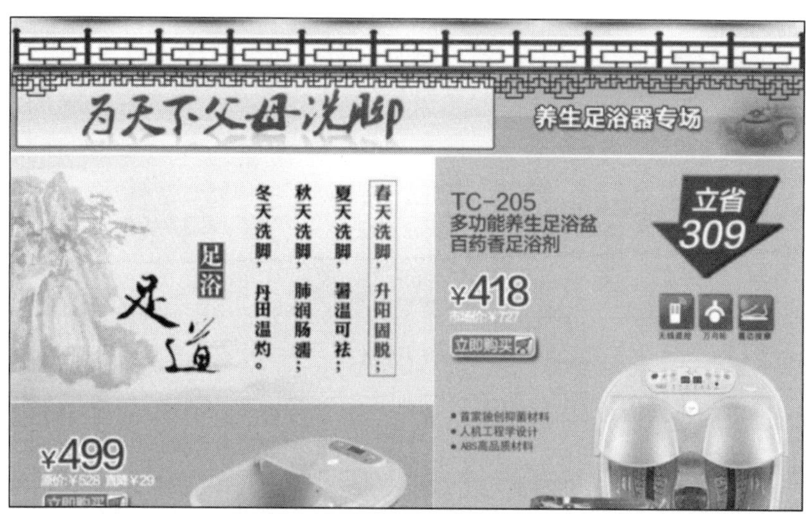


图 16-16

⑤ 突发的：根据热点信息而设计的活动、与竞争对手抢夺市场，以及为促销而设计的突发活动等。比如《宫》热映，引起大家的关注，此时便可设计一次跟它相关的活动来增加自身的知名度或者销量等。

## 2. 展现形式

即以何种形式为主展现。线上活动的展现主要包括视频、文字、图片（见图 16-17）。

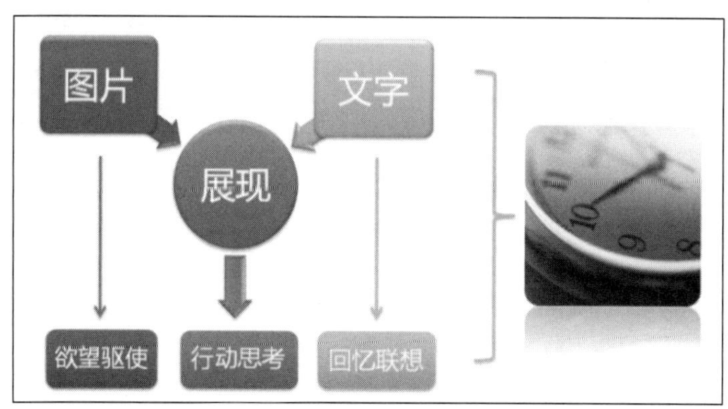


图 16-17

无论你使用何种展现方式，目的都是为了驱使客户的欲望，同时让客户通过图片或文字，对产品产生拥有或者使用联想，从而放弃长期的思考，产生购买行动（见图 16-18）。

图 16-18

展现的关键点都是让客户与活动发生关系。与客户没有关系的活动即便再精彩对于客户来讲也只是看看而已（见图 16-19）。

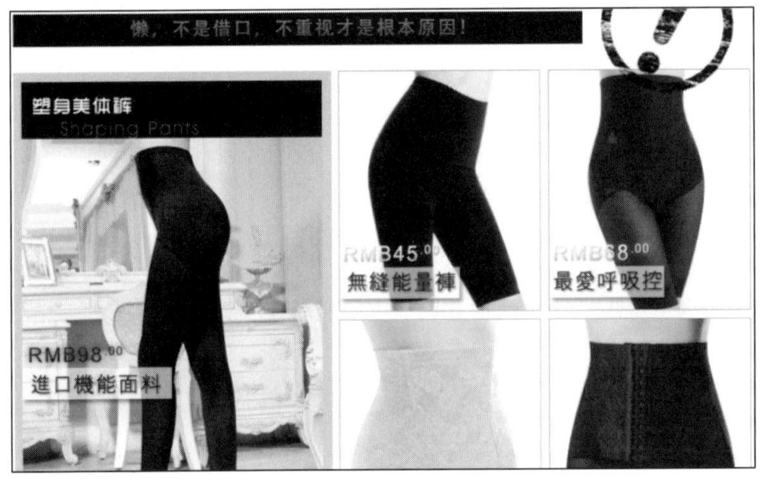


图 16-19

## 3. 备货成本+风险

备货成本即对活动的产品备货进行提前规划。

风险即活动的风险评估，对可能出现的问题提前准备。

备货成本和风险是密不可分的，二者关联在一起。

促销力度及投放力度决定了产品的备货数量，产品的数量、质量及其他成本共同组成了产品的成本项。而风险当中很重要的一部分就是产品成本，以及产品出现质量问题给品牌知名度带来损害风险等（见图 16-20）。

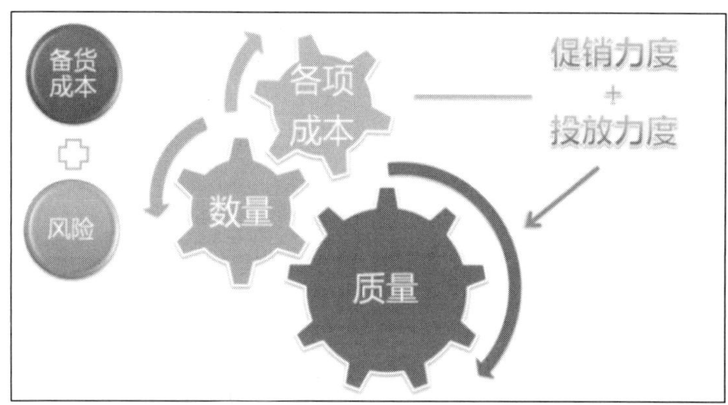


图 16-20

## 4. 投放平台

即活动的宣传平台的选择（见图 16-21）。

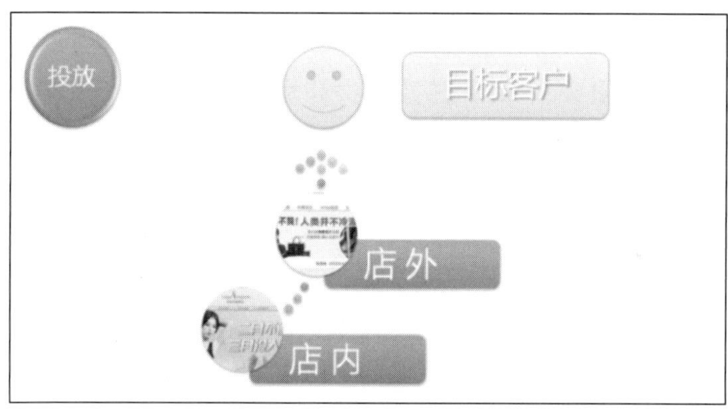


图 16-21

想要让店铺活动有好的效果，就必须要对活动有相应的宣传措施。宣传要店内和店外相结合。

店内要有全面的活动路径，同时要提前在店铺中打出活动预告，以吸引客户在活动当天光顾。除此之外还要对一些老客户进行短信群发或者旺旺群发，总之原则就是要让更多的目标客户知道活动。

店外也要多做推广，比如参加淘宝官方活动，或者运用直通车、钻展等推广工具。吸引更多的新客户，同时也借助店铺活动提高成交转化率。

## 16.4 店铺活动的实施

店铺活动体系的最后一个环节是实施（见图 16-22）。

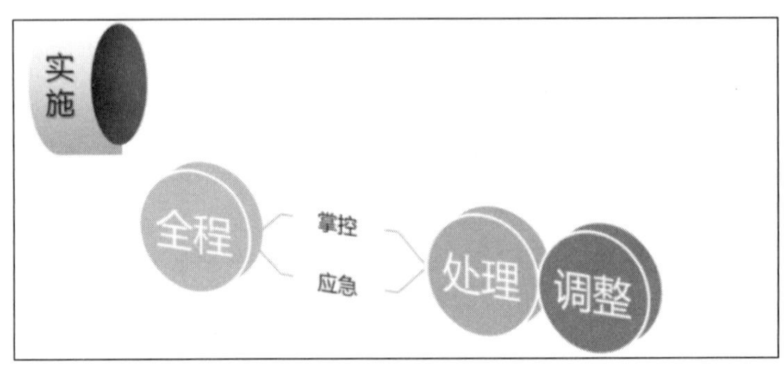


图 16-22

实施是整个活动的关键，没有实施的计划再完美也都是“白纸”一张。想要让活动达到预期的效果，除了之前的准备之外，更重要的是对整个过程的把控。因为不管计划有多完美，都有可能出现问题，一旦出现问题，就要及时处理并调整方向，以免问题的扩大化。

活动的最后一步，就是总结并为下次活动做准备（见图 16-23）。

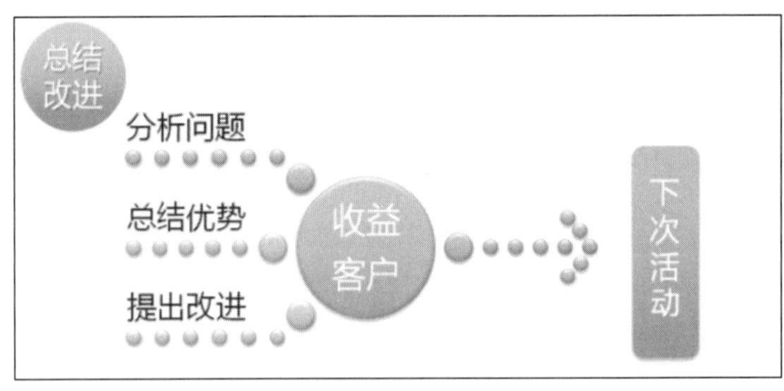


图 16-23

想做一次店铺活动很简单。只要想做就可以，随便说个理由，随便做个降价。这也是为什么有很多中小卖家明明做了店铺活动，比如“买两件包邮”活动，但是正当买家想要享有的时候，心里却想着，要是他不知道这个活动就好了，又或者如果活动生效自己就没有什么赚头了。其实这些都是因为没有系统化安排活动而造成的。想做一次有收获、有规划的店铺活动其实并不容易，是需要做很多安排和筹备才能得以实现的。

# 第 17 章 天猫“双 11”

## 17.1 天猫“双 11”概述

### 1. 什么是天猫“双 11”

“双 11”源自“光棍节”，天猫“双 11”是天猫平台最大的促销活动，目前已成为网购一年一度的大型促销活动日。目前为止，每年的“双 11”都会创造新的销售纪录（见图 17-1）。

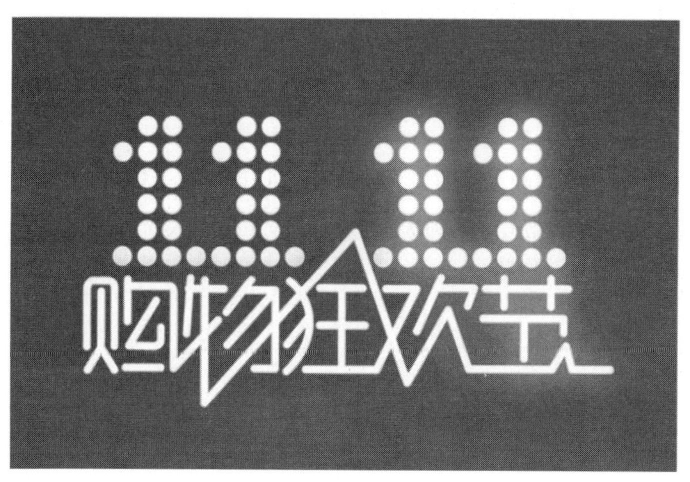


图 17-1

“11.11 购物狂欢节”，已经成为中国，乃至世界范围内最具影响力的消费节日之一。对于每一位消费者来说，这一天也许是他全年购物最多的一天，而对于商家来讲，这一年则是它创造单天销售记录的一天。每年的“双 11”，淘宝 / 天猫以及商家们早在 8 月份就已经开始进入“双 11”的筹备阶段了。

活动时间：每年的11月11日

活动平台：天猫、淘宝

宣传利益点：主会场全场50%OFF（事实上折扣早已超出此价格范畴）

让利政策：以单品让利为主

### 2. 天猫“双11”历年的销售数据

2009年“双11”单天销售额：5000多万元

2010年“双11”单天销售额：9.36亿元

2011年“双11”单天销售额：59亿元

2012年“双11”单天销售额：191亿元

2013年“双11”单天销售额：350.19亿元

2014年“双11”单天销售额：571亿元（包含“双11”活动前的会员优先购定金）

2015年“双11”单天销售额：912.17亿元

## 17.2 天猫“双11”准入标准

天猫“双11”的准入门槛会根据每年的大方向进行微调，所以请大家以每年的官方标准为准，本书将以最新的2015年准入门槛为大家进行讲解，以便大家参考。

### 1. 商家准入门槛

① 商家需要符合“天猫营销活动报名基准规则”（详情见天猫帮助中心）。

② 符合当年“11.11购物狂欢节”类目准入规则。

2015年天猫“双11”类目准入规则：

| 经营大类 | 类　目 | 商家准入门槛要求 | 目标招商数量 |
|---|---|---|---|
| 家具 | 住宅家具（一级类目）、商业办公家具（一级类目） | 1. 品牌知名度<br>2. 店铺主营左侧类目<br>3. 近3月月均支付宝成交额排名 | 540 |
| 建材 | 家装主材（一级类目）、基础建材（一级类目）、五金工具（一级类目）、电子电工（一级类目） | 1. 品牌知名度<br>2. 店铺主营左侧类目<br>3. 近3个月月均店铺的成交额排名 | 544 |

续表

<table>
<tr><th>经营大类</th><th>类　目</th><th>商家准入门槛要求</th><th>目标招商数量</th></tr>
<tr><td>装修设计</td><td>装修设计/施工/监理（一级类目）</td><td>1. 店铺主营左侧类目<br>2. 近 3 个月月均店铺的成交额排名</td><td>20</td></tr>
<tr><td>家装定制</td><td>整体厨柜（叶子类目、）走入式衣柜（叶子类目）、室内门（二级类目）</td><td>1. 店铺主营左侧类目<br>2. 近 3 个月月均店铺的成交额排名</td><td>50</td></tr>
<tr><td>汽车</td><td>汽车/用品/配件/改装（一级类目）、摩托车/电动车/装备/配件（一级类目）、新车/二手车（一级类目）、汽车服务（二级类目）</td><td>1. 品牌知名度<br>2. 店铺主营左侧类目<br>3. 近 3 月月均支付宝成交额排名</td><td>2267</td></tr>
<tr><td>家纺家饰</td><td>床上用品/布艺软饰（一级类目）、家饰（相框/画框,壁饰,雕刻工艺,摆件,装饰器皿,贴饰,照片/照片墙,蜡烛/烛台,家居钟饰/闹钟,创意饰品,花瓶/花器/仿真花/仿真饰品,装饰画）等二级类目聚合、现代装饰画（叶子类目）、鲜花速递（同城）、花卉/绿植盆栽（新）</td><td>1. 品牌知名度<br>2. 店铺主营左侧类目<br>3. 近 3 个月月均店铺的成交额排名</td><td>1142</td></tr>
<tr><td rowspan="18">电器城</td><td>手机</td><td>1. 品牌知名度<br>2. 近 3 月月均支付宝成交额排名<br>3. “电标”服务</td><td>266</td></tr>
<tr><td>笔记本电脑</td><td rowspan="8">1. 类目 2014 年 4 月~6 月自然月下的成交额排名<br>2. “电标”服务</td><td>70</td></tr>
<tr><td>平板电脑</td><td>69</td></tr>
<tr><td>电脑硬件/显示器/电脑周边</td><td>150</td></tr>
<tr><td>网络设备/网络相关</td><td>60</td></tr>
<tr><td>台式机/一体机/服务器</td><td>30</td></tr>
<tr><td>电子词典/电纸书/文化用品</td><td>50</td></tr>
<tr><td>电玩/配件/游戏/攻略</td><td>15</td></tr>
<tr><td>办公设备/耗材/相关服务</td><td>50</td></tr>
<tr><td>数码相机/单反相机/摄像机</td><td rowspan="5">1. 品牌知名度<br>2. 店铺经营左侧类目<br>3. 近 6 个月店铺支付宝成交额排名<br>4. “电标”服务</td><td>60</td></tr>
<tr><td>3C 数码配件</td><td>204</td></tr>
<tr><td>MP3/MP4/iPod/录音笔</td><td>6</td></tr>
<tr><td>闪存卡/U 盘/存储/移动硬盘</td><td>80</td></tr>
<tr><td>影音电器</td><td>120</td></tr>
<tr><td>个人护理/保健/按摩器材</td><td rowspan="3">1. 类目 2014 年 1 月~6 月自然月下的成交额排名<br>2. “电标”服务</td><td>170</td></tr>
<tr><td>厨房电器</td><td>230</td></tr>
<tr><td>生活电器</td><td>200</td></tr>
<tr><td>大家电</td><td>1. 近 3 个月店铺支付宝成交额排名<br>2. “电标”服务</td><td>300</td></tr>
</table>

续表

| 经营大类 | 类　目 | 商家准入门槛要求 | 目标招商数量 |
|---|---|---|---|
| | 合约机 | 1. 运营商旗舰店<br>2. 近3个月月均支付宝成交额排名 | 78 |
| | 手机号码/套餐/增值业务 | | 40 |
| | 移动/联通/电信充值中心 | | 11 |
| 服装服饰 | 珠宝/钻石/翡翠/黄金 | 1. 主营类目珠宝、饰品、手表、眼镜<br>2. 店铺类型<br>3. 报名需要为非爆款商家（爆款定义：近28天店铺TOPN商品占全店成交M%的商家，其中N，M各类目的要求不一样，以下类似）<br>4. 近12个月月均成交额+13年大型活动成交+14年大型活动成交的综合得分排名 | 1350 |
| | 服饰配件 | 1. 主营类目服饰配件<br>2. 店铺类型<br>3. 报名需要为非爆款商家<br>4. 近12个月月均成交额+13年大型活动成交+14年大型活动成交的综合得分排名<br>5. 品牌知名度 | 450 |
| | 内衣（一级类目） | 1. 主营类目内衣<br>2. 店铺类型<br>3. 报名需要为非爆款商家<br>4. 近12个月月均成交额+13年大型活动成交+14年大型活动成交的综合得分排名 | 600 |
| | 箱包 | 1. 主营类目为箱包的女包、男包、背包、拉杆箱商家<br>2. 店铺类型<br>3. 报名需要为非爆款商家<br>4. 近12个月月均成交额+13年大型活动成交+14年大型活动成交的综合得分排名 | 650 |
| | 流行男鞋 | 1. 主营类目为流行男鞋<br>2. 近12个月在男女鞋一级类目下月均支付宝成交额+2013年男女鞋类目的大型活动支付宝成交额+2014年男女鞋类目6月份支付宝成交额的综合得分排名<br>3. 品牌知名度 | 950 |

续表

| 经营大类 | 类　目 | 商家准入门槛要求 | 目标招商数量 |
| --- | --- | --- | --- |
| | 女鞋 | 1. 主营类目为女鞋<br>2. 近 12 个月在男女鞋一级类目下月均支付宝成交额+2013 年大型活动在男女鞋类目的支付宝成交额+2014 年 6 月在男女鞋类目下支付宝额的综合得分排名；<br>3. 品牌知名度 | 1150 |
| | 男装 | 1. 主营一级类目不限，主营二级类目排除工装制服<br>2. 报名时上个自然月男装商品客单价≥40 元<br>3. 男装类目下在线商品数≥20 款<br>4. 近 12 个月男装月均成交额+2013 年男装大型活动成交额+2014 年男装大型活动成交的综合得分排名 | 1000 |
| | 女装 | 1. 主营类目为女装<br>2. 报名商家必须为非爆款商家<br>3. 同一个品牌，只能允许店铺近 12 个月月均成交额排名靠前的一家店铺进入<br>4. 类目 2013 年 7 月~2014 年 6 月自然月下的月均成交额排名 | 2000 |
| | 运动户外 | 1. 主营类目为：户外/登山/野营/旅行用品，运动包/户外包/配件<br>2. 近 6 个月月均支付宝成交额排名 | 200 |
| | | 1. 品牌知名度<br>2. 主营类目为：户外/登山/野营/旅行用品，运动包/户外包/配件<br>3. 店铺类型<br>4. 近 6 个月月均支付宝成交金额排名 | 150 |
| | | 1. 主营类目为：运动/瑜伽/健身/球迷用品<br>2. 近 6 个月月均支付宝成交额排名 | 550 |
| | | 1. 品牌知名度<br>2. 主营类目为：运动/瑜伽/健身/球迷用品<br>3. 店铺类型<br>4. 近 6 个月月均支付宝成交金额排名 | 100 |

续表

| 经营大类 | 类　　目 | 商家准入门槛要求 | 目标招商数量 |
| --- | --- | --- | --- |
| | | 1. 主营类目为：自行车/骑行装备/零配件<br>2. 近6个月月均支付宝成交额排名 | 120 |
| | | 1. 品牌知名度<br>2. 主营类目为：自行车/骑行装备/零配件<br>3. 店铺类型<br>4. 近6个月月均支付宝成交金额排名 | 30 |
| | 运动鞋服 | 1. 主营类目为：运动鞋 new，运动服/休闲服装<br>2. 店铺在2013年7月~2014年6月自然月下的月均成交额排名 | 350 |
| 美妆 | 美容护肤/美体/精油;彩妆/香水/美妆工具 | 1. 品牌知名度<br>2. 近3月月均支付宝成交额≥7万<br>3. 店铺经营左侧类目 | 1290 |
| 洗护 | 美发护发/假发（一级类目）洗护清洁剂/卫生巾/纸/香薰（一级类目） | 1. 品牌知名度<br>2. 类目近3个月月均支付宝成交额≥10000元<br>3. 店铺近6个月月均成交额排名 | 767 |
| 医药保健 | OTC 药品/医疗器械/隐形眼镜/计生用品 | 1. 近6个月月均店铺支付宝成交额≥20000元 | 90 |
| | 传统滋补营养品 | 1. 品牌知名度<br>2. 店铺经营左侧类目<br>3. 类目近6个月月均支付宝成交额≥20000元 | 250 |
| | 保健品/膳食营养补充剂 | 1. 品牌知名度<br>2. 店铺经营左侧类目 | 420 |
| 食品 | 蜜饯/枣类/梅/果干、山核桃/坚果/炒货、牛肉干/猪肉脯/肉类熟食、饼干/膨化、巧克力/DIY 巧克力、糖果零食/果冻/布丁、鱿鱼丝/鱼干/海味即食、糕点/点心 | 1. 店铺主营左侧类目<br>2. 类目2013年7月~2014年6月自然月下的成交额排名 | 522 |
| | 乌龙茶、绿茶、红茶、花果果粒茶、代用/花草茶、再加工茶、普洱、天然粉粉、藕粉/麦片/冲饮品、速溶咖啡/咖啡豆/粉 | 1. 店铺主营左侧类目<br>2. 类目2014年1月~6月自然月下的成交额排名 | 458 |
| | 洋酒、啤酒 | 1. 店铺主营左侧类目<br>2. 类目2014年1月~6月自然月下的成交额排名 | 135 |

续表

| 经营大类 | 类　目 | 商家准入门槛要求 | 目标招商数量 |
|---|---|---|---|
| | 葡萄酒、黄酒 、药酒 | 1. 店铺主营左侧类目<br>2. 类目 2014 年 1 月 ~ 6 月自然月下的成交额排名 | 194 |
| | 国产白酒 | 1. 主营国产白酒<br>2. 店铺类型<br>3. 类目 2014 年 2 月 ~ 7 月自然月下的成交额排名 | 210 |
| | 饮料、乳制品、成人奶粉 | 1. 店铺主营左侧类目<br>2. 类目 2014 年 5 月 ~ 7 月自然月下的成交额排名 | 260 |
| | 米面杂粮、食用油、烘焙、调味品、南北干货、熟食、方便 速食 | 1. 店铺主营左侧类目<br>2. 类目 2014 年 1 月 ~ 6 月自然月下的成交额排名 | 323 |
| | 零食、葡萄酒、啤酒、洋酒、茶冲饮、成人奶粉、饮料、乳制品葡萄籽油、橄榄油、调味品、米、方便速食 | 1. 进口食品商家<br>2. 类目 2014 年 1 月 ~ 6 月自然月下成交额排名<br>3、类目在线商品数大于 5 | 612 |
| 图书 | 书籍/杂志/报纸,音乐/影视/明星/音像 | 1. 店铺类型<br>2. 各二级类目支付宝近 28 天成交金额排名<br>3. 店铺主营左侧二级类目 | 615 |
| 母婴 | 童装/亲子装 | 1. 近 28 天日均支付宝成交≥1000 元<br>2. 近 28 天日均订单笔数≥6<br>3. 店铺第一或第二主营左侧类目<br>4. 品牌知名度 | 1150 |
| | 玩具/模型/动漫/早教/益智 | 1. 店铺主营左侧类目<br>2. 近 28 天日均支付宝成交金额≥1000 元<br>3. 品牌知名度 | 1000 |
| | 童鞋/婴儿鞋 | 1. 类目在线商品数≥10 件<br>2. 品牌知名度<br>3. 类目 2014 年 1 月 ~ 7 月自然月下的成交笔数 | 525 |
| | 孕产（一级类目） | 1. 近 28 天日均支付宝成交≥1000 元<br>2. 近 28 天日均订单笔数≥6<br>3. 店铺第一或第二主营左侧类目 | 660 |

续表

| 经营大类 | 类　目 | 商家准入门槛要求 | 目标招商数量 |
|---|---|---|---|
| | | 4. 品牌知名度 | |
| | 奶粉 | 1. 2014 年 4 ~ 7 月店铺在奶粉二级类目成交≥20000 元 | 250 |
| | 婴幼儿零食、婴幼儿辅食、婴幼儿调味品（新），婴幼儿零食（新）、婴幼儿营养品、婴幼儿调味品）二级类目 | 1. 2014 年 1 ~ 6 月店铺在二级类目成交≥30000 元 | 200 |
| | 纸尿裤 | 1. 2014 年 1 ~ 6 月店铺在纸尿裤二级类目成交≥20000 元 | 225 |
| | 母婴用品 | 1. 2014 年 1 ~ 6 月店铺在用品一级类目成交≥20000 元 | 1580 |
| 居家 | 宠物/宠物食品及用品 | 1. 店铺主营左侧类目<br>2. 店铺 2014 年 5 ~ 6 月的月均成交额排名 | 100 |
| | 清洁/卫浴/收纳/整理用具 | 1. 店铺 2014 年 1 ~ 6 月的月均成交额排名<br>2. 品牌知名度 | 400 |
| | 居家日用/婚庆/创意礼品 | 1. 店铺主营左侧类目<br>2. 店铺近 12 个的月均成交额排名<br>3. 应季品类 | 400 |
| | 厨房/餐饮用具 | 1. 店铺主营左侧类目<br>2. 类目 2014 年 1 ~ 6 月的月均成交额排名 | 700 |
| 喵鲜生-生鲜 | 奇异果/猕猴桃 | 1. 类目近 3 个月月均支付宝成交额≥2000 元<br>2. 类目 2014 年 4 月 ~ 6 月自然月下的月均成交额排名 | 23 |
| | 新鲜水果 | 1. 类目近 28 天日均支付宝成交额≥2000 元<br>2. 类目 2014 年 4 月 ~ 6 月自然月下的月均成交额排名 | 50 |
| | 橙 | 1. 类目近 6 个月月均支付宝成交额≥2000 元<br>2. 店铺 2014 年 4 月 ~ 6 月自然月下的成交额排名 | 15 |
| | 牛油果 | 1. 类目近 3 个月月均支付宝成交额≥200 元<br>2. 类目 2014 年 4 月 ~ 6 月自然月下的月均成交额排名 | 10 |

续表

| 经营大类 | 类　目 | 商家准入门槛要求 | 目标招商数量 |
|---|---|---|---|
| | 苹果 | 1. 类目近 6 个月月均支付宝成交额≥2000 元<br>2. 类目 2014 年 4 月～6 月自然月下的月均成交额排名 | 15 |
| | 海鲜/水产品/制品 | 1. 店铺经营左侧类目<br>2. 类目 2014 年 4 月～6 月自然月下的月均成交额排名 | 50 |
| | 海参 | 1. 类目近 28 天日均支付宝成交额≥1000 元<br>2. 类目 2014 年 4 月～6 月自然月月均成交额排名 | 45 |
| | 大闸蟹 | 1. 店铺 2013 年 8 月～2014 年 2 月自然月的月均成交额≥200000 元<br>2. 类目自然月下的月均成交额排名 | 30 |
| | 帝王蟹 | 1. 店铺 2013 年 10 月～2014 年 6 月自然月下的月均成交额≥2000 元<br>2. 类目自然月下的月均成交额排名 | 30 |
| | 贝类 | 1. 类目 2014 年 4 月～6 月近 3 个月月均支付宝成交额≥2000 元<br>2. 类目自然月下的月均成交额排名 | 25 |
| | 虾类 | 1. 类目近 3 个月月均支付宝成交额≥2000 元<br>2. 类目 2014 年 5 月～6 月自然月下的月均成交额排名 | 25 |
| | 牛排 | 1. 类目近 3 个月月均支付宝成交额≥2000 元<br>2. 类目 2014 年 4 月～6 月自然月下的月均成交额排名 | 45 |
| | 生肉/肉制品 | 1. 店铺经营左侧类目<br>2. 类目 2014 年 4 月～6 月自然月下的月均成交额排名 | 30 |
| | 鱼类 | 1. 类目近 3 个月月均支付宝成交额≥500 元<br>2. 类目 2014 年 4 月～6 月自然月下的月均成交额排名 | 25 |
| | 生牛肉 | 1. 类目近 3 个月月均支付宝成交额≥100 元<br>2. 类目 2014 年 4 月～6 月自然月下的月均成交额排名 | 15 |

续表

| 经营大类 | 类　　目 | 商家准入门槛要求 | 目标招商数量 |
|---|---|---|---|
| | 生猪肉 | 1. 类目近6个月月均支付宝成交额≥500元<br>2. 类目2014年1月～6月自然月下的月均成交额排名 | 15 |
| | 生鸡肉 | 1. 类目近28天日均支付宝成交额≥200元<br>2. 类目2014年1月～6月自然月下的月均成交额排名 | 15 |
| | 鸡蛋 | 1. 类目近3个月月均支付宝成交额≥500元<br>2. 类目2014年4月～6月自然月下的月均成交额 | 25 |
| | 鲜活蛋类 | 1. 类目近 12 个月月均支付宝成交额≥1000元<br>2. 类目2014年1月～6月自然月月均成交额排名 | 30 |
| 天猫国际 | 全品类 | 1. 近28天有成交记录的商家<br>2. DSR 按照基本营销类目的要求<br>3. 近28天有成交记录的商家产生的退款纠纷率取前90% | 280 |

天猫将从以下8个维度对满足准入门槛的商家进行综合考量，以确定最终入围“双11”的商家名单。

a. 支付宝成交额（日）

b. 支付宝成交额（月）

c. 店铺类型

d. 开店时长

e. 客单价

f. DSR（店铺评分系统）三项

g. 售后服务综合指标

h. 商家主营类目

### 2.“双11”商品的价格要求

① 参加“11.11购物狂欢节”的商品须进入“11.11购物狂欢节价格申报”系统进行申报。

正式商品申报时间：10 月 14 日 10:00:00～10 月 29 日 22:00:00，过期则申报入口关闭。

② 有权报名“11.11 购物狂欢节”的预售商家，商品须进入“11.11 购物狂欢节预售申报”入口进行申报，预售商品申报时间：9 月 15 日 10:00:00～9 月 26 日 22:00:00 期间，过期则申报入口关闭。

③ 参加“11.11 购物狂欢节”的商品销售价格必须小于等于自 2015 年 9 月 15 日 00:00:00 至 2015 年 11 月 10 日 23:59:59 期间的天猫成交最低价的九折，部分类目（3C 数码、家用电器、充值、合约机、通信、黄金、铂金、部分美妆、图书类目、装修设计/施工/监理）除外。

④ “11.11 购物狂欢节”后 15 天（11 月 12 日 00:00:00～11 月 26 日 23:59:59）为“11.11 购物狂欢节”活动商品价格保护期。在此期间，参加过“11.11 购物狂欢节”的活动商品，其销售价格不得低于活动价格，部分类目（3C 数码、充值、合约机、通信、黄金、铂金、部分美妆、图书类目、装修设计/施工/监理）除外。

### 3.“双 11”商家发货要求

（1）活动商品全场包邮（港澳台及海外除外）。其中虚拟类目、订阅杂志类、生鲜、牛奶、饮料不支持全场包邮；旅行箱包商品、母婴大件类包邮（内蒙古、甘肃、青海、宁夏、新疆、西藏、港澳台及海外除外）。

（2）家具大件类商家 100 个城市主城区包送货安装

① 100 个城市主城区地址

查阅网址：http://bangpai.taobao.com/group/thread/15419439-291426738.htm?spm=a2156.1479431.0.0.HUacbG

② 送货上门并安装服务标准；

“送货上门并安装服务标准”查阅网址：http://rule.tmall.com/tdetail-1287.htm?spm=a2156.1479431.0.0.HUacbG

“按时送货上门并安装服务标准”：http://rule.tmall.com/tdetail-1286.htm?spm=a2156.1479431.0. 0.HUacbG

③ 大家电商品，支持送货入户服务

④ 汽车配件部分商品、运动户外大件类、建材大件类包物流（新疆、内蒙古、西藏、甘肃、青海、宁夏、港澳台及海外除外）。

⑤ 11 月 11 日 00:00:00～11 月 17 日 23:59:59 期间买家付款的订单，商家（虚拟类目除外）须在 11 月 20 日 23:59:59 前发货并交由物流公司揽件，且在 11 月 25 日 23:59:59 前可在物流公司系统内查看到订单的物流状态（揽件、中转、派送、签收等），否则按照《天猫规则》延迟发货处理。

⑥ 11 月 11 日 00:00:00～11 月 17 日 23:59:59 期间买家付款订单，商家发货时间的特殊要求：

- 家具建材大件类商品应自买家付款之日起 20 日内完成发货。
- 手机类目的合约机商品应自买家付款之日起 10 日内完成发货。
- 定制、预售、家具建材下商品详情页中设置预约发货时间的商品以商品详情页的描述为准，其他特殊情况双方自行协商而定。

⑦ 活动当天，商家销售的“11.11 购物狂欢节”的活动商品均不支持“货到付款”服务。

⑧ “11.11 购物狂欢节”运费险是为了降低“双 11”当天出售商品后期的纠纷，海选入围的卖家必须在报名“双 11”活动时签署运费险协议，商家可在海选报名页面查看运费险协议并签署，未签署商家视为自动放弃参加“11.11 购物狂欢节”活动资格。

协议签署时间：8 月 25 日 10:00～8 月 30 日 22:00。

“运费险生效时间”：1.1 月 10 日 18:00:00～11 月 11 日 23:59:59，系统生效时间结束，商家未退出运费险，则默认该协议继续有效。

此运费险需要“11.11 购物狂欢节”海选入围商家额外签署，商家日常签署的退货运费险不作用于此次“11.11 购物狂欢节”活动商品上。

## 17.3 天猫“双 11”活动报名的相关事宜

### 1. 天猫“双 11”活动报名流程（见图 17-2）

图 17-2

### 2. 天猫“双 11”的会场位置

会场的位置，由系统审核确定，商家只能正常报名，不能单独通过会场报名（见图 17-3）。

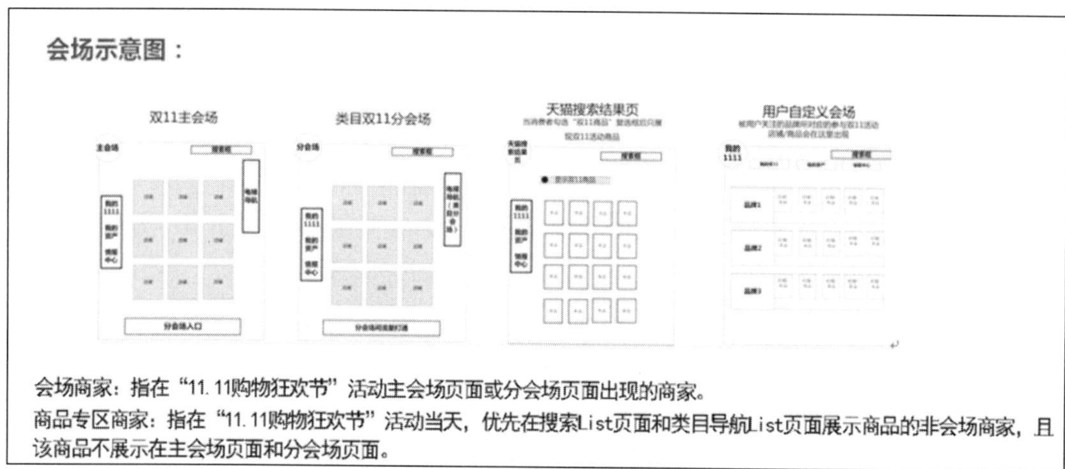


图 17-3

### 3. “双 11”会场商品的发布规定

商家在报名“双 11”时，系统会让商家选择是否“全店五折”，以确定商家“双 11”当天是否全店设置“双 11”商品折扣价。

① 全店五折商家须保证其店铺中所有商品是有“1111 购物狂欢节”标识的商品（以下简称“狂欢节商品”），若发现有非狂欢节商品的，将被作下架处理。

② 非全店五折商家须保证其活动承接页面中商品是狂欢节商品，若发现有非狂欢节商品的，将被作下架处理。

### 4. 商家商品报名时间规定

① 参加“11.11 购物狂欢节”的活动商品须进入“活动报名商品优惠设定系统”进行申报。申报时间为 10 月 14 日 10:00 至 10 月 29 日 22:00，过期则申报入口关闭。

② 有权报名“11.11 购物狂欢节”的预售商家，商品在商家中心进入“11.11 购物狂欢节→预售报名入口”申报，预售商品申报时间：9 月 15 日 10:00:00 ~ 9 月 26 日 22:00:00 期间，过期则申报入口关闭。

没有预售权限的活动商家及非活动商家不会展示预售报名入口。

预售商品权限：天猫会根据一定的预售规则，比如知名品牌、客单价、成交额、店铺类型、主营类目等各因素综合考虑会授权一定数量的商家预售权限。

③ 其中会场商家正式商品报名后必须在 10 月 25 日 22:00 前完成素材提交（天猫国际 10 月 29 日完成素材提交）。

### 5．商品价格管理规定

① 主会场商家必须是全店五折商家。

② 参加“11.11 购物狂欢节”全店五折的商家，全店所有商品的销售价格均为专柜价的五折及以下，且必须在“11.11 购物狂欢节商品申报”系统中申报成功。部分类目（3C 数码、家用电器、充值、合约机、通信、黄金、铂金、部分美妆、装修设计/施工/监理、母婴类标品、服饰部分国际商家）除外。

### 6．“双 11”营销工具的使用规则及优惠叠加规则

① 2014 年“双 11”营销工具使用规则

a. 在 2015 年 11 月 10 日 22 时到 2014 年 11 月 11 日 4 时，为保证流量高峰期间系统的稳定，将对所有天猫商家暂停天猫营销工具新建、编辑、删除等功能，所以针对“双 11”当天的配置，请务必在 11 月 10 日 22 时之前完成设置并保证设置的正确。

b.“双 11”当天所有天猫商家只能使用以下 5 个天猫官方营销工具（包括大促商品和非大促商品）：搭配宝、特价宝、店铺优惠、用户限购、淘宝卡券（店铺优惠券和商品优惠券）。除此之外，使用非天猫官方营销工具（包括淘宝促销管理营销工具、第三方营销工具）设置的优惠在“双 11”当天都会失效。

② 2015 年“双 11”优惠叠加规则

a.“双 11”大促优惠优先级高于普通聚划算优惠、普通单品优惠

b.“双 11”大促优惠与店铺优惠叠加

c.“双 11”大促优惠与优惠券叠加，包括店铺优惠券和商品优惠券

d.“双 11”大促价与搭配宝：作为单品购买时，仅生效大促价；作为搭配商品购买时，若搭配类型为固定搭配和自由搭配，则生效最低价；若搭配类型为绝配，则生效绝配价。

### 7．2015 年天猫“双 11”各时段操作权限说明

① 官方活动商品优惠设定系统分时段操作见如图 17-4 所示。

|  |  | 活动周期 |  |  |  |  |  |
|---|---|---|---|---|---|---|---|
|  |  | 商品自由申报期 | 预热前期禁止调整期 | 预热后期禁止调整期 | 活动开始禁止调整期 | 活动中 | 活动结束 |
|  |  | 10.14 10:00:00 至10.29 22:00:00 | 10.29 22:00:00 至11.7 22:00:00 | 11.07 22:00:00 至11.10 23:59:59 | 11.11 00:00:00 至11.11 03:59:59 | 11.11 04:00:00 至11.11 23:59:59 | 11.12 00:00:00 |
| 1111官方活动商品——商家操作 | 单个/批量删除已设定的商品 | 可以 | 禁止 | 禁止 | 禁止 | 禁止 | 入口关闭 |
|  | 已设定商品调整专柜价 | 可以 | 禁止 | 禁止 | 禁止 | 禁止 |  |
|  | 已设定商品向上调整活动价 | 可以 | 禁止 | 禁止 | 禁止 | 禁止 |  |
|  | 已设定商品向下调整活动价 | 可以 | 可以 | 禁止 | 禁止 | 可以 |  |
|  | 批量导入官方商品 | 可以 | 禁止 | 禁止 | 禁止 | 可以 |  |
|  | 待设定的商品价格设定 | 可以 | 禁止 | 禁止 | 禁止 | 可以 |  |
|  | 异常商品（小二清退除外）价格修改 | 可以 | 禁止 | 禁止 | 禁止 | 可以 |  |

|  |  | 活动周期 |  |  |  |  |  |  |
|---|---|---|---|---|---|---|---|---|
|  |  | 商品自由申报期 | 预热前期禁止调整期 | 预热后期禁止调整期 | 活动前禁止调整期 | 活动开始禁止调整期 | 活动中 | 活动结束 |
|  |  | 10.14 10:00:00 至10.29 22:00:00 | 10.29 22:00:00 至11.7 22:00:00 | 11.07 22:00:00 至11.10 12：00:00 | 11.10 12:00:00 至11.10 23:59:59 | 11.11 00:00:00 至11.11 03:59:59 | 11.11 04:00:00 至11.11 23:59:59 | 11.12 00:00:00 |
| 1111官方活动商品——商家操作 黄金、铂金、笔记本、平板电脑等特殊类目 | 单个/批量删除已设定的商品 | 可以 | 禁止 | 禁止 | 禁止 | 禁止 | 禁止 | 入口关闭 |
|  | 已设定商品调整专柜价 | 可以 | 可以 | 可以 | 禁止 | 禁止 | 可以 |  |
|  | 已设定商品向上调整活动价 | 可以 | 可以 | 可以 | 禁止 | 禁止 | 可以 |  |
|  | 已设定商品向下调整活动价 | 可以 | 可以 | 可以 | 禁止 | 禁止 | 可以 |  |
|  | 批量导入官方商品 | 可以 | 禁止 | 禁止 | 禁止 | 禁止 | 可以 |  |
|  | 待设定的商品价格设定 | 可以 | 禁止 | 禁止 | 禁止 | 禁止 | 可以 |  |
|  | 异常商品（小二清退除外）价格修改 | 可以 | 禁止 | 禁止 | 禁止 | 禁止 | 可以 |  |

图 17-4

② “双 11”天猫活动商品库存操作时段说明如图 17-5 所示。

|  | 商品状态 | 库存操作 | 时间周期 |  |  |  |
|---|---|---|---|---|---|---|
|  |  |  | 11.8 00:00:00 至 11.10 23:59:59 | 11.11 0:00:00 至 11.11 03:59:59 | 11.11 4:00:00至 11.11 23:59:59 | 11.12 0:00:00 |
| 1111官方活动商品——商家操作 | 上架、下架 | 全量修改 | 不可以 | 不可以 | 不可以 | 可以 |
|  | 上架状态 | 补货 | 可以 | 不可以 | 可以 | 可以 |
|  | 下架状态 | 补货 | 可以 | 不可以 | 可以 | 可以 |
|  | 上架状态 | 改小 | 不可以 | 不可以 | 不可以 | 可以 |
|  | 下架状态 | 改小 | 可以 | 不可以 | 可以 | 可以 |

图 17-5

③ “双 11”天猫活动商品编辑操作时段说明如图 17-6 所示。

|  |  | 活动前 2014.10.14 10:00:00-10.31 23：59：59 | 活动中（预热+正式） 11.1 00：00：00-11.11 23：59：59 | 活动后 活动次日 00：00：00 |
|---|---|---|---|---|
| 商品编辑 | 一口价修改 | 可以 | 禁止 | 可以 |
|  | 下架 | 可以 | 禁止 |  |
|  | 商品/SKU | 禁止增加、删除 |  |  |

图 17-6

## 17.4 天猫“双 11”活动商品的导入流程

① 进入“卖家中心”，在“11.11 购物狂欢节”下单击“商品报名及规则”（见图 17-7）。

图 17-7

② 进入“商品报名及规则”页面，下载“下载商品导入专用 Excel 模板”（见图 17-8）。

图 17-8

③ 按照商品导入专用 Excel 模板的要求，填写相关报名商品信息（见图 17-9）。

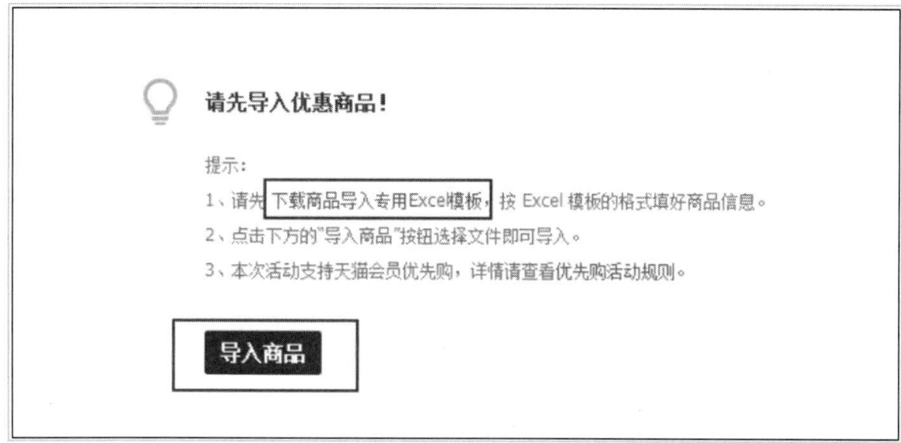


图 17-9

④ 点击“导入商品”将填写好的专用 Excel 商品报名表格导入。

⑤ 商品导入成功。导入不成功的商品会有相关提升。根据提示进行修改重新上传即可（见图 17-10）。

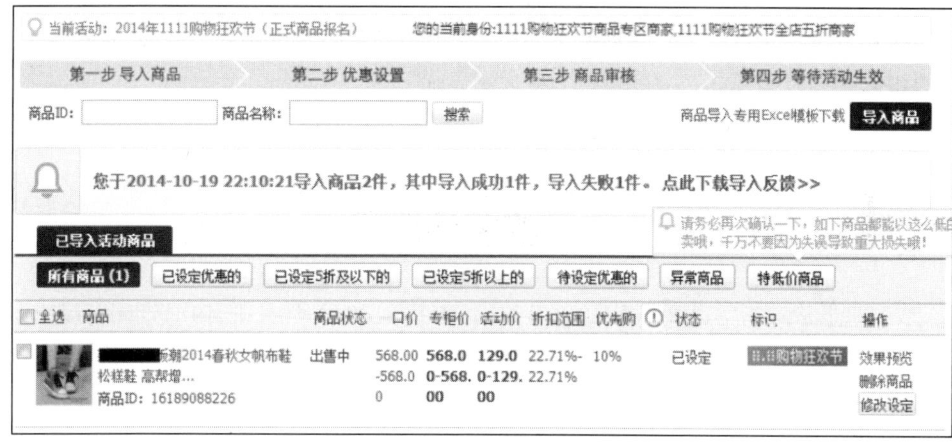


图 17-10

## 17.5　参加天猫“双 11”活动的注意事项

① “11.11 购物狂欢节”期间，商家需要按照规范使用天猫提供的官方视觉元素，使用场景包括但不限于：店铺、官方微博、旺旺头像、线下门店等（素材模板及规范另行发布）。

② 报名成功商家默认参与官方营销活动，包括遵守营销规则、使用指定营销工具等。详细活动方案将另行说明。

③ 商家因违反国家法律法规、天猫服务协议或天猫规则等原因无法参加活动，天猫对商家已经付出的活动成本和费用不承担任何责任。

④ 为了提升购物体验和流量效能，活动期间店铺页面结构会进行部分改造，包括但不限于新增互动、流量引导等功能区块，活动商家默认同意对店铺进行改造。

⑤ 活动当天营销优惠工具的使用方式可能会发生变更，操作细则会在第一时间通知。

⑥ 如果活动当天因流量过大会导致系统性能下降。

⑦ 商家报名后如果因商家自身原因需要退出的，需要在 9 月 15 日 24:00 前申请退出。9 月 16 日以后为了系统的稳定性将不再受理商家退出事宜。商家退出后将无法再参加活动。

⑧ "双 11"活动前商家不可虚抬专柜价。

⑨ 活动当天，参加天猫预售商品不允许参加"11.11 购物狂欢节"。

⑩ 参加"11.11 购物狂欢节"的商品可同时参加聚划算，但活动价和聚划算价必须一致。活动价与聚划算价不一致，天猫活动价格与聚划算活动价格均将会被强制修改为报名的最低价格；同时报名聚划算的商品，请同时遵循聚划算规则。

⑪ 活动当天的商品销量，不计入淘宝搜索，只计入天猫搜索。

## 17.6 天猫"双 11"中涉及的名词解释

① 成交最低价：指活动商品自 2014 年 9 月 15 日至 2014 年 11 月 10 日期间有成交记录的商品拍下价格的最低价（淘金币价、店铺优惠券、全积分兑换、积分加钱购、秒杀、试用、万人团、预售价格、会员专享价除外）。

② 专柜价：该商品的厂家吊牌价、建议零售价，或由物价局等国家法定机构核定的价格，上述价格需经本商家以线上或线下的方式产生真实销售，如无真实销售产生，不得以上述价格作为专柜价展示，请商家保留相关销售凭证。

③ 50%OFF：指商家在专柜价的基础上向消费者让利 50%。

④ 虚拟类目部分商品：手机号码/套餐/增值业务；移动/联通/电信充值中心。

⑤ 母婴大件类目：童床/餐椅/儿童安全座椅/童车（推车、学步车、自行车、三轮车、电动车、扭扭车）。

⑥ 家具大件类商品：住宅家具、商业办公/家具类目：高于 0.6 立方米或大于 20 公斤。长期绑定“免费配送安装”协议圈定类目商品及定制类商品除外，点此查阅。

⑦ 建材大件类商品：卫浴陶瓷（浴室柜、坐便器、淋浴房、台盆）、地板、瓷砖、油漆、涂料、门、电线、基础建材大件商品，高于 0.6 立方米或大于 20 公斤灯具和安防。

⑧ 汽车配件部分类目：指轮胎、轮毂类；另外整车自提。

⑨ 运动户外大件类商品：跑步机/大型健身器械、踏步机/中小型健身器材、自行车整车、电动车/电动车配件。

⑩ 包物流：指包含商家发货至消费者确认的收货地所在的地级市物流提货点的费用（地级市到买家收货当地的物流点费用需商家与买家协商而定）。收货人负责将商品从物流提货点提至收货地址。

⑪ 会场商家：指在“11.11 购物狂欢节”活动主会场页面或分会场页面出现的商家。

⑫ 商品专区商家：指在“11.11 购物狂欢节”活动当天，优先在搜索 List 页面和类目导航 List 页面展示商品的非会场商家，且该商家不展示在主会场页面和分会场页面。

⑬ 会场商品：指会场商家发布的带有 11.11 购物狂欢节”标识的商品。

⑭ 全店五折商家（即全店 50%OFF 商家）：在活动当天其店铺所有商品都是“11.11 购物狂欢节”标识商品，且所有商品的价格均为在专柜价基础上让利大于等于 50%的商家，如果出现让利不足 50%的商品，系统自动作下架处理，活动期间无法上架，活动结束后需商家操作上架。

⑮ 非全店五折商家（即非全店 50%OFF 商家）：参加“11.11 购物狂欢节”活动，但并非店内所有商品均在专柜价基础上让利 50%以上的特定商家。

⑯ 专柜价是指该商品的厂家吊牌价、建议零售价，或由物价局等国家法定机构核定的价格，上述价格需经本商家以线上或线下的方式产生真实销售，如无真实销售产生，不得以上述价格作为专柜价展示，请商家保留相关销售凭证。

⑰ 成交最低价：指活动商品自 2015 年 9 月 15 日至 2015 年 11 月 10 日期间有成交记录的商品拍下价格的最低价（淘金币价、店铺优惠券、全积分兑换、积分加钱购、秒杀、试用、万

人团、预售价格、会员专享价除外）。

⑱ 店铺优惠券：指官方工具“淘宝卡券”设置的店铺优惠券。

⑲ 全量修改：是商家编辑库存是可直接输入最终的库存量，把原来的库存覆盖掉。

⑳ 汽车新车型库商品：指汽车类目绑定新专车专用车型车系属性的商品。

值得一提的是 2015 年双 11 有了自己的晚会，阿里巴巴集团跟湖南卫视合办的天猫双 11 晚会，拉动了消费者与商家的互动，将双 11 推向了另一个高峰（见 17-12）。

图 17-12

# 附录 A
# 淘宝官方活动的小二联系方式

注：由于淘宝业务调整比较频繁，最终联系方式以官方公布为主。

## 1. 聚划算

| 名　　称 | 群　　号 | 群　　主 |
|---|---|---|
| 聚划算-良品质检培训 | 790065517 | 聚划算品质监控 |
| 【聚划算】- 家居、厨房用具，日用清洁 | 875447015 | 圆真 |
| 【聚划算】- 家电数码优质商家群 | 725988589 | 圆真 |
| 【聚划算】- 家纺，硬装，软装，家具群 | 978732191 | 小闯 |
| 聚划算箱包 | 366418370 | 霄敏 |
| 淘宝集市女鞋聚划算 | 881682405 | 如陌 |
| 聚划算-食品-母婴-男人 | 572302355 | 罗西 |
| 聚划算食品群 1 | 555728503 | 石川 |
| 聚划算食品群 2 | 897530805 | 石川 |
| 聚划算保健品群 | 863446501 | 石川 |
| 聚划算食品群 2 | 897530805 | 石川 |
| 聚划算同城团粮油酒水官方 | 934603592 | 廷玉 |
| 聚划算粮油生鲜官方群 | 7826055 | 若思 |
| 聚划算商家群——家纺家饰 | 728854884 | 元国 |
| 宠物鲜花聚划算卖家群 | 130805906 | 紫瑶 |
| 聚划算饰品 | 823602609 | 烟紫 |
| 电器数码类目聚划算入仓群 | 924039255 | 菲悦 |
| 聚划算日常团美容群-咨询请看群公告 | 582060077 | 慈慧 |
| 聚划算鞋类招商群 | 900660788 | 珏儿 |
| 聚划算男装沟通群 | 915967412 | 潜芸 |
| 集市箱包聚划算卖家群 | 967448467 | 雪瑛 |
| 女装聚划算培训群 | 1019641088 | 龙轩 |

续表

| 名　　称 | 群　　号 | 群　　主 |
|---|---|---|
| 聚划算运动户外类目商家群 | 782128968 | 游驹 |
| 聚划算本地化交流群 | 199663391 | 谷鬼 |
| 聚划算摄影专群 | 958407686 | 墨雪 |
| 聚划算车品宠物书籍 | 701596899 | 玉娆 |
| 百货(集市)聚划算卖家群 | 753844171 | 展澈 |
| 2013 数码聚划算群 | 924579181 | 子静 |
| 聚划算-旅游业务群 | 752650726 | 止渊 |
| 旺旺分流聚划算保障群 | 452799667 | 沈浔 |

## 2. 钻展

| 名　　称 | 群　　号 | 群　　主 |
|---|---|---|
| 钻展一期 | 989349272 | 千浩 |
| 钻石展位 | 798908911 | 豪七 |
| 钻展交流群 VIP | 859545276 | 清愁 |
| 钻石展位-富山-VIP | 67630506 | 富山 |
| 钻展交流群 | 614733644 | 根明 |
| 【淘宝集市官方】钻石卖家群 | 323135009 | 裳儿 |
| 钻展童装运营群 | 78107544 | 甘竹 |
| 化妆品钻展群 | 847592343 | 千浩 |
| 钻石展位 VIP 群 | 64562353 | 春香 |
| 开通定价钻展系统白名单 | 101943676 | 靖蓉 |
| 钻石展位女鞋类目 | 791207414 | 豪七 |
| 钻石展位第 66 期新客户 | 630063266 | 梦寰 |
| 框架客户看钻展 | 705835414 | 千浩 |
| 钻展大客户（简狄） | 99072403 | 简狄 |

## 3. 直通车

| 名　　称 | 群　　号 | 群　　主 |
|---|---|---|
| 集市雪地靴频道直通车招商 | 145064340 | 云桑 |
| 直通车店铺推广 | 220114742 | 天澈 |
| 直通车产品运营 1 | 700060069 | 珂佳 |
| 直通车产品运营 2 | 504877641 | 天澈 |
| 直通车定向推广交流 1 | 577579038 | 翁源 |
| 直通车定向推广交流 2 | 314438996 | 翁源 |
| 直通车数据产品群 3 | 579065916 | 梦蕾 |

续表

| 名　　称 | 群　　号 | 群　　主 |
|---|---|---|
| 搜索官方帮派群9 | 49604670 | 彩依 |
| 直通车精英卖家圈 | 700440239 | 青筠 |
| 直通车居家交流 | 347937135 | 靖薇 |
| 女包频道-直通车活动群 | 983477165 | 聪健 |
| 化妆品直通车活动群 | 840346392 | 夜公 |
| 女装频道风格区直通车活动群 | 863246842 | 朱渝 |
| 直通车箱包类目交流群 | 2937477 | 顶天 |
| 集市雪地靴频道直通车招商2 | 467962480 | 如陌 |

## 4. 天天特价

| 名　　称 | 群　　号 | 群　　主 |
|---|---|---|
| 【官方】02天天特价集市群10元包邮 | 763531409 | 熙芸 |
| 【官方】03天天特价集市群10元包邮 | 480017551 | 熙芸 |
| 【官方】天天特价内衣卖家群 | 338260622 | 熙芸 |
| 【官方】天天特价美容卖家群 | 309489650 | 熙芸 |
| 【官方】天天特价男装群 | 914707486 | 熙芸 |
| 【官方】天天特价配饰类目 | 144896554 | 熙芸 |
| 【官方】天天特价日用百货卖家群 | 1054746764 | 熙芸 |
| 【官方】天天特价卖家群 | 214172690 | 熙芸 |
| 【官方】天天特价车品户外类卖家群 | 1089628048 | 熙芸 |
| 【官方】天天特价鞋类卖家群 | 196503693 | 熙芸 |
| 【官方】天天特价活动交流 | 155086082 | 熙芸 |
| 【官方】天天特价时尚女装1 | 883901498 | 之余 |
| 【官方】天天特价年度优秀卖家01 | 886711944 | 之余 |
| 【官方】天天特价年度优秀卖家02 | 744955015 | 之余 |
| 【官方】天天特价年度优秀卖家04 | 560992748 | 之余 |
| 【官方】天天特价年度优秀卖家05 | 311982731 | 之余 |
| 【官方】天天特价年度优秀卖家07 | 174183793 | 之余 |
| 【官方】天天特价年度优秀卖家08 | 170225802 | 之余 |
| 【官方】天天特价包包类目 | 277439866 | 之余 |
| 【官方】天天特价数码家电 | 603198086 | 之余 |
| 天天特价-品牌特价VIP群 | 813489863 | 之余 |
| 【官方】天天特价时尚女装2 | 901540346 | 之余 |
| 【官方】天天特价母婴儿童 | 891602995 | 雷真 |

## 5．促销汇

| 名　　称 | 群　　号 | 群　　主 |
|---|---|---|
| 促销汇商家总群 | 99488180 | 罗刹 |
| 【促销汇】女装——淘宝优惠指南 | 859079356 | 君俞 |
| 【促销汇】报名群——淘宝优惠指南 | 850944863 | 麻衣 |
| 【促销汇】家居日用——淘宝优惠指南 | 307454634 | 梁溪 |
| 【促销汇】母婴——淘宝优惠指南 | 444854762 | 君俞 |
| 【促销汇】男装男鞋——淘宝优惠指南 | 298795391 | 梁溪 |
| 【促销汇】气质男装 VIP——淘宝优惠指南 | 144164025 | 朱痕 |
| 【促销汇】数码家电 VIP——淘宝优惠指南 | 69330227 | 君俞 |
| 【促销汇】美妆——淘宝优惠指南 | 574123967 | 梁溪 |
| 【促销汇】家居日用 VIP——淘宝优惠指南 | 165697705 | 梁溪 |
| 【促销汇】箱包商家——淘宝优惠指南 | 741908091 | 君俞 |
| 【促销汇】内衣配饰——淘宝优惠指南 | 732725421 | 雪羽 |
| 【促销汇】吃喝玩乐——淘宝优惠指南 | 717322427 | 君俞 |
| 【促销汇】数码家电——淘宝优惠指南 | 18318908 | 君俞 |
| 【促销汇】品质女鞋 VIP——淘宝优惠指南 | 41492360 | 梁溪 |
| 【促销汇】品质女鞋——淘宝优惠指南 | 85346624 | 梁溪 |
| [促销汇]天猫品牌特卖活动接口群 | 895906279 | 君俞淘宝客 |
| 淘宝客天天疯狂购官方群 | 42599496 | 天仙 |
| 淘宝客集市生活官方群 | 199266329 | 联盟运营助理 1 |
| 【集市】淘客掌柜鞋包类目官方群 | 843132998 | 阮瞻 |
| 集市淘宝客运营群 | 454868492 | 豪浩 |
| 淘宝客商城生活群 | 939532066 | 素研 |
| 淘宝客商城女人群 | 27838604 | 天仙 |
| 淘宝客天天疯狂购官方群 2 | 37101074 | 天仙 |
| 淘宝客联盟主群 1 | 37696308 | 百货堂 |
| 淘宝客联盟主群 2 | 21418998 | 百货堂 |
| 天猫淘宝客官方群-1 | 50437145 | 航澄 |
| 天猫淘宝客官方群-3 | 295636107 | 雁玉 |
| 天猫淘宝客官方群-2 | 41593919 | 天仙 |
| 天猫淘宝客官方群-4 | 815029887 | 雁玉 |
| 天猫淘宝客官方群-5 | 673272958 | 雁玉 |
| 天猫淘宝客官方群-6 | 248002171 | 雁玉 |
| 天猫淘宝客箱包卖家群 | 8781590 | 建宁 |

## 6．运动户外

| 名　　称 | 群　　号 | 群　　主 |
| --- | --- | --- |
| 运动户外官方卖家营销①群 | 1056810879 | 凌影 |
| 品牌特卖运动户外群 | 865374696 | 正南 |
| 聚划算运动户外类目商家群 | 782128968 | 游驹 |
| 集市淘宝客运营群 | 454868492 | 豪浩 |
| 集市运动户外品牌群 | 993484785 | 贝蜜 |
| 一淘-鞋包运动商家群 | 51694925 | 太极 |

# 附录 B
# 无线端部分活动报名入口集合

## 1．手机淘宝 APP 活动官方资源

注：爱逛街、每日新品、天猫超市等不能报名，喵生鲜通常是定向招商。“热门市场”频道通常是类目活动，PC 端和无线活动同步。

| 淘抢购 | http://yingxiao.taobao.com/ 搜索栏搜索“淘抢购” |
|---|---|
| 天天特价 | http://yingxiao.taobao.com/ 搜索栏搜索“天天特价” |
| 全球购 | http://yingxiao.taobao.com/ 搜索栏搜索“全球购” |
| 拍卖 | http://yingxiao.taobao.com/ 搜索栏搜索“拍卖” |

## 2．天猫 APP 官方活动资源

| 新首发 | http://www.tmall.com/go/market/shoufa/xsfzsgf.php?spm=a221v.7160713.1996885381.4.CNjLby |
|---|---|
| 品牌街 | http://zhaoshang.mall.taobao.com/portalmessage/activityList.htm?spm=a1z0e.1.0.0.L4XK8i |
| 喵一眼 | 商家后台——营销中心——活动报名——搜索“瞄一眼” |
| 无线聚划算 | 商品团、品牌团、生活聚、整点聚、聚定制、聚早市、聚夜市、无线抢购、量贩团等无线聚划算活动，都在聚划算后台报名。其中，聚夜市和聚早市比较有特色，也是无线端专享的活动。报名地址：http://freeway.ju.taobao.com/ |